AS OBRAS DO AMOR

Dados Internacionais de Catalogação na Publicação (CIP)
(Câmara Brasileira do Livro, SP, Brasil)

242   Kierkegaard, Søren A.
K59o   As obras do amor / Søren A. Kierkegaard ;
       apresentação e tradução, Álvaro Luiz Montenegro Valls ; revisão da
       tradução, Else Hagelund. 4. ed. Petrópolis : Vozes, 2013.
       (Coleção Pensamento Humano)

           432 p.

              Título original dinamarquês: *Kjwelighedens Gjerninger.*
           Nogle christlige Overveielser i Tales Form af. S. Kierkegaard.
           Første Følge. Anden Følgen.

              10ª reimpressão, 2023.

              ISBN 978-85-326-3118-3

              1. Espiritualidade. 2. Religião. 3. Amor.
           I. Valls, Álvaro L.M. II. Título.

Søren Aabye Kierkegaard

AS OBRAS DO AMOR

Algumas considerações cristãs em forma de discursos

Tradução de
Álvaro Luiz Montenegro Valls

Revisão de
Else Hagelund

EDITORA VOZES

Petrópolis

Tradução do original em dinamarquês intitulado
Kjwelighedens Gjerninger. Nogle christlige Overveielser i Tales Form af. S. Kierkegaard. Første Følge. Anden Følgen.

© desta tradução:
2005, Editora Vozes Ltda.
Rua Frei Luís, 100
25689-900 Petrópolis, RJ
www.vozes.com.br
Brasil

Todos os direitos reservados. Nenhuma parte desta obra poderá ser reproduzida ou transmitida por qualquer forma e/ou quaisquer meios (eletrônico ou mecânico, incluindo fotocópia e gravação) ou arquivada em qualquer sistema ou banco de dados sem permissão escrita da editora.

CONSELHO EDITORIAL
Diretor
Volney J. Berkenbrock

Editores
Aline dos Santos Carneiro
Edrian Josué Pasini
Marilac Loraine Oleniki
Welder Lancieri Marchini

Conselheiros
Elói Dionísio Piva
Francisco Morás
Gilberto Gonçalves Garcia
Ludovico Garmus
Teobaldo Heidemann

Secretário executivo
Leonardo A.R.T. dos Santos

Diagramação: Sheilandre Desenv. Gráfico
Capa: WM design

ISBN 978-85-326-3118-3

A edição desta obra contou com o apoio financeiro de The Danish Literature Centre, que pertence à Danish Agency for the Arts, Ministério da Cultura Dinamarquesa.

Este livro foi composto e impresso pela Editora Vozes Ltda.

SUMÁRIO

Apresentação, 7

Primeira Série
Prefácio, 17
Oração, 18
I. A vida oculta do amor e sua cognoscibilidade
pelos frutos, 19
II A. Tu "deves" amar, 32
II B. Tu deves amar "o próximo", 63
II C. "Tu" deves amar o próximo, 82
III A. O amor é o pleno cumprimento da lei, 114
III B. O amor é questão de consciência, 161
IV. Nosso dever de amar as pessoas que nós vemos, 182
V. Nosso dever de permanecer em dívida de amor
uns para com os outros, 205

Segunda Série
Prefácio, 239
I. O amor edifica, 240
II. O amor tudo crê – e no entanto jamais é iludido, 256
III. O amor espera tudo – e no entanto jamais é confundido, 278
IV. O amor não procura o que é seu, 298
V. O amor cobre uma multiplicidade de pecados, 316
VI. O amor permanece, 338
VII. Misericórdia: uma obra do amor, mesmo quando ela
não pode dar nada e nem consegue fazer nada, 355

VIII. A vitória do espírito de reconciliação no amor que conquista o vencido, 372

IX. A obra do amor que consiste em recordar uma pessoa falecida, 386

X. A obra do amor que consiste em fazer o elogio do amor, 401

Conclusão, 419

APRESENTAÇÃO

Álvaro L.M. Valls

As obras do amor – Algumas considerações cristãs em forma de discursos, cuja tradução a partir do original dinamarquês aqui se oferece, foram publicadas em Copenhague, em 1847, assinadas por Søren Kierkegaard. Distribuídos em duas séries, os discursos da primeira analisam o mandamento do amor ao próximo, e os da segunda caracterizam este amor tendo como pano de fundo o chamado hino à caridade, da primeira epístola de Paulo aos Coríntios. É inegável o recurso constante à melhor filosofia grega, e já o título da obra faz referência ao diálogo platônico, quando Sócrates, mestre da Erótica, queixava-se de que, ao invés de elogiarem o deus Eros, os participantes do *Banquete* (ou *Simpósio*) em seus discursos estariam apenas cantando as obras ou os efeitos do amor no coração dos jovens[1]. O que, no caso do amor cristão, é contudo inteiramente correto, pois ele é um mistério e só pode ser (re-)conhecido através de seus frutos, as obras. Pois é preciso *crer* no amor, e crer que tais obras são frutos do amor.

O autor elabora discursos (tal como Platão em seus diálogos) que visam a caracterizar o amor, comparando o amor cristão (em grego *ágape*, em dinamarquês *Kjerlighed*) com o amor apaixonado platônico (*eros/Elskov*) e a amizade aristotélica (*philía/Venskab*). O interlocutor ou opositor será muitas vezes o poeta (romântico), responsável tradicionalmente pelo elogio do amor natural, baseado na paixão humana, mas que não sabe como e porquê o amor precisa transformar-se em dever ou, melhor ainda, realizar-se como um mandamento[2].

---

1. O leitor afeito à literatura grega clássica perceberá, além disso, alguma referência aos "atos de Afrodite" no título do livro, a par da referência às "obras da caridade".

2. Nosso autor sabe perfeitamente que um mandamento que manda amar é algo paradoxal, mas tem de ser.

8   As obras do amor

Amar a si mesmo é algo natural, e neste sentido até saudável. Obedece à lei da natureza e não necessita de nenhum mandamento que o ordene. Mas a religião do amor chega então e acrescenta: ama o teu próximo "como amas a ti mesmo": nem mais e nem menos, apenas "como a ti mesmo". Este pequeno acréscimo, se obedecido, pode mudar o mundo. Mas quando a lei do amor é desobedecida, o amor próprio toma a conotação do egoísmo.

E o que seria amar assim? Veremos que amar de verdade consiste em aproximar o outro do amor, ajudá-lo a conhecer e a viver este amor divino. Trata-se, sem dúvida alguma, de um legítimo triângulo: tu, o outro e o amor. Ora, o outro, como veremos, não pode ser tão somente um *alter ego*, um segundo eu, mas antes um "primeiro tu": Kierkegaard, interpretado tantas vezes como solipsista, afirma aqui explicitamente a alteridade, em sua categoria específica: o próximo. E se Johannes, o famoso personagem do *Diário do sedutor* (de 1843), era incapaz de amar de verdade porque não conseguia sair de si, o autor desses Discursos sabe perfeitamente que a categoria do próximo é essencial no autêntico Cristianismo. É uma categoria específica da "cristicidade" (*det Christeliges*).

* * *

O gênero dos *Discursos*, em Kierkegaard, distingue-se claramente da literatura pseudônima, predominante até 1846, ou seja, até a grande virada que ocorre com o *Postscriptum final não científico às migalhas filosóficas*, de Johannes Climacus. Não tendo morrido em 1846, aos 33 anos, como imaginara, nosso autor precisa encarar várias realidades. Precisa organizar os aspectos práticos de sua vida (vocação, profissão, ganha-pão, ser ou não ser pastor da igreja oficial, ficar na capital ou mudar-se para o interior, trocando a agitação cultural do século de ouro da Dinamarca pela vida simples dos cristãos comuns, a quem chamará "homens comuns"). Precisa posicionar-se ante a agitação político-social que começa a sacudir a Europa toda, com as revoluções liberais que logo mais, em 1848, hão de estalar por toda parte, e com o anúncio do socialismo e do comunismo, cujo *Manifesto* sairá em seguida. E Søren Kierkegaard precisa encarar o fato de que sua ex-noiva, Regina, está para se casar agora, em 1847. A partir deste ano, portanto,

Apresentação 9

Søren terá de desistir definitivamente de qualquer ilusão romântica que acaso lhe restasse e de qualquer sonho de reconstituição[3]
da antiga relação amorosa. Mas desistir de um amor romântico não
precisa significar perder a ilusão, a poesia, o sonho, se é verdade
que se pode amar de outra maneira, eterna e definitiva, e se é verdade que tudo é novo em Cristo. "No céu as pessoas não se casam",
teria dito ele uma vez à noiva. Mas certamente se amam, pois quando acabarem a fé e a esperança, realizadas plenamente, o amor continuará. Pois o amor permanece.

O amor que será aqui elogiado (e elogiá-lo bem já é uma obra
de amor) é mais forte do que o amor platônico e mais profundo do
que o amor apaixonado cuja representação encontramos em Shakespeare. Johannes de Silentio, autor de *Temor e tremor*, queixava-se de que a paixão do amor já teria encontrado seu poeta[4], enquanto a grande paixão da fé ainda não teria sido cantada devidamente. Pois bem, aqui o testemunho autorizado do apóstolo Paulo
garantirá que este amor paradoxal é ainda maior do que a fé, pois só
ele permanecerá por toda a eternidade. O que, aliás, é perfeitamente
lógico, se é verdade que Deus é amor[5]. Pode Feuerbach, inclusive, inverter a proposição e afirmar que "o amor é divino": Kierkegaard
concordará com ele, desde que o sujeito da frase fique devidamente
definido, a partir do exemplo histórico daquele que o viveu paradig-
maticamente. E a *Oração* que abre este livro é um magnífico elogio
à Trindade que é, nas suas três pessoas, amor divino.

* * *

São considerações cristãs em forma de discursos[6], e isso significa que o autor despiu-se da pseudonímia e passou a usar uma linguagem supostamente comum com o interlocutor. Henri-Bernard

---

3. Por que não dizer "repetição", como no título do livro de 1843, *Gjentagelsen*, como uma
"retomada"?

4. Kierkegaard pensa em Platão ou em Shakespeare? Qualquer deles cantou o amor maravilhosamente.

5. E o evangelho do discípulo amado, assim como as cartas de João, com a insistência: "Caríssimos, amai-vos uns aos outros", forma também um pano de fundo para a presente obra.

6. Ou seja, nem são sermões e nem discursos apenas edificantes, pois analisam categorias
cristãs.

10   As obras do amor

Vergote gostava de falar de um *segundo percurso* da obra de Kierkegaard, posterior ao *Postscriptum*. Se no primeiro percurso este autor[7] utilizou pseudônimos para ir articulando o problema do "tornar-se cristão", equivalente a um autêntico "tornar-se homem", e para de certo modo "enganar os homens para dentro da verdade", agora, após seu grande escrito "*final e não científico*" e após os sofrimentos e as humilhações das críticas do jornal satírico *O corsário*, quando, aliás, ninguém se postou ao seu lado, e depois de suas reflexões sobre as diferenças entre um gênio e um apóstolo[8], agora, num segundo percurso, começa a "vestir-se a caráter" para a grande *catástrofe* dos últimos anos, a ser encenada nas ruas de Copenhague[9].

Ele prepara então os fundamentos para poder edificar (que não é outra coisa senão construir sobre fundamentos), "exumando os conceitos do Cristianismo", soterrados por mil e oitocentos anos de cristandade[10]. Não recriando, não reinventando e não querendo reinterpretar, mas antes apenas trazer à luz o que foi esquecido: o texto (com seu sentido) que todos deveriam conhecer em seus corações e realizar em suas ações, o *magister* Kierkegaard se dedica a considerar o significado dos conceitos crísticos essenciais, tais como o amor (*As obras do amor*), a fé (*Doença para a morte*, de 1849) e o escândalo (enquanto possibilidade de "dizer um não ao convite" recordado na *Escola de Cristianismo*, de 1850).

Religião e não sistema filosófico, o Cristianismo é mais comunicação de vida do que doutrina teórica com dogmas a serem decorados, ou quiçá compreendidos. É para ser vivido, na obediência aos mandamentos e, em primeiro lugar, o do amor ao próximo. Não

---

7. Que postumamente (no *Ponto de vista...*) se definirá como escritor religioso de ponta a ponta, concordando, portanto, neste aspecto, com o que Heidegger dirá dele mais tarde: *ein religiöser Schriftsteller, und zwar...*

8. Que são elaboradas para o livro sobre o Pastor Adler, mas aparecem publicadas nos *Dois pequenos tratados ético-religiosos*, junto com a questão se um homem pode se deixar matar pela verdade, ou seja, um primeiro tratamento da questão do martírio enquanto testemunho.

9. Pois Lutero dizia ser preciso pregar nas ruas, mas infelizmente o dizia num púlpito de igreja.

10. Tal como seu contraparente, o Doutor Peter Wilhelm Lund, exumava restos antediluvianos na região de Lagoa Santa, em Minas Gerais, Brasil.

Apresentação 11

constitui uma filosofia que se explica, mas continua a ser, depois de dois mil anos, escândalo para os judeus e loucura para os pagãos (isto é, irracionalidade para os filósofos gregos). E o amor que ele ensina, como tudo o mais que é "especificamente cristão" (crístico), é e tem que ser paradoxal.

* * *

Autor que iniciou sua produção com a tese *Sobre o conceito de ironia, constantemente referido a Sócrates*, Kierkegaard sabe que a ironia, início de qualquer vida que mereça ser chamada de humana, supõe uma distância entre a intenção e o gesto, entre a opinião (sentido ou significado) e o dito (a proposição). Os enunciados irônicos apresentam uma flexibilidade mental que o *magister* chamava de "elasticidade", base de qualquer simulação ou da atitude socrática que, embora depois completada e reformada a partir de Cristo (porque, depois do anúncio de Cristo, não ter opinião a respeito dele e do que ele disse é escândalo), servirá de instrumento crítico e de conjuração, enquanto comunicação indireta e maiêutica dentro da cristandade.

Os enunciados de Kierkegaard, como já o percebeu Theodor W. Adorno, são de propósito oscilantes, e comportam várias leituras. Um mesmo texto pode perfeitamente bem passar por um fragmento de sermão e/ou por um recado amoroso. Ora, o próprio Adorno sofreu na carne o que escreveu em 1935: ao entusiasmar-se com o discurso "sobre a obra de amor que consiste em recordar um morto", admirou-se da perspicácia crítica de alguém que, antes do *Manifesto comunista*, já percebia que no capitalismo o único amor capaz de permanecer totalmente gratuito, e portanto vivo, era o amor aos falecidos. Porém, Adorno não percebeu que o mesmíssimo discurso poderia ser interpretado por Regina[11] como um romântico "jamais te esqueças de mim", uma vez que o antigo amado pode muito bem estar "morto para ela", mas existe sempre um dever de recordar amorosamente os falecidos – até porque assim aprendemos a amar corretamente os que conosco convivem...

---

11. Para quem o esposo Schlegel lê em voz alta as obras do ex-noivo...

12 As obras do amor

Kierkegaard é um autor que gosta de cantar enquanto trabalha, mostrando assim sua alegria profunda e bendizendo a Deus por tudo o que fez de bom. *As obras do amor* tornou-se um livro clássico, um dos melhores da literatura dinamarquesa e um livro de cabeceira para muita gente séria. Entre os escandinavos que migraram para o norte dos Estados Unidos, muitos levaram consigo esta obra de quatrocentas páginas, que liam à noite como se fosse uma espécie de *Imitação de Cristo*. Talvez até haja algum fundamento na hipótese de que o ex-noivo[12] ainda se preocupava com o desenvolvimento espiritual da pessoa amada. Mas em Kierkegaard o próximo (ou: a próxima) pode ser qualquer um (ou: qualquer uma), já que o amor não se reduz jamais ao amor preferencial, amor de predileção[13]. Ora, se o que dizemos é verdade, então aqui não temos simplesmente um livro para Regina, mas sim "um livro para todos e para qualquer um", ou seja, para todo aquele que quiser crescer no amor, aproximando-se do amor.

Para alguns leitores ou críticos, admiradores de Kierkegaard, parecerá uma atividade iconoclasta querer vislumbrar o autor piscando um olho, em tom de brincadeira, ao redigir textos tão sublimes[14]. Mas a ironia kierkegaardiana, ou seu humor, serve de antídoto contra uma atitude passiva que recebe um texto grande com um excessivo peso de autoridade. Este dinamarquês se recusa à comunicação magistral, e se compreende sempre como um "auxiliar de ensino", como "o ponto" do teatro, o *souffleur*. Só deste modo é possível enfatizar a subjetividade, a interioridade do leitor. Há sempre algum proveito, diz ele, quando o mestre não é de inteira confiança: o aprendiz precisa convencer-se a si mesmo sobre as verdades.

Este livro pode ser um belo presente de casamento para Regina? Pode! Mas pode também perfeitamente ser o livro de que cada indivíduo responsável diante de Deus (*den Enkelte*) necessita para decidir-se a amar do modo como Deus quer que amemos. E isso não é o mais importante – para todos e para cada um de nós? É um

---

12. Casanova não preparava as moças para sobreviverem com autonomia depois do rompimento inevitável?

13. E aqui parece que é preciso decidir-se entre o ensinamento de Cristo e o de Sigmund Freud.

14. Lembremos, a propósito, Thomas Mann, autor de *José e seus irmãos*, com sua ironia fina, próxima à de Kierkegaard.

Apresentação

livro sobre o dever de amar, sobre algo, portanto que não deve ser apenas estudado, mas vivido na prática. A dimensão pragmática está todo o tempo no horizonte desta obra: "Vai e faz o mesmo". Pois não basta dizer: "Sim, senhor, meu pai", e depois esquecer o que se prometeu fazer. Às vezes é até melhor dizer, como o filho mais velho daquela parábola, um redondo "não", que tem a vantagem de ficar ressoando na consciência até que o sujeito se arrependa e se resolva a ir cumprir a vontade do Pai.

* * *

Quem aprendeu alguma coisa de dinamarquês logo percebe que este idioma possui duas expressões que traduzem nossa palavra latina "amor": *Elskov* e *Kjerlighed*. Mas não convém se alegrar demasiado cedo, pensando que a distinção entre os dois sentidos de amor está definitivamente resolvida. É claro que *Elskov* tem uma dimensão erótica, sensual, natural e apaixonada, tem muito a ver com o enamoramento (*Forelskelse*). Mas o verbo *at elske* não tem sempre e necessariamente esta conotação sensual, uma vez que ele comparece até no mandamento bíblico, e que o Bom Samaritano também pode amar (*at elske*) o viajante injuriado sem estar apaixonado por ele... Por outro lado, *Kjerlighed* geralmente possui uma conotação mais abrangente e até mais elevada do amor, ainda que na boa literatura danesa se encontre a expressão *Kærlighedsaffære*, para designar um caso amoroso que acaba em gravidez com a fuga do amante. Assim, não nos fiemos demais numa tradução mecânica deste binômio.

Outra característica singular desse idioma são seus dois gêneros: o neutro e o comum (unissex). Sempre que se lê que "o amante ama a amada", poderia significar também que "a amante ama o amado". E se o autor utiliza a abreviação "*m. T.*" (*min Tilhører*) para dizer "meu ouvinte" – enfatizando assim que tais discursos deveriam ser lidos em voz alta –, convém lembrar que a expressão ali abreviada vale igualmente para a "minha ouvinte".

Se a dimensão da alteridade está presente a todo momento[15], valeria a pena ressaltar ainda o nível das análises psicossociológi-

---

15. Ainda que algum crítico mais exigente pudesse argumentar que se eu te amo por amor de Deus então só existimos eu e Deus, mas tu não existes para mim.

cas sobre as diferenças entre os pobres e os ricos, com todas as artimanhas que aí se podem ocultar. Que o leitor fique atento.

* * *

A tradução para o português consumiu sete anos de atividades de pesquisa. Como fonte foi utilizada a terceira edição das *Samlede Værker*, pois o volume correspondente dos *Søren Kierkegaards Skrifter* (com o respectivo Comentário) ainda não foi publicado. As melhores traduções em línguas internacionais foram compulsadas: a de Hayo Gerdes, a de Paul-Henri Tisseau e a do casal Howard e Edna Hong, cuja *Kierkegaard Library*, do St. Olaf College de Northfield, Minnesota, o tradutor teve o prazer de frequentar, recebido por Gordon Marino e Cynthia W. Lund. A participação num congresso internacional de tradutores, em Copenhague, trouxe entre outros benefícios a amizade de Begonya Saez Tajafuerce, proveitosa e estimulante como as de Ernani Reichmann, Henri-Bernard Vergote e Hélène Politis, que tanto ensinaram a este tradutor, depois do orientador Michael Theunissen.

Cada página e cada frase foi discutida até mais de uma vez com a amiga dinamarquesa e verdadeira mestra Else Hagelund que, com toda a sua modéstia, tem sido uma leitora atenta e crítica para os matizes dos significados dos originais. Sem ela, sem sua dedicação e seu incentivo, este livro não estaria traduzido.

Esta tradução deve muito ao CNPq, com suas bolsas de pesquisa. O *Literature Centre at the Danish Arts Agency* aceitou subsidiá-la, o que muito honra, alegra e envaidece. Por fim, mas não por último, bastante da motivação para traduzir *As obras do amor* se deve ao grupo de estudiosos de nossa Sociedade Brasileira de Estudos Kierkegaardianos (SOBRESKI), uma sociedade ironicamente correta, que se diverte enquanto trabalha e que há muito tempo vinha exigindo a publicação deste texto em português.

Porto Alegre, janeiro de 2004

PRIMEIRA SÉRIE

PREFÁCIO

Estas considerações cristãs, que são o fruto de muitas considerações, querem ser compreendidas com vagar, mas aí então também facilmente, enquanto que elas talvez se tornassem muito difíceis se alguém as deixasse assim por uma leitura ligeira e curiosa. "Aquele indivíduo", que deve considerar primeiramente consigo mesmo se quer ou não quer ler, que então considere, amorosamente, se optar por ler, se afinal a dificuldade e a facilidade, quando colocadas judiciosamente na balança, se correspondem reciprocamente de forma correta, de modo que o especificamente cristão[16] não seja exposto com um falso peso, fazendo-se a dificuldade ou a facilidade grande demais.

São "considerações cristãs", por isso não sobre "o amor", mas sim sobre "as obras do amor".

São "as obras do amor", não como se com isso todas as suas obras fossem contadas e descritas, longe disso; não como se cada obra fosse descrita de uma vez por todas, longe disso, Deus seja louvado! O que em toda a sua riqueza é *essencialmente* inesgotável, é também nas suas obras mais pequenas *essencialmente* indescritível, justamente porque ele *essencialmente* está presente todo em toda parte, e *por essência* não pode ser descrito.

S.K.

---

16. *det Christelige* (adjetivo substantivado): o especificamente cristão. Outras traduções possíveis que serão utilizadas ao longo do livro: "o cristão como tal", "o essencialmente cristão", "o elemento essencial do Cristianismo", "o crístico", ou "a cristicidade" [N.T.].

ORAÇÃO

Como se poderia falar corretamente do amor, se Tu fosses
esquecido,
ó Deus do Amor,
de quem provém todo o amor no céu e na terra;
Tu, que nada poupaste, mas tudo entregaste em amor;
Tu que és amor, de modo que o que ama só é aquilo que é
por permanecer em Ti!
Como se poderia falar corretamente do amor, se Tu fosses
esquecido,
Tu que revelaste o que é o amor;
Tu, nosso salvador e reconciliador,
que deste a Ti mesmo para libertar a todos!
Como se poderia falar corretamente do amor, se Tu fosses
esquecido,
Espírito de Amor,
que não reclamas nada do que é próprio Teu,
mas recordas aquele sacrifício do Amor,
recordas ao crente que deve amar como ele é amado,
e amar ao próximo como a si mesmo!
Ó, Amor Eterno,
Tu que estás presente em toda parte
e nunca deixas sem testemunho quando Te invocam,
não deixa sem testemunho aquilo que aqui deve ser dito sobre o amor,
ou sobre as obras do amor.
Pois decerto há poucas obras que a linguagem humana,
específica e mesquinhamente, denomina obras de amor;
mas no Céu é diferente,
aí nenhuma obra pode agradar se não for uma obra de amor:
sincera na abnegação,
uma necessidade do amor,
e justamente por isso sem a pretensão de ser meritória!

I
A VIDA OCULTA DO AMOR E SUA COGNOSCIBILIDADE PELOS FRUTOS

Lc 6,44: *"Cada árvore se reconhece pelo fruto que lhe é próprio; não se colhem figos de um espinheiro, nem se colhem uvas de sarças."*

Se tivesse razão aquela sagacidade presunçosa, orgulhosa de não ser enganada, ao achar que não se deve crer em nada que não se possa ver com seus olhos sensíveis, então em primeiríssimo lugar dever-se-ia deixar de crer no amor. E se assim fosse feito, e isso por temor de ser enganado, não se estaria então sendo enganado? Pode-se ser enganado, afinal, de muitas maneiras; pode-se ser enganado ao acreditar no que não é verdadeiro, contudo também se é enganado ao não crer naquilo que é verdadeiro; pode-se ser enganado pela aparência ilusória, mas decerto a gente também se engana devido à sagaz ilusão, à lisonjeira presunção que se sabe totalmente protegida contra enganos. E qual engano será o mais perigoso? Qual a cura mais duvidosa, será a do que não vê, ou daquele que vê e contudo não vê? O que é mais difícil, despertar alguém que dorme, ou despertar alguém que, acordado, sonha que está acordado? Qual a visão mais triste, será aquela que imediata e incondicionalmente comove até às lágrimas, a visão de uma pessoa infeliz enganada no amor, ou será aquela que de certo modo poderia até provocar o riso, a visão do que se engana a si mesmo, cuja tola pretensão de não ser enganado talvez seja ridícula e até risível, caso o ridículo aqui não fosse uma expressão ainda mais forte para algo terrível, na medida em que exprime que este nem merece uma lágrima.

Enganar-se a si mesmo *quanto* ao amor, é o mais horrível, é uma perda eterna, para a qual não há reparação nem no tempo nem na eternidade. Pois nos outros casos, por mais diversos que sejam, em que se fala do ser enganado no amor, o enganado se rela-

20   As obras do amor

ciona mesmo assim com o amor, e o engano consiste apenas em que o amor não estava onde se acreditava estar; aquele, porém, que se engana a si mesmo excluiu-se a si mesmo e excluiu-se do amor. Também se fala de alguém ser enganado pela vida ou na vida; mas para aquele que numa autoilusão enganou a si mesmo quanto à vida, a perda é irreparável. Mesmo aquele que ao longo de toda sua vida foi enganado pela vida, pode receber da eternidade uma copiosa reparação; mas o que se enganou a si mesmo impediu a si mesmo de conquistar o eterno. Aquele que, exatamente por seu amor, tornou-se uma vítima do engano humano, oh, o que é mesmo que terá perdido, quando se mostrar na eternidade que o amor permanece, depois que cessou o engano! Aquele, porém, que engenhosamente enganou a si mesmo, caminhando sagazmente para a armadilha da sagacidade, ai, mesmo que durante toda a sua vida se considerasse feliz em sua ilusão, o que não terá ele perdido, quando na eternidade se mostrar que ele se enganou a si mesmo! Pois na temporalidade talvez um homem[17] consiga prescindir do amor, talvez tenha êxito em evadir-se ao longo do tempo sem descobrir o autoengano, talvez tenha sucesso no mais terrível – numa ilusão, orgulhoso de permanecer nela; mas na eternidade ele não pode prescindir do amor, e não pode deixar de descobrir que pôs tudo a perder. Onde a vida é tão séria, onde é tão terrível, senão justamente quando ela, punindo, permite ao voluntarioso fazer o que quiser, de modo que lhe permite ir vivendo, orgulhoso de ser enganado, até que um dia lhe permite reconhecer a verdade, de que se enganou a si mesmo eternamente! Verdadeiramente, a eternidade não deixa que escarneçam dela, antes é assim, que ela nem precisa usar do poder, mas poderosamente usa de um pouco de escárnio para punir de maneira terrível o temerário. Pois o que vincula o temporal e a eternidade, o que é, senão o amor, que justamente por isso existe antes de tudo, e permanece depois que tudo acabou. Mas justamente porque o amor é assim o vínculo da eternidade, e justamente porque a temporalidade e a eternidade são de natureza diferente, justamente por isso o amor pode parecer um fardo para a sa-

---

17. *Menneske*: homem, no sentido amplo. Às vezes será traduzido por "ser humano", às vezes até por "pessoa", para que o leitor perceba que tanto vale para o masculino quanto para o feminino [N.T.].

I. A vida oculta do amor e sua cognoscibilidade pelos frutos

gacidade terrena da temporalidade, e por isso na temporalidade pode parecer ao homem sensual um imenso alívio lançar para longe de si este vínculo da eternidade.

O que se enganou a si mesmo crê, certamente, poder consolar-se, sim, até ter mais do que vencido; para ele se oculta, na presunção da tolice, o quão sem consolo é sua vida. Que ele "parou de se entristecer" não queremos negar-lhe; mas o que é que isso lhe adianta, se a salvação justamente consistiria em começar a entristecer-se seriamente sobre si mesmo! O que se enganou a si mesmo crê talvez até poder consolar outros que foram vítimas do engano da infidelidade; mas que loucura, se aquele que já sofreu dano no eterno quer curar aquele que no máximo está doente para a morte! O que se enganou a si mesmo crê talvez até, por força de uma estranha autocontradição, ser solidário com o infeliz que foi enganado. Mas se prestares atenção ao seu discurso consolador e à sua sabedoria curativa, vais reconhecer o amor nos frutos: no amargor do escárnio, na agudeza dos argumentos, no espírito envenenado da desconfiança, no frio mordente do endurecimento, ou seja, nos frutos se reconhece que aí não existe nenhum amor.

Nos frutos se reconhece a árvore; "acaso colhem-se uvas dos espinheiros ou figos dos cardos?" (Mt 7,16); se quiseres colhê-los lá, não apenas vais trabalhar em vão, mas os espinhos te mostrarão que colhes em vão. *Pois cada árvore se reconhece por seu* próprio *fruto.* Pode acontecer que haja dois frutos que se assemelham muito, um é saudável e saboroso, o outro amargo e venenoso; às vezes o venenoso também é delicioso, e o saudável tem um sabor um tanto amargo. Assim também se conhece o amor no seu *próprio* fruto. Se nos enganamos, deve ser porque não conhecemos os frutos ou porque não sabemos julgar corretamente, no caso particular. Como quando uma pessoa se equivoca e chama de amor o que propriamente é amor de si: quando solenemente assegura que não pode viver sem a pessoa amada, mas não quer ouvir falar de que a tarefa e a exigência do amor consiste em renunciar a si mesmo e abandonar este amor sensual de si mesmo. Ou quando uma pessoa se equivoca e chama pelo nome de amor aquilo que é débil condescendência, o que é podre lamentação, ou associação danosa, ou conduta vaidosa, ou ligações mórbidas, ou subornos da lisonja, ou aparências do instante, ou relações da temporalidade. Existe, aliás, uma flor que se chama Flor da Eternidade, mas existe também, por estranho que pareça, uma assim chamada flor da eternidade que, tal como as flores perecíveis, floresce apenas em uma determinada época do ano; mas que erro, chamar de flor da eternidade a esta última! E contudo, é tão enganadora no momento da floração. Mas cada árvore se conhece pelo seu fruto, e assim também o amor pelo seu próprio fruto, e o amor do qual fala o Cristianismo, por seu fruto próprio: pois que ele tem em si a verdade da eternidade! Todo outro amor, quer ele, falando humanamente, perca logo suas pétalas e se transforme, quer ele se conserve amorosamente nas estações da temporalidade: não deixa de ser efêmero, apenas floresce. É isso justamente o frágil e o melancólico nele, quer floresça por uma hora, quer por setenta anos; mas o amor cristão é eterno. Por isso a ninguém ocorreria dizer do amor cristão que ele floresce; a nenhum poeta, caso ele se compreenda, ocorreria cantar este amor. Pois o que o poeta deve cantar tem de possuir a melancolia que é o enigma da sua própria vida: deve florescer, ai, e deve perecer. Mas o amor cristão permanece, e justamente por isso ele é; porque o que perece floresce, e o que floresce perece, mas aquilo que é não pode ser cantado, deve ser crido e ser vivido.

Mas quando se diz que o amor é conhecido pelos frutos, diz-se ao mesmo tempo que o próprio amor, num certo sentido, mora no oculto, e justamente por isso só se dá a conhecer nos frutos que o revelam. Este é justamente o caso. Toda e qualquer vida, e assim também a do amor, é oculta enquanto tal, porém se revela em uma outra coisa. A vida da planta é oculta, o fruto é a revelação; a vida do pensamento é oculta, a expressão do discurso é o que a revela. As palavras sagradas que foram lidas acima falam portanto de algo duplo, enquanto, porém, só ocultamente falam de uma única coisa; no enunciado se revela contida uma única ideia, mas ao mesmo tempo se encontra oculta uma outra.

Tomemos então para a nossa consideração ambas as ideias, falando sobre:

a vida oculta do amor e sua cognoscibilidade pelos frutos.

I. A vida oculta do amor e sua cognoscibilidade pelos frutos

De onde vem o amor, onde está sua origem e sua fonte, onde é o lugar que constitui seu paradeiro, do qual ele provém? Sim, este lugar é oculto ou está no oculto. Há um lugar assim no mais íntimo do homem, deste lugar procede a vida do amor, pois "do coração procede a vida". Mas não consegues ver este lugar; por mais que tu penetres, a origem se esquiva na distância e no ocultamento; mesmo quando tiveres penetrado no mais profundo, a origem parece estar sempre um pouco mais profunda, assim como a origem da fonte, que justamente quando estás mais próximo se afasta ao máximo. Deste lugar procede o amor, por múltiplos caminhos; mas por nenhum desses caminhos podes penetrar na sua gênese oculta. Como Deus mora numa luz da qual emana cada raio que ilumina o mundo, enquanto porém ninguém pode penetrar por esses caminhos para ver a Deus, pois os caminhos da luz se transformam em escuridão quando a gente se volta contra a luz; assim também mora o amor no ocultamento, ou mora ocultamente no mais íntimo. Tal como o manancial da fonte atrai pela persuasão de seu murmúrio cantarolante, sim, quase pede ao homem que vá por *este* caminho e não pretenda indiscretamente remontar para encontrar a sua origem e revelar o seu mistério; tal como os raios do sol convidam o homem a contemplar, com seu auxílio, a magnificência do mundo, mas advertindo castigam o temerário com a cegueira quando este se volta indiscretamente e atrevido para descobrir a origem da luz; tal como a fé, acenando, se oferece ao homem como companheira de viagem no caminho da vida, mas petrifica o atrevido que se volta para compreender abusadamente; assim também é o desejo e o pedido do amor que a sua origem escondida e a sua vida oculta no mais íntimo permaneçam um segredo, que ninguém curiosa e abusadamente queira invadir importunando para ver o que afinal não pode ver, mas que com sua indiscrição bem pode pôr a perder da alegria e da bênção. É sempre o sofrimento mais doloroso quando o médico é obrigado a cortar e a avançar até as partes mais nobres e mais ocultas do corpo humano; assim também é o sofrimento mais doloroso e também o mais prejudicial quando alguém em vez de se alegrar com o amor em suas manifestações quer alegrar-se em esquadrinhar o amor, quer dizer, perturbá-lo.

A vida oculta do amor está no mais íntimo, insondável, e aí então numa conexão insondável com toda a existência. Assim como o lago tranquilo mergulha profundamente no manancial oculto, que nenhum olhar jamais viu, assim também se funda o amor de um homem, ainda mais profundamente, no amor de Deus. Se no fundo não houvesse um manancial, se Deus não fosse amor, então não existiria o pequeno lago, e absolutamente nenhum amor de um ser humano. Assim como o lago tranquilo se funda obscuramente no manancial profundo, assim também se funda o amor humano misteriosamente no amor de Deus. Como o lago tranquilo te convida a contemplá-lo, mas com seu reflexo da obscuridade te proíbe de escrutá-lo, assim também a origem misteriosa do amor no amor de Deus te proíbe de sondar o seu fundo; quando achas que o vês, é um reflexo que aí te engana, como se ele fosse o fundo, como se fosse o fundo aquilo que apenas oculta o fundo mais profundo. Assim como a engenhosa tampa do fundo falso, justamente para ocultar totalmente o esconderijo, aparenta ser o fundo, assim também aquilo que apenas oculta o mais profundo parece ser a profundidade do fundo.

É assim que se oculta a vida do amor; mas a sua vida oculta é em si mesma movimento, e tem a eternidade em si. O lago tranquilo, apesar da superfície totalmente calma, a rigor é água corrente, pois afinal tem a fonte em seu fundo: assim também o amor, por mais calmo que esteja em seu ocultamento, é contudo corrente. Mas o lago tranquilo pode secar se a fonte algum dia parar; a vida do amor, pelo contrário, tem uma fonte eterna. Esta vida é fresca e eterna: nenhum frio consegue congelá-la, para isso ela possui calor demais em si mesma, e nenhum calor pode deixá-la lânguida, para isso ela tem vivacidade demais em seu frescor. Mas oculta ela o é; e quando no Evangelho se fala da cognoscibilidade desta vida pelos frutos, o sentido disso tudo não é que se devesse inquietar e estorvar tal ocultamento, que se devesse dedicar-se à observação ou à introspecção descobridora, o que apenas "entristece o espírito" e atrasa o crescimento.

Esta vida oculta do amor, porém, é *cognoscível pelos frutos*, sim, e no amor existe uma necessidade de poder ser reconhecido nos frutos. E como é belo que o mesmo que designa o mais lastimá-

I. A vida oculta do amor e sua cognoscibilidade pelos frutos

vel designe também a suprema riqueza! Pois necessidade, ter uma necessidade, e ser alguém carente – como aos homens desgosta que se diga isso deles! E contudo dizemos o que há de mais alto, quando dizemos de um poeta que "ele tem necessidade de fazer poesia", do orador, que "falar é uma necessidade para ele", e da moça "que ela tem uma necessidade de amar". Ai, mesmo a pessoa mais carente que já viveu, se teve amor, quão rica não terá sido a sua vida em comparação com a daquele, que é o único miserável – aquele que foi vivendo a vida e jamais sentiu carência de nada! Pois afinal de contas esta é justamente a mais alta riqueza da moça, que ela careça do amado; esta é a mais alta e mais verdadeira riqueza do homem piedoso, que ele necessite de Deus. Interroga-os, pergunta à moça se ela poderia sentir-se tão feliz caso pudesse prescindir do seu amado; pergunta ao homem piedoso se ele compreenderia e desejaria poder igualmente prescindir de Deus! Assim também ocorre com a cognoscibilidade do amor pelos frutos: se a relação é a correta, diz-se, justamente, que eles têm necessidade de aparecer, com o que por sua vez se designa a riqueza. Aliás, teria de ser também a maior das torturas se efetivamente a situação fosse tal que no próprio amor residisse a autocontradição de que o amor exigisse manter ocultos os frutos, que exigisse torná-los irreconhecíveis. Seria a mesma coisa, como se à planta, percebendo em si a vida e a bênção de um copioso crescimento, não fosse permitido poder tornar isso manifesto, mas sim precisasse, como se a bênção fosse uma maldição, guardá-lo para si, ai, como um segredo em seu inexplicável murchar! Por isso as coisas não são de jeito nenhum assim. Pois mesmo se uma única determinada expressão de amor, ainda que permanecesse um botão, ficasse, por amor, reprimida em doloroso ocultamento: a mesma vida do amor haveria de inventar uma outra expressão, e assim fazer-se reconhecer em seus frutos. Ó, mártires silenciosos de um amor infeliz; decerto permaneceu um segredo o que vocês sofreram por precisarem, por amor, manter oculto um amor; isso jamais se tornou conhecido, tão grande foi justamente o amor de vocês, que fez este sacrifício: contudo, o amor de vocês tornou-se conhecido pelos frutos! E talvez tenham sido esses frutos os mais preciosos, os que amadureceram no ardor silencioso de uma dor escondida.

A árvore é reconhecida pelos *frutos*; pois é claro que a árvore também se deixa reconhecer pelas *folhas*, o fruto, porém, é o sinal essencial. Por isso, se reconhecesses pelas folhas que uma árvore é tal ou qual, mas descobrisses na época dos frutos que ela não produz nenhum fruto: com isso reconhecerias que esta propriamente não era aquela árvore pela qual se fazia passar graças às folhas. É justamente assim também o que se dá com a cognoscibilidade do amor. O apóstolo João diz (1Jo 3,18): "Filhinhos, não amemos com palavras nem com a língua, mas com obras e em verdade." E com que deveríamos melhor comparar este amor das palavras e das maneiras de falar, senão com as folhas das árvores; pois também a palavra e a expressão e as invenções da linguagem podem ser um sinal para o amor, mas um sinal incerto. A mesma palavra pode ser, na boca de alguém, tão rica de conteúdo, tão confiável, e na boca de um outro ser como o murmúrio indeterminado das folhas; a mesma palavra pode, na boca de uma pessoa, ser como o "grão abençoado que nutre", e na de outra, como a beleza infecunda da folha. Não deves por causa disso, contudo, reter a palavra nem tampouco deves ocultar a emoção visível, quando ela é verdadeira; pois tal comportamento pode até significar cometer uma injustiça por desamor, como quando se recusa a alguém algo que lhe pertence. Teu amigo, tua amada, tua criança, ou qualquer pessoa que seja objeto de teu amor tem um direito a que tu o exprimas também com palavras, quando o amor te comove realmente em teu interior. A emoção não é propriedade tua, mas sim do outro, e sua expressão lhe cabe por direito, dado que na emoção tu pertences àquele que te comove, e te tornas consciente de que pertences a essa pessoa. Quando o coração está repleto, não deves, invejoso, altivo, prejudicando o outro, ofendê-lo pelo silêncio, com os lábios cerrados; deves deixar a boca falar da abundância do coração; não deves envergonhar-te de teu sentimento e ainda menos de dar com justiça a cada um o que é seu. Mas amar não se deve com palavras e modos de falar, e não é por aí, de jeito nenhum, que se deve reconhecer o amor. Pelo contrário, deve-se antes reconhecer por tais frutos, isto é, pelo fato de que só existam folhas, que o amor não teve tempo de amadurecer. O Sirácida diz, numa advertência (Eclo 6,3): "Não devores as tuas folhas, pois destruirás teus frutos e ficarás como uma árvore seca"; pois é justamente pelas palavras e pelos modos de di-

I. A vida oculta do amor e sua cognoscibilidade pelos frutos 27

zer, quando estes são o único fruto do amor, que se reconhece que alguém prematuramente arrancou suas folhas, de modo que não consegue mais nenhum fruto, para nem mencionar o mais terrível, que às vezes se reconhece pelas palavras e pelos tipos de discursos justamente o impostor. Portanto, a imaturidade e o falso amor se reconhecem pelo fato de que as palavras e os modos de falar são seu único fruto.

Diz-se, em relação a certas plantas, que precisam "formar o coração"; assim também se tem de dizer do amor de uma pessoa: para que realmente produza fruto, e também seja reconhecível pelos frutos, primeiro tem de *formar o coração*. Pois decerto o amor provém do coração, mas não esqueçamos demasiado rápido este aspecto eterno, que o amor reforça o coração. Comoções fugazes de um coração indeterminado tem decerto qualquer homem, mas neste sentido ter um coração natural é infinitamente distinto de ter coração no sentido da eternidade. E o raro é talvez justamente isso, que o eterno adquira sobre um homem um poder tão grande que o amor se reforce eternamente nele ou forme um coração. Esta é porém a condição essencial para que se produza o fruto *próprio* do amor, no qual este se dá a conhecer. Pois assim como não se pode ver o amor como tal, e por isso mesmo se tem de crer nele, assim também ele não pode, de jeito nenhum, ser reconhecido incondicional e diretamente em nenhuma de suas manifestações como tais. Não há nenhuma palavra em linguagem humana, nem uma única, nem a mais sagrada, sobre a qual pudéssemos dizer: quando um homem emprega esta palavra, fica com isso incondicionalmente provado que há amor nele. Pelo contrário, é inclusive assim que uma palavra de alguém pode assegurar-nos de que haja amor nele, e a palavra oposta de um outro pode assegurar-nos de que também haja amor neste outro; é assim que uma única e mesma palavra pode assegurar-nos que o amor resida num que a pronunciou, e não no outro, que contudo pronunciou a mesma palavra. Não há nenhuma obra, nem uma única, nem a melhor, da qual ousássemos dizer: quem faz isso demonstra incondicionalmente com isso o amor. Depende do *como* a obra é realizada. Há obras, aliás, que são chamadas de obras de amor (ou de caridade) num sentido especial. Mas em verdade, porque um dá esmolas, porque visita a viúva, veste o nu, seu amor ainda não está demonstrado ou reconhecido; pois podem-se fazer obras de amor de maneira desamorosa, sim, até mesmo egoísta, e neste caso a obra de caridade não é uma obra do amor. Certamente já viste com frequência uma coisa muito triste, talvez tu também às vezes te tenhas surpreendido – o que todo homem sincero bem pode confessar, exatamente porque ele não é desamoroso e bastante empedernido para deixar de perceber o essencial – que a gente esqueça, *pela coisa* que se faz, de que *maneira* a gente a faz. Ai, consta que Lutero disse que em nenhum momento de sua vida teria orado sem ser perturbado por algum pensamento que o distraísse; igualmente o homem sincero reconhece que ele, por mais que tenha dado esmolas e muitas vezes de boa vontade, até com alegria, jamais entretanto terá dado sem alguma fraqueza, talvez perturbado por uma impressão casual, talvez com uma predileção fruto de um capricho, talvez para se livrar, talvez olhando para o lado, mas não no sentido bíblico; talvez sem que deixasse a mão esquerda saber o que ocorria – mas por irreflexão; talvez pensando na sua própria tristeza – mas não na do pobre; talvez procurando seu alívio no fato de dar uma esmola – em vez de querer aliviar a miséria: de modo que a obra de caridade não teria sido afinal, no sentido mais alto, uma obra do amor. Portanto, de que maneira a palavra é dita, e sobretudo de que maneira ela é pensada, a maneira como um ato é realizado: eis o decisivo para pelos frutos determinar e reconhecer o amor. Mas aqui vale ainda uma vez que não existe nenhum "de tal maneira", do qual se possa dizer incondicionalmente que ele demonstraria incondicionalmente a existência do amor, ou que ele demonstraria incondicionalmente sua ausência.

E não obstante, sabe-se que o amor se dá a conhecer por seus frutos. Mas aquelas santas palavras das Escrituras não foram escritas para nos estimular a ocupar zelosamente nosso tempo a julgarnos uns aos outros; elas se dirigem, ao contrário, como uma exortação ao indivíduo (a ti, m. ouv.[18], e a mim), para encorajá-lo a que não deixe infrutífero o amor, mas sim se aplique para que ele *possa* ser reconhecido pelos frutos, quer esses depois sejam ou não reconhecidos pelos demais. Pois o indivíduo não tem de se esforçar

---

18. M. Ouv.: o autor abrevia "m. T.", "*min Tilhører*", "meu/minha ouvinte" (isto é: quem escuta seus discursos). Em dinamarquês não aparece diferenciação de masculino e feminino, pois só há dois gêneros: o neutro e o comum, e aqui se trata do gênero comum [N.T.].

I. A vida oculta do amor e sua cognoscibilidade pelos frutos   29

para que o amor venha a ser reconhecido pelos frutos, e sim para que ele possa vir a ser reconhecido pelos frutos; procedendo assim, deve vigiar sobre si mesmo para que o reconhecimento do seu amor não se torne a seus olhos mais importante que a única coisa realmente importante, a saber: que este último dê frutos, e por isso possa ser reconhecido. Uma coisa, com efeito, é saber qual o conselho de prudência que se pode dar ao homem, que cuidado pode-se recomendar, a fim de ele não se deixar enganar por outro; e outra coisa, e muito mais importante, é a exortação do Evangelho ao indivíduo, para que medite que é pelos frutos que se reconhece a árvore, e que é ele, ou o seu amor, que é comparado no Evangelho a esta árvore. No Evangelho também não está dito (como se formularia na linguagem da experiência humana): "Tu deves (ou 'deve-se') reconhecer a árvore por seus frutos", mas está dito: "A árvore será reconhecida por seus frutos"; cuja interpretação dá: "Tu que lês estas palavras, tu és a árvore". Aquilo que o profeta Natã acrescentou à parábola, "Tu és o homem", o Evangelho não precisa acrescentar, dado que isto já está implícito na forma do enunciado e no fato de que se trata de uma palavra do Evangelho. Pois a autoridade divina do Evangelho não fala a um homem sobre um outro homem; ela não fala a ti, m. ouv., de mim, nem de ti para mim, não, quando o Evangelho fala, dirige-se ao indivíduo; não fala *sobre* nós, homens, de ti e de mim, mas fala *a* nós, a ti e a mim, e nos diz que o amor se reconhece por seus frutos.

Por isso, se alguém, por excentricidade e exaltação, ou por hipocrisia, quisesse ensinar que o amor é um sentimento tão oculto que seria demasiado nobre para produzir frutos, ou ainda um sentimento tão misterioso que os frutos não provariam nem a favor nem contra, e mais, que os frutos venenosos também nada provariam: nós lembraríamos então da palavra do Evangelho: "Reconhece-se a árvore por seus frutos." Nós queremos lembrar, não para atacar, mas para defender a nós mesmos contra tais coisas, que acerca deste ponto, como a respeito de qualquer outra palavra do Evangelho, vale o preceito segundo o qual "todo aquele que agir de acordo com isso será semelhante ao homem que constrói sobre um rochedo." "Quando vier a tempestade", e destruir aquela nobre fragilidade do amor refinado; "quando soprarem os ventos e derem contra" o tear da hipocrisia: aí se reconhecerá o verdadeiro amor por seus frutos. Pois, verdadeiramente, o amor deve ser cognoscível por seus frutos, porém daí não se segue que devas assumir o papel do conhecedor; também a árvore deve ser cognoscível por seus frutos, porém daí certamente não se segue que caiba a uma árvore encarregar-se de julgar as outras, pelo contrário, é sempre cada árvore tomada individualmente que deve ter frutos. Mas o homem não deve temer nem os que podem matar o corpo e muito menos o hipócrita. Só há um ser a quem um homem deve temer, é Deus; e só há um ser do qual o homem deve ter medo, é de si mesmo. Em verdade, jamais foi enganado por um hipócrita quem em temor e tremor diante da face de Deus temeu por si mesmo. Mas aquele que ocupa o seu tempo com a tarefa de rastrear os hipócritas, consiga ou não algum sucesso, examine-se para ver se isso não constitui também uma hipocrisia, pois descobertas dessa natureza dificilmente podem ser contadas como frutos do amor. Em compensação, aquele cujo amor traz em verdade os seus *próprios* frutos, há de desmascarar, mesmo sem pretender e sem procurar, qualquer hipócrita que se aproxime dele ou, pelo menos, o fará envergonhar-se, porém o que ama talvez nem esteja consciente disto. A mais medíocre de todas as defesas contra a hipocrisia é a sagacidade, ela quase não protege, antes constitui uma perigosa proximidade; a melhor de todas as defesas contra a hipocrisia é o amor, sim, este, além de ser uma defesa, é um abismo escancarado, desde toda eternidade ele nada tem a ver com a hipocrisia. Aí temos mais um fruto pelo qual se reconhece o amor: ele preserva o amoroso de cair nas ciladas do hipócrita.

Mas, muito embora de fato se reconheça o amor por seus frutos, não vamos, em cada relação de amor recíproco, por impaciência, desconfiança ou atitude julgadora, exigir continuamente ver os frutos. O primeiro ponto que desenvolvemos neste discurso foi precisamente que é necessário crer no amor, senão nem se perceberá que ele está presente; mas agora nosso discurso volta novamente ao seu ponto de partida, e repete: crê no amor! Esta é a primeira e a última coisa que se tem de dizer sobre o amor, quando se deve reconhecê-lo; mas da primeira vez isso foi dito em oposição ao racionalismo insolente, que tenta negar pura e simplesmente a

I. A vida oculta do amor e sua cognoscibilidade pelos frutos

existência do amor; agora, ao contrário, que já analisamos a possibilidade de reconhecer o amor por seus frutos, isso é dito contra a estreiteza de coração, mórbida, ansiosa e avarenta que, em desconfiança mesquinha e medíocre, exige ver os frutos. Não esqueças: já seria de resto um fruto belo, nobre, sagrado, no qual o amor em ti se daria a conhecer, se tu, a respeito de outro ser humano cujo amor talvez dê frutos menos valiosos, tivesses amor suficiente para vê-los mais belos do que são. Se a desconfiança pode perceber uma coisa como menor do que é, também o amor pode ver algo como maior do que ele é. Não esqueças que, mesmo quando te alegras dos frutos do amor pelos quais reconheces que ele reside neste outro ser humano, não esqueças que crer no amor constitui uma felicidade ainda maior. Justamente isto representa uma nova expressão da profundidade do amor: depois que se aprendeu a reconhecê-lo por seus frutos, que então novamente se retorne ao princípio e se retorne a ele como àquilo que há de mais elevado, ao crer no amor. Pois é verdade que a vida do amor é cognoscível em seus frutos, os quais o manifestam, mas a vida, ela mesma, é mais do que os frutos particulares e mais do que todos os frutos tomados em conjunto, se te fosse possível enumerá-los num só instante. O sinal definitivo, o mais feliz, e incontestavelmente convincente do amor é, pois, o próprio amor, tal como é conhecido e reconhecido pelo amor em uma outra pessoa. O semelhante só é conhecido pelo semelhante; só aquele que permanece no amor pode conhecer o amor do mesmo modo como seu amor deve ser conhecido.

II A

TU "DEVES" AMAR

Mt 22,39: *"O segundo mandamento é semelhante a esse: Amarás o teu próximo como a
ti mesmo."*

Todo discurso, e especialmente um fragmento de discurso, costuma pressupor algo, que assume como ponto de partida; quem
quiser tomar tal discurso ou asserção como tema de sua consideração, fará bem, portanto, em primeiramente encontrar esse pressuposto, para então iniciar por ele. Deste modo, também no texto que
lemos acima está contido um pressuposto que decerto aparecerá
no fim, mas que entretanto constitui o início. Pois quando é dito
"tu deves amar o teu próximo como a ti mesmo", aí está contido o
que é pressuposto, ou seja, que todo ser humano ama a si mesmo.
Isso então é pressuposto pelo Cristianismo, o qual não faz, de jeito nenhum, como aqueles pensadores de alto voo, que iniciam sem
pressupostos, e nem tampouco com um pressuposto adulador. E
será que ousaríamos negar que na realidade é bem assim como o
Cristianismo pressupõe? Mas por outro lado, será que alguém poderia interpretar mal o Cristianismo, supondo ser sua intenção ensinar aquilo que a sabedoria mundana, unanimemente – ai, e contudo justamente com discórdia – ensina "que o mais próximo de
cada um é ele mesmo"; será que alguém poderia compreender isso
tão mal, como se o intuito do Cristianismo fosse consagrar o amor
de si mesmo? Pelo contrário, a ideia dele é arrancar de nós homens
o egoísmo. Pois este consiste em amar-se a si mesmo; porém, se se
deve amar o próximo "como a si mesmo", então o mandamento arranca, como que com uma gazua, o fecho do egoísmo, e com isso
arrebata dele o homem. Se o mandamento de amar o próximo se
expressasse de uma outra maneira que não com essa palavrinha
"como a ti mesmo", a qual ao mesmo tempo é tão leve de manusear
e contudo possui a resistência da eternidade, então o mandamento

II A. Tu "deves" amar   33

não conseguiria dominar tão bem o amor de si. Este "como a ti mesmo" não vacila na pontaria e penetra então com a firmeza da eternidade, como um juiz, até o mais íntimo esconderijo onde um homem ama a si mesmo; não deixa ao amor de si mesmo a mínima desculpa, não lhe deixa aberta a mínima escapatória. Que estranho! Poder-se-iam proferir longos e sutis discursos sobre como o homem deve amar o seu próximo; e tão logo tais discursos fossem ouvidos, o amor de si conseguiria achar desculpas e inventar pretextos, porque o assunto não teria sido tratado de maneira exaustiva, nem todos os casos teriam sido especificados, porque sempre alguma coisa teria sido esquecida, ou algo não teria sido expresso ou descrito tão exatamente ou de maneira suficientemente obrigatória. Mas este "como a ti mesmo" – sim, nenhum lutador de luta livre consegue imobilizar o seu adversário do jeito como este mandamento é capaz de subjugar o amor de si, que não consegue mover-se do lugar. Em verdade, quando o egoísmo tiver lutado contra esta palavra – no entanto tão fácil de se compreender, que ninguém precisa quebrar a cabeça por causa dela –, ele então perceberá que combateu contra o mais forte. Como Jacó claudicava depois de ter combatido contra Deus, assim também o amor de si estará rompido se tiver combatido contra essa palavra, que porém não quer ensinar ao homem que ele não deva amar a si mesmo, e sim pelo contrário, quer precisamente ensinar-lhe o correto amor de si mesmo. Que estranho! Qual luta é tão demorada, terrível, complicada como a luta do amor de si para defender-se; e no entanto o Cristianismo resolve tudo de um só golpe. Tudo é tão rápido quanto to um abrir e fechar de olhos, tudo se decidiu, como na decisão eterna da ressurreição final, "num instante, num piscar de olhos" (1Cor 15,52): o Cristianismo pressupõe que o homem ama a si mesmo, e acrescenta a seguir apenas a palavra a respeito do próximo "como a si mesmo". E contudo entre a primeira e a última encontra-se a transformação de uma eternidade.

Mas deveria isso ser também o que há de mais elevado, não deveria ser possível amar uma pessoa *mais do que a si mesmo*? Ouve-se no mundo, é claro, este discurso do entusiasmo poético; e se de fato fosse talvez assim, que o Cristianismo não conseguisse alçar um voo tão elevado, assim, que provavelmente, também le-

34 As obras do amor

vando-se em consideração que ele se volta para gente simples e comum, se tenha fixado miseravelmente na exigência de amar o próximo "como a si mesmo", assim como também no lugar daquele objeto do amor cantado em altos voos: "um amado, um amigo", coloca o aparentemente tão pouco poético "próximo", pois o amor ao
próximo certamente não foi cantado por nenhum poeta, tampouco
como aquela história de amá-lo "como a si mesmo": será que as coisas são assim? Ou não deveríamos, ao mesmo tempo em que fazemos uma concessão ao amor *cantado*, em comparação com o que
nos é *ordenado*, louvar parcamente o bom senso do Cristianismo e
sua compreensão da vida, que se mantém na terra da maneira mais
sóbria e dietética, talvez no mesmo sentido daquele ditado
"ama-me pouco, mas por muito tempo"? Longe de nós tal coisa!
Pois o Cristianismo entende melhor do que qualquer poeta o que
seja o amor e o que seja amar; justamente por isso ele também sabe
aquilo que escapa aos poetas, que o amor que eles cantam, ocultamente é amor de si, e que justamente daí se deixa esclarecer a sua
expressão inebriante de amar uma outra pessoa mais do que a si
mesmo. O amor natural[19] ainda não é o eterno, ele é a bela vertigem da infinitude, sua expressão mais alta é a audácia do enigmático; eis porque ele tenta sua sorte numa expressão ainda mais verti-
ginosa, "amar uma pessoa mais do que a Deus". E essa audácia
agrada ao poeta acima de todas as medidas, para ela é deliciosa em
seus ouvidos, ela o inspira a cantar. Ai, o Cristianismo ensina que
isto é escarnecer de Deus. E a respeito da amizade[20] vale também o
que vale do amor natural, na medida em que esta também se encontra no amor de predileção: amar a esta única pessoa antes de
qualquer outra, amá-la em oposição a todas as outras. Tanto o objeto do amor natural quanto o da amizade têm por isso o nome do
amor de predileção: "o(a) amado(a)" e "o(a) amigo(a)" que são amados em oposição ao mundo todo. Ao contrário, o ensinamento cristão é de amar o próximo, amar todo o gênero humano, todos os ho-

---

19. *Elskov:* Aqui o autor emprega a expressão que vale para o amor natural, apaixonado, se-
letivo, sensível e inclusive erótico. Alguns dos sentidos desta palavra também se encontram
na expressão *Kjerlighed*, que de certo modo representará principalmente a forma do ágape
cristão, mas não em todas as citações [N.T.].

20. *Venskab:* De certo modo, o autor opõe o *éros* platônico e a *philía* aristotélica ao *ágape*
cristão [N.T.].

II A. Tu "deves" amar 35

mens, inclusive o inimigo, e não fazer exceção, nem a da predileção e nem a da aversão.

Só há um ser que o homem pode, com a verdade da eternidade, amar mais do que a si mesmo: é Deus. Por isso é que não está dito: "Tu deves amar a Deus como a ti mesmo", mas antes: "Amarás ao Senhor teu Deus de todo o teu coração, de toda a tua alma e de todo o teu entendimento". A Deus um homem deve amar obedecendo incondicionalmente, e amá-Lo adorando. Seria impiedade se um homem ousasse amar-se a si mesmo dessa maneira, ou se ele se atrevesse a amar uma outra pessoa desse modo, ou se ele se atrevesse a permitir a uma outra pessoa amá-lo dessa maneira. Se a pessoa a quem amas ou o teu amigo te pedisse algo que tu, exatamente porque amas honestamente, consideraste com preocupação que lhe seria danosa, tu assumirás uma responsabilidade se o amares aquiescendo, em vez de o amares negando-lhe a satisfação do pedido. Porém, a Deus tu deves amar em obediência incondicional, mesmo que aquilo que Ele exige de ti possa parecer ser para ti algo danoso, sim, danoso até para a Sua própria causa; pois a sabedoria divina não tem relação de comparação com a tua, e a providência divina não tem obrigação de prestar contas à tua inteligência; tu só tens que obedecer, amando. A um ser humano, ao contrário, tu deves tão só – mas não, pois isso afinal é o máximo –, portanto, a um ser humano tu deves amar como a ti mesmo; se puderes discernir melhor do que ele o que é o melhor para ele, então não terás nenhuma desculpa no fato de que o prejudicial seja o que ele próprio desejou, aquilo que ele mesmo pediu. Se não fosse assim, seria até correto dizer que se ama a uma outra pessoa mais do que a si mesmo, pois isso significaria que, não obstante nossa convicção de a estarmos prejudicando, ama-la-íamos assim *por obediência*, porque ela o estava a exigir; ou *adorando-a*, porque ela assim o desejava. Mas isto não te é permitido, e caso assim o faças, terás a responsabilidade, assim como também o outro tem responsabilidade se ele dessa maneira abusar de sua relação para contigo.

Portanto: "como a ti mesmo". Se o mais astucioso enganador que jamais existiu (ou até poderíamos imaginá-lo ainda mais astucioso do que qualquer um que tenha existido de fato) – para, se possível, ser autorizado a pronunciar muitas palavras e a fazer longos discursos, pois aí o impostor logo teria vencido – quisesse permanecer, entra ano e sai ano, a questionar tentadoramente a "lei régia", perguntando "como devo eu amar ao meu próximo"? Aí o lacônico mandamento continuará invariavelmente a repetir-lhe a breve palavra: "como a ti mesmo". E se algum impostor ao longo de toda a sua vida enganar-se a si mesmo com todas as digressões imagináveis a respeito desse assunto, a eternidade só lhe evocará a breve palavra da lei "como a ti mesmo". Em verdade, ninguém deve poder escapar desse mandamento: e se este "como a ti mesmo" abraça o amor de si ao máximo, imobilizando-o, então, por sua vez, "o próximo" constitui uma determinação que por sua impertinência vale por uma ameaça de morte para o egoísmo. Que é impossível esquivar-se daí, o próprio amor de si o percebe. A única escapatória que resta para se justificar é aquela que aliás o Fariseu também tentou, em seu tempo: levantar dúvidas sobre quem seria o seu próximo, para se livrar dele para bem longe.

Quem é então o meu próximo? A palavra é manifestamente formada a partir de "estar próximo", portanto, o próximo é aquele que está mais próximo de ti do que todos os outros, contudo não no sentido de uma predileção; pois amar aquele que no sentido da predileção está mais próximo de mim do que todos os outros é amor de si próprio "não fazem também o mesmo os pagãos?" O próximo está então mais próximo de ti do que todos os outros. Mas ele está também mais próximo de ti do que tu mesmo para ti? Não, ele não o está, mas ele está justamente, ou deve estar justamente tão próximo de ti como tu mesmo. O conceito do "próximo" é propriamente a reduplicação da tua própria identidade[21]; "o próximo" é o que os pensadores chamariam de o outro[22], aquele no qual o egoístico do amor de si é posto à prova. Neste sentido, para o pensamento o outro nem precisaria estar presente[23]. Se um homem vivesse numa ilha deserta e conformasse seu sentido ao mandamento, então poder-se-ia dizer dele que ama ao próximo, por renunciar ao seu egoísmo. É claro que "o próximo" é em si uma multiplicida-

---

21. *af Dit eget Selv*
22. *det Andet*, a alteridade (aqui o autor utiliza a forma neutra) [N.T.].
23. *at vaere til*: o mesmo que "existir" [N.T.].

II A. Tu "deves" amar   37

de, pois "o próximo" significa "todos os homens", e contudo, em um outro sentido, basta um único homem para que tu possas praticar a lei. Pois é uma impossibilidade, no sentido egoístico, conscientemente, ser dois para ser idêntico consigo mesmo; para isso o amor de si tem de estar sozinho. Mas também não são necessários três, pois se há dois, quer dizer, se há um único outro ser humano que tu no sentido cristão amas "como a ti mesmo", ou em quem tu amas "o próximo", então tu amas a todos os homens. Mas o que o egoístico absolutamente não pode tolerar é a reduplicação, e a palavra do mandamento "como a ti mesmo" constitui justamente a reduplicação. Pois o que arde no amor natural não pode de jeito nenhum, em razão ou por força deste ardor, tolerar a reduplicação, que aqui significaria: renunciar a este amor, se o(a) amado(a) exigisse isso. A pessoa amante não ama portanto a pessoa amada "como a si mesmo", pois ela se relaciona exigindo, mas aquele "como a ti mesmo" contém justamente a exigência a ela – ai, e contudo a pessoa amante ainda acha que ama o outro mais do que a si mesmo.

"O próximo" ameaça assim o amor de si tanto quanto é possível; se há apenas dois homens, o segundo homem é o próximo; se há milhões, cada um deles é o próximo, que por sua vez está mais próximo do primeiro do que "o amigo" ou que "a pessoa amada", na medida em que estes, como objetos de predileção, acabam fazendo causa comum com o egoísmo que há naquele. Que o próximo portanto está presente e está tão próximo de alguém, geralmente também se sabe, quando se quer reclamar seus direitos em relação a ele, e exigir alguma coisa dele. Se alguém pergunta neste sentido quem é o meu próximo, então aquela réplica de Cristo ao Fariseu só conterá a resposta num modo especial, pois na réplica, a rigor, a pergunta é transformada primeiro no seu oposto, com o que se indica como é que um homem deve perguntar, pois Cristo diz ao fariseu, depois de ter contado a parábola do Bom[24] Samaritano (Lc 10,36): "Qual dos três, em tua opinião, foi o próximo do homem que caiu nas mãos dos bandidos", e o Fariseu responde "corretamente": "Aquele que usou de misericórdia para com ele"; isto é, ao reconhecer o teu dever tu descobres facilmente quem é o teu próximo. A

---

24. No dinamarquês se diz usualmente "misericordioso" Samaritano: *barmhjertige* [N.T.].

38   As obras do amor

resposta do Fariseu está implicada na pergunta de Cristo, que pela sua forma obrigava o Fariseu a responder desta maneira. Aquele para quem eu tenho a obrigação é o meu próximo, e quando eu cumpro o meu dever eu mostro que eu sou o próximo. Pois para Cristo não se trata de saber quem é o próximo, mas sim de a gente mesmo se tornar o próximo, e que a gente demonstre ser o próximo como o Samaritano o provou por sua misericórdia; pois com isso ele demonstrou, aliás, não que o assaltado era o próximo dele, mas sim que ele era o próximo daquele que fora agredido. O Levita e o Sacerdote eram, num sentido mais próximo, os próximos do assaltado, mas não quiseram saber nada disso; o Samaritano, ao contrário, que pelos preconceitos teria motivos para compreender mal a coisa, este sim entendeu corretamente que ele era o próximo do que fora agredido. Escolher um amado, achar um amigo, sim, isto constitui um trabalho exaustivo; porém o próximo é fácil de conhecer, fácil de encontrar, basta que se queira mesmo reconhecer o seu próprio dever.

O mandamento prescreve, portanto: "Tu deves amar o teu próximo como a ti mesmo", mas quando o mandamento é compreendido corretamente ele também diz o inverso: *"Tu deves amar a ti mesmo da maneira certa"*. Se alguém não quer aprender do Cristianismo a amar-se a si mesmo da maneira certa, não poderá, de jeito nenhum, amar o próximo; ele pode assim, talvez, como se diz, ligar-se a um outro ou a muitos outros homens "para a vida ou para a morte", mas isso absolutamente não significa amar o próximo. Amar-se a si mesmo da maneira certa e amar o próximo se equivalem totalmente, e no fundo são a mesma coisa. Quando o "como a ti mesmo" da lei te libertou do amor de si, que o Cristianismo, coisa bem triste, tem de pressupor que existe em cada homem, é então que aprendeste a te amar a ti mesmo. A lei é, portanto: Tu deves amar a ti mesmo da maneira como tu amas ao próximo, quando tu o amas como a ti mesmo. Quem tem algum conhecimento dos homens vai certamente confessar que muitas vezes, assim como desejou poder motivá-los a renunciar ao amor de si, assim também muitas vezes precisou desejar se possível ensinar-lhes a se amarem a si mesmos. Quando o sujeito superocupado gasta o seu tempo e sua força ao serviço de empreendimentos passageiros e vãos, não será

II A. Tu "deves" amar 39

porque ele não aprendeu a se amar a si mesmo da maneira certa? Quando o sujeito leviano se dispersa nas loucuras do instante, como se não valesse nada, não será porque ele não compreendeu como amar a si mesmo da maneira certa? Quando o sujeito melancólico deseja livrar-se de sua vida, sim, de si mesmo, não será porque ele não quer aprender com rigor e seriedade a amar a si mesmo? Quando um ser humano, porque o mundo ou uma outra pessoa o traiu, lhe foi infiel, se entrega ao desespero, qual é então aí a sua culpa (pois não falamos aqui, afinal, de seu sofrimento inocente), senão a de não amar a si mesmo da maneira certa? Quando um ser humano atormentando-se acredita fazer um favor a Deus em se torturar, qual a sua culpa, senão a de não querer amar a si mesmo da maneira certa? Ai, e quando um homem temerariamente atenta contra sua própria vida, o seu pecado não consiste justamente em que ele não se ama da maneira certa, naquele sentido em que um homem *deve* amar a si mesmo? Oh, no mundo muito se fala de traição e de infidelidade, e oxalá quisesse Deus melhorar isso, pois infelizmente é muito verdadeiro, mas não nos esqueçamos jamais, por causa disso, que o traidor mais perigoso de todos é aquele que cada homem traz dentro de si. Esta traição, quer se trate de se amar de maneira egoísta, quer se trate de egoisticamente não se amar da maneira certa, esta traição é certamente um segredo; por causa dele ninguém se alarma como por causa da traição e da infidelidade; mas será que por isso mesmo não seria importante sempre de novo recordar a doutrina do Cristianismo: de que um homem deve amar o seu próximo como a si mesmo, isto é, como ele deve amar a si mesmo?

O mandamento do amor ao próximo fala então com uma única e mesma palavra, "como a ti mesmo", tanto deste amor quanto do amor a si mesmo – e neste momento a introdução do discurso chegou àquilo que ela desejava tornar objeto da nossa consideração. Pois o ponto em que o mandamento do amor ao próximo se torna sinônimo do amor a si mesmo não é apenas aquele "como a ti mesmo", mas consiste ainda antes na palavra *"deves"*. Sobre isso queremos falar:

Tu "deves" amar,

40 As obras do amor

pois isto é justamente o sinal do amor cristão, e constitui sua propriedade característica que ele contenha esta aparente contradição: que amar seja um dever.

Tu "deves" amar: esta é portanto a palavra da "lei real". E verdadeiramente, m. ouv., se conseguires imaginar o estado do mundo antes dessas palavras terem sido proferidas, ou se te deres ao trabalho de compreender a ti mesmo e prestares atenção à vida e ao estado de espírito daqueles que, embora se chamem cristãos, vivem propriamente em concepções pagãs, aí então tu, com relação a este elemento essencialmente cristão[25], como em relação a tudo o que é cristão, confessarás humildemente com o espanto da fé que uma tal palavra jamais brotou do coração de um homem. Pois agora que isto já foi ordenado ao longo de dezoito séculos de Cristianismo, e antes deste tempo no Judaísmo, agora que qualquer um é instruído sobre ele e, no sentido espiritual, assim como aquele que se educa na casa de pais ricos, quase é levado a se esquecer de que o pão de cada dia é um dom; agora, que o essencial do cristão[26] muitas vezes é menosprezado pelos que são educados no Cristianismo, em comparação com toda sorte de novidades, do mesmo modo como o alimento sadio é menosprezado por aquele que jamais esteve faminto, na comparação com guloseimas; agora que o essencialmente cristão é pressuposto, pressuposto como algo conhecido, como algo dado, é apenas indicado para se poder ultrapassá-lo[27]: agora esta lei do amor é pronunciada por qualquer um, sem mais nem menos, ai, e contudo quão raramente talvez ela seja observada, quão raro não é que um cristão fique a imaginar seriamente, com pensamentos de gratidão, como haveria de ser seu estado caso o Cristianismo não tivesse vindo ao mundo! No entanto, quanta coragem não se exige para dizer pela primeira vez "tu *deves* amar", ou melhor, quanta autoridade divina, para com estas palavras revirar os conceitos e as representações do homem natural! Pois lá onde a linguagem humana para e falta a coragem, no limite, irrompe a revelação com originalidade divina e proclama algo, que não é

---

25. *dette Christelige*
26. *det Christelige*
27. *at gaae videre*

II A. Tu "deves" amar   41

difícil de compreender no sentido da profundidade ou das comparações humanas, e não obstante jamais brotou de um coração humano. Esta palavra não é propriamente difícil de compreender,
uma vez pronunciada, e aliás, só quer ser compreendida para ser
praticada; porém, não surgiu de um coração humano. Toma um pagão que não tenha sido estragado por ter aprendido a recitar irre-
fletidamente as coisas cristãs, nem tenha sido mimado pela ilusão
de ser um cristão, e este mandamento "tu deves amar" não só lhe
provocará estupefação, mas o revoltará, será para ele um escândalo. Justamente por isso combina com este mandamento do amor o
que é o sinal de tudo o que é realmente cristão: "tudo se tornou
novo". O mandamento não é algo de novo no sentido casual, nem
uma novidade no sentido novidadeiro, e nem qualquer coisa nova
no sentido da temporalidade. O amor[28] também existiu no paganismo; mas isto de se dever amar[29] constitui uma mudança da eternidade: "e tudo se tornou novo"[30]. Que diferença entre aquele jogo
de forças do sentimento e do instinto e da inclinação e da paixão,
em suma: da imediatidade, aquelas coisas magníficas cantadas pela
poesia, em meio a sorrisos e lágrimas, em meio a desejos e saudades, que diferença entre tudo isso e a seriedade da eternidade, do mandamento, em espírito e verdade, em sinceridade e autoabnegação!

Mas a ingratidão humana, ai, como ela tem uma memória tão
curta! Já que o mais elevado agora é oferecido a todos, qualquer
um o toma como um nada, nada percebe nele, para nem falar em
dar-se conta de sua natureza preciosa, como se o bem supremo perdesse algo pelo fato de que todos têm o mesmo ou podem tê-lo. Vê,
caso uma família estivesse de posse de algum valioso tesouro que
se relacionasse com um determinado evento, então de geração em
geração os pais contariam aos filhos, e os filhos por sua vez aos
seus filhos, como aquilo aconteceu. Mas porque o Cristianismo
agora se tornou propriedade de todo o gênero humano ao longo de
tantos séculos, deve-se então calar sobre qual mudança a eternidade opera no mundo com ele? Não está cada geração igualmente

---

28. Neste capítulo a palavra correspondente a "amor" é *Kjerlighed*, e não *Elskov*, mesmo
quando se refere ao amor dos amantes e ao amor espontâneo ou imediato [N.T.].

29. *at skulle elske*

30. 2Cor 5,17.

42 As obras do amor

perto, isto é, igualmente obrigada a tornar isso claro para si? A mudança é menos peculiar só porque ocorreu há dezoito séculos atrás? Será que se tornou menos notável, que exista um Deus, porque há muitos milênios viveram gerações que acreditavam nele; será que se tornou menos estranho para mim – se é que eu creio nisso? E para o homem de hoje, que vive em nosso tempo, será que faz já dezoito séculos que ele se tornou cristão, só porque há dezoito séculos o Cristianismo entrou no mundo? E se não fazem assim tantos anos, então decerto ele teria de poder lembrar-se de como é que ele era antes de se tornar cristão, e também saber que mudança ocorreu com ele, na medida em que ocorreu com ele a mudança de ele ter-se tornado cristão. Assim, não são necessárias descrições de história universal do paganismo, como se tivesse sido há dezoito séculos atrás o fim do paganismo; pois não faz assim tanto tempo desde que tu, m. ouv., e eu, éramos pagãos, nós o fomos sim – se é que nos tornamos cristãos.

E esta é justamente a mais melancólica e a mais ímpia espécie de engano: por falta de discernimento, deixar-se enganar quanto ao bem supremo, que se pensa possuir, ai, e eis que não se está de posse dele realmente. Pois o que significa a mais alta possessão, a posse de tudo, se eu jamais recebo uma impressão de possuí-lo, e do que é que eu possuo! Só porque aquele que possui bens terrenos deve, segundo a palavra da Bíblia, ser como o que não os possui, será que isto então também é correto em relação com o bem supremo: possuí-lo e no entanto ser como aquele que não o possui? Será que isso está certo? Mas não, não nos iludamos com a pergunta, como se fosse *possível* possuir o supremo dessa maneira, vamos refletir corretamente que isso é uma impossibilidade. Os bens terrenos são o indiferente, e por isso a Sagrada Escritura ensina que eles, quando possuídos, devem ser possuídos como o indiferente; mas o bem supremo nem *pode* e nem deve ser possuído como o indiferente. Os bens terrenos são *uma realidade* no sentido exterior, por isso *pode*-se possuí-los enquanto, e apesar de que, se é como aquele que não os possui; mas os bens do espírito só existem no interior, consistem apenas na *possessão*, e por isso não se pode, se realmente se os possui, ser como aquele que não os possui; pelo contrário, se se é assim, simplesmente não se os possui. Caso al-

II A. Tu "deves" amar 43

guém ache que tem a fé e contudo é indiferente com esta sua posse, não é frio e nem é quente, aí ele pode ter certeza de que não tem, de jeito nenhum, a fé. Caso alguém ache que é cristão e no entanto fica indiferente frente ao fato de sê-lo, verdadeiramente ele não o é. Ou como iríamos então julgar sobre um ser humano que assegurasse estar enamorado e ao mesmo tempo garantisse que isso lhe era indiferente?

Por isso, aqui, tampouco como em qualquer outra oportunidade em que falemos do essencialmente cristão, não esqueçamos jamais a sua originalidade[31], ou seja, que ele não brotou de nenhum coração humano; não nos esqueçamos de falar disso com a originalidade da fé, que sempre, quando ela existe num homem, crê não porque os outros creram, mas porque também este homem foi agarrado por aquilo que já agarrou inúmeros antes dele, e contudo nem por isso agora menos originalmente. Pois um instrumento que um artesão utiliza se desgasta com os anos, a mola perde a sua elasticidade e se gasta; mas o que tem a elasticidade da eternidade conserva-a através de todos os tempos sempre inalterada. Quando um dinamômetro já está gasto pelo tempo, então até o fraco pode enfim ser aprovado no teste; mas o padrão da eternidade, pelo qual cada homem será testado, se ele quer ou não quer ter a fé, permanece sempre em todos os tempos inalterado. Quando Cristo diz "guardai-vos dos homens" (Mt 10,17), não estaria também aí incluído: guardai-vos, para que no contato com os homens, isto é, pela constante comparação com os outros homens, pelo hábito e pela exterioridade, não vos deixeis roubar tolamente o bem supremo? Pois a intriga de um vigarista não é tão perigosa, facilmente a gente também se torna atento a ela; mas o terrível é possuir o bem supremo numa espécie de coletividade indiferente, na negligência de um hábito rotineiro, sim, na negligência de um hábito rotineiro que, no entanto, quer colocar a espécie no lugar do indivíduo, tornar o gênero humano o receptor e fazer dos indivíduos, em virtude disso, partícipes, sem mais nem menos. É claro que o bem supremo não deve ser uma presa; não deves possui-lo para ti mesmo no sentido egoístico, pois aquilo que tu podes possuir só para ti mesmo

---

31. *Oprindelighed*, ou: primitividade [N.T.].

44   As obras do amor

jamais será o bem supremo; mas embora no sentido mais profundo compartilhes com os outros o bem supremo (e isto é justamente o bem supremo, o que podes possuir em comum com todos), tu deves, crendo, tê-lo para ti mesmo, para que o conserves enquanto talvez todos os outros também o possuam, mas, também, ainda que todos os outros o abandonassem. Guardai-vos também sob este aspecto dos homens, "sede espertos como serpentes", ou seja, para que conserves o segredo da fé para ti mesmo, muito embora tu esperes e desejes e trabalhes a fim de que cada um faça neste aspecto o mesmo que tu; "sede simples como pombas", pois a fé é justamente esta simplicidade. Não deves usar a esperteza para fazer da fé uma outra coisa, mas deves usar da esperteza precisamente para, sábio[32] frente aos homens, velares pelo segredo da fé em ti, guardando-te dos homens. Deixa uma senha de ser um segredo porque todos, cada um para si, a conhecem, caso ela seja confiada a cada um e conservada por cada um como um segredo? Contudo o segredo da senha hoje é um e amanhã outro, mas a essência da fé consiste em ser um segredo, em ser para o indivíduo[33]; se a fé não é conservada como um segredo por cada indivíduo, mesmo quando ele a confessa, então este não crê, de maneira nenhuma. Seria talvez um defeito da fé o fato de ela ser e permanecer e dever ser um segredo? Não é também o caso com a paixão amorosa, ou não são justamente as emoções fugazes que imediatamente se tornam manifestas e por isso também imediatamente desaparecem, enquanto que a impressão profunda sempre conserva o segredo, de modo que nós até, e com razão, dizemos que a paixão que não torna um homem discreto não é a autêntica paixão. A paixão secreta pode ser uma imagem da fé; porém, a interioridade incorruptível do homem que se oculta na fé é a própria vida. Aquele que, esperto como a serpente, se guarda dos homens, para poder, simples como a pomba, "conservar o segredo da fé", também possui, como diz a Escritura (Mc 9,50), "sal em si mesmo"; mas se ele não se guarda dos homens, aí o sal perde sua força, e com que então se há de salgar? E embora já tenha acontecido que o segredo de uma paixão

---

32. *klogt*
33. *for den Enkelte*

II A. Tu "deves" amar 45

amorosa se tenha tornado a ruína de um homem, a fé é eternamente e todo o tempo o segredo que salva! Observa aquela mulher que sofria de um fluxo de sangue: ela não avançou empurrando os outros para chegar a tocar as vestes de Cristo; ela não contou aos outros o que pretendia fazer e aquilo em que acreditava; ela dizia bem baixinho para si mesma "se eu apenas tocar a fímbria de suas vestes estarei curada". Ela mantinha o segredo para si mesma, foi o segredo da fé que a salvou, tanto no tempo quanto para a eternidade. Este segredo tu podes conservar para ti mesmo, inclusive quando com franqueza confessares a tua fé; e quando exaurido jazeres no leito de enfermo sem poder mover nenhum membro, quando não puderes nem movimentar a língua, podes ter mesmo assim junto a ti este segredo.

Mas a originalidade da fé relaciona-se, por sua vez, com a originalidade do autenticamente cristão. Vastas descrições do paganismo, de seus erros, de suas características próprias não são, absolutamente, necessárias, pois os sinais do autenticamente cristão estão incluídos no próprio crístico. Experimenta fazer aqui o seguinte teste: esquece por um instante o autenticamente cristão e recorda o que tu entendes de resto por amor, traz à tua consciência o que lês nos poetas, e aquilo que tu mesmo podes descobrir, e diz-me então: alguma vez te ocorreu a ideia de que *tu deves* amar? Sê sincero, ou, para que isso não te perturbe, eu mesmo quero admitir sinceramente que muitas, muitas vezes em minha vida isto provocou em mim assombro e surpresa, e que às vezes me pareceu que o amor com isso perdia tudo, enquanto que na verdade ele tem tudo a ganhar com isso. Sê sincero, confessa que talvez seja esse o caso da maioria das pessoas, que, quando leem as descrições ardentes dos poetas a respeito do amor e da amizade, estas parecem então algo de muito superior a este pobre: "tu deves amar".

"Tu deves amar". *Só quando amar é um dever, só então o amor está eternamente assegurado contra qualquer mudança; eternamente libertado em bem-aventurada independência; protegido eterna e felizmente contra o desespero.*

Por mais alegre, por mais feliz e por mais indescritivelmente confiante que possa ser o amor que brota do instinto e da inclinação, o amor espontâneo enquanto tal, ele sente, contudo, precisamente em seu instante mais belo, um impulso para, se possível, amarrar-se ainda mais firmemente. Por isso os dois juram, eles se prometem fidelidade ou amizade recíproca; e quando falamos da maneira mais solene, nós não dizemos que os dois "se amam mutuamente", dizemos que eles "juraram ser fiéis um ao outro", ou: "eles juraram recíproca amizade". Mas sobre o que jura este amor? Não queremos agora perturbar nem distrair a atenção, lembrando das múltiplas coisas que esses porta-vozes do amor, "os poetas", conhecem na qualidade de iniciados – pois com relação a este amor é o poeta quem toma o juramento dos dois, é o poeta que une os amantes, é o poeta que dita aos dois a fórmula do juramento e os faz jurar; em suma, o poeta é o seu sacerdote. Jura então este amor sobre algo que é maior do que ele? Não, isso ele não faz. Justamente isso constitui o belo mal-entendido, comovente, enigmático e poético: que os dois não o descobrem por si mesmos; e precisamente por isso é o poeta o seu único e amado confidente, porque ele também não o descobre de jeito nenhum. Quando este amor jura, então é propriamente ele mesmo quem dá o significado àquilo sobre o que ele jura; é o próprio amor que projeta o brilho sobre aquilo sobre o que ele jura, de modo que não apenas ele não jura por algo de mais elevado, mas a rigor ele jura por algo que é menos elevado do que ele mesmo. Tal é a indescritível riqueza deste amor em seu amável mal-entendido; pois justamente porque ele é para si mesmo uma riqueza infinita, ilimitadamente digno de confiança, é que, quando ele quer jurar, vem a jurar sobre algo de menor, mas não percebe que assim o faz. Daí se segue também que este jurar, que afinal de contas deveria ser e também sinceramente está convencido de que é a seriedade mais elevada, de fato é o mais encantador dos gracejos[34]. E o amigo enigmático, o poeta, completamente familiarizado com esta compreensão mais alta do amor, ele também não o compreende, absolutamente. Porém é fácil de compreender que se se deve em verdade jurar, então se tem de prestar o juramento por algo de mais elevado, de modo que tão somente Deus nos céus é o único que em verdade está em condições de poder jurar por si mesmo. Entretanto, o poeta não pode com-

---

34. Seriedade: *Alvor*; gracejo: *Spøg*. Binômio muito utilizado pelo autor [N.T.].

II A. Tu "deves" amar

preendê-lo, isto é, o indivíduo que é poeta pode decerto compreendê-lo, mas não o pode compreender na medida em que ele é poeta, dado que "*o poeta*" não o pode compreender: pois o poeta pode compreender todas as coisas – em enigmas, e maravilhosamente explicar todas as coisas – em enigmas, mas ele não pode compreender-se a si mesmo, ou compreender que ele mesmo é um enigma. Se quisessem forçá-lo a compreender isso, então, caso não se tornasse irritado ou amargurado, ele diria melancolicamente: "Oxalá essa compreensão não me tivesse sido impingida, pois ela perturba o que é para mim o mais belo, me perturba a vida, enquanto que eu não posso fazer nenhum uso dessa compreensão". E neste ponto, e até aí, o poeta tem razão, pois a compreensão verdadeira é a decisão da questão vital para a sua existência[35]. Deste modo, há dois enigmas: o primeiro é o amor dos dois amantes, o segundo é a explicação que o poeta nos dá desse amor, ou consiste em que a explicação poética também seja um enigma.

Assim jura este amor, e então os dois amantes acrescentam à fórmula do juramento que querem amar-se um ao outro "eternamente". Se isto não é acrescentado, o poeta não une os dois, vira as costas indiferente a um tal amor temporal, ou ele se volta com desdém contra os dois, enquanto que ele pertence eternamente àquele amor eterno. A rigor, ocorrem duas uniões, primeiro a dos dois amantes que querem amar-se eternamente um ao outro, e então a do poeta que quer pertencer eternamente aos dois. E nisso o poeta tem razão: que quando dois seres humanos não querem amar-se eternamente um ao outro, o amor deles não é digno de ser mencionado, e menos ainda digno de ser cantado. Por outro lado, o poeta não nota o malentendido que há em que os dois jurem *por seu amor* que querem amar-se um ao outro eternamente, em vez de *pela eternidade* se jurarem amor recíproco. A eternidade é o mais elevado; se devemos jurar, então temos de jurar pelo mais elevado, mas se devemos jurar pela eternidade, então juramos pelo dever "de *dever* amar"[36]. Ai, mas aquele favorito dos amantes, o poeta, ele, que é ainda mais raro do que os dois verdadeiros amantes que sua nostalgia procura, ele,

---

35. *Tilvær*
36. *ved Pfligten* (pelo dever = obrigação) *at skulle* (de dever [*forma verbal*] = ter de) *elske* (amar) [N.T.].

48   As obras do amor

que é o próprio prodígio da amabilidade, ele é como uma criança mimada, não consegue suportar este "deve"; logo que é pronunciado, ele se torna impaciente[37] ou ele se entrega ao choro.

Portanto, esse amor espontâneo tem decerto em si o eterno, no sentido da mais bela ilusão, mas ele não está conscientemente fundado sobre o eterno, e por isso ele está sujeito a *alterar-se*. Mesmo que não se alterasse, está sujeito a mudanças, pois ele é, afinal, o afortunado, mas do afortunado vale o mesmo que vale a respeito da boa fortuna, que, quando comparada ao eterno, não pode ser pensada sem melancolia, assim como é dito com um arrepio: "A boa sorte *existe* quando *existiu*". Isto quer dizer que enquanto ela persiste e está presente seria possível uma mudança; só quando ela tiver passado poderemos dizer que ela se manteve. "Não se louve nenhum homem como feliz enquanto ainda viver"; enquanto ele viver, a boa sorte pode mudar-se, só quando ele tiver morrido, e a boa sorte não o tiver abandonado enquanto ele viveu, somente então se mostrará que ele foi feliz. O que meramente existe, o que não sofreu nenhuma mudança, tem a mudança constantemente fora de si; esta pode constantemente introduzir-se; até no último instante ela pode chegar, e somente quando a vida tiver sido levada a cabo, poderemos dizer: a mudança não veio – ou talvez tenha vindo. O que não sofreu nenhuma mudança tem decerto duração[38], mas não continuidade[39]; na medida em que tem duração, ele existe, mas na medida em que não conquistou a continuidade na mudança, não pode tornar-se contemporâneo consigo mesmo, e ele está então ou numa feliz ignorância sobre esta discrepância ou numa disposição melancólica. Pois o eterno é o único que pode ser e vir a ser e permanecer contemporâneo com qualquer tempo; a temporalidade, ao contrário, reparte-se em si mesma, e o presente não pode vir a ser contemporâneo com o futuro, nem o futuro com o passado, nem o passado com o presente. Portanto, daquilo que, ao passar pela mudança, adquiriu continuidade, pode-se dizer não apenas que ele perdurava se perdurou, porém se pode dizer "ele perdurou

---

37. Trocadilho: suportar: *taale*; impaciente: *utaalmodig* [N.T.].
38. *Bestaaen*
39. *Bestandighed*

II A. Tu "deves" amar   49

enquanto perdurava". Justamente esta é a segurança, e um caso completamente diferente do da sorte ou felicidade. Quando o amor submeteu-se à mudança da eternidade, em se tornando um dever, aí ele adquiriu continuidade, e aí segue-se de si mesmo que ele perdure. Pois não é evidente que aquilo que dura neste instante também venha a durar no próximo instante, mas é evidente que o contínuo perdura. Nós dizemos, aliás, que algo superou sua prova, e o louvamos quando foi bem-sucedido na prova[40]; mas esta fala se refere às coisas imperfeitas, pois a continuidade do contínuo não deve e não *pode* demonstrar-se por superar a prova, pois afinal ele é o contínuo, e só o efêmero pode dar-se aparência de continuidade ao superar uma prova. A ninguém ocorreria, portanto, dizer da prata de lei que ela deve superar suas provas ao longo dos anos, pois afinal, trata-se da prata que é padrão das provas. Assim também quanto ao amor. Aquele amor que meramente perdura, por mais feliz, por mais bem-aventurado, por mais confiante, por mais poético que seja, tem contudo que ir vencendo a sua prova ao longo dos anos; mas aquele amor que se submeteu à mudança da eternidade em se tornando dever, e conquistou continuidade, este é a prata da lei. Por isso ele é talvez menos aplicável, menos utilizável na vida? Será então a prata de lei menos utilizável? Decerto que não; mas a língua, involuntariamente, e o pensamento, conscientemente, honram de uma maneira especial a prata de lei, pois dela dizemos apenas "ela é usada", não se fala de uma prova, não a insultamos querendo prová-la, pois já sabemos com antecedência que a prata-padrão se mantém. Quando então utilizamos uma liga menos confiável, somos forçados a examinar mais de perto e a falar de maneira menos singela, somos forçados a dizer quase ambiguamente as duas coisas: "Usamos a liga, e enquanto a usamos nós a provamos, ao mesmo tempo", pois afinal é constantemente possível que ela possa alterar-se.

Portanto, só quando amar é dever, só então o amor está eternamente assegurado. Esta garantia da eternidade lança fora toda angústia e torna perfeito o amor, perfeitamente garantido. Pois naquele amor que só tem duração, por mais cheio de confiança que

---

40. *har bestaaet sin Prøve*

50 As obras do amor

ele seja, há todavia ainda uma angústia, uma angústia diante da possibilidade da alteração. Ele mesmo não compreende, tampouco como o poeta, que se trata da angústia; pois a angústia se oculta, e só o desejo ardente é a expressão pela qual se reconhece que a angústia se oculta no fundo. Não fosse assim, de onde viria então que o amor espontâneo esteja tão inclinado, sim, tão enamorado de pôr à prova o amor? É justamente porque ele não se submeteu à "prova" no sentido mais profundo, transformando-se em dever. Daí vem essa doce inquietação, como o poeta a chamaria, que de maneira cada vez mais atrevida quer fazer a prova do amor. O amante quer pôr à prova a amada, o amigo quer por à prova o amigo; é claro que este exame tem seu fundamento no amor, mas este prazer de provar, que se inflama febrilmente, este anelo do desejo de ser posto à prova explica, contudo, que inconscientemente o amor está inseguro de si mesmo. Mais uma vez, aqui, há um enigmático mal-entendido no amor espontâneo e nas explicações do poeta. Os amantes e os poetas acham que esse prazer de querer provar o amor é precisamente uma expressão de quão seguro ele está. Mas será que é assim mesmo? É bem correto que não desejamos pôr à prova aquilo que nos é indiferente; mas daí não se segue, afinal, que o querer pôr à prova o que se ama seja uma expressão de segurança. Os dois se amam mutuamente, amam-se mutuamente para toda a eternidade, eles estão tão seguros disso que eles o provam. Será esta certeza a mais alta? Não seria aqui exatamente o mesmo caso como quando o amor jurava e contudo jurava por algo que é mais baixo do que o amor? Assim é, afinal, aqui, a expressão mais elevada dos amantes para a continuidade do seu amor uma expressão de que ele apenas perdura, pois aquilo que apenas se mantém, nós o provamos, nós pomos à prova. Mas quando há o dever de amar, aí não é necessária nenhuma prova, nem o atrevimento que a insulta ao querer provar; aí o amor é superior a qualquer prova, ele já conseguiu mais do que passar numa prova, no mesmo sentido em que a fé é "mais do que vencedora". O provar se relaciona sempre com uma possibilidade, é de qualquer modo sempre possível que aquele que é provado não seja aprovado. Caso, então, alguém quisesse provar se tem fé, ou provar para receber a fé, isso significaria propriamente que ele se impedirá de receber a fé, colocar-se-á a si mesmo na inquietação de uma aspiração, onde a fé jamais vence, pois

II A. Tu "deves" amar 51

"tu *deves* crer". Se acaso um crente quisesse pedir a Deus para colocar sua fé à prova, isso não seria uma expressão de que este crente tem fé em um grau extraordinariamente alto (pensar assim é um mal-entendido de poeta, assim como também é um mal-entendido ter fé num grau "extraordinário", uma vez que a fé ordinária é o que há de mais alto), mas é uma expressão de que ele não tem uma fé completa, pois "tu *deves* crer". Jamais se encontrou uma garantia mais alta, e jamais se encontrou a calma da eternidade em alguma outra coisa que não fosse este "*deves*". Por mais delicioso que seja, não deixa de ser um pensamento inquieto o querer "provar", e é a inquietude que te quer convencer de que esta seria uma convicção mais alta; pois o provar é em si mesmo inventivo e jamais se esgota, tampouco quanto a sabedoria humana consegue calcular todos os casos, enquanto, ao contrário, como um homem sério o diz tão acertadamente, "a fé calculou todos os casos". E quando se *deve*, então está decidido para toda a eternidade, e quando compreenderes que tu *deves* amar, teu amor estará assegurado eternamente.

E, ao mesmo tempo, o amor, com este "deves", está eternamente assegurado *contra qualquer alteração*. Pois o amor que só tem duração pode alterar-se, pode alterar-se *em si mesmo*, e pode alterar-se *deixando de ser ele mesmo*.

O amor espontâneo pode alterar-se em si mesmo, pode transformar-se no seu contrário, em ódio. Ódio é um amor que se transformou no seu contrário, um amor que foi ao fundo[41]. No fundo o amor continua a queimar, mas a chama é a do ódio; somente quando o amor tiver terminado de arder, só então a chama do ódio estará também extinta. Assim como se diz a respeito da língua, que é "a mesma língua aquela com que abençoamos e aquela com que amaldiçoamos", da mesma maneira também temos de dizer que é o mesmo amor que ama e que odeia; mas precisamente porque é o mesmo amor, precisamente por isso, ele não é, no sentido da eternidade, o verdadeiro, que permanece *inalteradamente o mesmo*, enquanto que aquele amor imediato, quando *se transformou*, no fundo ainda *é o mesmo*. O verdadeiro amor, que se submeteu à

---

41. *er gaaet til Grunde*: sucumbiu/foi ao fundamento; trocadilho apreciado pela filosofia da época [N.T.].

52 As obras do amor

transformação da eternidade em se tornando dever, jamais se transforma, ele é simples, ele ama – e jamais odeia, jamais odeia – a pessoa amada. Poderia parecer como se aquele amor espontâneo fosse o mais forte, porque ele pode realizar o duplo aspecto, porque pode *ambas as coisas, tanto* pode amar *quanto* odiar; poderia parecer como se ele tivesse um poder totalmente diferente sobre o seu objeto, quando ele diz "se não me amares então eu te odiarei": contudo, isso é apenas uma ilusão dos sentidos. Pois será mesmo que a mutabilidade é um poder mais forte do que a imutabilidade? E quem é o mais forte: aquele que diz "se não me amares então eu te odiarei", ou aquele que diz "mesmo se me odiares eu continuarei a te amar"? Por certo é aterrorizante e terrível que o amor se transforme em ódio; mas para quem é propriamente terrível. Não seria para o próprio interessado a quem sucedeu que seu amor se transformasse em ódio?

O amor espontâneo, imediato, pode transformar-se em si mesmo; ele pode, incendiando-se espontaneamente, transformar-se em ciúme, passar da felicidade máxima para o supremo tormento. Tão perigoso é o ardor do amor imediato, por maior que seja o seu prazer; tão perigoso que este ardor facilmente pode tornar-se numa doença. O imediato é como o que está fermentando, que justamente por isso é chamado assim: precisamente porque ainda não sofreu nenhuma transformação, e por isso de maneira alguma segregou de si o veneno que, contudo, é justamente o que está ardendo naquilo que está fermentando. Se o amor se inflama a si mesmo com aquele veneno, em vez de segregá-lo, aparece o ciúme[42], ai, afinal a própria palavra já o diz: ele é um fervor[43] para tornar-se doente[44], uma doença de zelo[45]. O ciumento não odeia o objeto de amor, longe disso, mas ele se atormenta a si mesmo no fogo do amor que corresponde ao seu, e que deveria purificar, acrisolando, o amor que ele tem. O ciumento acolhe, quase suplicando, cada um dos raios do amor que emana da pessoa amada, mas todos esses

---

42. *Iversygen*
43. *Iver*
44. *syg*
45. *Sygdom af Iver*

II A. Tu "deves" amar 53

raios ele faz convergir sobre seu amor, através da lente do ciúme, e vai queimando lentamente. Por outro lado, o amor que passou pela transformação da eternidade, em se tornando dever, não conhece ciúme; ele não ama apenas como ele é amado, mas ele ama. O ciúme ama assim como é amado; torturado ansiosamente pela ideia de ser ou não amado, ele é igualmente ciumento de seu próprio amor, se por acaso este não seria desproporcional em relação à indiferença do outro; assim como também é ciumento da expressão do amor do outro; ansiosamente torturado pela ocupação consigo mesmo, nem ele ousa confiar totalmente na pessoa amada, nem entregar-se inteiramente, a fim de não dar demais, e por isso constantemente se queima, assim como a gente se queima com algo que não está queimando, senão pelo contato tenso. A comparação é a autoconflagração. Poderia parecer como se houvesse um fogo completamente diferente, no amor imediato, uma vez que ele pode tornar-se ciúme; ai, mas este fogo é, afinal de contas, justamente o terrível. Poderia parecer como se o ciúme agarrasse o seu objeto de uma maneira totalmente diferente, quando ele vigia sobre seu objeto com cem olhos, enquanto que o amor simples por assim dizer possui apenas um único olho para seu amor. Mas será que a dispersão é mais forte do que a unidade, será que um coração dilacerado é mais forte do que um pleno e indiviso, será que um agarrar continuamente angustiado segura o seu objeto mais firmemente do que as forças reunidas da simplicidade? E de que modo então aquele amor simples está protegido contra o ciúme? Não será porque ele não ama baseado em comparações? Ele não começa por amar imediatamente a partir de preferências, ele ama; por isso jamais chegará a amar de modo doentio à base de comparações: ele ama.

O amor imediato pode alterar-se *deixando de ser ele mesmo*, pode transformar-se ao longo dos anos, o que aliás se vê com frequência. Assim o amor perde seu fogo, sua alegria, seu prazer, sua originalidade, sua vida fresca; assim como o rio que salta do penhasco vai-se enfraquecendo mais abaixo no torpor das águas paradas, também o amor se vai enfraquecendo na tibieza e na indiferença do hábito rotineiro. Ai, de todos os inimigos, o hábito é talvez o mais pérfido, e mais que todos os outros é suficientemente astucioso para jamais se deixar ver como tal, pois aquele que enxer-

54 As obras do amor

ga a rotina, está libertado deste hábito; o hábito não é como os outros inimigos, que a gente vê e contra os quais a gente se defende lutando, a luta aqui é propriamente consigo mesmo, para tratar de visualizar o hábito. Há um animal predador, famoso por sua perfídia, que ataca astuciosamente os que dormem; enquanto suga o sangue do que está adormecido, ele o refresca com o bater das asas e torna o seu sono ainda mais refrescante. Assim também acontece com o hábito rotineiro – ou este é ainda pior, pois aquela fera procura sua presa entre os que dormem, mas não tem nenhum meio de fazer adormecer os que estão acordados. Ao contrário, o hábito tem este poder; ele se infiltra sorrateiramente, criando letargia, num homem, e quando o consegue então suga o sangue do adormecido, enquanto o refresca e lhe torna o sono ainda mais ameno. Dessa maneira, o amor imediato pode alterar-se, deixando de ser ele mesmo, e tornar-se irreconhecível – pois o ódio e o ciúme são reconhecidos apesar de tudo como sinais do amor. Assim, o próprio homem percebe, às vezes, como quando um sonho passou e foi esquecido, que o hábito o mudou; ele quer então reparar as coisas, mas não sabe aonde deve ir para comprar óleo novo para reacender a chama do amor. Então ele se torna desalentado, contrariado, aborrecido consigo mesmo, aborrecido de seu amor, aborrecido por este ser tão mesquinho como é, aborrecido por ver que não pode mudar as coisas, ai, pois não tinha prestado atenção no devido tempo à transformação da eternidade, e agora ele até perdeu a capacidade para suportar a cura. Oh, às vezes vemos com tristeza um homem, outrora bem de vida, agora empobrecido, e no entanto, quão mais triste que essa mudança é aquela em que se vê um amor mudado nesta coisa quase repugnante! Pelo contrário, se o amor se submeter à transformação da eternidade, em se tornando um dever, não conhecerá o hábito rotineiro; o hábito não conseguirá apoderar-se dele. Como se diz da vida eterna, que lá não há suspiros nem lágrimas, assim também se poderia acrescentar: aí não existe o hábito; verdadeiramente, com isso não estamos dizendo algo de menos grandioso. Se queres salvar a tua alma ou o teu amor da perfídia do hábito – sim, os homens creem que há muitos meios para se manterem acordados e seguros, mas verdadeiramente só há um único: o "deves" da eternidade. Faz com que os trovões de centenas de canhões três vezes por dia te advirtam que deves resis-

II A. Tu "deves" amar

tir ao poder do hábito rotineiro: mantém, como aquele Imperador do Leste, um escravo encarregado de te admoestar diariamente, mantém centenas deles; mantém um amigo que te adverte cada vez que ele te vê; mantém uma esposa que cedo e tarde te adverte com amor: mas presta atenção, para que também isso não se torne um hábito rotineiro! Pois tu podes te habituar a ouvir o trovejar de centenas de canhões de modo que te sentas à mesa e ouves as mais ínfimas insignificâncias mais claramente do que o trovejar das centenas de canhões, que para ti se tornou hábito ouvir. E tu podes te habituar a que centenas de escravos te advirtam a cada dia, de modo que tu não mais os ouves, pois que com o hábito desenvolveste um ouvido que ouve porém não ouve. Não, só o "tu deves" da eternidade, e o ouvido que ouve, que quer ouvir este "deves", pode salvar-te do hábito. O hábito é a mais triste das mudanças, e por outro lado com qualquer mudança a gente pode habituar-se; só o eterno, e portanto aquilo que se submeteu à transformação da eternidade em se transformando em dever, constitui o imutável, mas o imutável justamente não pode transformar-se em hábito. Por mais firmemente que um hábito se estabeleça, jamais se torna o imutável, mesmo se o homem se tornasse incorrigível; pois o hábito é sempre aquilo que *deveria ser modificado*, e o imutável, ao contrário, é aquilo que nem *pode* e nem *deve* ser modificado. Mas o eterno jamais envelhece e jamais se torna um hábito rotineiro.

Somente quando é dever amar, só então o amor está eternamente libertado em feliz independência. Mas aquele amor imediato não era livre, não tem o amante justamente sua liberdade no amor? E por outro lado, seria a intenção deste discurso elogiar a inconsolável independência do amor de si, que permaneceu independente porque não teve coragem para se comprometer, e portanto, porque ficou independente por sua covardia; a inconsolável independência que paira no ar porque não encontrou nenhum refúgio, e é como "aquele que erra por aí, um bandido armado que se recolhe ali onde cai a noite"; a desoladora independência que independente não suporta as cadeias – pelo menos não as visíveis? Oh, longe disso, aliás no discurso anterior, nós lembramos que a expressão para a riqueza máxima consistia em ter uma necessidade; e assim também a expressão verdadeira da liberdade consiste em que haja uma necessidade no ser livre. Aquele, em quem o amor é uma necessidade, certamente se sente livre em seu amor, e justamente aquele que se sabe de todo dependente, de tal modo que tudo perderia se perdesse a pessoa amada, esse sim é o verdadeiramente independente. Contudo, com uma condição: que não confunda amor com a posse da pessoa amada. Se alguém dissesse "ou amar ou morrer", e com isso indicasse que uma vida sem amar não vale a pena ser vivida, nós lhe daríamos inteira razão. Mas se ele entendesse, com aquela afirmação, a posse do amado, e portanto quisesse dizer "ou possuir o amado ou morrer", "ou conquistar este amigo ou morrer", então teríamos de dizer que um tal amor só é independente num sentido não verdadeiro. Logo que o amor, em sua relação com o seu objeto, não se relaciona na relação igualmente consigo mesmo, enquanto ele, contudo, é totalmente dependente, então ele é dependente num sentido não verdadeiro, então ele tem a lei de sua existência fora de si mesmo e é portanto dependente num sentido efêmero, terreno, temporal. Mas o amor que se submeteu à transformação da eternidade em se tornando dever, e ama porque *deve* amar, é independente, tem a lei de sua existência na própria relação do amor para com o eterno. Este amor jamais pode tornar-se dependente no sentido não verdadeiro, pois a única coisa de que ele depende é o dever, e o dever é a única coisa que liberta. O amor imediato torna um ser humano livre, e no instante seguinte dependente. O mesmo ocorre com o tornar-se homem de um homem; ao tornar-se, ao tornar-se um "si mesmo", ele se torna livre, mas no instante seguinte está dependente desse si mesmo. O dever, ao contrário, torna um homem dependente e no mesmo instante eternamente independente. "Só a lei pode dar a liberdade." Ai, tão frequentemente se acha que há liberdade, e que a lei seria aquilo que amarra a liberdade. Contudo, é justamente o contrário; sem a lei a liberdade pura e simplesmente não existe, e é a lei que dá a liberdade. Também se acredita que é a lei quem faz diferenças, porque não há diferença nenhuma lá onde não existe lei. Contudo, é o contrário; se é a lei que faz diferenças, então é justamente a lei que torna todos iguais diante da lei.

II A. Tu "deves" amar

Dessa maneira, este "deves" liberta o amor para uma feliz independência; um tal amor não depende, para se manter ou perecer, da contingência do seu objeto, ele depende da lei da eternidade – mas então realmente não perece jamais; um tal amor não depende deste ou daquele, ele só depende da única coisa que liberta; portanto, ele é eternamente independente. Com esta independência nenhuma outra pode ser comparada. Às vezes o mundo elogia a orgulhosa independência que supõe não sentir nenhuma necessidade de ser amada, embora ao mesmo tempo ache que "precisa de outros seres humanos – não para ser amada por eles, mas sim para amá-los, para afinal ter alguém para amar". Oh, como é falsa essa independência! Não sente nenhuma *necessidade* de ser amada, e contudo *precisa* de alguém para amar; portanto ela necessita de uma outra pessoa – para poder satisfazer sua orgulhosa autoestima. Não é a mesma coisa como quando a vaidade acha que pode prescindir do mundo e contudo necessita do mundo, isto é, necessita de que o mundo fique sabendo que ela não necessita dele? Mas o amor que passou pela transformação da eternidade em se tornando dever, sente talvez uma necessidade de ser amado, e essa necessidade está portanto em um acorde eternamente harmônico com este "tu deves"; mas este amor pode prescindir, se for assim que *deve* ser, ainda que ele contudo continue a amar: isso não será independência? Esta independência só é dependente do próprio amor graças ao "tu deves" da eternidade, ele não é dependente de nenhum outro, e por isso também não é dependente do objeto do amor, tão logo este demonstra ser alguma outra coisa. Isso não significa, porém, que o amor independente terminaria assim, transmudando-se em orgulhosa autossatisfação; pois esta é dependência. Não, o amor permanece, ele é independência. A imutabilidade é a verdadeira independência; qualquer mudança, seja ela o desmaiar por fraqueza ou o levantar a cerviz por orgulho, seja aquela que suspira ou a autossatisfeita, é sempre dependência. Caso alguém, diante de um outro que lhe diz "não posso mais continuar a amar-te", respondesse com orgulho: "Então eu também posso parar de te amar": será que isso é independência? Ai, é dependência, isto sim, pois se ele deve continuar a amar ou não, isto depende de o outro querer amá-lo ou não. Mas aquele que responde: "Então eu *devo* continuar a te amar", é alguém cujo amor está libertado em eterna independên-

58 As obras do amor

cia. Ele não o diz por orgulho, dependente de seu orgulho; não, ele o diz humildemente, humilhando a si mesmo sob o "tu deves" da eternidade, justamente por isso ele é independente.

Só quando amar é dever, só então o amor está eternamente e felizmente assegurado contra o desespero. O amor imediato pode tornar-se infeliz, pode cair no desespero. Poderia outra vez parecer uma expressão do vigor do amor o fato de ele ter a força do desespero, mas isto é só uma aparência enganadora: pois a força do desespero, por mais que ela seja elogiada, não deixa de ser impotência; seu ponto máximo é justamente sua ruína. Contudo, o fato de que o amor imediato pode chegar a desesperar mostra que ele é desesperado, e que ele, mesmo quando está feliz, ama com as forças do desespero – ama um outro ser humano "mais do que a si mesmo, mais do que a Deus". Do desespero deve-se dizer: só pode desesperar quem está desesperado. Quando o amor imediato desespera por causa do infortúnio, aí apenas se torna manifesto que ele estava desesperado, que ele em sua boa fortuna também tinha sido desesperado. O desespero consiste em relacionar-se com algo de particular com infinita paixão; pois com paixão infinita só se pode, se não se estiver desesperado, relacionar-se com o eterno. O amor imediato *é* assim desesperado, porém quando se torna feliz, como se costuma chamar, o fato de que ele está desesperado se oculta a ele, e quando ele se torna infeliz, torna-se manifesto que ele *estava desesperado*. Ao contrário, o amor que passou pela transformação da eternidade em se tornando dever, jamais pode desesperar, justamente porque ele não *é* desesperado. Pois desespero não é uma coisa que possa suceder a um homem, um acontecimento semelhante à boa fortuna e ao infortúnio. Desespero é uma discrepância no mais íntimo do seu ser – tão longe e tão profundamente, nenhum destino ou acontecimento pode intervir; estes apenas podem manifestar que a discrepância aí estava. Por isso, só há uma segurança contra o desespero: submeter-se à transformação da eternidade com o "tu deves" do dever[46]; qualquer um que não tenha passado pela transformação da eternidade *está* desesperado; felicidade e prosperidade podem enganar a este respeito, porém infelicidade

---

46. *ved Pfligtens "skal"*

II A. Tu "deves" amar

e adversidade podem, não, como ele pensa, torná-lo um desesperado, mas tornar manifesto que ele já estava desesperado. Quando se fala de outra maneira, é porque levianamente se confundem os mais altos conceitos. Pois o que torna um homem desesperado não é a má sorte, mas é que lhe falta o eterno; desespero consiste em carecer do eterno; desespero consiste em não ter se submetido à transformação da eternidade pelo "tu deves" do dever. O desespero, pois, não consiste na perda da pessoa amada, isso é infelicidade, dor, sofrimento; mas o desespero consiste na falta do eterno.

De que modo o amor regido pelo mandamento se protege contra o desespero? Muito simplesmente, pelo mandamento, graças àquele "tu deves amar". Pois isso implica em primeiríssimo lugar que não podes de jeito nenhum amar de maneira tal que a perda da pessoa amada tornasse manifesto que tu estás desesperado, isto é, não podes, absolutamente, amar de maneira desesperada. Com isso, fica proibido amar? De maneira nenhuma, pois afinal de contas seria uma coisa muito estranha se o mandamento que diz que "tu deves amar", com sua ordem, acabasse proibindo de amar. Portanto, o mandamento proíbe apenas amar daquela maneira que não é a ordenada; em sua essência, o mandamento não é proibitivo, mas imperativo, dizendo que tu deves amar. Portanto, o mandamento do amor não protege contra o desespero recorrendo a fracos e mornos consolos, de que não se deveria tomar as coisas tão a peito etc. Pois será que uma tão lamentável sabedoria de vida que "desistiu de se entristecer", será que ela é menos desespero do que o desespero do amante ou da amante, será que esta não é um tipo ainda muito pior de desespero? Não, o mandamento do amor proíbe o desespero – ordenando amar. Quem teria tal coragem, senão a eternidade; quem está autorizado a dizer este "tu deves", senão a eternidade, que justamente no instante em que o amor quer desesperar por causa de sua infelicidade, lhe ordena que ame? Onde mais poderia morar esse mandamento, senão na eternidade? Pois quando na temporalidade se tornou impossível ter a posse da pessoa amada, aí diz a eternidade "tu deves amar", isto é, aí a eternidade salva o amor do desespero, justamente tornando-o eterno. Suponhamos que a morte separe os dois, quando aquele que ficou para trás quiser afundar no desespero: o que deverá então socorrê-lo? Ajuda de ordem temporal é uma espécie ainda mais triste de desespero; mas aí então a eternidade ajuda. Quando ela diz "tu deves amar", com isso está a dizer: "Teu amor tem uma validade eterna"; mas ela não o diz consolando, pois isso não iria ajudar, ela o diz ordenando, justamente porque o perigo é iminente. E quando a eternidade diz "tu deves amar", então é da conta dela garantir que isto seja viável. Oh, o que vale qualquer outro consolo, comparado com o da eternidade, o que vale qualquer outro conforto espiritual, comparado com o da eternidade! Se ela falasse de maneira mais suave e dissesse "consola-te", decerto a pessoa que está sofrendo teria objeções a contrapor; mas – afinal, não é porque a eternidade orgulhosamente não conseguisse tolerar nenhuma objeção – é por solicitude para com o desafortunado que ela ordena "deves amar". Maravilhosas palavras de consolo, compaixão maravilhosa; pois, falando humanamente, é afinal a coisa mais estranha, quase como que um escárnio, dizer para o que se desespera que ele *deve* fazer aquilo que era justamente o seu único desejo, e cuja impossibilidade o leva ao desespero. Será que precisamos de alguma outra evidência de que o mandamento do amor é de origem divina? Se ainda não tentaste, então tenta, aproxima-te de alguém que está sofrendo assim, no instante em que a perda da pessoa amada quer subjugá-lo, e vê então o que podes encontrar para dizer-lhe; admite: tu queres consolar, mas a única coisa que não te ocorrerá dizer é "tu deves amar". E por outro lado, experimenta fazer isto, e verás se no primeiro momento, logo que isto é dito, a pessoa aflita não chegará até a se irritar, achando que essa é a coisa mais inoportuna de todas as que se podem dizer em tal ocasião. Oh, mas tu, que fizeste a experiência séria, tu, que na hora difícil achaste vazios e repelentes os motivos de consolo humanos – e não achaste aí nenhuma consolação; tu, que com horror descobriste que nem mesmo a advertência da eternidade podia impedir-te de afundar: tu aprendeste a amar este "deves", que salva do desespero! O que tu talvez já sentiste muitas vezes em situações menos decisivas, que a verdadeira edificação consiste em que se fale com rigor, o que tu aprendeste aqui no sentido mais profundo é: que somente este "deves" salva de forma feliz e eternamente do desespero. De forma feliz e eternamente – pois só está salvo do desespero o que se salvou eternamente do desespero. Aquele amor que passou pela transformação da

II A. Tu "deves" amar   61

eternidade, em se tornando dever, não está libertado dos infortúnios, mas está a salvo do desespero; no infortúnio e na boa fortuna igualmente a salvo do desespero.

Vê, a paixão inflama e a sabedoria mundana esfria, mas nem aquele calor nem este frio e muito menos a combinação desse calor e desse frio constituem o ar puro da eternidade. Nesse calor há algo de excitante e nesse frio algo de cortante, e nessa combinação há algo de indefinido, ou uma malícia inconsciente como no tempo perigoso da primavera. Mas este "tu deves amar" remove tudo o que há de malsão e conserva o saudável para a eternidade. E assim é por toda parte, este "tu deves" da eternidade é o elemento salvífico, purificador, enobrecedor. Assenta-te junto a alguém que sofre profundamente: por um momento poderá aliviar, se tiveres aquela aptidão que te permite dar uma expressão à paixão do desespero como nem mesmo o próprio aflito o consegue; porém, isso é falso. Por um instante poderá servir de refrigério, se tiveres sagacidade e experiência para abrir perspectivas provisórias lá onde o aflito não enxergava nenhuma; porém isso é falso. Ao contrário, este "tu deves entristecer-te" é tão verdadeiro quanto belo. Eu não devo ter o direito de endurecer-me frente às dores da vida, pois eu *devo* entristecer-me; mas eu não devo de maneira alguma ter o direito de desesperar, pois eu *devo* entristecer-me; e contudo eu não devo ter de maneira alguma o direito de parar de me entristecer, pois eu *devo* ficar triste. Assim também com o amor. Não deves ter o direito de te endurecer frente a esse sentimento, pois tu *deves* amar; mas tu não deves de maneira nenhuma ter o direito de amar desesperadamente, pois tu deves amar; e tampouco tu deves ter o direito de desgastar este sentimento que há em ti, pois tu *deves* amar. Deves preservar o amor, e tu deves preservar-te a ti mesmo; com e no preservar-te a ti mesmo tu deves preservar o amor. Lá onde o puramente humano quer precipitar-se para a frente, o mandamento retém; lá onde o puramente humano quer perder a coragem, o mandamento reforça; lá onde o puramente humano quer declarar-se cansado e experiente, o mandamento inflama e dá sabedoria[47]. O

---

47. *Visdom*: A sabedoria do mandamento do amor distingue-se aqui daquela "experiência da vida", esperteza, sagacidade (*Kløgt*) que vem sendo criticada desde a primeira linha da presente obra [N.T.].

mandamento consome e incendeia o que há de malsão em teu amor, mas graças ao mandamento tu deves, por tua vez, inflamar aquele que, humanamente falando, quer ceder. Lá onde achas que podes facilmente te orientar sozinho, toma o mandamento para te orientar; lá onde desesperadamente queres te orientar, deves tomar o mandamento para te orientar; mas lá onde não sabes te orientar, o mandamento deve então orientar-te de modo que tudo acabe ficando bem.

II B
TU DEVES AMAR "O PRÓXIMO"

Pois é o amor cristão que descobre e sabe que o próximo existe e – o que dá no mesmo – que cada um é o próximo. Se amar não fosse um dever, também não haveria o conceito do próximo; mas só se extirpa o egoístico da predileção e só se preserva a igualdade do eterno quando se ama o próximo.

Muitas vezes, embora de maneiras diferentes, em diferente disposição de ânimo, com diferente paixão e propósito, objetou-se contra o Cristianismo que ele reprime o amor natural e a amizade. Então pretendeu-se defender por sua vez o Cristianismo, e para este fim apelou-se para a sua doutrina de que se deve amar a Deus de todo o seu coração e ao próximo como a si mesmo. Quando a luta é conduzida dessa maneira, é bastante indiferente discordar ou concordar, na medida em que uma discussão puramente verbal é tão vazia de conteúdo quanto um acordo sem fundamento. Antes deve-se tratar de tornar bem nítido o ponto da discussão, para então na resposta conceder com toda a tranquilidade que o Cristianismo destronou o amor natural[48] e a amizade, o amor[49] nascido do instinto e da inclinação, e a predileção[50], para colocar no seu lugar o amor espiritual, o amor ao próximo, um amor que em seriedade e verdade é mais carinhoso, mais delicado na intimidade do que o amor sensual – na sua união, e mais fiel na sinceridade do que a mais famosa amizade – em sua solidariedade. Antes, deve-se tratar de tornar bem claro que o amor sensual e o louvor da amizade pertencem ao paganismo, que "o poeta" pertence propriamente ao paganismo, dado que a sua missão pertence a ele – para então, com o espírito certo da convicção, dar ao Cristianismo o que é do Cristianismo, o amor ao próximo, amor do qual no paganismo não se en-

---

48. *Elskov*
49. *Kjerlighed*
50. *Forkjerlighed*, amor preferencial, amor de predileção [N.T.].

64 As obras do amor

contra nem a suspeita. Antes, deve-se tratar de partilhar e distribuir corretamente para, se possível, motivar o indivíduo a escolher, em vez de confundi-lo e misturar as coisas, e com isso impedir o indivíduo de receber uma impressão determinada do que pertence a cada um. E sobretudo, desistir de defender o Cristianismo é melhor do que, consciente ou inconscientemente, querer atribuir-lhe tudo – até mesmo o não cristão[51].

Qualquer um que refletir sobre essa questão com inteligência e seriedade verá facilmente que o ponto polêmico tem de ser colocado do seguinte modo: o amor sensual e a amizade devem ser o que há de mais alto no amor, ou este amor deve ser abandonado? O amor erótico e a amizade se relacionam com a paixão; mas toda e qualquer paixão, quer ataque ou se defenda, luta somente de um jeito: ou eu, ou ele: "ou eu existo e sou o mais alto, ou então simplesmente não existo; tudo ou nada". O amadorístico e o confuso (que o paganismo e o poeta rejeitam, tanto quanto o Cristianismo rejeita) aparecem quando a defesa chega ao ponto de argumentar que o Cristianismo por certo ensina um amor superior, mas *ao mesmo tempo* elogia o amor natural e a amizade. Falar assim revela duas coisas: que aquele que assim fala nem tem o espírito do poeta, e muito menos o do Cristianismo. Com relação ao espírito, não se pode (se se quer evitar dizer bobagens) falar como fala um comerciante que tem uma mercadoria de primeira qualidade, mas ao mesmo tempo uma de qualidade média, a qual ele *também* pode perfeitamente recomendar como quase tão boa quanto aquela. Não, se é certo que o Cristianismo ensina que o amor a Deus e ao próximo é o verdadeiro amor, também é igualmente certo que ele derrubou "todo poder altivo que se levanta contra o conhecimento de Deus e torna cativo todo pensamento", e que ele igualmente derrubou do pedestal o amor natural e a amizade. Se o Cristianismo fosse um discurso tão amadorístico e confuso como algumas apologias dele (quase sempre piores do que qualquer ataque) querem fazer dele, não seria então estranho que em todo o Novo Testa-

---

51. *det Ikke-Christelige*

II B. Tu deves amar "o próximo"   65

mento não se encontre uma única palavra sobre o amor natural, no
sentido em que o poeta o canta e o paganismo o idolatrou. Não seria então estranho que em todo o Novo Testamento não se encontre uma única palavra sobre a amizade no sentido em que o poeta a
canta e o paganismo a cultivou? Ou então, deixemos o poeta que se
entende a si mesmo como poeta percorrer o que o Novo Testamento ensina sobre o amor e ele será levado ao desespero porque não
há de encontrar uma única palavra que o possa entusiasmar, e se
um assim chamado poeta encontrasse mesmo assim alguma palavra que utilizasse, seria um uso mentiroso, um delito, porque, ao
invés de respeitar o Cristianismo, ele estaria roubando uma palavra preciosa para falsificá-la no uso. Deixemos o poeta procurar no
Novo Testamento uma palavra sobre a amizade que pudesse agra-
dar-lhe, e ele procurará em vão, até o desespero. Mas deixemos um
cristão, que quer amar ao próximo, procurar; verdadeiramente ele
não há de procurar em vão, ele há de encontrar cada palavra mais
forte e mais cheia de autoridade do que a outra, proveitosa para inflamar nele este amor, e para conservá-lo neste amor.

O poeta procurará em vão. Porém o poeta não é cristão? Isso
não dissemos, não o dizemos, de jeito nenhum, mas só dizemos
que, enquanto poeta, ele não é cristão. Contudo, uma distinção
tem de ser feita, pois afinal também existem poetas religiosos. Mas
esses não cantam o amor natural e a amizade; o canto deles é para
a glória de Deus, sobre a fé, a esperança e a caridade[52]. Esses poetas não cantam, de jeito nenhum, o amor no mesmo sentido em
que o poeta canta o amor natural, pois o amor ao próximo não
quer ser cantado, mas sim realizado. Mesmo que não houvesse outra coisa a impedir o poeta de cantar o amor ao próximo, já seria
suficiente que junto a cada palavra dos Livros Sagrados haja, em
escrita invisível, uma marca que o perturba, pois aí está: *vai e faze
o mesmo* – será que isto soa como um desafio para o poeta, que o
desafia a cantar? Portanto, os poetas religiosos são um caso especial, mas sobre os poetas do mundo vigora que enquanto poeta ele
não é cristão. E contudo é nos poetas mundanos que pensamos

---

52. *Kjerlighed*

66 As obras do amor

quando falamos em geral dos poetas. O fato de o poeta viver no Cristianismo (na cristandade) não altera nada na coisa. Se *ele* é cristão, não cabe a nós decidir, mas enquanto poeta ele não é cristão. Poderia parecer decerto que dado que a cristandade já subsiste há tanto tempo, bem que ela deveria ter impregnado todos os domínios da vida – e todos nós. Mas isso é uma ilusão de óptica. E só porque o Cristianismo subsistiu tanto tempo, com isso ainda não está dito, é claro, que nós é que duramos tanto ou que sejamos cristãos há tanto tempo. Exatamente a presença do poeta na cristandade e o lugar que lhe é concedido (pois grosseria e ataques da inveja contra ele não constituem nenhuma objeção *cristã* ou reservas *cristãs* contra a sua existência), são uma séria recordação sobre o quanto já se tomou adiantado, e sobre o quão facilmente somos tentados a imaginar-nos muito mais adiantados do que nós mesmos estamos. Ai, pois enquanto a pregação cristã às vezes se ouve parcamente, todos ficam à escuta do poeta, admiram-no, aprendem dele, deixam-se enfeitiçar por ele; ai, enquanto esquecemos rapidamente o que disse o pastor, com quanta atenção e por quanto tempo recordamos o que o poeta disse, especialmente o que ele disse pela boca do ator! A intenção do que está dito aqui não pode ser, é claro, que se devesse, talvez com violência, tratar de mandar embora o poeta; pois com isso apenas sairia vitoriosa uma nova ilusão. Que adiantaria não termos nenhum poeta, se contudo houvesse tanta gente na cristandade que se baseasse na compreensão da existência ditada pelo poeta, e tanta gente com saudades do poeta! Afinal, não se exige, de jeito nenhum, de um cristão, que ele devesse, em zelo cego e pouco sábio, chegar ao ponto de não mais poder suportar ler um poeta – tampouco como não se exige do cristão que ele não possa comer junto com os outros o alimento comum, ou que ele devesse morar afastado dos outros homens, isolado num bairro distante. Não, mas o cristão tem de compreender tudo de outro modo do que o não cristão, tem de compreender-se a si mesmo, sabendo fazer as distinções. Dever viver a cada instante exclusivamente nas mais altas representações cristãs, isto um homem não teria condições de fazer, tampouco como de não viver de outra comida senão daquela da mesa do Senhor. Deixemos por isso o poeta existir, deixemos o poeta individual ser admirado como ele merece, se é realmente um poeta, mas façamos também o indivíduo

II B. Tu deves amar "o próximo" 67

na cristandade experimentar a sua convicção cristã com a ajuda desta prova: como ele se relaciona com o poeta, o que ele acha do poeta, como ele o lê e como o admira. Vê só, sobre tais coisas quase não se fala em nossos dias, ai, a alguns essas observações parecerão não ser nem cristãs nem suficientemente sérias, justamente porque tratam de um objeto tal que no entanto, convém notar, ocupa tanto o homem durante seis dias da semana e até no sétimo dia decerto por mais horas do que a piedade. Entretanto, nós nos consolamos – tanto porque, decerto, fomos instruídos e educados no Cristianismo desde crianças, quanto porque também na idade mais madura dedicamos o tempo dos nossos dias e nossas melhores forças àquele serviço; embora repitamos sempre que nosso discurso é pronunciado "sem autoridade" – nós nos consolamos, contudo, por sabermos como, e principalmente sobre o quê se deve falar nos dias de hoje. Afinal, todos nós fomos batizados e instruídos no Cristianismo, não se pode falar então de expandir o Cristianismo, e por outro lado, longe de nós julgarmos de alguém, que se diz cristão, que ele não o seja; não se trata portanto de confessar o Cristo em oposição aos não cristãos. Em compensação, é útil e necessário que o indivíduo cuidadosamente e consciente de si atente sobre si mesmo e se possível ajude os outros (tanto quanto um homem pode ajudar o outro, pois Deus é quem verdadeiramente ajuda) a permanecer cristão num sentido sempre mais profundo. A palavra "cristandade" como denominação geral para um povo inteiro constitui um título que facilmente diz demais, e por isso motiva, por sua vez, o indivíduo a crer demais em si mesmo. É costume, ao menos em outros lugares, que à margem das estradas apareçam placas de sinalização que indicam aonde leva o respectivo caminho. Talvez no mesmo instante em que se empreende a viagem logo se veja numa tal placa que este caminho conduz àquele lugar afastado que constitui o destino da viagem; com isso já se terá atingido aquele lugar? O mesmo acontece com este marcador de caminho chamado cristandade. Ele indica a direção, mas com isso já se está na meta, ou talvez apenas se esteja por isso o tempo todo a caminho? Ou será progredir no caminho, uma vez por semana durante uma hora por assim dizer andar no caminho, enquanto durante os outros seis dias se vive em concepções bem diferentes, enquanto não se faz nenhuma tentativa de compreender-se a si mesmo na questão de como esses diversos pontos se relacionam? E será realmente tão sério: silenciar sobre o verdadeiro nexo das coisas e da situação, para então com a máxima seriedade falar sobre o que seria a coisa mais séria do mundo, coisa que no entanto deveria estar incluída na confusão, cuja relação com essa coisa séria por pura seriedade a gente não explica? Quem é que tem então a tarefa mais difícil: o mestre, que expõe a questão séria como na distância de uma miragem, ou o aprendiz, que deveria tirar alguma aplicação dela? Será uma ilusão calar sobre uma coisa séria; não seria também uma ilusão igualmente perigosa falar sobre esta coisa séria – porém sob certas circunstâncias, e expô-la, mas numa iluminação que é totalmente distinta do dia a dia da realidade? Se fosse contudo assim que toda a vida terrena, suas pompas, suas distrações, seu feitiço pudessem de tantas maneiras prender uma pessoa e atordoá-la, o que seria então o sério: por pura seriedade calar sobre os assuntos mundanos na igreja, ou ali comentá-los seriamente, para, se possível, fortalecer os homens contra os perigos do mundano? Seria realmente impossível falar do mundano numa forma solene e verdadeiramente séria? E se isso fosse impossível, segue então daí que se teria de calar a respeito dele na pregação? Ai, não, daí apenas seguir-se-ia que na pregação seria solenemente proibido falar dele da maneira mais solene.

No poeta queremos portanto fazer a prova da convicção cristã. O que ensina então o poeta sobre o amor e a amizade? Aqui não se trata desse ou daquele determinado poeta, mas somente do poeta, quer dizer, somente dele na medida em que, como poeta, ele é fiel a si mesmo e à sua tarefa. Se, desse modo, um assim chamado poeta tiver perdido a fé na validade poética do amor e da amizade, em sua concepção poética, e tiver colocado outra coisa em seu lugar, ele não será poeta, e talvez *esta outra coisa* que ele colocou não seja o elemento cristão, mas tudo não passe de enganação. O amor natural se baseia num instinto que, transfigurado em inclinação, tem a sua expressão mais elevada, incondicional, sua expressão única, incondicionalmente poética, no seguinte: que só há um único amado no mundo todo, e que esta única vez do amor natural constitui o amor, é tudo, enquanto a segunda vez não vale nada – quando de resto se diz, aliás, como no provérbio, que "uma vez só nem conta",

II B. Tu deves amar "o próximo" 69

mas aqui, ao contrário, a primeira vez é absolutamente tudo, e a segunda vez é a ruína de tudo. Isso é poesia, e a ênfase situa-se incondicionalmente no ápice da paixão: ser ou não ser. Amar outra vez não significa amar igualmente, mas é para a poesia uma abominação. Se um assim chamado poeta quiser convencer-nos de que o amor pode repetir-se na mesma pessoa, se um assim chamado poeta quiser ocupar-se com tolices sutis, que supostamente deveriam esgotar o enigma da paixão no "porquê" da sabedoria humana: então ele não seria poeta. O que ele coloca no lugar do poético não é, de modo algum, o crístico. O amor cristão ensina a amar todos os homens, absolutamente todos. Com a mesma força incondicional com que o amor natural insiste em que só haja um único amado, com a mesma força incondicional o amor cristão leva para a direção oposta. Se se quer, em relação ao amor cristão, excetuar uma única pessoa que não se quer amar, então um tal amor não é "igualmente amor cristão", mas ele absolutamente não é amor cristão. E contudo, a confusão na assim chamada cristandade consiste aproximadamente no seguinte: os poetas desistiram da paixão do amor, eles cedem, afrouxam o rigor da paixão, dão desconto (ao acrescentarem) e acham que um ser humano, no sentido do amor natural, pode amar várias vezes, de modo que várias pessoas sejam amadas; o amor cristão relaxa e cede, afrouxa o rigor da eternidade, dá desconto e acha que se amarmos uma grande parte então será isso amor cristão. Assim ficam *ambos*, o poético e o crístico, confundidos, e aquilo que é posto em seu lugar não é *nem* o poético e *nem* o crístico. A paixão tem sempre esta característica incondicional: ela exclui sempre o terceiro, quer dizer, o terceiro é a confusão. Amar sem paixão é uma impossibilidade; mas a diferença entre o amor natural[53] e o amor cristão[54] é por isso também a única diferença eterna possível da paixão. Uma outra diferença entre o amor natural e o amor cristão não pode ser pensada. Por isso, se um homem quiser achar que pode compreender sua vida ao mesmo tempo com a ajuda do poeta e com a ajuda da explicação do Cristianismo, quiser achar que pode compreender essas duas explicações em

---

53. *Elskov*
54. *christelig Kjerlighed*

70 As obras do amor

conjunto – e isso de maneira que sua vida continue a ter sentido: então ele se extraviou. O poeta e o Cristianismo explicam exatamente o oposto: o poeta idolatra a inclinação e tem então, já que só pensa no amor natural, toda razão ao dizer que seria a maior tolice e o discurso mais absurdo, ordenar amar; o Cristianismo, que só pensa sempre no amor cristão, tem também, contudo, toda razão quando destrona essa inclinação e coloca no lugar dela aquele "deves".

O poeta e o Cristianismo explicam exatamente o contrário, ou, dito com mais precisão, o poeta a rigor não explica nada, pois ele explica o amor e a amizade – em enigmas, ele explica o amor e a amizade como enigmas, mas o Cristianismo dá a explicação eterna do amor[55]. Daí se vê novamente que constitui uma impossibilidade viver ao mesmo tempo de acordo com ambas as explicações, pois a maior oposição possível entre duas explicações consiste decerto em que uma delas não é nenhuma explicação e a outra é a explicação. Amor e amizade, como o poeta os compreende, não contêm, por isso, absolutamente nenhuma tarefa ética. Amor e amizade são uma questão de sorte[56]; é uma felicidade, no sentido poético (e por certo o poeta entende muito da felicidade), a mais alta felicidade está em enamorar-se, encontrar o seu único amado; é uma sorte, quase uma sorte tão grande quanto a outra, encontrar o seu único amigo. A tarefa aqui pode no máximo consistir em ser realmente grato por sua felicidade. Por outro lado, jamais poderá constituir-se numa tarefa o *dever* encontrar a pessoa amada ou encontrar aquele amigo; isso não pode ser feito, o que aliás o poeta compreende perfeitamente. A tarefa depende então de se a felicidade quer dar a alguém a tarefa; mas isso, afinal de contas, é justamente a expressão para dizer que, no sentido ético, não há uma tarefa. Quando, pelo contrário, se *deve* amar o próximo, a tarefa *existe* (a tarefa ética), a qual, por sua vez, é a fonte original de todas as tarefas. Justamente porque o crístico[57] é o verdadeiro ético[58] ele sabe abreviar os raciocínios e cortar fora as introduções panorâmicas, afastar todas as delongas preliminares e li-

---

55. *Kjerlighed*
56. *Lykke*: boa fortuna, felicidade (no sentido fortuito, como na continuação dessa frase) [N.T.].
57. *det Christelige*
58. *Sædelige*

II B. Tu deves amar "o próximo" 71

bertar de toda perda de tempo; o cristão está imediatamente na tarefa, porque ele a tem consigo. No mundo há uma grande discussão, aliás, sobre o que deveria ser chamado o bem supremo[59]. Mas qualquer que seja o que chamamos assim, por mais diferente que seja, é incrível quanta complexidade se prende ao esforço de alcançá-lo. O Cristianismo, ao contrário, ensina ao homem imediatamente o caminho mais curto para encontrar o que há de mais elevado: fecha tua porta e ora a Deus – pois Deus é que é o bem supremo. E se um homem tiver de sair pelo mundo, sim, aí talvez ele possa ir longe e andar em vão, dar a volta ao mundo – e em vão, para procurar a pessoa amada ou o amigo. Mas o Cristianismo jamais incorre na falta de mandar uma pessoa andar, nem que seja um único passo, inutilmente; pois quando abrires aquela porta, que tu fechaste para orar a Deus, e saíres, então a primeira pessoa que encontrares é o próximo, que tu *deves* amar. Que coisa estranha! Curiosa e crédula procura talvez uma jovem conhecer o seu destino futuro, ver o seu porvir; e a esperteza enganadora lhe faz acreditar que se ela tiver feito isso e aquilo e aquela outra coisa, aí ela há de reconhecê-lo no fato de que ele será a primeira pessoa que ela verá em tal ou qual ocasião. Será que deveria ser uma coisa tão difícil chegar a ver o próximo – na medida em que a gente mesmo não se impedisse de vê-lo, pois o Cristianismo tornou eternamente impossível errar quanto a ele; não há no mundo todo um único ser humano que seja tão certo e tão fácil de reconhecer como o próximo. Tu não podes jamais confundi-lo com algum outro, pois o próximo são, afinal de contas, todos os homens. Se confundires um outro homem com o próximo, o erro não estará neste último, pois a outra pessoa também é o teu próximo, o erro se encontra em ti, por não quereres compreender quem é o próximo. Se na escuridão salvares uma vida humana, achando que era o teu amigo – mas era o teu próximo, então aí não terá havido erro algum; ai, o contrário sim é que seria um erro, se tu só quisesses salvar o teu amigo. Se teu amigo se queixa de que tu, como ele acha, por um erro fazes ao próximo o que na sua opinião só deverias fazer para ele, ai, fica tranqüilo, é o teu amigo quem está errado.

---

59. *det Høieste*

72 As obras do amor

O ponto polêmico entre o poeta e o Cristianismo deixa-se determinar aí com exatidão: *amor humano e amizade são predileção e paixão preferencial*; o amor cristão é amor de abnegação, que tem aquele "deves" por fiador. Debilitar essas paixões é a confusão. Mas a extrema imensidão apaixonada da predileção no excluir significa amar apenas a um único; o extremo ilimitado da abnegação na dedicação significa não excluir nem um único.

Em outras épocas, quando as pessoas se esforçavam seriamente por compreender o especificamente cristão no contexto da vida, acreditou-se que o Cristianismo tivesse algo contra o amor natural, porque este se baseava num instinto, e acreditava-se que o Cristianismo que, enquanto espírito, estabeleceu a discórdia entre a carne e o espírito, odiava o amor natural como sensualidade. Mas isso era um mal-entendido, um exagero de espiritualidade. É fácil mostrar, além disso, que o Cristianismo está muito longe de atiçar irracionalmente o sensual contra um homem, ensinando-lhe mesmo uma atitude exagerada; não diz Paulo que seria melhor casar-se do que arder! Não, justamente porque o Cristianismo é espírito em verdade, ele entende por sensível algo de diferente daquilo que se costuma chamar imediatamente o sensual, e tampouco como pretendeu proibir ao homem de comer e de beber, tampouco escandalizou-se com um instinto que o homem não deu a si mesmo. Pelo sensual, pelo carnal, o Cristianismo entende o egoístico; não se pode pensar nenhuma disputa entre espírito e carne, a não ser que um espírito rebelado assuma o partido da carne com a qual o espírito combate; tampouco pode-se pensar uma disputa entre espírito e uma pedra, ou entre espírito e uma árvore. Portanto, o egoístico é o sensual. Justamente por isso o Cristianismo suspeita do amor natural e da amizade: porque predileção na paixão ou preferência apaixonada é propriamente uma outra forma de amor de si. Vê, o paganismo, por sua vez, jamais sonhou com tal coisa. O paganismo não fazia a menor ideia do amor de abnegação ao próximo, que se "deve" amar, por isso dividia as coisas assim: o amor a si é repugnante, dado que é amor egoístico; mas o amor natural e a amizade, que são predileção apaixonada, são amor[60]. Mas o Cristianismo,

---

60. *Kjerlighed*

II B. Tu deves amar "o próximo" 73

que revelou o que é o amor[61] diferencia de outra maneira: o amor de si e a predileção apaixonada permanecem essencialmente a mesma coisa; o amor ao próximo, porém, isso é amor[62]. Amar o amado, diz o Cristianismo, será isso amar, e acrescenta: "Não fazem também os pagãos a mesma coisa"? Amar o amigo, diz o Cristianismo, será isso amar, "não fazem também os pagãos a mesma coisa"? Portanto, se alguém quisesse opinar que a diferença entre o paganismo e o Cristianismo consiste em que o amado e o amigo no Cristianismo são amados fiel e delicadamente de maneira totalmente diferente do que no paganismo, seria um mal-entendido. Não mostra também o paganismo exemplos tão perfeitos de amor natural e de amizade, que o poeta se volta para eles para aprender? Mas ninguém amava o próximo no paganismo, ninguém suspeitava de que ele existia. O que o paganismo chamava aí de amor[63], em oposição ao amor de si, era predileção. Se a predileção apaixonada, porém, constitui uma segunda forma de amor a si mesmo, então vemos mais uma vez o que há de verdadeiro na sentença dos Pais da Igreja: "que as virtudes dos pagãos são vícios brilhantes".

Que a apaixonada preferência é uma outra forma de amor de si, deve ser agora mostrado, e ao mesmo tempo, que pelo contrário o amor[64] de abnegação ama o próximo que se *deve* amar. De modo tão egoístico como o amor de si se fecha sobre este único "si mesmo"[65], com o que ele é amor de si mesmo, do mesmo modo egoístico a predileção apaixonada se fecha sobre aquele único amado, e a apaixonada preferência da amizade sobre aquele único amigo. A pessoa amada e o amigo são chamados por isso, é bem notável e profundo, o outro si, o outro eu[66] – pois o próximo é o outro tu, ou bem exatamente o terceiro da igualdade. O outro si, o outro eu. Mas onde se situa o amor de si? Situa-se no eu, no si mesmo[67]. Este

---

61. *Kjerlighed*
62. *Kjerlighed*
63. *Kjerlighed*
64. *Kjerlighed*
65. *"Selv"*
66. *det andet Jeg*, o segundo eu. Como no latim, onde *alter ego* significa "o outro eu" e "o segundo eu" [N.T.].
67. *i Selvet*

74 As obras do amor

amor de si não deveria então ficar nisso, em que se ame o outro eu, o outro si mesmo? Em verdade, não é preciso ser um grande conhecedor da alma humana para, com ajuda dessa pista realizar descobertas, relacionadas ao amor natural e à amizade, críticas para outros e humilhantes para nós mesmos. O fogo que arde no amor de si, acende-se por si mesmo, o eu se inflama por si mesmo; mas o amor natural e a amizade, no sentido poético, também se conflagram espontaneamente. É bem verdade que se diz que o ciúme só raramente e de maneira mórbida se *mostra*; mas daí não se segue que ele não *esteja* sempre presente no fundo do amor natural e da amizade. Experimenta: coloca entre o amante e a pessoa amada, como determinação intermediária, o próximo, que se deve amar, coloca entre o amigo e o seu amigo, como determinação intermediária, o próximo, que se deve amar: e tu instantaneamente verás o ciúme. Mas, contudo, o próximo é justamente a determinação intermediária da abnegação, que se introduz entre o eu e o eu do amor de si, mas também entre o eu e o outro eu do amor natural e da amizade. Que se trata de amor egoísta quando um infiel quer se livrar da sua amada, quer deixar o amigo na dificuldade, isso também o paganismo já viu, e o poeta o vê. Mas que a dedicação com que o amante se entrega àquela única pessoa, sim se agarra a ela, que isto seja egoísmo, só o Cristianismo o percebe. Mas como pode *a afeição e a entrega ilimitada* ser *amor de si*? Pode ser, quando se trata de uma afeição ao outro eu, ao outro si mesmo. Deixa um poeta descrever como deve ser o amor natural numa pessoa para que se possa chamá-lo de amor[68]; ele há de nomear muitas coisas que não nos ocupam aqui, mas por fim acrescentará: "E então tem de existir a admiração, aquele que ama tem de admirar o amado." O próximo, ao contrário, jamais foi representado como objeto de admiração, o Cristianismo jamais ensinou que se deva admirar o próximo – devemos amá-lo[69]. Portanto, deve haver admiração na relação de amor natural, e quanto mais forte a admiração, quanto mais veemente, tanto melhor, diz o poeta. Ora, admirar uma outra pessoa certamente não é amor de si; porém, ser amado por aquele

---

68. *Elskov*
69. *man skal elske ham*

II B. Tu deves amar "o próximo"   75

que é o único que admiramos, será que essa relação não retorna de
modo egoístico ao eu que ama o seu outro eu? E o mesmo vale
para a amizade. Admirar um outro ser humano não é, sem dúvida,
amor de si; porém, ao ser o único amigo deste único objeto de admiração, será que essa relação não retorna de uma maneira suspeita ao eu do qual partimos? Não é este, pura e simplesmente, o perigo do amor de si, que tenhamos um único objeto de nossa admiração, quando então esta única pessoa que admiramos nos toma, por
sua vez, como o único objeto de sua admiração?

Em contrapartida, amar ao próximo é o amor de abnegação, e
a abnegação expulsa justamente toda predileção, assim como expulsa todo amor de si – senão também a abnegação faria diferenças
e cultivaria uma preferência pela predileção. Se a predileção apaixonada nada mais tivesse em si de egoístico, pelo menos isso ela
tem, que nela, consciente ou inconscientemente, domina a obstinação[70], inconscientemente na medida em que ela está sob o poder da
determinação natural, e conscientemente, na medida em que ela se
entrega sem limite a esse poder e lhe dá assentimento. Por mais
oculta, por mais inconscientemente que esteja a obstinação na entrega apaixonada ao seu "único objeto", o arbitrário aí se encontra
em todo caso. O objeto único não foi decerto encontrado graças à
obediência sob a lei real "tu deves amar", mas sim graças a uma escolha, sim, através de uma seleção incondicional de um só e único
indivíduo[71] – pois o amor cristão também tem apenas um só e único objeto, o próximo, mas o próximo ao mesmo tempo está tão longe quanto possível de ser um só e único ser humano, infinitamente
afastado disso, pois o próximo são todos os homens. Quando o
amante ou o amigo só é capaz de amar esta única pessoa em todo o
mundo, o que dá volúpia ao ouvido do poeta, então, nessa imensa afeição há algo de imensamente voluntarioso, e o amante, nessa
afeição tempestuosa e enorme, se relaciona propriamente consigo
mesmo em amor de si. É esse amor egoístico, voluntarioso, que a
abnegação quer eliminar com o "tu deves" da eternidade. E a abnegação, que entra julgando para examinar o amor de si, tem dois gu-

---

70. *Selvraadighed,* voluntariosidade [N.T.].
71. *een eneste Enkelt*

mes, de modo que corta igualmente nas duas direções: ela sabe muito bem que há um amor de si próprio que se pode chamar de egoísmo infiel, mas sabe igualmente bem que há um amor de si que se teria de chamar de amor de si devotado. A tarefa da abnegação é por isso em si dupla, relacionando-se com a diferença entre essas duas variedades. Em relação ao amor de si infiel, que pretende esquivar-se, a tarefa é: dedica-te; em relação ao amor de si que se devota, a tarefa é: renuncia a esta afeição. E aquilo que agrada indescritivelmente ao poeta, que o amante diga: "Eu não posso amar outra pessoa, eu não posso deixar de amar, nem abandonar esta afeição, isso seria a minha morte, eu morro de amor", isso não agrada, absolutamente, à abnegação, e ela não suporta, de maneira alguma, que uma tal afeição seja honrada com o nome de amor[72], dado que essa última é amor de si. Dessa forma a abnegação pronuncia seu julgamento, e então ela estipula a tarefa: ama o próximo, a ele tu *deves* amar.

Onde quer que esteja o cristão[73] aí está também a abnegação, que é a forma essencial do Cristianismo. Para se relacionar com o cristão, precisa-se antes de mais nada ficar sóbrio; mas a abnegação é justamente aquela transformação graças à qual um homem se torna sóbrio no sentido da eternidade. Em contrapartida, onde quer que esteja ausente o essencialmente cristão, o ponto máximo será a embriaguez da autoestima de si, e o máximo dessa embriaguez o que será admirado. Mas amor natural e amizade são exatamente o máximo da autoestima[74], é o eu inebriado no segundo eu. Quanto mais firmemente os dois eus se abraçam para se tornarem um só eu, tanto mais este si mesmo unificado se exclui egoisticamente de todos os outros. No ponto máximo do amor natural e da amizade os dois se tornam realmente uma identidade, um único eu. Isso só se explica porque na predileção está contida uma determinação natural (instinto – inclinação) e o amor de si, que egoisticamente pode reunir dois em uma nova identidade egoística[75]. O

---

72. *Kjerlighedens*
73. *det Christelige*
74. *Selvfølelsens*
75. *i et nyt selvisk Selv*

II B. Tu deves amar "o próximo" 77

amor espiritual, ao contrário, afasta de minha identidade[76] toda determinação natural e todo amor egoístico, e por isso o amor ao próximo não pode me tornar um com o próximo, numa identidade unificada. O amor ao próximo é amor entre dois seres eternamente determinados como espírito cada um para si; amor ao próximo é amor segundo o espírito, mas dois espíritos jamais podem tornar-se um, no sentido egoístico. No amor natural e na amizade ambos se amam em virtude das diferenças ou por força da igualdade que se baseia na diversidade (como quando dois amigos se amam mutuamente em razão da igualdade dos costumes, do caráter, da ocupação, da formação etc., portanto em razão da semelhança pela qual eles se distinguem dos outros homens, ou pela qual eles se parecem um com o outro como diferentes dos outros homens), por isso ambos podem tornar-se um único eu, no sentido egoístico; nenhum deles já é para si mesmo a determinação do "si mesmo" do espírito, nenhum deles já aprendeu a amar-se a si mesmo cristãmente. No amor natural, o eu está determinado de forma sensível-anímico-espiritual, a pessoa amada é uma determinação sensual, anímica e espiritual; na amizade, o eu se determina anímica e espiritualmente, o amigo é uma determinação anímica e espiritual; só no amor ao próximo, o si mesmo, que ama, determina-se de maneira puramente espiritual como espírito, e o próximo é uma determinação puramente espiritual. Não vale, por isso, de jeito nenhum, para o amor natural e a amizade, aquilo que no começo foi dito por esse discurso: que se precisa apenas de um ser humano que se deixe reconhecer como o próximo para libertar o homem do amor de si quando ele, neste ser humano, ama ao próximo; pois no amado e no amigo não se ama o próximo, mas sim o outro eu, ou uma segunda vez o primeiro eu, ainda mais alto. Seguidamente acontece como se o homem, embora o amor de si seja o que há de condenável, não tivesse a força para ficar sozinho com seu amor a si, de modo que este só se mostra quando se encontrou o outro eu, e estes dois eus encontram força nessa unidade para a auto-estima do egoísmo[77]. Se alguém achasse que uma pessoa, ao enamorar-se ou ao encontrar um amigo, teria só por isso aprendido o amor cristão,

---

76. *af mit Selv*
77. *Selvkjerlighedens Selvfølelse*

estaria num grande erro. Não, na medida em que alguém se enamora de maneira que o poeta dissesse dele que "ele está realmente enamorado", sim, aí o mandamento do amor pode mudar-se um pouco quando dito para ele, e contudo dizer a mesma coisa. O mandamento do amor pode dizer-lhe: ama ao teu próximo assim como tu amas a pessoa amada. E contudo, não ama ele a pessoa amada "como a si mesmo", como o ordena o mandamento que fala do próximo? Ele o faz, com certeza, mas a pessoa amada que ele ama "como a si mesmo" não é o próximo, a pessoa amada é o outro eu. Quer falemos sobre o primeiro eu ou sobre o segundo eu, com isso ainda não nos acercamos nenhum passo do próximo; pois o próximo é o primeiro tu. Aquele que no sentido mais estrito só se ama a si mesmo, ama, no fundo, também o outro eu, pois o outro eu é ele mesmo. E contudo, isso é certamente amor de si mesmo. Mas, no mesmo sentido, é amor de si mesmo amar o outro eu, que é a pessoa amada ou o amigo. E como o amor de si mesmo no sentido mais estrito foi caracterizado como adoração de si mesmo, assim também são idolatria o amor natural e a amizade (como o poeta os compreende, e este amor depende totalmente desta compreensão). Pois em última análise o amor a Deus é o decisivo, dele deriva o amor ao próximo, mas disso o paganismo nem desconfiava. Excluía-se Deus, tomava-se o amor natural e a amizade como sinônimos de amor, e se detestava o egoísmo. Mas o mandamento do amor cristão ordena amar a Deus mais do que todas as coisas, e então amar ao próximo. No amor erótico e na amizade, a determinação intermediária é a predileção; no amor ao próximo, Deus é a determinação intermediária, ama a Deus acima de todas as coisas, e então tu amas também ao teu próximo, e no próximo amas todos os homens; só ao amar a Deus acima de todas as coisas pode-se, no outro, amar ao próximo. O outro homem, eis o próximo, ele é o outro homem no sentido de que o outro homem é qualquer outro homem. Compreendido assim, o discurso tinha portanto razão, quando no início dizia que se um homem num único outro homem ama o próximo, então assim ele ama todos os homens.

O amor ao próximo é portanto a eterna igualdade no amar, mas a igualdade eterna é o oposto da predileção. Isso não necessita de um desenvolvimento extenso. Afinal, igualdade consiste justamente em não fazer diferenças, e a igualdade eterna consiste em

II B. Tu deves amar "o próximo"

absolutamente não colocar nem a mínima diferença; a predileção, ao contrário, consiste em estabelecer diferenças, e a predileção apaixonada, em ilimitadamente estabelecer diferenças.

Mas então, ao destronar o amor natural e a amizade, com seu "tu *deves* amar", o Cristianismo não colocou algo de muito maior no seu lugar? Algo de muito superior – falemos, contudo, com cautela, com a cautela da ortodoxia. De muitas maneiras se confundiu o Cristianismo, mas entre elas também está uma em que, ao chamá-lo "o que há de mais elevado", "de mais profundo", dava-se a impressão de que o puramente humano se relacionaria com o essencialmente cristão[78] do mesmo modo como o elevado se relaciona com o mais elevado e com o mais elevado de todos. Ai, mas essa é uma linguagem enganadora, que de maneira não verdadeira e imprópria faz o Cristianismo empreendedoramente querer insinuar-se na curiosidade humana e no gosto das novidades. Existirá por acaso alguma coisa que o homem como tal, que o homem natural mais cobice do que as coisas mais altas! Tão logo um vendedor de novidades trombeteia que sua mais nova novidade é o máximo, ganha ávidos adeptos no mundo, que desde os tempos de antanho sempre experimentou uma indescritível preferência por (e sentiu uma profunda necessidade de) ser enganado. Não, as coisas do Cristianismo[79] são certamente superiores e supremas, mas, é bom notar, de tal maneira que ao homem natural elas escandalizam[80]. Aquele que ao definir o essencial do Cristianismo[81] como o bem supremo deixa de lado a determinação intermediária do escândalo, peca contra ele, comete uma temeridade, mais abominável do que se uma honrada mãe de família se vestisse como uma dançarina, ainda mais terrível do que se João, o austero juiz, se trajasse como um janota. O essencialmente cristão é em si mesmo pesado demais, em seus movimentos sério demais para, dançando, mexer-se numa tal leviandade nessa conversação ligeira sobre o alto, o mais alto, o altíssimo. O caminho para o que é essencial no Cristianismo[82] pas-

---

78. *det Christelige*
79. *det Christelige*
80. *til Forargelse*
81. *det Christelige*
82. *det Christelige*

80 As obras do amor

sa por dentro do escândalo. Com isso não se diz que o acesso ao essencialmente cristão[83] teria que ser escandalizar-se dele, pois isso seria de uma outra maneira impedir-se a si mesmo de alcançar o cristão: mas o escândalo vigia no acesso ao essencial do Cristianismo[84]. Feliz daquele que não se escandalizar por causa disso.

E o mesmo acontece com o mandamento de amar o próximo. Confessa tu também – ou caso te deixe confundido o fato de se falar assim, pois bem, então eu mesmo confessarei que muitas vezes isso me repeliu, e que estou ainda muito longe da ilusão de que cumpro esse mandamento, que justamente é um escândalo para carne e sangue, e uma tolice para a sabedoria. Se tu, meu ouvinte, és talvez, como se diz, um sujeito culto, muito bem, eu também sou culto; mas caso tu creias que com a ajuda da "cultura" chegas mais perto daquele máximo, aí tu cometes um enorme erro. E aqui se esconde justamente o equívoco, pois cultura todos nós desejamos, e cultura sempre tem na boca a excelência, sim, nenhum pássaro que tenha aprendido uma única palavra fica gritando esta palavra tão incessantemente como a cultura grita pelo "bem superior". Mas o Cristianismo[85] não é, de jeito nenhum, o "bem superior" da cultura, e o essencialmente cristão educa justamente através do choque do escândalo. Isso entenderás aqui imediata e facilmente; pois será que a tua cultura te ensinou, ou tu crês que o zelo de algum homem por conquistar a cultura já lhe ensinou a amar ao próximo? Ai, ai, será que antes a cultura e o zelo com que ela é perseguida não desenvolvem uma nova espécie da diferença, a diferença entre o cultivado e o inculto? Apenas presta atenção ao que é dito entre os cultos a respeito do amor natural e da amizade, quanta igualdade em termos de cultura o amigo precisa ter, quão culta e precisamente cultivada num certo modo a moça tem de ser; lê os poetas, que quase nunca conseguem manter a franqueza frente à poderosa dominação da cultura, dificilmente conseguem acreditar no poder do amor humano para romper as cadeias das diferenças – tu achas que esses discursos, esses poemas, ou que uma vida que se afina

---

83. *det Christelige*
84. *det Christelige*
85. *det Christelige*

II B. Tu deves amar "o próximo"   81

com esses discursos e esses poemas aproxima um homem de amar
o seu próximo? Vê só, aqui foram excluídas de novo as marcas do
escândalo. Pois imagina a pessoa mais culta de todas, aquela a
quem todos nós admirando dizemos "ela é tão culta", e pensa então no Cristianismo, que diz a ela "tu deves amar o próximo"! Sim,
uma certa urbanidade no trato, uma cortesia frente a todos os homens, uma amistosa condescendência para com os mais humildes,
uma conduta franca diante dos poderosos, uma liberdade de espírito belamente dominada: sim, isso é cultura – tu crês que também é
amar ao próximo?

O próximo é o igual[86]. O próximo não é a pessoa amada, pela
qual tu tens a predileção da paixão, e nem mesmo teu amigo, por
quem tu tens a predileção da paixão. O próximo não é, de jeito nenhum, se tu és alguém culto, a pessoa culta, com quem tu compartilhas a igualdade da cultura – pois com o próximo tu compartilhas
a igualdade dos homens diante de Deus[87]. O próximo não é, de jeito
nenhum, alguém que é mais distinto do que tu, isto é, ele não é o
próximo na medida em que é mais distinto do que tu, pois amá-lo
por ser ele mais distinto pode bem facilmente ser uma preferência,
e nesse sentido amor de si mesmo. De maneira alguma o próximo é
alguém que é mais humilde do que tu, isto é, na medida em que ele
é mais humilde do que tu ele não é o próximo, pois amar alguém
porque ele é mais pobre do que tu bem pode ser a condescendência
da preferência, e nesse sentido amor de si mesmo. Não, amar o próximo é igualdade[88]. É estimulante em tua relação para com uma
pessoa distinta, que nela tu *devas* amar o teu próximo; é bom para
a tua humildade na relação para com o mais humilde, que tu nele
não tenhas de amar o mais humilde, mas sim *devas* amar ao próximo; é libertador, se tu o fazes, pois tu *deves* fazê-lo. O próximo é
todo e qualquer homem; pois pelas diferenças ele não é o teu próximo, nem mesmo pela igualdade contigo no interior da diferença
em relação aos outros homens. Pela igualdade contigo diante de
Deus ele é o teu próximo, mas esta igualdade absolutamente todo
homem tem, e a tem incondicionalmente.

---

86. *det Ligelige* (adjetivo substantivado): aquele que é igual [N.T.].
87. *Menneskets Lighed for Gud*
88. *er Ligelighed*

II C
"TU" DEVES AMAR O PRÓXIMO

Vai então e faz assim, manda embora a diferença e a sua igualdade, para que possas amar o próximo. Manda embora a diferença da predileção, para que possas amar o próximo. Tu não deves deixar por isso de amar teu amado, longe disso. Pois então também a palavra "o próximo" seria o maior dos enganos que jamais se inventou, caso tu, para amar ao próximo, devesses iniciar por deixar de amar aqueles por quem tu tens uma predileção. Além disso, também seria uma contradição, pois, dado que o próximo é todo homem, ninguém pode ser excluído – deveríamos então dizer "muito menos o amado"? Não, pois esta é a linguagem da predileção. Portanto, é apenas a predileção que deve ser mandada embora – e é claro que não deveria ser reintroduzida em favor do próximo, de modo que tu, numa retorcida preferência, houvesses de amar o próximo em detrimento da pessoa amada. Não, assim como se diz ao solitário: "Toma cuidado contigo, para não caíres na armadilha do egoísmo", assim também se tem de dizer ao par enamorado: "Prestem atenção para que justamente este amor não os leve para a armadilha do egoísmo". Pois quanto mais decidida e exclusivamente a predileção se liga a uma pessoa única, tanto mais longe está de amar ao próximo. Esposo, não exponhas a tua mulher à tentação de esquecer, por amor de ti, o amor ao próximo; esposa, não coloques teu marido nesta tentação! Os amantes sempre acreditam ter em seu amor o máximo, oh, mas não é assim, pois aí eles ainda não têm o eterno assegurado pelo eterno. É claro que o poeta prometerá aos amantes a imortalidade, se forem verdadeiros amantes; mas quem é afinal o poeta, que adianta a garantia daquele que nem pode garantir por si mesmo? A "lei real", ao contrário, o mandamento do amor, promete a vida, a vida eterna, e esse mandamento diz justamente "tu deves amar o teu próximo". E como este mandamento quer ensinar a cada homem como deve amar a si mesmo, as-

II C. "Tu" deves amar o próximo

sim também quer ensinar ao amor natural e à amizade o verdadeiro amor: conserva em teu amor a ti mesmo o amor ao próximo, conserva no amor apaixonado e na amizade o amor ao próximo. Isso talvez te choque – ora, bem sabes que o essencialmente cristão vem sempre acompanhado da marca do escândalo. Mas acredita mesmo assim; não creias que aquele mestre, que não apagava a mecha ainda fumegante, haveria de apagar um nobre fogo num homem; acredita que ele, que era amor, quer justamente ensinar cada homem a amar; acredita que se todos os poetas se unissem num hino de louvor ao amor e à amizade, o que eles teriam a dizer nada seria em comparação com o mandamento "Tu deves amar, tu deves amar ao teu próximo como a ti mesmo!" Não cesses de crer só porque o mandamento quase te escandaliza, só porque esse discurso não soa tão lisonjeiro como o do poeta, que com seu canto se insinua em tua felicidade, porém repele e aterroriza, como se quisesse arrancar-te do amado refúgio da predileção – não cesses de crer, reflete que justamente porque o mandamento é assim e o discurso é assim, justamente por isso seu objeto pode ser objeto de fé. Não te entregues à ilusão de que poderias negociar, que amando algumas pessoas, parentes e amigos, amarias o próximo – pois isso significaria abandonar o poeta sem alcançar o essencialmente cristão, e justamente para impedir-te este regatear é que o discurso procurava colocar-te entre o orgulho do poeta que execra toda barganha e a majestade real do mandamento real, que transforma em culpa todo pechinchar. Não, ama a pessoa amada fielmente e com ternura, mas deixa o amor ao próximo ser aquilo que santifica o pacto com Deus da união de vocês; ama teu amigo sinceramente e com dedicação, mas deixa o amor ao próximo ser aquilo que lhes ensina na amizade de um pelo outro a familiaridade com Deus! Vê que a morte abole todas as diferenças, mas a predileção se refere sempre à diferença; contudo, o caminho para a vida e para o eterno passa pela morte e pela abolição das diferenças: é por isso que só o amor ao próximo leva verdadeiramente à vida. Como a boa nova do Cristianismo está contida na doutrina do parentesco dos homens com Deus, assim constitui a sua missão a igualdade dos homens com Deus. Mas Deus é amor, por isso só podemos nos assemelhar a Deus amando, assim como também só podemos ser, segundo as palavras de um Apóstolo, "colaboradores de Deus – no amor".

Enquanto amas o amado não te assemelhas a Deus, pois para Deus não há nenhuma predileção, coisa que em tua meditação muitas vezes te humilhou, mas também muitas vezes te reanimou. Enquanto amas teu amigo não te assemelhas a Deus, pois para Deus não há diferenças. Mas quando amas ao próximo, aí tu és como Deus. Portanto, vai, e faz o mesmo, manda embora as diferenças, para que possas amar o próximo. Ai, talvez nem seja preciso dizer isto para ti, talvez não tenhas encontrado no mundo uma pessoa amada, nenhum amigo no teu caminho, de modo que andas sozinho; ou talvez Deus tirou de teu flanco e te deu a amada, mas a morte a levou e a tirou de teu lado; tomou de novo e levou teu amigo, de modo que agora andas sozinho, de modo que não tens uma pessoa amada para cobrir o teu lado fraco e nenhum amigo à tua direita; ou talvez a vida tenha separado vocês, embora vocês tenham permanecido inalterados na solidão da separação; ai, talvez a mudança tenha separado vocês, de modo que andas triste na solidão, porque tu encontraste, mas depois encontraste alterado quem tinhas encontrado! Que desconsolo! Sim, pergunta só ao poeta, quão sem consolo é viver sozinho, ter vivido solitário, sem ser amado e sem ter alguém como seu amado; pergunta só ao poeta se ele sabe alguma outra coisa senão que é sem consolo quando a morte se atravessa entre os amantes, ou quando a vida separa um amigo do outro, ou quando a mudança os separa um do outro como inimigos; pois certamente o poeta ama a solidão, ele a ama; para na solidão descobrir a felicidade ausente do amor e da amizade, assim como aquele que procura um lugar obscuro para contemplar com admiração as estrelas. E contudo, se foi sem culpa própria que um ser humano não encontrou nenhuma pessoa amada; e se ele procurou, mas, sem culpa própria, em vão, encontrar um amigo; e se a perda, a separação, a mudança não foi por culpa dele: neste caso, o poeta sabe dizer alguma coisa além de que é um desconsolo? Mas então é o próprio poeta que sofre modificação, quando ele, o pregador da alegria, no dia da dificuldade não tem outra coisa a apresentar do que gritos de lamentação da desolação. Ou não queres chamar isso de modificação, queres chamar de fidelidade do poeta o fato de ele, desolado, entristecer-se com os que se entristecem desolados: muito bem, não vamos brigar sobre isso. Mas se quiseres

II C. "Tu" deves amar o próximo 85

comparar esta fidelidade humana com a do céu e da eternidade, então tu mesmo terás de conceder que ela constitui uma modificação. Pois o céu não apenas se alegra, mais do que qualquer poeta, com o alegre, e o céu não apenas se entristece com o triste, não, o céu tem alegrias novas, mais felizes, à disposição daquele que está triste. Deste modo, o Cristianismo tem sempre consolo, e seu consolo se distingue de todo consolo humano porque este está consciente de ser apenas uma compensação para a perda da alegria: o consolo cristão é *a alegria*. Em termos humanos, a consolação é uma descoberta bastante tardia: primeiro vêm o sofrimento e a dor e a perda da alegria, e então, depois disso, ai, depois de muito tempo o homem encontrou as pegadas da consolação. E vale o mesmo para a vida do indivíduo: primeiro vêm o sofrimento e a dor e a perda da alegria, e então, depois disso, ai, depois de muito tempo vem o consolo. Mas da consolação cristã não se pode dizer que ela vem depois, pois dado que ela é a consolação da eternidade, ela é anterior a qualquer alegria temporal; tão logo este consolo chega, chega com o adiantamento da eternidade e engole, por assim dizer, a dor, pois a dor e a perda da alegria são o momentâneo – mesmo que este momento durasse anos –, são o instantâneo, que se afoga na eternidade. E o consolo cristão não é, de modo algum, uma espécie de compensação pela perda da alegria, pois ele é a alegria; toda outra alegria não deixa de ser, em última análise, apenas desolação em comparação com a consolação do Cristianismo. Ai, tão perfeita não era e não é a vida do homem na terra, que a alegria da eternidade pudesse ser-lhe anunciada como a alegria que ele teve e ele mesmo perdeu; daí resulta que a alegria da eternidade só possa ser-lhe anunciada como consolo. Como o olhar humano não aguenta ver a luz do sol a não ser através de um vidro escuro: assim também o homem não pode de maneira alguma suportar a alegria da eternidade a não ser através da opacidade de sua proclamação como consolo. Portanto, qualquer que tenha sido teu destino quanto ao amor humano e à amizade, qualquer que tenha sido a ausência, qualquer que seja tua perda, qualquer que seja o desconsolo que compartilhas com o poeta: o máximo ainda está por vir: ama o próximo! É fácil para ti encontrá-lo, como ficou provado; a ele tu podes absolutamente sempre encontrar, como ficou demonstrado; a ele não podes jamais perder. Pois a pessoa amada pode agir de tal maneira contra ti, que se perde, e tu podes perder um amigo; mas por mais coisas que o próximo faça contra ti, tu não podes perdê-lo jamais. É bem verdade, tu podes também continuar a amar o amado e o amigo, não importa o que eles façam para ti, mas não podes em verdade continuar a chamá-los de amado e amigo se eles, infelizmente, se tiverem modificado completamente. O próximo, ao contrário, nenhuma mudança pode roubá-lo de ti, pois não é o próximo que te segura, mas sim é o teu amor que segura o próximo; se o teu amor para com o próximo se mantiver inalterado, então o próximo permanecerá inalteradamente presente. E a morte não pode roubar-te o próximo, pois se ela te tirar um, a vida em seguida te dará de novo um outro. A morte pode roubar-te um amigo, porque no amor ao amigo tu estás unido com ele; mas no amor ao próximo tu estás unido com Deus, e por isso a morte não pode roubar-te o próximo. Portanto, se tiveres perdido tudo no amor e na amizade, ou se jamais tiveres possuído algo desta sorte: tu conservas contudo no amor ao próximo o que há de melhor.

Pois o amor ao próximo tem as perfeições da eternidade. Será então acaso uma perfeição do amor que o seu objeto seja o mais excelente, o notável, o único? Eu achava que esta seria uma perfeição do objeto, e eu veria a perfeição do objeto como uma sutil desconfiança quanto à perfeição do amor. Será uma propriedade excelente de teu amor, se ele *só* consegue amar o extraordinário, o raro? Eu achava que seria uma perfeição do extraordinário e do raro o fato de serem o extraordinário e o raro, mas não do amor. E tu não és da mesma opinião? Pois nunca pensaste a respeito do amor de Deus? Caso fosse uma vantagem amar o extraordinário, então Deus estaria, se ouso dizer, num aperto, pois para ele o extraordinário não existe. A vantagem de *só* poder amar o extraordinário é portanto antes como que uma acusação, não contra o extraordinário, e de jeito nenhum contra o amor, mas contra aquele amor que *só* pode amar o extraordinário. Ou será uma vantagem para a saúde mimada de um homem que ele *só* possa sentir-se bem num único lugar do mundo, cercado de todos os favorecimentos? Quando vês um homem que se instalou assim na vida, o que é que tu elogias? Decerto que o conforto do arranjo. Mas não percebeste que a coisa é realmente assim que cada palavra de teu elogio sobre

II C. "Tu" deves amar o próximo

esta situação magnífica soa propriamente como um escárnio sobre o coitado que só é capaz de viver num tal ambiente? Portanto, a perfeição do objeto não é a perfeição do amor. E justamente porque o próximo não tem nenhuma das perfeições que têm em tão alto grau o amado, o amigo, a pessoa admirada, o sujeito culto, o tipo excepcional, o extraordinário, é justamente por isso que o amor ao próximo tem todas as perfeições, que não tem o amor ao amado, ao amigo, ao culto, ao admirado, ao excepcional e ao extraordinário. Deixemos que o mundo discuta quanto quiser sobre qual dos objetos do amor é o mais perfeito; sobre uma coisa jamais se poderá disputar: que o amor ao próximo é o amor mais perfeito. Toda outra forma de amor tem por isso também a imperfeição de enfrentar-se com duas questões, e nesse sentido possuir alguma duplicidade: primeiro vem a questão sobre o objeto, e depois a questão sobre o amor, ou há, afinal, a pergunta sobre ambos: o objeto e o amor. Mas no que tange ao amor ao próximo há apenas uma única questão, a sobre o amor, e só há uma única resposta da eternidade: a do amor; pois este amor ao próximo não se relaciona como uma espécie a outras espécies de amor. O amor natural é definido pelo objeto, a amizade é definida pelo objeto, só o amor ao próximo é definido pelo amor. Dado que o próximo é qualquer homem, incondicionalmente qualquer homem, todas as diferenças ficam sem dúvida excluídas do objeto, e este amor portanto é reconhecível justamente pelo fato de que seu objeto é sem nenhuma outra diferenciação de determinações ulteriores, o que quer dizer que este amor só se reconhece pelo amor. Não será esta a suprema perfeição? Pois na medida em que o amor possa ser reconhecido e deva ser reconhecido por alguma outra coisa, então esta outra coisa, na mesma relação, é como que uma desconfiança frente ao amor, no sentido de que este não é suficientemente abrangente e neste sentido de modo algum eternamente infinito; esta outra coisa é uma predisposição à morbidez, inconsciente ao amor. Nesta desconfiança se esconde portanto o medo que pode inflamar o ciúme, o medo que pode trazer o desespero. Mas o amor ao próximo dispensa a desconfiança da relação, e por isso não pode de modo algum tornar-se desconfiança frente ao amado. Contudo, este amor não é orgulhosamente independente de seu objeto, sua igual-

88   As obras do amor

dade de tratamento[89] não provém do fato de o amor voltar-se orgulhosamente para dentro de si com indiferença[90] frente ao objeto; não, a igualdade deriva-se do fato de o amor voltar-se humildemente para fora, abrangendo a todos, e contudo amando a cada um em particular, mas a ninguém exclusivamente.

Pensemos sobre o que foi analisado no discurso precedente: que o fato de o amor num homem ser para ele uma necessidade, uma exigência, é expressão de riqueza. Quanto mais profunda portanto for esta necessidade, tanto maior a riqueza; se a necessidade é infinita, então a riqueza também o é. Ora, quando a necessidade do amor num homem o impele a amar uma única pessoa, então (embora concedendo que esta necessidade é uma riqueza) é preciso dizer, contudo, que ele necessita desta pessoa. Se, ao contrário, a necessidade do amor num ser humano o impele a amar a todos, aí então esta é uma necessidade, e ela é tão poderosa que é como se ela mesma quase pudesse produzir o seu objeto. A ênfase no primeiro caso situa-se na particularidade do objeto, e no segundo caso situa-se na essencialidade da necessidade[91], e somente neste último sentido a necessidade é expressão de riqueza; e somente no último caso a necessidade e o objeto se relacionam igualmente um para o outro num sentido infinito, pois o próximo é o primeiro que aparecer, é todo e qualquer homem, ou não existe nenhum objeto num sentido *especial*, enquanto que no sentido infinito todo e qualquer homem é objeto deste amor. Quando alguém sente necessidade de falar com uma única e determinada pessoa, então necessita propriamente desta pessoa; mas quando a sua necessidade de falar é tão grande que ele precisa falar, ainda que a gente o colocasse no deserto abandonado ou num cárcere solitário; quando a necessidade é tão grande que qualquer homem é para ele a pessoa com quem deseja falar: aí a necessidade é uma riqueza. E aquele em quem existe o amor ao próximo, nele o amor ao próximo é uma necessidade, a mais profunda; ele não necessita dos homens para ter de qualquer maneira alguém para amar, mas ele tem necessidade

---

89. *Ligelighed*

90. *Ligegyldighed*, ou seja, o fato de valer igual, e assim não valer nada especialmente: indiferença [N.T.].

91. *Trangens Væsentlighed*

II C. "Tu" deves amar o próximo · 89

de amar os homens. Contudo, não há orgulho nem altivez nessa riqueza, pois Deus é a determinação intermediária, e o "deves" da eternidade compromete e dirige a necessidade poderosa, para que ela não se perca e se transforme em orgulho. Mas no objeto não há limites, pois o próximo é todos os homens, incondicionalmente todo e qualquer homem.

Aquele que verdadeiramente ama o próximo, ama portanto também seu inimigo. Esta diferença "amigo e inimigo" é uma diferença no objeto do amor, mas o amor ao próximo tem afinal de contas o objeto que não tem diferenças, o próximo é a distinção completamente irreconhecível entre um homem e outro, ou é a eterna igualdade diante de Deus – esta igualdade o inimigo também tem. Crê-se que para um homem seja impossível amar seu inimigo, ai, pois afinal os inimigos nem suportam enxergar-se mutuamente. Pois bem, então fecha os olhos – e assim o inimigo se assemelhará inteiramente ao próximo; fecha os olhos e relembra o mandamento de que tu deves amar, e então tu amarás – teu inimigo: não, então tu amarás o próximo, pois tu não verás mais que é o teu inimigo. Com efeito, quando fechas os olhos então não vês as diferenças da vida terrena, mas a inimizade é também uma das diferenças da vida terrena. E quando fechas os olhos, então o teu espírito não se dispersa nem se perturba no momento mesmo em que deves escutar a palavra do mandamento. Quando então o teu espírito não se perturba nem se distrai a olhar o objeto de teu amor e as diferenças do objeto, então tu te tornas todo ouvidos para a palavra do mandamento, como se ele falasse única e exclusivamente para ti, dizendo que "tu" deves amar o próximo. Vê, estás no caminho da perfeição para amar o próximo, quando teus olhos estão fechados e te tornaste todo ouvidos para o mandamento.

Aliás, isto também é verdade (o que já está contido no que antes foi analisado, onde se mostrava que o próximo é a determinação espiritual pura): o próximo nós só vemos com os olhos fechados, ou *afastando* o olhar das diferenças. O olhar sensível vê sempre as diferenças e olha *para* as diferenças. Por isso a sabedoria mundana aconselha, a toda hora: "Vê bem a quem tu amas". Ai, se devemos verdadeiramente amar o próximo, então vale o seguinte: acima de tudo, não procures olhar bem, pois esta sabedoria na relação para pôr à prova o objeto ocasionará precisamente que jamais consigas ver o próximo, pois ele é, como sabemos, qualquer homem, todo e qualquer ser humano, tomado bem às cegas. O poeta despreza a cegueira observadora desta sabedoria que ensina que se deve ver bem a quem se vai amar; ele ensina que o amor torna cego; na opinião do poeta, o amante deve numa maneira enigmática e inexplicável encontrar seu objeto ou apaixonar-se ou assim tornar-se cego pelo amor, cego para qualquer defeito, para qualquer imperfeição da pessoa amada, cego diante de qualquer outra coisa que não seja a pessoa amada – porém, de certo não cego quanto ao ser ela a única em todo o mundo. Se é assim, certamente a paixão torna um homem cego, mas ao mesmo tempo ela o torna muito clarividente para não confundir um outro ser humano com este que é o único, ele o torna portanto cego em relação a este amado ao ensinar-lhe a fazer uma imensa diferença entre este único e todos os outros seres humanos. Mas o amor ao próximo torna um homem cego, no sentido mais profundo e mais nobre e mais feliz, de modo que ele ame cegamente a qualquer homem, assim como o amante ama a pessoa amada.

O amor ao próximo tem as perfeições da eternidade – *daí resulta talvez que às vezes ele combine tão pouco com as condições da vida terrena, com as diversidades temporais do que é do mundo, e que tão facilmente ele seja incompreendido e exposto ao ódio, e que em todo caso seja uma tarefa tão ingrata amar ao próximo.*

Mesmo quem de resto não está inclinado a louvar a Deus e ao Cristianismo, contudo o faz, quando com um arrepio considera aquela situação terrível, como no paganismo a diversidade da vida terrena ou a repartição por castas desumanamente separava um ser humano de outro; como aquela impiedade desumanamente ensinava um ser humano a negar o parentesco com o outro, ensinava-lhe a dizer temerária e insensatamente de outro homem que ele não existia, que "não tinha nascido". Então até ele louva o Cristianismo, que salvou o homem do mal, inculcando profunda e eternamente, de maneira inesquecível, o parentesco entre um homem e o outro, porque o parentesco está assegurado graças ao parentesco igual de cada indivíduo com Deus e à relação com Deus em Cristo; porque a doutrina cristã se volta igualmente para cada indivíduo,

II C. "Tu" deves amar o próximo

ensina-lhe que Deus o criou e Cristo o redimiu; porque a doutrina cristã chama a cada indivíduo separadamente e lhe diz "fecha tua porta e ora a Deus, e assim terás o maior bem que um homem pode ter, ama o teu Salvador e tu terás tudo, na vida e na morte, e deixa de lado as diversidades, pois elas não tiram nem acrescentam". Será que aquele que de cima das montanhas enxerga as nuvens abaixo dele, será que se deixa perturbar por esta contemplação, será que se perturba com a tempestade de trovões que desaba sobre as planícies baixas da terra? Em semelhante altura o Cristianismo colocou cada homem, absolutamente cada homem – pois para Cristo, tampouco como para a providência de Deus, não há nenhuma quantidade, nenhuma multidão, pois os inumeráveis estão para ele contados, são todos indivíduos; tão alto o Cristianismo colocou cada homem, para que ele não devesse prejudicar sua alma por se elevar nas diferenças da vida terrena ou por suspirar sob elas. Pois o Cristianismo não *fez desaparecer as diferenças*, tampouco como o próprio Cristo não quis e nem quis pedir a Deus para *retirar os discípulos do mundo* – o que dá no mesmo. Por isso, no Cristianismo, tampouco como no paganismo, jamais viveu um ser humano sem estar vestido ou revestido das diferenças da vida terrena; tampouco como o cristão vive ou pode viver sem o corpo, tampouco o pode sem as diferenças da vida terrena, que pertencem a cada um especialmente pelo nascimento, pelo estado, pelas circunstâncias, pela cultura etc. – nenhum de nós é o homem puro. O Cristianismo é sério demais para fabular a respeito do homem puro, ele apenas quer tornar os homens puros. O Cristianismo não é um conto de fadas, ainda que a felicidade que ele nos promete seja mais magnífica do que a que as histórias possuem; ele é muito menos uma engenhosa elucubração mental, que deveria ser difícil de entender e que portanto exigiria apenas uma condição: uma cabeça desocupada e um cérebro vazio.

Então, o Cristianismo baniu, de uma vez por todas, aquele horror que havia no paganismo; mas a diversidade da vida terrena, isto ele não suprimiu. Esta deve continuar enquanto continuar a temporalidade, e tem de continuar a tentar cada homem que entra no mundo; pois ele não vem a ser liberado da diversidade pelo fato de ser cristão, e sim ao vencer a tentação da diversidade é que ele se

92 As obras do amor

torna cristão. Na assim chamada cristandade, portanto, a diferença da vida terrena ainda tenta constantemente, ai, talvez ela seja mais do que uma tentação, de modo que um se torna arrogante, e o outro inveja obstinadamente. Os dois lados representam, aliás, uma rebelião, são uma revolta contra o essencialmente cristão. Na verdade, longe de nós apoiarmos alguém no temerário engano de que só os poderosos e os nobres são os culpados; pois na medida em que os pequenos e os fracos só corressem obstinadamente atrás das vantagens que a vida terrena lhes nega, em vez de humildemente se esforçarem por alcançar a feliz igualdade do essencialmente cristão, aí eles também prejudicariam a sua alma. Cego o Cristianismo não é, nem unilateral; ele vê com a calma da eternidade equitativamente[92] todas as diversidades da vida terrena, mas ele não apoia com discórdia somente um dos lados; ele vê, e certamente com tristeza[93], que ativismo terreno e falsos profetas da mundanidade querem em nome do Cristianismo, como charlatães, divulgar a crença nessa ilusão, como se fossem apenas os poderosos que incorrem na falta da diversidade da vida terrena, como se os pequenos tivessem o direito de fazer tudo para alcançar a igualdade – só excluindo de seus meios o tornar-se cristão em seriedade e verdade. Será mesmo que por este caminho se poderia chegar mais próximo da igualdade e da equidade cristãs[94]?

O Cristianismo não quer então suprimir a diversidade, nem a da nobreza, nem a da pobreza; mas por outro lado, não há nenhuma diversidade temporal, nem a mais razoável e aceitável aos olhos do mundo, que o Cristianismo queira apoiar partidariamente. Se a diversidade temporal, pela qual um homem incorre em falta ao se agarrar mundanamente a ela, é uma que aos olhos do mundo grita aos céus e causa revolta, ou se aos olhos do mundo ela é inocente e amável, com isso simplesmente nem se ocupa o Cristianismo, que afinal não faz diferenças mundanas, e não olha para aquilo com que um homem prejudica a sua alma, mas sim para o fato de que ele traz prejuízo à sua alma – só por causa de algo insignificante?

---

92. *ligeligt*
93. *Bedrøvelse*
94. *christelige Lighed og Ligelighed*

II C. "Tu" deves amar o próximo 93

Pode ser, mas o fato de que ele traz dano à sua alma certamente não é nada insignificante. Entre os pontos extremos da nobreza e da pobreza reside uma grande quantidade de determinações mais próximas na diversidade mundana; mas não há nenhuma dessas diversidades mais próximas (e por isso, decerto, menos perceptíveis) com que o Cristianismo faça uma exceção. A diversidade é como uma enorme rede na qual fica presa a temporalidade; as malhas nessa rede são, por sua vez, diferentes, um homem parece estar mais preso e amarrado na existência do que o outro; mas toda essa diversidade, a diversidade entre esta e aquela diferença, a diversidade comparativa, absolutamente não ocupam o Cristianismo, nem infimamente, pois uma tal ocupação e preocupação seriam, por sua vez, de novo mundanidade. O Cristianismo e a mundanidade jamais chegam a um entendimento recíproco, mesmo que, por um instante, para alguém menos atento, possa parecer enganadoramente assim. Estabelecer igualdade entre os homens no mundo, assemelhar as condições da temporalidade aos homens, se possível equitativamente: eis aí algo que, em sumo grau, ocupa a mundanidade. Mas mesmo aquilo que se poderia chamar o esforço mundano bem intencionado neste sentido jamais atingirá o entendimento com o Cristianismo. A mundanidade bem intencionada se mantém, se quisermos dizê-lo, piamente convencida de que deve haver uma única situação temporal, uma única diversidade terrena – quer a descubramos com auxílio de cálculos e visões panorâmicas ou por qualquer outro modo – que constituiria a igualdade. Quando esta situação se tiver tornado a única para todos os homens, aí a igualdade estará instaurada. Mas por uma parte isso não é realizável, e por outra parte a igualdade de todos por terem uma mesma e comum diversidade temporal não é, contudo, de modo algum a igualdade cristã; a igualdade mundana, se fosse possível, não seria a igualdade cristã. E realizar perfeitamente a igualdade mundana constitui uma impossibilidade. Isso a rigor a própria mundanidade bem intencionada o confessa; ela se alegra quando consegue tornar a situação de vida semelhante para muitos e muitos, mas ela mesma reconhece que o seu esforço constitui um pio desejo, que é uma tarefa imensa a que ela se colocou, que as perspectivas são longas – se ela se compreendesse corretamente ela teria de entender que isso jamais será alcançado na temporalidade, que, ainda que

94 As obras do amor

este esforço continuasse através dos milênios, mesmo assim jamais alcançaria sua meta. O Cristianismo, ao contrário, com o auxílio do atalho da eternidade, chega imediatamente à meta: ele deixa que subsistam todas as diversidades, mas ensina a equidade da eternidade. Ele ensina que cada um deve *elevar-se* acima da diversidade temporal. Presta bem atenção ao modo equitativo como ele fala: ele não diz que é o pequeno que deve elevar-se, enquanto o poderoso talvez pudesse descer de suas alturas; oh não, um tal discurso não é equitativo; e a igualdade que se instaura quando o poderoso desce e o pobre sobe não é igualdade cristã, é igualdade mundana. Não, ainda que se trate daquele que se encontra no mais alto lugar, mesmo que seja o rei, ele deve *elevar-se* acima da diferença da eminência, e o mendigo deve *elevar-se* acima da diversidade da pobreza. O Cristianismo deixa subsistirem todas as diversidades da vida terrena, mas no mandamento do amor, no amar ao próximo, está justamente contida esta equidade no elevar-se por cima da diversidade da vida terrena.

Mas porque isto é assim, porque o pequeno, tanto quanto o nobre e poderoso, porque qualquer homem em suas diferentes maneiras de ser pode perder a sua alma ao não querer cristãmente elevar-se por cima da diversidade terrena, ai, e porque isto acontece aos dois lados e de diferentes maneiras: é por isso que o querer amar ao próximo fica exposto muitas vezes a um perigo duplo e até múltiplo. Qualquer um que desesperadamente se agarrou a uma ou outra das diversidades terrenas, de modo que tem nela a sua vida, e não em Deus, exige também de cada um que pertence à mesma diversidade que se alie com ele – não no bem (pois o bem não cria partidos, não une nem dois, nem cem, nem todos, os homens num partido), mas numa impiedosa aliança contra o humano-comum[95]; o desesperado chama de traição o querer associar-se[96] com outros, com todos os homens. Por outro lado, esses outros homens estão diferenciados novamente quanto a outras diversidades da temporalidade e talvez mostrem incompreensão, caso alguém que não pertença à sua diversidade queira aliar-se com eles. Pois no

---

95. *Almene-Menneskelige*
96. *have Fællesskab*

II C. "Tu" deves amar o próximo

que se refere às diversidades da vida terrena, por causa do malentendido, há uma coisa bem rara, ao mesmo tempo disputa e unidade: uma única e mesma pessoa quer suprimir uma diversidade, mas quer vê-la substituída por outra. Diversidade pode significar, aliás, como a palavra o diz, o que há de mais diverso, o mais diferenciado; mas cada um que combate de tal modo contra a diversidade que ao excluir uma quer colocar outra no lugar dela, está lutando, afinal de contas, em favor da diversidade. Aquele que assim quer amar ao próximo, aquele que portanto não se preocupa em excluir esta ou aquela diversidade, ou mundanamente suprimir todas elas, porém piedosamente busca impregnar a sua diversidade com o pensamento salvífico cristão da igualdade[97]: torna-se facilmente alguém que não combina com a vida terrena que temos aqui, e nem com a assim chamada Cristandade; ele se vê exposto facilmente a ataques de todos os cantos, facilmente se torna como um cordeiro perdido no meio de lobos ferozes. Para onde quer que volte o olhar, ele encontra naturalmente diversidades (pois, como foi dito, nenhum homem é o homem puro, mas o cristão se eleva acima das diversidades); e aqueles que mundanamente se agarraram a uma diversidade temporal, qualquer que ela seja, são como os lobos ferozes.

Para esclarecer o assunto que nos ocupa, tomemos alguns exemplos da diversidade da vida terrena, e procedamos bem precisamente. E tu, dedica tanta paciência para ler como eu dediquei minha diligência e o meu tempo para escrever; pois dado que ser escritor é o meu único trabalho e a minha única ocupação, eu não só posso como até estou obrigado a usar de uma precisão minuciosa – ou se quiseres, miúda –, mas com certeza proveitosa, como outros não conseguem, dado que eles, além de serem escritores, ao mesmo tempo precisam usar de outras maneiras o seu dia talvez mais longo, seus talentos talvez superiores, sua capacidade de trabalho talvez maior. Vê, já passaram os tempos em que só os poderosos e nobres eram homens, e os outros – *homens* servos e escravos. Isso se deve ao Cristianismo; mas daí não se segue de maneira nenhuma que nobreza e poder agora não possam mais ser uma armadilha para um homem, de modo que ele incorra em falta por causa dessa

---

97. *Ligeligheds*

96 As obras do amor

diversidade, prejudique sua alma, esqueça o que significa amar ao próximo. Se isso tiver de acontecer, acontecerá de uma maneira mais oculta e misteriosa, mas no fundo fica sendo a mesma coisa. Se então alguém, abertamente, fruindo sua arrogância e seu orgulho, dá a entender a outros homens que eles para ele nem existem, e, para nutrir o seu orgulho, busca que eles percebam isso, exigindo deles a expressão da submissão de escravos – ou se, furtivamente e às ocultas, precisamente ao evitar qualquer contato com eles (talvez também por medo de que uma atitude aberta pudesse provocar os homens e torná-los perigosos para ele), exprime que para ele eles não existem: no fundo é a mesmíssima coisa. O desumano e anticristão não se situam no modo pelo qual isso é feito, mas no querer por si mesmo distanciar-se do parentesco com todos os homens, com cada homem incondicionalmente. Ai, ai, preservar-se puro do mundo é a tarefa e a doutrina do Cristianismo, provera a Deus que todos nós o fizéssemos; mas aferrar-se mundanamente às diversidades, ainda que fosse à mais magnífica de todas, isto é justamente contaminação. Pois não é o trabalho grosseiro que suja, quando é feito com pureza de coração, e não é a condição humilde que macula, quando piedosamente colocas a tua honra no viver na quietude; mas seda e arminho podem contaminar, quando levam um ser humano a sofrer dano em sua alma. Há contaminação quando o pobre se retrai de tal modo, fechando-se em sua miséria, que não consegue ter coragem para querer deixar-se edificar pela mensagem cristã[98]; mas também há contaminação quando o nobre se envolve a tal ponto em sua excelência que se retrai com receio de se deixar edificar pela mensagem cristã; e também há contaminação, quando aquele cuja diversidade consiste em ser como a maioria das pessoas nunca sai dessa diversidade, em elevação cristã.

Assim, então, aquela perversão aristocrática ensinará ao nobre que ele só existe para os nobres, que ele só deve viver na solidariedade do seu círculo, que ele não pode estar aí para os outros homens, assim como estes não podem existir para ele. Mas há que ter cautela, ele deve saber fazer isso de maneira tão leve e tão hábil quanto possível, para não indignar os homens, quer dizer, o segre-

---

98. *det Christelige*

II C. "Tu" deves amar o próximo   97

do e a arte consistem justamente em manter este segredo para si; o evitar o contato não pode ser uma expressão da relação, não se deve de jeito nenhum fazer isso de maneira que dê na vista, despertaria a atenção, não, a atitude evasiva deve ser para salvaguarda, e portanto tão cautelosa que ninguém atente a isso e muito menos fique chocado. Por isso, ele deve andar como que com os olhos fechados (ai, mas não no sentido cristão), quando transitar por entre a multidão dos homens; orgulhoso (e, contudo, furtivamente), ele deve como que esgueirar-se de um círculo de nobres para outro; ele não deve olhar para esses outros homens para não ser visto, enquanto, contudo, toda a atenção de seu olhar deve vigiar por detrás deste esconderijo – para o caso de vir a topar com ele um homem igual[99] ou um ainda mais nobre do que ele; sua vista deve flutuar indefinida, tateando por cima desses homens, para que ninguém possa captar seu olhar e recordar-lhe seu parentesco; ele não pode jamais ser visto entre os inferiores, pelo menos jamais em sua companhia, e se isso for inevitável, então deve ser visível a condescendência aristocrática – contudo, em sua forma mais suave, para não chocar ou indignar; ele pode muito bem usar para com os mais humildes de uma cortesia exagerada, mas não pode jamais tratar com eles em pé de igualdade, pois com isso ele estaria afinal exprimindo que ele era homem, mas ele é um nobre. E caso ele consiga fazê-lo suavemente, habilmente, com bom gosto, discretamente e contudo sempre guardando o seu segredo (de que os outros homens não existem para ele e ele não está aí para eles), então a perversão aristocrática há de garantir por ele – que ele tem o bom-tom. Sim, o mundo se modificou, e a perversão também se modificou; pois seria afinal precipitado crer que o mundo se tornou bom só porque se modificou. Se imaginássemos uma daquelas figuras orgulhosas, obstinadas, que se divertiam com este jogo impiedoso de abertamente deixar que "aqueles homens" sentissem sua miséria, como não ficaria admirada quando viesse a saber que se tornou necessária tanta cautela para conservar este segredo! Ai, mas o mundo se modificou; e depois que o mundo se modificou, também as

---

99. *et Medmenneske*

98 As obras do amor

formas da perversão se tornaram mais solertes, mais difíceis de provar – mas melhores elas não se tornaram, em verdade.

Assim é a corrupção aristocrática. E se então houvesse um homem distinto cuja vida pelo nascimento e pelas condições pertencesse especialmente à mesma diversidade terrena, um homem nobre, que não quisesse consentir nesta conspiração da discórdia contra o humano comum, isto é, contra o próximo, caso não pudesse forçar seu coração a isso, caso ele, embora visse as consequências de sua ação, não obstante diante de Deus se consolasse de ter fortaleza suficiente para suportá-las, enquanto que não teria força para endurecer seu coração: aí a experiência teria decerto de ensinar-lhe o quanto estava arriscando. Primeiramente deveria então a corrupção aristocrática acusá-lo como um traidor que só ama a si mesmo – porque ele queria amar o próximo; pois isso de apoiar a corrupção, isso sim seria amor e fidelidade e sinceridade e dedicação! E se então, como tantas vezes acontece, os mais pobres, por sua vez a partir do ponto de vista da diversidade deles, o entendessem mal e o estranhassem, a ele que não pertencia à sinagoga deles, recompensassem com desprezo e escárnio – porque queria amar o próximo: sim, aí ele se exporia a um duplo perigo. Pois se ele tivesse pretendido colocar-se à frente dos mais pobres para tentar numa revolta derrubar a diferença da nobreza: aí talvez eles o teriam respeitado e amado. Mas não era o que ele queria, ele queria simplesmente expressar o que nele constituía uma necessidade cristã, o amar o próximo. E justamente por isso seu fado tornou-se tão precário, justamente daí o duplo perigo.

Então a corrupção dos grandes deveria por certo escarnecer dele triunfantemente e dizer, em tom de desprezo e condenação, "ele bem que o mereceu"; ela deveria por certo usar o nome dele como um escarmento para impedir que jovens aristocratas inexperientes se perdessem – afastando-se do bom-tom da corrupção. E muitos dos melhores entre os mais distintos, sobre os quais contudo os tons da corrupção exerciam um poder, não haveriam de ousar defendê-lo e não se atreveriam a deixar de acompanhar o riso no "conselho dos escarnecedores", e isso deveria ser o máximo, se alguém ousasse defendê-lo. Assim, bem se poderia perfeitamente imaginar que um nobre no círculo dos nobres se entusiasmasse

II C. "Tu" deves amar o próximo 99

mesmo e com eloquência pudesse defender o amor ao próximo, porém, quando ao fim e ao cabo, na realidade, não conseguiria superar suas próprias ideias, fazendo-as obedecer à visão defendida talvez com êxito. Pois dentro das quatro paredes da diversidade, por detrás delas, defender uma visão contrária, uma concepção, que no sentido cristão (não no sentido da revolta) quer acabar com as diferenças: isso afinal ainda é permanecer na diversidade. Em companhia dos eruditos ou no interior de um ambiente que assegura e promove sua distinção intelectual, o erudito talvez tivesse vontade de entusiasticamente expor aquela doutrina da igualdade humana; mas isso afinal ainda é permanecer na diversidade. Em companhia dos ricos ou no interior de um ambiente que justamente torna a vantagem da riqueza mais visível, o rico talvez estivesse disposto a fazer qualquer concessão à igualdade entre os homens; mas isso afinal ainda é permanecer na diversidade. E aquele que era melhor, que talvez, na distinta sociedade, fosse capaz de vitoriosamente tirar de campo todas as objeções, talvez se esgueirasse, aristocrática e covardemente, do contato com a objeção que a realidade efetiva opõe à diferença. "Vá com Deus": esta expressão nós utilizamos, aliás, como um voto de felicidade – se este melhor entre os nobres, em vez de andar, se evadindo orgulhosamente, sair a andar com Deus por entre os homens: aí talvez ele devesse ocultar de si mesmo – e portanto, também de Deus, o que ele acabaria vendo; porém, Deus veria de qualquer modo o que ele ocultasse. Pois quando andamos com Deus, por certo andamos sem perigo, mas somos obrigados também a ver, e a ver de uma maneira totalmente própria. Se andas na companhia de Deus, então tu precisas apenas ver um único miserável, e não conseguirás escapar daquilo que o Cristianismo quer que tu devas compreender: a igualdade humana. Ai, mas aquele melhor talvez não ousasse aguentar esta caminhada em companhia de Deus e a impressão causada por ela, talvez ele se esquivasse – enquanto, então, naquela mesma noite novamente voltaria a defender, na companhia aristocrática, a visão cristã. Sim, o ir com Deus (e afinal é só nesta companhia que se descobre "o próximo", pois Deus é a determinação intermediária) para chegar a conhecer a vida e a si mesmo, é uma caminhada séria. Assim a honra, o poder e a glória perdem o seu brilho mundano; em companhia com Deus tu não podes tirar prazer mundano disso. Se fazes

100 As obras do amor

alianças (já que essa solidariedade não provém do bem) com alguns outros homens, com uma determinada classe, com uma determinada condição de vida, nem que seja apenas com a tua esposa: aí és tentado pelo mundano; mesmo que isto aos teus olhos não venha a significar muito, tu és tentado a fazer acepção de pessoas comparando-as, tu és tentado talvez por causa da tua mulher. Mas quando andas com Deus e só te solidarizas com Deus, e compreendes a partir de Deus tudo o que tu compreendes: então descobres (devo dizer, para teu próprio prejuízo?) – então tu descobres o próximo; então Deus te força a amá-lo (devo dizer, para teu próprio prejuízo?); pois amar ao próximo é uma tarefa ingrata.

Afinal, uma coisa é deixar que uma ideia lute contra outra ideia, uma coisa é combater e vencer numa disputa verbal, e outra coisa é superar as suas próprias ideias quando se combate na realidade efetiva da vida; pois por mais próximo que uma ideia abrace na luta outra ideia, por mais que numa polêmica verbal um dos disputantes aperte o outro, todas essas lutas são, no entanto, a distância e como que no ar. Por outro lado, este é o padrão para saber qual a disposição mental que habita num homem: que distância há entre o que ele compreende e o que ele realiza, quão grande é a distância entre o seu compreender e o seu agir. No fundo, todos compreendemos o que há de mais alto; uma criança, o mais simples e o mais sábio, todos compreendem o que há de mais elevado, e da mesma maneira; pois se eu ouso dizer, é uma lição que todos temos de aprender. Mas o que faz a diferença é se nós o compreendemos a distância (de modo que não agimos de acordo com isso), ou de perto (de modo que agimos de acordo); e "não podemos fazer de outro modo", não podemos deixar de fazê-lo, assim como Lutero, que compreendeu bem de perto o que tinha de fazer, quando dizia: "Eu não posso fazer de outra maneira, Deus me ajude, amém." Na distância de uma hora de recolhimento[100], longe do tumulto da vida e do mundo, qualquer homem compreende o que é o bem supremo; quando sai dali ele o compreendeu; quando a vida sorri para ele com tempo bom ele ainda o compreende; mas quando começa a confusão, aí se evade a compreensão, ou se mostra que aquela

---

100. Alusão à forma de espiritualidade do bispo Mynster [N.T.].

II C. "Tu" deves amar o próximo   101

compreensão era a distância. Sentar-se num quarto onde tudo é tão tranquilo que até se pode ouvir um grão de areia caindo, e compreender o bem supremo, isso qualquer homem consegue; para falar de maneira figurada, ter de sentar-se dentro do caldeirão no qual os caldeireiros martelam, e aí então compreender a mesma coisa; sim, aí precisa-se ter a compreensão de perto, do contrário se há de mostrar que a compreensão era a distância – pois se estava ausente da compreensão. Na distância de uma hora de recolhimento, longe do tumulto da vida e do mundo, a criança, o mais simples e o mais sábio compreendem, e quase com a mesma facilidade, o que qualquer homem deve fazer – o que qualquer homem deve fazer; mas quando na confusão da vida a única pergunta é o que *ele* deve fazer, então talvez se mostre que essa compreensão era a distância – era afinal a distância entre a humanidade e ele. Na distância em relação à ação, que há nas disputas verbais, na distância de uma resolução intrépida e a ação, na distância de um juramento solene, na distância do arrependimento em relação à ação, qualquer homem compreende o bem supremo. Dentro da segurança de um estado inalterado, segundo os hábitos antigos, compreender que deveria ser feita uma mudança, isto qualquer um pode, pois esta compreensão é a distância; a imutabilidade não é uma enorme distância em relação à mudança? Ai, no mundo só se coloca puramente a questão apressada sobre o que este pode e o que aquele pode e o que ele não pode: a eternidade, que fala do que há de mais elevado, supõe tranquilamente que todo homem pode realizá-lo, e apenas pergunta então se ele o fez. Na distância da condescendência aristocrática, o nobre compreende a igualdade entre os homens; na distância da secreta superioridade o erudito e o culto compreendem a igualdade entre os homens; no interior de uma pequena concessão de vantagem, também aquele cuja diversidade consiste em ser como a maioria do povo, compreende a igualdade entre os homens – a distância, o próximo é conhecido de todos: só Deus sabe quantos então o conhecem na realidade, isto é, de perto. E contudo, a distância o próximo é uma ilusão, ele, que afinal só existe estando próximo, o primeiro que aparecer, incondicionalmente todo e qualquer homem. A distância, o próximo é uma sombra que no caminho da imaginação passa pelo pensamento de qualquer homem – ai, mas talvez ele não descubra que o homem que no mesmo

102 As obras do amor

instante passou por ele, era o próximo. A distância cada um conhece o próximo, e contudo é uma impossibilidade vê-lo a distância; se tu não o vires tão próximo que incondicionalmente, diante de Deus, o vejas em todo e qualquer ser humano, tu simplesmente não o verás.

Vamos agora refletir sobre a diversidade da pobreza[101]. Já passaram os tempos em que aqueles a quem chamamos os mais humildes não tinham nenhuma ideia de si, ou tinham apenas a noção de serem escravos: não eram apenas homens mais humildes, mas a rigor nem eram homens; a revolta selvagem, o terror que se seguiu àquele terror talvez tenham também passado, mas será que por isso a corrupção não pode mais esconder-se em um homem? Assim, a pobreza corrompida quer convencer ao pobre de que ele deve ver seu inimigo no poderoso e no nobre, em cada um que é favorecido por uma vantagem. Mas "cautela", é o que se diz, pois esses inimigos ainda têm tanto poder que facilmente poderia tornar-se perigoso romper com eles. Por isso a corrupção não quer ensinar o pobre a fazer uma revolta e tampouco a negar toda e qualquer expressão de reverência, e de maneira alguma deixar que se revele o segredo; mas ela quer ensinar que isso deve ser feito e contudo não ser feito; ser feito, contudo, de tal maneira que o poderoso não tire daí nenhuma alegria, enquanto que, contudo, ele não pode dizer que aquilo lhe foi negado. Por isso, mesmo na homenagem deve haver uma certa obstinação insidiosa, que ocultamente pode amargurar, uma lentidão que ocultamente diz "não" àquilo que a boca confessa, uma (por assim dizer) exasperada e invejosa falta de sonoridade nos aplausos que honram o poderoso. Nenhuma violência deve ser empregada; poderia tornar-se perigoso; não se deve chegar a nenhum rompimento, poderia tornar-se perigoso; mas um oculto segredo da indignação, uma irritação atormentadora que se pressente de longe pode tornar o poder e a honra e a excelência num aborrecimento para o poderoso, o honrado e o excelente, que contudo não deve ter em mãos nada de determinado de que possa queixar-se; pois aí se esconde justamente a arte e o segredo.

---

101. *Ringhedens Forskjellighed*: o "modo-de-ser-diferente" dos humildes, ou pequenos. Como o próprio contexto o mostra, o autor não se refere ao fato da diferença, mas às formas diferentes de cada grupo social [N.T.].

II C. "Tu" deves amar o próximo 103

E se houvesse um pobre em cujo coração o segredo dessa inveja não entrara, e que tampouco quisesse deixar que a corrupção do exterior assumisse este poder sobre ele; um pobre que sem submissão covarde, sem temor dos homens, modestamente, mas acima de tudo com alegria, desse a cada vantagem terrena o que era seu, mais feliz e mais alegre por poder dar do que muitas vezes está ou pode estar aquele que deve recebê-la: então ele talvez tivesse também de descobrir o duplo perigo. Seus companheiros talvez o repelissem como um traidor, o desprezassem como alguém com mente servil, ai, e os mais favorecidos talvez o compreendessem mal e escarnecessem dele como de um inoportuno. O que na relação anterior devia parecer como humilde demais para o nobre (o amar ao próximo), aqui talvez deveria parecer como uma impertinência para um pobre amar ao próximo. Tão perigoso assim é querer amar ao próximo. Pois diferenças há muitas no mundo, a diversidade está em toda parte na temporalidade, que afinal de contas consiste justamente no diverso, no múltiplo. Talvez um homem também consiga, justamente em virtude de sua diferença, manter-se numa boa posição em relação a todas as diferenças, num acordo suave e flexível, que num ponto transige um pouco e depois exige mais um pouco noutro ponto: *mas a equidade da eternidade*, de querer amar ao próximo, *parece ser tanto de menos quanto demais, e por isso é como se este amor ao próximo não se adaptasse muito bem às condições da vida terrena.*

Imagina um homem que fosse dar um banquete e convidasse paralíticos, cegos, aleijados e mendigos; ora, longe de mim acreditar outra coisa em relação ao mundo, senão que ele acharia isso certamente bonito, ainda que estranho. Mas imagina que este homem que deu o banquete tivesse um amigo, a quem dissesse: "Ontem eu fiz um grande banquete". Não é verdade que este amigo primeiro se admiraria de não ter estado ele mesmo entre os convidados? Quando então depois ele viesse a saber quem tinham sido os convidados: ora, longe de mim acreditar outra coisa em relação ao amigo, senão que ele acharia isto certamente bonito, ainda que estranho. Contudo, haveria de se admirar, e talvez haveria de dizer: "É uma maneira esquisita de falar, chamar uma tal reunião de um banquete, um banquete do qual os amigos não participam, um ban-

104   As obras do amor

quete onde não se trata da qualidade excelente do vinho, da escolha das companhias, da quantidade de serviçais que aguardam junto às mesas"; ou seja, o amigo haveria de achar que uma tal refeição se poderia chamar de ato de misericórdia, mas não de banquete. Pois por melhor que fosse a comida que receberam, ainda que não apenas fosse, como a dos asilos, "substanciosa e gostosa" mas realmente selecionada e magnífica, sim, mesmo que fossem oferecidos dez tipos de vinho: a própria sociedade, a arrumação do todo, alguma coisa faltando, não sei bem o quê, teriam impedido que se chamasse a uma tal coisa de banquete, isso iria contra o uso da linguagem – que estabelece diferenças. Suponhamos agora que aquele homem que fizera o banquete respondesse: "Pois eu achava que tinha o uso da linguagem a meu favor", uma vez que lemos no Evangelho de Lucas (Lc 14,12-13) estas palavras de Cristo: "Quando deres um almoço ou jantar, não convides teus amigos, nem teus irmãos, nem teus parentes, nem vizinhos ricos; senão eles também te convidarão em troca e isso te será retribuído. Ao contrário, quando deres um banquete, convida pobres, aleijados, coxos e cegos"; pois aqui não apenas a palavra "banquete" é empregada naquele sentido, mas até mesmo se usa inicialmente uma expressão menos festiva, "almoço ou jantar", e só quando se trata dos pobres e dos aleijados, só então se emprega a palavra "banquete"[102]. Não te parece que é como se Cristo quisesse indicar que o convidar os pobres e os aleijados não apenas é o que nós devemos fazer, mas que ao mesmo tempo é algo de muito mais festivo do que comer no almoço ou no jantar com amigos ou parentes ou vizinhos ricos, o que não se pode chamar de banquete, uma vez que fazer um banquete é convidar os pobres? Mas percebo muito bem que o nosso uso linguístico é diferente, pois conforme a linguagem comum, a lista dos convidados para um banquete é mais ou menos esta: amigos, irmãos, parentes, vizinhos ricos – os que podem retribuir. Porém, a igualdade cristã e a sua linguagem são tão escrupulosamente exatas que exigem não apenas que tu devas alimentar os pobres, exigem que chames a isso um banquete. Contudo, se no teu dia a dia quiseres permanecer estritamente com este uso da linguagem e não achares

---

102. *Gjestebud*

II C. "Tu" deves amar o próximo
105

que para a compreensão cristã é indiferente o nome sob o qual se serve o alimento aos pobres, então as pessoas decerto rirão de ti. Mas deixa que riam, elas também riram de Tobias: pois o querer amar o próximo está sempre exposto a um duplo perigo, como vemos no exemplo de Tobias. O rei havia proibido, sob pena de morte, sepultar os mortos; mas Tobias temia mais ao Senhor do que ao rei, amava os mortos mais do que a sua vida: e ele os sepultou. Este era o primeiro perigo. E quando então Tobias ousou aquele ato heróico – então "os seus vizinhos zombaram dele" (Tb 2,8). Este era o segundo perigo... O mesmo se dá com o homem que fez o banquete; não te parece, m. ouv., que ele tem razão? Não haveria, porém, alguma outra coisa a objetar contra o seu procedimento? Pois por que tão polemicamente convidar apenas paralíticos e pobres, e por outro lado, como que com zelo, sim, como que por teimosia, deixar de convidar amigos e parentes? Afinal de contas ele poderia ter convidado indiferentemente todos eles. Não há dúvida; e se ele era tão polêmico, então não queremos louvá-lo e nem à sua linguagem. Mas em relação às palavras do Evangelho, o sentido mesmo era de que esses outros não queriam vir. Por isso cessou também a admiração do amigo de não ter sido convidado, logo que ficou sabendo que tipo de sociedade se reunira. Se aquele homem tivesse feito um banquete, segundo o uso da linguagem do seu amigo, e não tivesse convidado este amigo, este teria ficado furioso; mas agora ele não ficou furioso – pois não teria vindo de qualquer maneira.

Ó, m. ouv., achas que isso que aqui foi apresentado não passa de uma disputa semântica sobre o uso linguístico da palavra banquete? Ou será que não percebes que a discussão é sobre o amar o próximo? Pois aquele que alimenta os pobres mas contudo não sobrepuja seus sentidos a ponto de chamar esta refeição de um banquete, só vê no pobre e no pequeno um pobre e um inferior; aquele que dá um "banquete" vê no pobre e no pequeno o próximo – por mais ridículo que isso possa parecer aos olhos do mundo. Pois infelizmente, não é tão raro que se ouça a queixa do mundo de que esta ou aquela pessoa não é séria; mas a questão está em saber o que o mundo entende por seriedade, se com isso ele não entende mais ou menos o ocupar-se com as preocupações mundanas; e a questão está em saber se o mundo justamente com esta confusão

106 As obras do amor

entre seriedade[103] e vaidade não é, apesar de toda a sua gravidade[104], tão engraçado que, se chegasse a ver alguém levar a sério o que é sério no sentido mais alto, a questão é se o mundo não cairia na risada sem querer. Tão sério é o mundo! Se a diversidade múltipla e multiplamente composta da temporalidade não tornasse tão difícil de ver se alguém ama o próximo quanto é difícil de ver "o homem": então o mundo teria sempre bastante assunto para rir – desde que houvesse um número bastante grande de gente amando o próximo. Amar o próximo significa essencialmente: permanecendo em sua diversidade terrena, como a que é indicada a cada um, querer estar aí de maneira igual para absolutamente qualquer pessoa. Querer publicamente existir para os outros homens somente segundo o privilégio de sua diversidade terrena, é orgulho e presunção; mas a esperta invenção, de simplesmente não estar aí para os outros, para então ocultamente gozar do privilégio de sua diversidade na companhia de seus iguais, é orgulho covarde. Em ambos os casos há discórdia, porém aquele que ama o próximo está em paz. Ele vive em paz, contentando-se com a diversidade terrena que lhe foi indicada, seja esta a da riqueza ou a da pobreza, e de resto, com relação a cada diferença terrena, ele a deixa estar com seu respectivo poder e valer o que pode e deve valer aqui nesta vida; pois tu não deves cobiçar o que é do próximo, não cobiçar sua mulher nem seu asno, e portanto tampouco as vantagens que lhe foram proporcionadas nesta vida; se tal coisa te foi negada, deves então alegrar-te porque foi concedida a ele. Dessa maneira está em paz o que ama ao próximo: nem ele evita covardemente o mais poderoso, porém ama ao próximo, nem desdenhosamente o mais humilde, porém ama ao próximo, e deseja essencialmente estar igualmente à disposição de todos os homens[105], quer ele na realidade seja conhecido por muitos, quer não. Este é inegavelmente um voo considerável[106], mas não é um voo orgulhoso, dos que sobrevoam o mundo, é o voo humilde e difícil, próximo à terra, da renúncia a si

---

103. *Alvor*

104. *Alvorlighed*

105. *at være ligeligt til for alle Mennesker. Være til* significa existir/estar aí. Neste caso: "para todos" [N.T.].

106. *en betydelig Vingestrækning*

II C. "Tu" deves amar o próximo   107

mesmo. É muito mais fácil e muito mais cômodo passar furtivamente pela vida, vivendo em aristocrático retraimento quando se é uma pessoa importante, ou numa quietude anônima quando se é de condição humilde, sim, pode-se, por mais estranho que seja, até ter a impressão de conseguir maiores resultados com essa maneira furtiva de existir, porque a gente com efeito se expõe a uma resistência muito menor. Mas ainda que seja tão agradável para a carne e o sangue evitar a oposição, será que também é aquilo que conforta, na hora da nossa morte? Na hora da morte, justamente o único conforto é o não se ter esquivado, mas sim resistido à oposição. O que um homem deve conseguir ou não conseguir como resultado, não está em seu poder, ele não é aquele que deve governar o mundo; a única coisa que ele tem de fazer é obedecer. Por isso, cada um (em vez de perguntar qual posição lhe é a mais cômoda, qual aliança lhe é a mais vantajosa) em primeiríssimo lugar tem de se colocar naquele ponto onde a Providência pode usá-lo, se assim aprouver à Providência. Este ponto consiste justamente no amar ao próximo, ou no essencial estar igualmente à disposição de todo e qualquer homem. Qualquer outro ponto é divisão e discórdia, por mais vantajosa e confortável e aparentemente importante que esta posição o seja; a Providência não pode usar aquele que ali se colocou, pois ele está justamente em rebelião contra a Providência. Mas o que ocupou aquela posição correta – ignorada, desprezada e desdenhada –, sem se agarrar à sua diversidade terrena, sem se apoiar num único homem, de, no essencial, estar igualmente à disposição de todo e qualquer homem, mesmo que aparentemente não tenha conseguido realizar nada, mesmo que se tenha exposto ao desprezo do mais humilde ou ao escárnio do mais distinto ou ao desprezo e ao escárnio de ambos, mesmo assim, na hora da morte, ele deve atrever-se a dizer consolado à sua alma: "Fiz a minha parte; não sei se consegui chegar a algum resultado, não sei se fui de proveito para alguém, mas que eu estive à disposição deles, isso eu sei pelo fato de que eles me desprezaram. E este é o meu consolo: não levarei para o meu túmulo o segredo de que, a fim de ter na vida dias bons, despreocupados e confortáveis, eu tenha renegado o parentesco com os outros homens, com os humildes, por viver em isolamento aristocrático, e com os importantes, por viver em oculto anonimato." E aquele que, graças à ajuda e às alianças, e por não

108 As obras do amor

ter existido para todos os homens, conseguiu tanta coisa, que se cuide para que a morte não lhe transforme a sua vida, quando lhe recordar sua responsabilidade. Pois aquele que fez a sua parte para tornar os homens atentos, os humildes e os importantes, aquele que ensinando, atuando, esforçando-se esteve igualmente à disposição de todos, não seria responsável se os homens, perseguindo-o, lhe mostrassem que se haviam tornado atentos; ele não terá nenhuma responsabilidade, não, ele até terá sido útil, pois a condição para poder tirar proveito de qualquer coisa é sempre em primeiríssimo lugar tornar-se atento. Mas o que covardemente só existiu dentro das paredes do apoio mútuo, por muito que tenha realizado e por muitas vantagens que tenha tirado; o que covardemente não se atreveu a tornar os homens atentos, os humildes ou os importantes, porque tinha um pressentimento de que a atenção dos homens é um bem ambíguo – quando se tem algo de verdadeiro a comunicar; o que covardemente teve sua celebrada atuação dentro da proteção da discriminação das pessoas: este carrega a responsabilidade de não ter amado o próximo. Se uma tal pessoa dissesse: "Sim, o que adianta ordenar sua vida conforme um tal padrão?" Então eu responderia: E tu achas que esta desculpa adiantará para alguma coisa na eternidade? Pois o mandamento da eternidade está infinitamente acima de qualquer desculpa, por mais engenhosa que seja. Mas também, será que um único daqueles que a Providência usou como instrumento ao serviço da verdade (e não nos esqueçamos de que todo homem deve sê-lo e tem de sê-lo, e que no mínimo ele deve e tem de organizar sua vida no sentido de que pudesse sê-lo), será que organizou sua vida de outro modo que não para existir de maneira igual para todo e qualquer homem? Qualquer um desses jamais se aliou com os mais humildes, nem jamais se aliou com os mais importantes, porém existiu de maneira igual para o nobre e existiu de maneira igual para o mais humilde. Na verdade, só ao amar o próximo um homem pode alcançar o que há de mais alto; pois o mais alto é ser um instrumento nas mãos da Providência. Mas, como dissemos, todo aquele que colocou sua vida sobre um outro ponto, todo aquele que forma partido e aliança, ou que toma partido ou faz aliança, dirige sua vida por conta própria, e todas as suas realizações, mesmo que transformassem o mundo, seriam uma ilusão. Ele não terá uma grande alegria por

II C. "Tu" deves amar o próximo

isso, na eternidade, pois é bem possível que a Providência tenha usado isso, mas ai, não terá usado a ele como instrumento; ele foi um obstinado[107], que seguiu seu próprio juízo[108], e a Providência também se aproveita de um tal esforço, tomando o seu penoso trabalho e deixando-o sem sua recompensa. Por mais ridículo, por mais atrasado, por mais inadequado que possa parecer ao mundo o amar ao próximo, é sempre o mais alto que um homem é capaz de realizar. Mas *o mais alto* jamais se enquadrou bem nas condições terrenas, pois é *ao mesmo tempo de menos e demais*.

Observa só o mundo que está diante de ti, em toda a sua colorida variedade; é como se tu olhasses um espetáculo, só que a variedade é muito, muito maior. Cada indivíduo desses incontáveis é algo de determinado, em sua diversidade, cada um representa algo de determinado, mas no essencial ele é algo de outro; porém isto tu não consegues ver aqui nesta vida: aqui tu só vês o que o indivíduo representa e de que maneira ele o faz. É como no espetáculo teatral. Mas quando então desce a cortina sobre o palco, aquele que fazia o papel do rei e o que fazia o papel do mendigo, e assim por diante cada um deles, todos valem o mesmo, são todos uma única e mesma coisa: atores. E quando, na morte, tiver descido a cortina diante do palco da realidade (pois é uma maneira enganadora de falar quando se diz que no instante da morte se levanta a cortina para a palco da eternidade; pois que a eternidade não é nenhum palco, ela é a verdade), então eles são também todos uma só coisa, são todos homens, e todos são aquilo que eram no essencial, aquilo que não enxergavas por causa da diversidade que tu vias, eles são seres humanos. O palco da arte é como um mundo encantado; mas imagina que numa certa noite por uma distração generalizada se confundisse o espírito de todos os atores, de modo que eles achassem que eram realmente aquilo que estavam representando: não seria então o que, em oposição ao encanto da arte, se teria de denominar o encantamento de um espírito mau, um feitiço? E assim também, se no encanto da realidade (pois afinal estamos todos encantados, na medida em que nos encantamos cada um em suas di-

---

107. *selvraadig*
108. *selvklog*

110   As obras do amor

ferenças) se confundisse para nós a noção fundamental, de modo
que achássemos que o papel que representamos seria aquilo que
nós essencialmente somos. Mas ai, não será este afinal justamente
o caso? Que a diferença da vida terrena é apenas como o traje do
espetáculo teatral, ou somente como uma roupa de viagem, que
cada um em particular deveria cuidar e ficar atento para que os laços com os quais esses mantos estão presos ficassem ligados de
maneira frouxa, e acima de tudo que não tivessem nós cegos, a fim
de que os trajes pudessem ser despidos com facilidade no instante
da transformação: isso parece estar esquecido. E no entanto, todos
nós temos suficiente senso artístico para nos sentirmos chocados
se o ator, no palco, no instante da transformação, quando deve tirar
seu disfarce, tiver de correr para fora a fim de desatar os nós. Mas
ai, na vida real amarramos os cordões do manto das diferenças de
modo tão firme que fica completamente oculto que essas diferenças são uma roupa sobreposta, porque a glória interior da igualdade nunca ou muito raramente se deixa vislumbrar através dela, o
que no entanto deveria e conviria acontecer. Pois a arte do ator é a
da ilusão, a arte é a ilusão, ser capaz de iludir é o máximo, o deixar-
se iludir também é o máximo; por isso justamente não se deve poder nem querer ver o ator através do traje[109]; por isso é o máximo
da arte quando o ator se torna um só com aquilo que ele representa, porque isso é o máximo da ilusão[110]. Mas a realidade da vida,
mesmo que ela não seja a verdade, como a eternidade, mesmo assim ela deveria vir da verdade, e por isso através do disfarce deveria
sempre brilhar aquele outro que cada um é no essencial. Mas ai, na
vida real o indivíduo[111] cresce na estatura da temporalidade completamente identificado com a diferença – esta é o contrário da estatura eterna do homem que cresce distanciando-se da diferença –,
o indivíduo se deforma; cada um desses é, na compreensão da eternidade, um monstro. Ai, na realidade o indivíduo cresce tão apega-
do à sua diversidade que a morte por fim precisa exercer pressão
para arrancá-la dele. Contudo, se verdadeiramente se deve amar o
próximo, é preciso recordar a cada instante que a diferença é um

---

109. *Dragten*
110. *Bedragets*
111. *den Enkelte*

II C. "Tu" deves amar o próximo   111

disfarce. Pois, como foi dito, o Cristianismo não quis precipitar-se cancelando as diferenças, nem a da grandeza nem a da pobreza, e tampouco quis chegar a um acordo mundano entre as diferenças; mas ele quer, isto sim, que as diferenças devam pender frouxamente sobre o indivíduo, soltas como um manto que a majestade lança fora quando quer mostrar quem ela é; soltas como as vestes de trapos dentro das quais se escondeu um ser sobrenatural. Pois quando a diferença pende solta assim, aí se pode vislumbrar constantemente em cada indivíduo particular aquele essencialmente outro, o comum a todos, o eternamente semelhante, a equação. Se fosse assim, se cada indivíduo vivesse assim, então a temporalidade teria alcançado o seu ápice. Ela não pode ser como a eternidade; mas esta solenidade cheia de esperança que, sem fazer parar o curso da vida, a cada dia se rejuvenesce com o eterno e com a igualdade da eternidade, a cada dia liberta a alma da diferença na qual ela ainda permanece: isto seria o reflexo da eternidade. Aí poderias muito bem na realidade da vida olhar para o soberano e alegre e respeitosamente trazer-lhe tua homenagem; mas deverias ver no soberano a glória interior, a igualdade da glória, que sua pompa apenas encobre. Aí poderias muito bem ver o mendigo, talvez sofrendo mais do que ele mesmo, aflito por ele, e contudo deverias ver nele a glória interior, a igualdade da glória, que seu traje humilde encobre. Sim, aí verias o próximo, em toda parte que olhasses. Pois não existe e nunca existiu desde o começo do mundo homem algum que seja o próximo no sentido em que o rei é o rei, o sábio é o sábio, o teu parente é o teu parente, isto é, no sentido da particularidade[112] ou, o que dá no mesmo, no sentido da diferença; não, todo e qualquer homem é o próximo. Enquanto rei, mendigo, sábio, rico, pobre, homem, mulher etc. nós não nos assemelhamos uns aos outros, quanto a isso somos mesmo diferentes; mas enquanto próximos nós nos assemelhamos incondicionalmente uns aos outros. A diferença é o fator de confusão da temporalidade, que marca a cada homem de maneira diferente, mas o próximo é a marca da eternidade – em cada homem. Toma muitas folhas de papel, escreve coisas diferentes em cada uma, aí uma não se assemelhará à outra; mas

---

112. *Særlighedens*

112 As obras do amor

retoma então cada folha avulsa, não te deixes perturbar pelos escritos diferentes, segura-as contra a luz, e aí tu verás a marca comum em todas elas. E assim o próximo é a marca comum, mas tu só o vês com o auxílio da luz da eternidade, quando ela transparece através da diferença.

M. ouv., decerto não pode haver nenhuma dúvida de que tudo isto te parecerá magnífico, e de que sempre te ocorreu o mesmo, cada vez que em silenciosa elevação deixaste reinar o pensamento da eternidade e te entregaste à contemplação; oxalá não tenha ficado a distância esta compreensão. Oh, mas não deveria parecer-te tão magnífico que tu, no que te toca, te decidisses a chegar a um acordo com Deus, que tu quisesses te aliar com ele para te manteres nesta compreensão, isto é, para exprimires em tua vida que tu manténs com Ele esta compreensão como a única, e por mais coisas que te acontecessem por causa dessa compreensão, sim, mesmo que te custasse a vida, que tu mesmo assim a afirmarias com Deus como tua vitória sobre todas as humilhações e todas as injustiças. Lembra-te que quem para em verdade querer uma única coisa escolheu querer em verdade o bem, tem este bendito consolo: a gente sofre apenas uma vez, mas vence eternamente. Vê, o poeta sabe falar muita coisa sobre a consagração do amor[113], sobre o poder enobrecedor que exerce sobre um homem o ficar ou estar apaixonado, sobre qual a transfiguração que penetra em todo o seu ser, sobre qual (na opinião do poeta) a diferença celestial que haveria entre o apaixonado e aquele que jamais experimentou a transformação produzida pelo amor. Oh, contudo a verdadeira consagração consiste em renunciar a todas as exigências para esta vida, todas as reivindicações de poder e honra e vantagem, todas as exigências – mas a felicidade do amor sensível e da amizade já conta entre as maiores reivindicações –; portanto, consiste em renunciar a todas as pretensões para compreender quão imensa exigência Deus e a eternidade têm sobre o próprio indivíduo. Quem quer aceitar esta compreensão está em vias de amar ao próximo. A vida de um homem começa com a ilusão sensorial de que um longo, longo tempo e um mundo inteiro situam-se diante dele na distância, e co-

---

113. *Elskovens*

II C. "Tu" deves amar o próximo

meça com a temerária presunção de que é ele que tem todo este tempo para essas exigências como as que ele tem; o poeta é o confidente bem-falante, entusiasmado dessa temerária porém bela presunção. Mas quando o homem descobre então na infinita transformação o quanto o eterno está perto dele, de modo que não há uma única exigência, nem uma única escapatória, nem uma única desculpa, nem um único instante de distância entre aquilo que *ele*, neste átimo, neste segundo, neste instante sagrado *deve* fazer: aí ele está a caminho de se tornar um cristão. É uma característica da infância o dizer "quero para mim", "para mim" – "para mim"; a característica da juventude está no dizer "eu", e "eu", e "eu"; a característica da maturidade e da consagração ao eterno é o querer compreender que o "eu" nada tem a significar se ele não se torna o "tu" para o qual a eternidade incessantemente fala e diz: "*Tu* deves", "*tu* deves", "*tu* deves". O próprio do jovem é querer ser o único "eu" em todo o mundo, a maturidade consiste em referir este "tu" a si mesmo, ainda que ele não fosse dirigido a nenhum outro homem. *Tu* deves, *tu* deves amar ao próximo. Ó, m. ouv., não é para *ti* que *eu* falo, é para *mim* que a eternidade diz: "*Tu* deves".

III A
O AMOR É O PLENO CUMPRIMENTO DA LEI

Rm 13,10: *"O amor é o pleno cumprimento da lei"*.

"Prometer é honesto, mas o difícil é cumprir", diz o provérbio; porém, com que direito? Pois decerto é evidente que o honesto é o cumprir, e nisso o provérbio pode ter razão, que o cumprir é o honesto e ao mesmo tempo o difícil. Mas o que resta então do prometer? Afinal o provérbio não diz nada, conforme a explicação anterior, sobre o que é isso; talvez prometer valha menos do que nada; talvez o provérbio queira advertir para que nos abstenhamos disto, como quem diz "não percas tempo com promessas, pois o cumprimento, que é o honesto, já é bastante difícil". E verdadeiramente, há muita distância entre o prometer e a honestidade, mesmo que a promessa não tenha nenhuma intenção desonesta. Não seria também grave dar ao "prometer" o nome de honestidade, grave num mundo que promete tanta coisa enganadoramente, numa geração que gosta demais de prometer e que honestamente gosta de deixar-se enganar com promessas; não deveria ser grave já para o provérbio, que haja um outro provérbio que também conhece o mundo e os homens e que sabe por experiência que "dinheiro emprestado, se devolvido conforme o prometido, é dinheiro achado"? Antes, se deveria partir para o extremo oposto e dizer: "Prometer é uma desonestidade", na suposição de que seria característico da verdadeira credibilidade que não se façam promessas, que ela não perca seu tempo com promessas, não se lisonjeie a si mesma com promessas, não exija um duplo pagamento, primeiro por prometer e logo depois pelo cumprimento do que foi prometido. Porém, antes temos que nos esforçar por concentrar a atenção única e exclusivamente so-

III A. O amor é o pleno cumprimento da lei   115

bre o cumprir, enquanto, como introdução, uma admoestação de alerta de quem tinha autoridade e que adverte contra o prometer.

Encontra-se na Sagrada Escritura (Mt 21,28-31) uma parábola que só raramente é escolhida para a pregação religiosa, e que contudo serve tanto para instruir quanto para despertar. Demoremo-nos um pouquinho nela. Havia "um homem que tinha dois filhos" – e nisto ele se parece com aquele pai do filho pródigo, que também tinha dois filhos; sim, a semelhança entre esses dois pais é ainda maior, pois um dos filhos deste pai de que fala a história era também um filho perdido, como haveremos de ouvir da narrativa: "O pai dirigiu-se ao primeiro e disse: 'Filho, vai trabalhar hoje na minha vinha'. Mas ele respondeu: 'Não quero'; mas depois, arrependendo-se, foi. E o pai dirigiu-se ao segundo e disse a mesma coisa. Mas este respondeu: 'Eu irei, senhor'; mas não foi. Qual dos dois realizou a vontade do pai?" Nós também podemos perguntar de uma outra maneira: qual desses dois era o filho perdido? Não seria aquele que disse sim, o que era o obediente, que não dizia apenas sim, mas disse "sim, senhor", como para mostrar sua incondicional e obediente submissão sob a vontade do pai? Não seria aquele que disse sim, aquele que no maior silêncio se perdeu, de modo que isto não ficou tão notório como no caso do filho pródigo, que gastou seus bens com as prostitutas e acabou por cuidar dos porcos, mas que acabou também por ser reencontrado? Não seria aquele que disse sim, aquele que de maneira notável se assemelha ao irmão do filho pródigo, pois como a justiça deste é posta em dúvida pelo Evangelho, embora ele se considerasse o justo e o bom filho, assim também este irmão – aliás, temos na língua dinamarquesa uma expressão própria que podemos usar para ele, para efeitos de brevidade: o irmão-que-diz-sim[114] – talvez se considerasse a si mesmo como sendo o filho bom, pois não dizia apenas "sim", mas dizia "sim, senhor", e prometer é honesto, conforme o nosso provérbio! O outro irmão, ao contrário, disse "não". Um tal "não" que, contudo, significa que fazemos exatamente aquilo para o que dissemos "não", pode às vezes ter seu motivo numa situação que é estranha mas não inexplicável. Num tal "não" fingido oculta-se às ve-

---

114. *Jabroderen*

116 As obras do amor

zes a honestidade, exilada deste mundo e estrangeira, quer isto ocorra porque o falante estava tão enojado de ouvir sempre de novo o "sim" que significa que não se faz o que se diz, que até se acostumou a dizer não onde outros dizem "sim", para então por sua vez fazer aquilo que deixam de fazer os que disseram "sim"; ou quer isto ocorra porque o falante cultiva uma desconfiança preocupada em relação a si mesmo, e por isso evita prometer algo, para não prometer demais; ou quer ocorra isto porque o falante, em zelo sincero de fazer o bem, queria impedir a aparência hipócrita de uma promessa. Contudo, no Evangelho, este "não" não é tratado dessa maneira, sem que se tivesse esta intenção, trata-se ali realmente de uma desobediência do filho; mas ele se arrepende disto e então vai e faz a vontade do pai.

Mas o que então a parábola quer acentuar, senão o como é perigoso apressar-se a dizer sim, mesmo quando é isto o que se quer dizer, no instante? O irmão-que-diz-sim não é apresentado como alguém que *era* um mentiroso quando disse o sim, mas como alguém que *se tornou* um mentiroso porque não cumpriu sua promessa, e ainda mais exatamente como aquele que justamente por seu zelo em prometer tornou-se um mentiroso, quer dizer, a promessa veio a ser justamente a cilada; se ele não tivesse prometido nada, é mais provável que teria agido. Pois quando dizemos sim, ou prometemos algo, nós nos enganamos tão facilmente a nós mesmos e facilmente enganamos a outros, como se já tivéssemos feito o que prometemos, ou como se pela promessa já tivéssemos mesmo feito algo daquilo que prometemos fazer, ou como se a própria promessa já fosse algo meritório. E se contudo acabamos não fazendo o que prometemos, então o caminho se tornou muito longo, antes que retornemos para a verdade e apenas alcancemos o início de tentar fazer pelo menos alguma coisa do que prometemos. Ai, o que tínhamos prometido fazer talvez já tenha sido bastante vasto, mas agora, graças à promessa não cumprida, afastamo-nos do início pela distância de uma ilusão de óptica. Agora não é mais como era antes, quando estávamos naquele momento em que não encontrávamos o caminho e em vez de começarmos o trabalho ficávamos girando ao redor da coisa com a ajuda da promessa. Todo aquele rodeio precisa ser refeito ao contrário, antes que cheguemos de

III A. O amor é o pleno cumprimento da lei   117

novo ao início. Em compensação, o caminho de volta depois de termos dito um não, o caminho que passa pelo arrependimento para assim fazer a reparação, é muito mais curto e fácil de encontrar. O "sim" da promessa faz adormecer, mas o "não" pronunciado em voz alta, e portanto ouvido pelo próprio falante, faz despertar, e o arrependimento pode não estar longe. Aquele que diz "sim, eu irei, senhor", no mesmo instante se sente satisfeito consigo mesmo; aquele que diz "não" quase tem medo de si mesmo. Mas esta diferença é muito importante no primeiro instante, e muito decisiva no segundo momento; contudo, o primeiro instante é o juízo do instante, e o segundo momento é o juízo da eternidade. Justamente por isso o mundo é tão inclinado a fazer promessas, pois o mundano é o instantâneo, e uma promessa causa instantaneamente boa impressão; justamente por isso a eternidade desconfia das promessas, assim como ela desconfia de tudo o que é instantâneo. Suponhamos que nenhum dos dois irmãos tivesse ido e realizado a vontade do pai, mesmo assim aquele que disse o "não" estaria constantemente mais próximo de fazer a vontade do pai, na medida em que estaria mais próximo de se tornar *atento* para o fato de que não fazia a vontade do pai. Um "não" nada esconde, mas um "sim" muito facilmente vem a tornar-se uma ilusão de óptica, uma autoilusão, que de todas as dificuldades talvez seja a mais difícil de superar. Oh, é verdade demais que "o caminho da perdição está pavimentado de boas intenções", e uma coisa é certa, que a coisa mais perigosa que há para um homem é andar para trás com a ajuda de bons propósitos, e idem com promessas. É bem difícil descobrir que isto é uma regressão. Quando um homem vira as costas para o outro e sai, aí é fácil de ver que ele vai embora, mas se uma pessoa inventa de voltar o rosto para a outra pessoa da qual se afasta, ou inventa de afastar-se andando de costas, enquanto com o rosto e o olhar e as saudações a cumprimenta, assegurando sempre de novo que já vem, ou até mesmo dizendo sem parar "estou aqui", não obstante se afaste cada vez mais, de marcha a ré, bem entendido: neste caso não é tão fácil tornar-se atento. E assim também acontece com aquele que é rico de bons propósitos e rápido em prometer, afasta-se mais e mais do bem, de marcha a ré. Com auxílio de propósitos e promessas ele mantém a direção para o bem, está voltado para o bem, e com a direção para o bem ele contudo se afasta, recuando mais e mais a partir daí. Com cada renovado propósito, a cada nova promessa, parece que está dando passos para a frente, e contudo, não apenas não fica parado, mas realmente dá um passo para trás. Um propósito tomado em vão, uma promessa não cumprida, deixam atrás de si desânimo, depressão, que talvez logo de novo se inflamem num propósito ainda mais impetuoso, que só deixa atrás de si mais debilidade. Assim como o bêbado necessita cada vez de uma bebida mais forte para ficar embriagado, assim também aquele que caiu em promessas e propósitos precisa de um incitamento cada vez maior – para voltar atrás. Nós não elogiamos o filho que disse não; no entanto, nos esforçamos por aprender do Evangelho quão perigoso é dizer: "Sim, eu o farei, senhor". Uma promessa é, em relação com o agir, como o monstrinho que substitui a criança, temos que prestar muita atenção. Justamente no instante em que a criança acabou de nascer, quando então a alegria da mãe é a maior, porque seu padecimento terminou, quando então precisamente pela alegria talvez ela esteja menos atenta (assim o crê a superstição), chegam as forças inimigas e trocam a criança por um monstrinho. E no grande, mas por isso também mais perigoso instante do começo, quando então devemos começar, aí vêm as forças inimigas e colocam o monstrinho da promessa, impedindo assim de fazermos o verdadeiro início – ai, quantos não terão sido enganados desta maneira, sim, como que enfeitiçados!

Vê, é por isso que é tão importante para um homem, em todas as suas relações, com referência a quaisquer tarefas, concentrar imediatamente a atenção indivisa sobre o essencial e o decisivo. E o mesmo vale também para o amor, de modo que não lhe seja permitido em nenhum momento aparecer como algo de diferente do que é, e que essa aparência não se estabeleça enfim firmemente e se torne uma cilada, e que o amor não se demore um bom tempo divertindo-se consigo mesmo em ilusão lisonjeira, mas sim que imediatamente se dirija para a tarefa, e seja compelido a compreender que qualquer instante de demora é um instante desperdiçado, e mais do que meramente desperdício de tempo, que qualquer outra expressão dele é atraso e regressão. Isto se exprime justamente na palavra de nosso texto:

III A. O amor é o pleno cumprimento da lei   119

O amor é o pleno cumprimento da lei,

e esta palavra queremos agora tornar objeto de nossa consideração.

Portanto, se alguém perguntar o que é amor, Paulo responderá que ele é o pleno cumprimento da lei, e no mesmo instante, com esta resposta, fica impedida qualquer questão adicional. Pois a lei, ai, já é uma questão bem vasta, mas cumprir a lei – sim, tu mesmo o percebes que quando se trata de atingir isso, não há tempo a perder. Muitas vezes no mundo, decerto, perguntou-se por curiosidade o que é o amor, e então houve muitas vezes um ocioso que se meteu a responder ao curioso, e estas duas coisas, curiosidade e ociosidade, gostam tanto uma da outra que quase são incapazes de se cansar uma da outra ou do perguntar e responder. Mas Paulo não se deixa levar por aquele que pergunta, e muito menos pela prolixidade; pelo contrário, ele já o agarra com sua resposta, ele amarra aquele que pergunta à obediência sob a lei, junto com a resposta ele já fornece a direção e dá o impulso para agir de acordo com ela. Este não é o caso apenas desta resposta de Paulo, mas ocorre com todas as respostas de Paulo e com todas as respostas de Cristo: esta maneira de responder, de cortar as digressões remotas para instantaneamente apresentar a tarefa tão próxima quanto possível daquele que pergunta o que teria de fazer, esta maneira de responder é precisamente característica do Cristianismo[115]. Aquele sábio singelo da Antiguidade, que a serviço do conhecimento julgava sobre o paganismo, compreendia a arte do perguntar, e com a pergunta conseguia apanhar na ignorância qualquer um que respondia; mas o Cristianismo[116], que não se dirige a um conhecimento, mas a um agir, tem a propriedade característica de responder e com a resposta amarrar qualquer um à tarefa. Por isso era tão perigoso, para os fariseus e os amantes das sutilezas e os sofistas[117] e os cismadores, questionar o Cristo; pois certamente eles sempre recebiam a resposta, mas ao mesmo tempo, junto com a resposta, num certo sentido, ficavam sabendo demais, recebiam uma resposta que os apanhava, que não se envolvia engenhosamente com a

---

115. *for det Christelige*
116. *det Christelige*
117. *Ordkløver*

120   As obras do amor

prolixidade da questão, porém com autoridade divina apanhava aquele que perguntara e o obrigava a agir de acordo com o que aprendia, enquanto o questionador talvez apenas desejasse permanecer na vasta distância da curiosidade ou do espírito novidadeiro ou das definições conceptuais, afastado de si mesmo e da prática da verdade. Quantos não perguntaram o que é a verdade, no fundo esperando que teriam muitas delongas antes que a verdade lhes chegasse bem próximo e no mesmo instante houvesse de determinar o que, neste preciso momento, eles tinham o dever de fazer. Quando então o Fariseu, para se justificar, perguntou: "Mas quem é o meu próximo", certamente ele pensava que talvez se chegasse a uma vastíssima investigação, que esta então lhe tomasse talvez um tempo enorme, e que talvez acabasse numa confissão de que seria impossível definir bem exatamente o conceito de "próximo" – por isso mesmo é que ele o tinha perguntado: para arranjar uma saída, para gastar tempo, para se justificar. Mas Deus agarra o sábio em sua insensatez, e Cristo agarrava o questionador pela resposta, que trazia consigo a tarefa. E assim acontece com cada uma das respostas de Cristo. Não é com vastos discursos que ele adverte contra as questões inúteis que só produzem discórdia e escapatórias, ai, discursos prolixos contra isto não são melhores aí do que aquilo que se combate; não, do modo como ele ensinava, assim também ele respondia, com autoridade divina, pois a autoridade consiste precisamente no impor a tarefa. O questionador hipócrita recebia a resposta que merecia, mas não a que desejava, não recebia uma resposta que pudesse alimentar a curiosidade, e de modo algum uma resposta que ele pudesse sair difundindo, pois a resposta inclui a notável propriedade de, ao ser contada adiante, aprisionar o indivíduo para quem ela é relatada, apanhá-lo para a tarefa. Mesmo se alguém quisesse temerariamente tentar relatar esta ou aquela resposta de Cristo como uma anedota, não adianta, isso não pode ser feito, a resposta aprisiona ao obrigar aquele, a quem ela é narrada, a cumprir a tarefa. Uma resposta engenhosa dirige-se à engenhosidade humana, a rigor é indiferente quem foi que a proferiu e para quem ela foi dita. Toda resposta de Cristo tem a propriedade exatamente oposta, que no entanto é algo duplo: é infinitamente importante que tenha sido Cristo quem a deu, e quando ela é relatada ao indivíduo, é justamente *para ele* que ela é relatada, toda a

III A. O amor é o pleno cumprimento da lei   121

ênfase da eternidade situa-se no fato de ser para ele, mesmo se nesta maneira ela é contada para todos os indivíduos. A engenhosidade é voltada para si mesma e neste sentido é cega, ela ignora se alguém a vê, e não se aproxima demais de ninguém ao olhar para ele; a autoridade divina, ao contrário, é por assim dizer toda olhos, primeiro ela força aquele a quem ela se dirige a ver com quem é que ele fala, e fixa então seu olhar trespassador sobre ele e diz com este olhar: "É para ti que isso é dito". Por isso os homens gostam tanto de se ocupar com as coisas engenhosas e profundas, pois com elas se pode jogar cabra-cega, porém da autoridade eles têm medo.

E talvez por isso os homens não gostam tanto de se ocupar com a resposta de Paulo, que, como foi dito, é cativante. Pois logo que a pergunta pelo que seja o amor é respondida de outra maneira, também sobra tempo, espaço, um instante livre, então é feita uma concessão à curiosidade e à ociosidade e ao egoísmo. Mas se o amor é o pleno cumprimento da lei, então aí não há tempo nem para uma promessa – pois o prometer aqui é utilizado como uma expressão para este último, que quer dar ao amor uma direção equivocada, afastando-o do agir, para longe do começar *imediatamente* com a tarefa; a promessa situa-se afinal logo no começo e se assemelha enganadoramente com ele, sem ser o começo. Por isso, mesmo que esta promessa de amor não fosse tão facilmente um entusiasmo do instante que no momento seguinte é desilusão, uma excitação instantânea que só deixa debilidade, um salto para a frente que leva para trás, uma antecipação que de novo retarda e leva de volta, uma introdução que não conduz à coisa mesma, ainda que ela não fosse assim, a promessa é apesar de tudo uma demora, um demorar-se, sonhador ou gozador ou admirador ou imprudente ou presunçoso, no amor, como se este precisasse primeiro concentrar-se, ou como se ele hesitasse, ou se espantasse sobre si mesmo ou sobre o que ele deve ser capaz de fazer; a promessa é uma demora no amor e por isso piada, uma piada que pode tornar-se perigosa, pois na seriedade o amor é o pleno cumprimento da lei. Mas o amor cristão, que abandona tudo, não tem justamente, por esse motivo, nada a desperdiçar, nenhum instante e nenhuma promessa. Contudo ele não é uma atividade febril, e menos ainda uma ocupação mundana, e mundanidade e agitação febril são aí conceitos

122
As obras do amor

inseparáveis. Pois o que significa estar atarefado? Em geral se pensa que o modo como um homem está ocupado é o que decide se ele deve ser chamado de atarefado. Mas isso não é assim. Só no interior de uma determinação mais próxima é que o modo fica sendo o decisivo, ou seja, quando o objeto foi determinado primeiro. Aquele que só se ocupa com o eterno, ininterruptamente, em qualquer instante, se isso fosse possível, não é um atarefado. Aquele que, portanto, realmente se ocupa com o eterno, jamais é atarefado. Ser atarefado significa: repartido e disperso (o que segue do objeto da ocupação), ocupar-se com tudo o que é múltiplo, no qual justamente é impossível para o homem estar *integralmente*, integralmente no conjunto ou em alguma parte avulsa, o que só consegue o doido. Estar atarefado significa: repartido e disperso, ocupar-se com aquilo que deixa um homem repartido e disperso. Mas o amor cristão, que é o pleno cumprimento da lei, está presente justamente, íntegro e concentrado, em cada uma de suas manifestações; e contudo ele é puro agir; ele está, portanto, igualmente afastado tanto da inatividade quanto da agitação febril. Jamais ele assume algo antes da hora e faz uma promessa em lugar da ação; jamais se satisfaz consigo mesmo na ilusão de já estar pronto; jamais se demora junto a si mesmo deliciando-se consigo; jamais fica sentado por aí ociosamente espantado de si mesmo. Ele não é aquele sentimento escondido, ocultamente enigmático por trás das grades do inexplicável, que o poeta quer atrair para a janela; não é um estado de ânimo na alma, que mimado desconhece qualquer lei, nem quer conhecer, ou quer ter para si a sua própria lei e só quer escutar canções: ele é puro agir, e cada uma de suas ações é sagrada, pois ele é o pleno cumprimento da lei.

Assim é o amor cristão; e mesmo se não é ou não foi assim em nenhum homem (enquanto todo cristão, ao permanecer no amor, trabalha para que seu amor possa vir a ser assim); ele era assim Nele, que era amor, em nosso Senhor Jesus Cristo. O mesmo Apóstolo diz por isso dele (Rm 10,4): "Cristo era o fim da lei". O que a lei não foi capaz de produzir, tampouco como tornar feliz um homem, disto o foi Cristo. Enquanto que a lei, por isso, com sua exigência foi a ruína de todos, porque eles não eram como ela o exigia, e com ela apenas ficaram conhecendo o pecado: assim Cristo se tornou a ruína da lei, porque ele era o que ela exigia. A ruína dela, seu fim;

III A. O amor é o pleno cumprimento da lei   123

pois quando a exigência vem a ser cumprida, ela só existe neste cumprimento, mas também ela não existe mais como exigência. Assim como a sede, quando saciada, só existe no alívio do apaziguamento, assim também Cristo não veio para abolir a lei, mas sim para levá-la à perfeição, de modo que a partir daí ela está presente no seu acabamento.

Sim, ele era amor, e seu amor era o pleno cumprimento da lei. "Ninguém pôde convencê-lo de pecado", nem mesmo a lei, que de tudo sabe junto com a consciência; "mentira nenhuma foi achada em sua boca", mas tudo nele era verdade; não havia no seu amor nem a distância de um instante, nem a de um sentimento, nem a de uma intenção, entre a exigência da lei e o seu pleno cumprimento; Ele não dizia não como aquele primeiro irmão, e nem sim como o segundo irmão, pois "seu alimento era fazer a vontade do Pai"; deste modo ele era um com o Pai, unido com a exigência da lei, de modo que o pleno cumprimento da lei constituía seu anseio, a única necessidade indispensável para a sua vida. O amor nele era pura ação; não havia nenhum instante, nem um único em sua vida, em que o seu amor fosse somente a inatividade de um sentimento que procura por palavras enquanto deixa o tempo correr, ou um estado de ânimo que é a sua própria gratificação, demorando junto a si mesmo enquanto não aparece uma tarefa, não, seu amor era todo ele ação; até mesmo quando chorava não estava enchendo o tempo, pois embora Jerusalém desconhecesse o que lhe traria a paz, ele o sabia; e se os que se entristeciam junto ao túmulo de Lázaro não sabiam o que iria acontecer, ele sabia, entretanto, o que iria fazer. Seu amor estava todo presente nas coisas ínfimas e nas maiores, ele não se concentrava com mais força nos grandes momentos particulares, como se a lei nada exigisse das horas da vida cotidiana; ele estava igualmente presente a cada instante, não foi maior quando expirou na cruz do que quando se deixou nascer; era o mesmo amor que dizia: "Maria escolheu a melhor parte"; e o mesmo amor que com um olhar castigava ou perdoava Pedro, era o mesmo amor quando ele recebeu os discípulos que retornavam alegres após terem realizado ações maravilhosas em seu nome, e o mesmo amor quando os encontrou dormindo. Em seu amor não havia nenhuma exigência a qualquer outro homem, não exigia o tempo, a força, o apoio, o serviço ou a reciprocidade do amor de nenhum homem, pois o que Cristo exigia de um homem era apenas o bem deste mesmo homem, e ele só o exigia por causa deste mesmo; homem algum conviveu com ele que tivesse amado a si mesmo tanto quanto ele o amou. Não havia em seu amor nenhum acordo fruto de barganha, ou de concessão, ou sectário, com algum homem, afora aquele acordo que nele subsistia com a exigência infinita da lei; não havia no amor de Cristo nenhuma isenção requerida para ele mesmo, nem a menor, nem a de um tostão. Seu amor não fazia distinções, nem a mais delicada entre a sua mãe e as outras pessoas, pois ele apontava para os seus discípulos e dizia:"Estes são a minha mãe"; e por sua vez o seu amor não privilegiava os discípulos, pois seu único desejo era de que todo o mundo quisesse tornar-se seu discípulo, e isso ele o desejava pelo próprio bem de cada um; e por sua vez entre os discípulos o seu amor não fazia diferenças, pois seu amor divino-humano era precisamente igual para todos os homens, ao querer salvá-los todos, e igual para todos aqueles que queriam deixar-se salvar. Sua vida era puro amor, e contudo toda essa sua vida era como um único dia de trabalho, ele não descansava antes da noite chegar, quando então não *poderia* mais trabalhar; antes disso seu trabalho não variava com a troca do dia e da noite, pois quando não trabalhava, vigiava na oração. Desse modo, ele era o pleno cumprimento da lei. E como pagamento por aquilo não exigia nada, pois sua única exigência, sua única intenção em toda a sua vida, desde o nascimento até a morte, foi oferecer-se inocente a si mesmo – o que nem mesmo a lei, ainda que ela exigisse o que era seu até o extremo, ousaria exigir. Deste modo, ele era o pleno cumprimento da lei; ele tinha, por assim dizer, um único confidente que de alguma maneira estava em condições de segui-lo, um confidente que era atento e bastante incansável para o observar: era a própria lei, que o seguia passo a passo, hora após hora, com sua infinita exigência; mas ele era o pleno cumprimento da lei. Que pobreza é o nunca ter amado, oh, mas mesmo o homem que se tornou o mais rico de todos pelo seu amor, como toda a sua riqueza não representa afinal mais do que miséria frente a esta plenitude! E contudo, não é bem assim, não nos esqueçamos jamais de que há uma distinção eterna entre Cristo e qualquer cristão; embora a lei esteja abolida, aqui subsiste ainda com força e se reforça um abismo eternamente escancarado entre o Deus-homem e qualquer ou-

III A. O amor é o pleno cumprimento da lei 125

tro homem, que nem ao menos pode compreender, mas apenas crer, como a lei divina deve admitir, que ele foi o pleno cumprimento da lei. Qualquer cristão crê nisto e se apropria disto crendo, mas ninguém soube disto, afora a lei e aquele que era o pleno cumprimento da lei. Pois que aquilo que num homem é bastante fraco esteja presente no seu instante mais forte, que o muito mais forte e contudo igual estava presente a cada momento, isso um homem só pode compreender no seu momento mais forte, mas no instante seguinte já não o pode compreender, e por isso ele precisa crer nisso e se manter na fé, para que a sua vida não entre na confusão porque em um instante ele compreende e em muitos outros instantes não compreende.

Cristo era a plenitude da lei. Dele devemos aprender como esta ideia deve ser compreendida, pois ele era *a explicação*, e só quando a explicação é o que ela explica, quando aquele que explica é o explicado, quando a explicação é a transfiguração, só então a relação é a correta. Ai, dessa maneira não podemos nós explicar; pois se não podemos de outra maneira, nós podemos aprender a humildade na relação com Deus. Nossa vida terrena, que transcorre na fraqueza, tem de distinguir entre o explicar e o ser, e esta nossa fraqueza é uma expressão essencial para o modo como nos relacionamos com Deus. Suponhamos que um homem, falando humanamente, ame a Deus na sinceridade de seu coração, ai, mesmo assim Deus o terá amado primeiro, Deus está uma eternidade à frente – tanto assim está atrasado o homem. E assim ocorre também com qualquer tarefa da eternidade. Quando um homem afinal se decide a pôr mãos à obra, quanto já não terá sido desperdiçado, mesmo se nós por um momento esquecermos todas as falhas, as imperfeições do esforço que afinal de contas deu sua arrancada! Deixemos um homem, humanamente falando, na sinceridade do coração, procurar primeiro o reino de Deus e sua justiça, quanto tempo passou até que ele afinal aprendesse a compreender isso corretamente; e quanto, infinitamente quanto então lhe falta para que aprendesse a procurar o reino de Deus e sua justiça *em primeiro lugar*! E assim também em todos os pontos: antes de qualquer início humano sempre há um tempo desperdiçado. Nos negócios do mundo dizemos aliás que é lamentável que um homem para iniciar uma atividade

126 As obras do amor

precise antes assumir dívidas; mas em relação a Deus todo e qualquer homem inicia com uma dívida infinita, e isso sem contar as dívidas que a cada dia serão contraídas. Com demasiada frequência nos esquecemos disso na vida, e por que será, senão porque Deus também vem a ser esquecido? E assim um homem se compara com o outro, e aquele que compreendeu algo mais do que os outros já acredita ser alguma coisa. Quem dera que, caindo em si, pudesse compreender que diante de Deus ele não é nada. E dado que os homens querem tanto ser alguma coisa, não é de estranhar que eles, por mais que falem do amor de Deus, relutem tanto em se deixar realmente envolver por Ele, porque sua exigência e seu critério os reduzem a nada.

Utiliza, pois, a décima parte da força que te é concedida quando te esforças ao extremo, vira então as costas para Deus, compara-te com os homens, e num tempo bem curto te destacarás entre os homens. Mas dá a volta, volta-te para Deus, utiliza os dez décimos, tortura-te se possível até a última reserva, e serás como um nada, numa distância infinita de ter alcançado algo, em culpa infinita! Vê, é por isso que se pode dizer que num certo sentido não adianta falar a um homem a respeito daquilo que há de mais alto, porque aí precisa ocorrer uma mudança completamente diferente do que a que o discurso pode produzir. Pois se queres ter dias agradáveis e mesmo assim chegar facilmente a ser alguém, então esquece de Deus, procura não notar jamais e nem deixar que te lembrem que foi ele que te criou do nada, procura partir do princípio de que um homem não tem tempo a perder com reflexões sobre a quem ele deve infinita e incondicionalmente tudo; afinal de contas, nenhum ser humano tem o direito de perguntar isso ao outro; trata, pois, de esquecê-lo e trata de fazer coro com a massa: ri ou chora, enche-te de ocupações da manhã à noite, sê amado e respeitado e considerado como amigo, como funcionário, como rei, como agente funerário, sê acima de tudo um homem sério, esquecendo a única coisa realmente séria, o relacionar-se com Deus, o reduzir-se a nada. Oh, mas considera então – afinal, não adianta falar, mas queira Deus que tu compreendas o que perdeste – que aquele aniquilamento diante de Deus é contudo tão abençoado, que tu a cada momento novamente procurarias retornar ao aniquilamento com

III A. O amor é o pleno cumprimento da lei 127

mais força, mais calor e mais intensidade[118] do que o sangue busca retornar para o lugar de onde foi retirado por violência. Mas esta é e tem de ser para a sabedoria mundana a maior das tolices. Não te apoies portanto jamais em Deus (assim precisaríamos decerto falar, se quiséssemos expressar com palavras puras o segredo da hipocrisia[119], que com palavras falsas finge que também se apoia em Deus), "não te apoies jamais em Deus, pois ao te apoiares nele tu perderás o que jamais perdeu homem algum que se tenha apoiado no mundo, nem mesmo perdeu o homem que mais perdeu – tu perderás absolutamente tudo". E isto também é verdade, pois o mundo não é capaz de tirar verdadeiramente tudo, justamente porque ele não é capaz de dar tudo, isso só Deus pode fazer; Deus, que tira tudo, tudo, tudo – para dar tudo; que não tira parceladamente pouco ou muito, ou muito, acima de todas as medidas, mas sim infinitamente tudo, caso tu em verdade te apoiares nele. "Foge portanto dele, já pode ser bastante perigoso chegar muito perto de um rei se queres chegar a ser alguma coisa, a proximidade de um homem grandiosamente dotado é perigosa, mas Deus é infinitamente mais perigoso de se chegar perto."

Contudo, se Deus deve ser deixado de lado e ser esquecido, então não sei o que quer dizer que se deva discorrer sobre uma tal palavra, ou que sentido, afora um repugnante contrassenso, deveria haver no discurso sobre esta palavra: que o amor é o pleno cumprimento da lei. Portanto não vamos nos subtrair, temerosa e traiçoeiramente contra nós mesmos, da compreensão, como se temêssemos (o que decerto o homem natural teme, por mais que ele apregoe seu afã por saber e conhecimento) obter demais para saber; pois falar sobre isto, de que o amor é o pleno cumprimento da lei é então uma impossibilidade, sem ao mesmo tempo reconhecer sua própria culpa e declarar que todo homem é culpado.

O amor é o pleno cumprimento da lei, pois a lei, apesar de todas as suas determinações é, contudo, de certo modo o indeterminado, mas amor é a plenitude; a lei se assemelha a alguém que fala

---

118. *inderligere end*
119. *Halvheds*

128 As obras do amor

com dificuldade, que apesar do esforço não consegue, mesmo assim, dizer tudo, mas o amor é a plenitude.

Poderia parecer estranho dizer que a lei é o indeterminado, pois ela tem justamente sua força nas determinações, afinal, ela possui e dispõe de todas as determinações. E contudo é assim mesmo, e aí está de novo a impotência da lei. Assim como a sombra é impotente em comparação com a vigorosa realidade, assim também o é a lei; mas assim como na sombra sempre há algo de indeterminado, assim também o indeterminado se encontra na silhueta da lei, por mais exatamente que esta possa ser cumprida. Também por essa razão a lei é chamada na Escritura "a sombra dos bens futuros", pois a lei não é uma sombra que segue à realidade do amor, no amor a lei justamente está incorporada, mas a lei é a sombra do futuro. Quando um artista projeta um plano, um esboço para um trabalho, por mais exato que o projeto seja, ele conserva sempre algo de indeterminado; só quando o trabalho estiver acabado, só então se poderá dizer: agora não há mais nem a mínima indefinição, nem uma única linha, nem um único ponto está indeterminado. Por isso só há um único esboço que é completamente determinado, é o próprio trabalho, mas isto quer dizer: nenhum esboço está completa e incondicionalmente determinado ou pode estar. Assim também a lei é o esboço, o amor a plenitude e o bem determinado, no amor a lei é o totalmente determinado. Só há um único poder que pode executar o trabalho para o qual a lei é o esboço, é justamente o amor. Contudo, a lei e o amor, assim como o projeto e o trabalho executado são de um único e mesmo artista, têm uma única e mesma origem; eles não são mutuamente incompatíveis, tampouco quanto a obra de arte, que corresponde totalmente ao projeto, se opõe a ele, porque ela é ainda mais determinada do que todas as determinações do projeto.

Por isso diz Paulo em uma outra passagem (1Tm 1,5): "O amor é a soma do mandamento". Mas em que sentido isso é dito? Sim, isso é dito no mesmo sentido como se diz que o amor é o pleno cumprimento da lei. Num outro sentido, a soma é o resultado de todos os mandamentos particulares (não roubarás etc). Mas experimenta ver se desta maneira encontras a soma, por mais que fiques contando, e verás que é trabalho inútil, porque o conceito da lei é o

III A. O amor é o pleno cumprimento da lei 129

de ser inesgotável, infinito, ilimitável nas determinações; toda e qualquer determinação faz nascer de si mesma uma outra ainda mais exata, e aí, mais uma vez com respeito a esta e em relação a esta nova determinação, uma outra ainda mais exata, e assim vai até o infinito. Ocorre na relação do amor com a lei o mesmo que na relação do entendimento com a fé. O entendimento conta e reconta, calcula e calcula, mas jamais alcança a certeza que a fé possui; assim também a lei, ela determina e determina, mas nunca chega à soma global que é o amor. Quando se fala em soma, a própria expressão parece convidar a contar; mas quando então o homem se tiver cansado de contar e ao mesmo tempo estiver tanto mais nostálgico de encontrar a soma, então ele compreenderá que esta palavra deve ter uma significação mais profunda. E assim também quando o amor, por assim dizer, tiver desencadeado todas as suas determinações sobre um homem e o deixar esgotado porque por toda parte há prescrições, e contudo cada determinação, mesmo a mais determinada, ainda possui a indeterminação de poder se tornar ainda mais determinada (pois o continuamente indeterminado é nas determinações e em sua multidão a inquietude que não morre jamais); assim o homem aprende a compreender que deve haver algo de diferente que é a plenitude da lei. Mas não há nenhum conflito entre a lei e o amor, tampouco como há conflito entre a soma e aquilo de que ela é a soma, tampouco quanto há conflito entre a inútil tentativa de achar a soma e o achado feliz, o final feliz, de a ter encontrado.

Sob a lei suspira o homem. Para onde quer que olhe, só enxerga a exigência, mas jamais a fronteira, ai, como aquele que olha sobre o mar e só vê ondas sobre ondas, mas nunca o limite; para onde quer que se volte só encontra o rigor, que pode tornar-se sempre mais rigoroso, até o infinito, e jamais encontra o limite que o suavizaria. A lei (por assim dizer) deixa faminto, com seu auxílio não se chega à plenitude, pois sua determinação consiste exatamente no tirar, exigir, extorquir até o extremo, e aquilo que constantemente resta como indeterminado em toda a multidão das determinações é a impiedosa reclamação das exigências. Em cada determinação a lei exige alguma coisa, e no entanto não há nenhum limite para as determinações. Por isso a lei é diametralmente o oposto da vida,

130 As obras do amor

porém a vida é a plenitude. A lei se assemelha à morte. Mas será que o que a vida e a morte propriamente sabem não é uma única e a mesma coisa? Pois tão exatamente como a vida conhece tudo o que tem vida, com a mesma exatidão a morte conhece tudo o que tem vida. Num certo sentido, não há portanto nenhum conflito entre a lei e o amor, no que diz respeito ao conhecimento, porém o amor dá enquanto a lei retira, ou para expressar a relação mais exatamente em sua ordem, a lei exige e o amor dá. Não há uma única determinação da lei, nem uma única, que o amor queira excluir, pelo contrário, é o amor quem lhe dá todo o cumprimento e a determinidade; no amor todas as determinações da lei são muito mais determinadas do que na lei. Não há conflito, tampouco como entre a fome e a bênção que a sacia.

O amor é o pleno cumprimento da lei; pois o amor não é uma forma de esquivar-se das tarefas, não é nenhum indulto, que se introduz sub-repticiamente entre o amor e o pleno cumprimento da lei, exigindo liberação ou concedendo isenção, amimando ou amimado, como se o amor fosse um sentimento indolente, nobre demais para precisar expressar-se em ação, uma inaptidão pretensiosa, que não pode nem quer dar satisfação. Só a estupidez pode falar assim do amor, como se houvesse conflito entre a lei e o amor, o que aliás num certo sentido existe também, mas no amor não há nenhum conflito entre a lei e o amor, que é a plenitude da lei; como se houvesse uma diferença essencial entre a exigência da lei e o amor, o que aliás num certo sentido existe também, mas não no amor em que o cumprimento é como que uma e a mesma coisa com a exigência. Somente a estupidez semeia discórdia entre a lei e o amor, crê falar sabiamente quando se intromete entre os dois, ou mesmo até fala mal de um para o outro.

Cumprimento da lei; mas de qual lei se fala aqui? Nosso texto é a palavra *apostólica*, falamos do *amor cristão*, aqui portanto só pode tratar-se da *lei de Deus*. Pois num ponto o mundo (na medida em que este afinal se distingue daquilo que já chamamos de "insensatez") e Deus estão de acordo, de acordo a sabedoria mundana e o Cristianismo, em que há uma lei que o amor tem de cumprir para ser amor; mas estão em desacordo sobre qual é a lei, e este desacordo constitui uma diferença infinita. *A sabedoria mundana acredi-*

III A. O amor é o pleno cumprimento da lei 131

ta que o amor é uma relação entre homem e homem; o Cristianismo ensina que o amor é uma relação homem–Deus–homem, isto é, que Deus é a determinação intermediária. Por mais bela que uma relação de amor tenha sido entre dois ou entre vários, por mais completo que tenha sido para eles todo o prazer deles, por mais plena que tenha sido toda a felicidade deles em recíproca renúncia e dedicação, ainda que todos os homens tenham louvado esta relação – na medida em que Deus e a relação com Deus tenham sido deixados de lado: aí então, no sentido cristão, não terá sido amor, mas um recíproco e fascinante engano sobre o amor. *Pois amar a Deus, isto é que é amar verdadeiramente a si mesmo; auxiliar um outro ser humano a chegar ao amor de Deus, isto é que é amar a um outro ser humano; ser ajudado por uma outra pessoa a amar a Deus significa ser amado.* A sabedoria humana certamente não é da opinião de que aquele que ama deve, ele mesmo, arbitrariamente definir o que ele quer entender por amor. O amor, afinal, é dedicação e renúncia, por isso o mundo acha que o objeto do amor (seja uma amada ou o amigo ou os amados ou uma associação comunitária ou os que convivem com a gente, o que de agora em diante, por questão de brevidade, queremos chamar de "o amado") deve julgar, se são demonstradas a dedicação e a renúncia, e se a dedicação e a renúncia demonstradas são amor. O importante será então saber se os homens que devem julgar sabem julgar corretamente. Pois na medida em que o objeto do amor, o juiz, não tem consigo, diante de Deus, uma noção verdadeira do que significaria amar a si mesmo, de que seria amar a Deus, então o amado também não tem nenhuma verdadeira noção do que significaria ser amado por uma outra pessoa, de que seria com a sua ajuda ser levado a amar a Deus; mas se é assim, o amado há de tomar por verdadeiro amor uma espécie não verdadeira de renúncia e de dedicação, e o verdadeiro amor por desamor. O juízo meramente humano sobre o amor não é o verdadeiro juízo, pois amar a Deus é amar a si mesmo. Se, pelo contrário, Deus é a determinação intermediária no juízo sobre o amor, aí segue-se ainda um último e duplo julgamento que, entretanto, embora seja no fundo o único decisivo, só começa lá onde o juízo humano está pronto e já decidiu se ali há amor ou não. O juízo é o seguinte: será realmente amor, no sentido divino, demonstrar uma tal dedicação como o

132 As obras do amor

objeto do amor o exigiu? E então, será amor, no sentido divino, da parte do objeto do amor exigir tal dedicação? Cada homem é servo de Deus, por isso não lhe é lícito pertencer a ninguém no amor sem pertencer a Deus no mesmo amor, e não lhe é lícito possuir alguém em amor sem que o outro e ele mesmo neste amor pertençam a Deus: uma pessoa não pode pertencer a uma outra de tal modo que esta seja tudo para ela; um ser humano não pode permitir que um outro pertença a ele como se ele fosse para o outro tudo. Se houvesse uma relação de amor entre dois ou entre vários, tão feliz, tão perfeita que o poeta tivesse de rejubilar-se por ela, sim, tão viva que aquele que não fosse um poeta tivesse de se tornar um por admiração e alegria sobre esta visão: com isso a coisa ainda não estaria de jeito nenhum resolvida. Pois aí entra o Cristianismo e pergunta pela relação com Deus, se cada um dos indivíduos em primeiro lugar se relaciona com Deus, e se então a relação de amor se relaciona com Deus. Se não for este o caso, então o Cristianismo, embora seja o protetor do amor, ou justamente porque o é, não terá nenhum reparo em desmanchar essa relação, em nome de Deus, até que os amantes o compreendam. E se só uma das partes quer compreendê-lo, então o Cristianismo, que entretanto é o protetor do amor, não hesitará em conduzi-la até o terror de um conflito com o qual nenhum poeta sonhou ou que jamais se arriscou a descrever. Pois tampouco quanto um poeta pode envolver-se com o *amar seus inimigos*, tipicamente cristão, tampouco, e se fosse possível, ainda menos, pode envolver-se com a norma essencialmente cristã do: por amor e em amor *odiar o amado*. Entretanto, o Cristianismo não duvida em, em nome de Deus, elevar a relação assim tão alto. Isto o Cristianismo faz não apenas para, por assim dizer, cobrar o que pertence a Deus (dado que Deus é afinal o senhor e o proprietário do homem, seu servo), mas ele o faz também por amor aos que amam; pois amar a Deus é amar a si mesmo, e amar uma outra pessoa como se fosse Deus é enganar-se a si mesmo, e permitir a uma outra pessoa que nos ame como Deus é enganar esta outra pessoa. Para tão alto, humanamente falando a uma tal loucura, o Cristianismo pode empurrar a exigência, se o amor deve ser o pleno cumprimento da lei. Por isso ele ensina que o cristão pode, se for exigido, ser capaz de odiar pai e mãe e irmã e o amado – mas seria no sentido de que deva odiá-lo realmente? Oh, longe do Cris-

III A. O amor é o pleno cumprimento da lei 133

tianismo uma coisa tão repugnante! Mas decerto no sentido de que – compreendido cristãmente – o amor, aquele fiel e sincero, do amado, do próximo, dos que convivem com a gente pode ser encarado como ódio, porque estes não querem compreender o que significa amar a si mesmo, que significa amar a Deus, e o ser amado, que é ser ajudado por uma outra pessoa a amar a Deus, quer com isso realmente se alcance que a pessoa que ama se aceite no ser odiada, ou quer isto não seja alcançado. Vê só, a sabedoria do mundo tem uma longa lista de diferentes expressões para renúncia e dedicação; será que entre elas se encontra também esta: por amor odiar a pessoa amada, por amor odiar a amada e nesta medida odiar a si mesmo, por amor odiar aqueles que convivem conosco e nesta medida odiar nossa própria vida? Vê bem, a sabedoria do mundo conhece muitos e altamente diferentes casos de amor infeliz; será que entre eles tu encontrarias o sofrimento de se ter de aparentemente odiar a pessoa amada, que se tenha ódio como última e única expressão para o seu amor, ou o sofrimento de, como recompensa por seu amor, ter de ser odiado pela pessoa amada, porque aí está a diferença infinita da verdade cristã entre aquilo que uma parte e a outra entende por amor? O que quer que o mundo tenha visto de amor infeliz, antes da era cristã, o amor debatendo-se com o horror dos acontecimentos; sua colisão com aquilo que, dentro da mesma concepção fundamental da natureza do amor, constitui o oposto do amor; seu conflito com noções parcialmente diferentes e contudo dentro de uma representação fundamental comum: antes do advento do Cristianismo o mundo jamais percebeu que no amar houvesse um conflito possível entre duas concepções, a representação divina e a meramente humana, entre as quais há uma diferença da eternidade. Mas, se há uma tal colisão, então constitui justamente amor, na perspectiva divina, sustentar a representação verdadeira, a da eternidade, e amar em virtude dela, enquanto que aquele ou aqueles que são amados têm de encarar este amor como sendo ódio, caso tenham uma concepção meramente humana. Falemos de maneira meramente humana sobre o caso mais sublime: infelizmente, na assim chamada cristandade, somos facilmente tentados a imaginar que cremos em algo quando nem temos uma impressão a respeito, pelo menos não temos nenhuma impressão suficiente para nos tornarmos atentos; falemos de maneira meramente huma-

134　　As obras do amor

na sobre o que há de mais sublime, mas sem jamais esquecer de que aquele de quem se trata está separado de qualquer homem por uma diferença eterna: a vida de Cristo é propriamente o único amor infeliz. Ele era amor, no sentido divino da palavra, ele amava em virtude da representação divina do que seja amor, amava todo o gênero humano; ele não ousaria, por amor, desistir desta sua concepção, pois isso seria justamente enganar o gênero humano. Por isso toda a sua vida foi um terrível conflito com a representação meramente humana do que seja o amor. Foi o mundo sem Deus que o crucificou; mas mesmo os seus discípulos não o compreenderam, e procuraram todo o tempo como que ganhá-lo para a ideia que eles tinham do que seria o amor, tanto que ele até precisou dizer a Pedro: "Afasta-te de mim, Satanás". Que horrível sofrimento de um conflito insondável: que o mais sincero e o mais fiel discípulo, quando ele, não apenas com boa intenção, oh não, mas ardendo de amor, desejando aconselhar para o seu maior bem, e só querendo exprimir o quanto ele ama o Mestre, que o discípulo então, porque a sua concepção do amor não é a verdadeira, fala de tal modo que o Mestre precisa dizer-lhe: "Tu não o sabes, mas para mim tuas palavras são como se Satanás as dissesse!" Desse modo é que o Cristianismo veio ao mundo, e com o Cristianismo, a explicação divina do que seja amor. Oh, nós reclamamos frequentemente do malentendido, e especialmente quando ele vem misturado com amor da maneira mais amarga, quando nós reconhecemos em cada uma de suas expressões que o amor está presente de uma maneira infeliz, que nós certamente somos amados, só que não somos compreendidos, que decerto tudo é feito tão amargamente porque é feito por amor com um mal-entendido; mas ser incompreendido assim como jamais, jamais homem algum foi incompreendido por um outro homem, ser incompreendido como Cristo veio a ser – e então ser amor como Cristo o era! Supõe-se que fosse apenas a impiedade que teve de entrar em conflito com Cristo. Mas que mal-entendido! Não, aquele que humanamente falando era o melhor e o mais amoroso dos homens que já viveu tinha que entrar em conflito com ele, tinha que compreendê-lo mal; pois este homem tão bom precisava primeiro aprender dele o que é o amor, no sentido divino. O amor de Cristo não era sacrificado, em termos humanos, de jeito nenhum; ele não se tornava infeliz para, humanamente falando,

III A. O amor é o pleno cumprimento da lei 135

tornar felizes os seus. Não, ele torna a si mesmo e aos seus tão infelizes, humanamente falando, quanto isso era possível. E ele que teria tido em seu poder restaurar o reino de Israel e fazer tudo tão bom para si e para os seus, como qualquer contemporâneo poderia ver bem nitidamente. Então ele o podia fazer, e ele portanto não o quis; o erro então tem de ter estado nele, em seu coração, no fato de que ele não quis sacrificar suas concepções, suas quimeras, mas preferiu sacrificar cruelmente a si mesmo e aos seus, quer dizer que quis estragar sua própria vida e a dos amados. Ele não fundou nenhum reino sobre a terra, e nem se sacrificou para que os apóstolos pudessem herdar o conquistado; humanamente falando, isto ainda é loucura: ele se sacrifica a si mesmo – para tornar os que ele ama tão infelizes como ele mesmo! Seria isto realmente amor: reunir ao redor de si uns poucos homens simples e humildes, conquistar sua dedicação e seu amor como jamais foi conquistado o amor de alguém, por um instante deixar parecer como se se abrissem para eles as perspectivas da realização de seu sonho mais ambicioso – para então, repentinamente, mudar de rumo e modificar o plano, e então, sem se deixar comover pelas suas súplicas, sem a mínima consideração para com eles, arrojar-se desta sedutora altura para o abismo de todos os perigos, para então sem resistência entregar-se ao poder de seus inimigos, para sob escárnio e desprezo, enquanto o mundo se rejubilava, ser pregado na cruz como um malfeitor: seria isto realmente amor? Seria isto realmente amor: separar-se dessa maneira de seus discípulos, abandoná-los sozinhos num mundo que teria de odiá-los por causa dele, enviá-los como ovelhas perdidas entre lobos vorazes, cuja sede de sangue justamente ele teria despertado contra eles: seria isto realmente amor? O que é que quer afinal este homem, o que ele quer desses homens fiéis, sinceros, mesmo que limitados, para enganá-los de maneira tão revoltante? Por que é que ele chama de amor a sua relação com eles, por que é que insiste em chamar de amor, por que é que ele morre sem confessar que os havia enganado, de modo que morre afirmando que isto seria mesmo amor; ai, enquanto os discípulos com o coração dilacerado, mas com comovente fidelidade não se atreviam a ter uma opinião sobre o seu modo de agir, provavelmente porque ele os havia dominado, já que afinal qualquer outro homem facilmente percebe que ele, o que quer que de resto fosse (tal-

136 As obras do amor

vez, para ainda desculpá-lo: como um exaltado), em relação aos discípulos agira como um enganador! E contudo ele era amor, e contudo ele fazia tudo por amor, e queria tornar os homens felizes, mas de que modo? Relacionando-os com Deus – pois ele era amor. Sim, ele era amor, e ele sabia, junto a si e com Deus, que oferecia o sacrifício da reconciliação, que ele amava realmente os discípulos, amava todo o gênero humano, ou pelo menos todo aquele que se quisesse deixar salvar!

A falsidade fundamental na concepção meramente humana do amor[120] consiste em que se priva o amor da relação com Deus, e com isto da relação com aquela lei de que se fala quando se diz que "o amor é o pleno cumprimento da lei". Por um estranho malentendido, talvez sejamos inclinados a achar que o amor ao próximo não deva ser separado da relação com Deus, mas sim o amor erótico e a amizade, como se o Cristianismo fosse uma coisa pela metade, como se ele não devesse impregnar todas as relações, como se a doutrina do amor ao próximo não fosse justamente destinada a isto, e por isso transformando o amor erótico e a amizade, enquanto que muitos, por um estranho mal-entendido, talvez acreditem que se precisaria da ajuda de Deus para amar o próximo (o objeto menos digno de amor), mas que, pelo contrário, em relação ao amor natural e à amizade, seria melhor que eles pudessem ajudar-se a si mesmos, ai, como se aqui a intervenção de Deus fosse perturbadora e inconveniente. Mas não se pode mundanamente e de maneira meramente humana subtrair nenhum amor[121] e nenhuma expressão de amor à relação com Deus. O amor é uma paixão do sentimento, mas neste sentimento o homem, contudo, em primeiro lugar, antes mesmo de se relacionar com o objeto do amor, deve relacionar-se com Deus, e com isso aprender a exigência, de que o amor seja o pleno cumprimento da lei. O amor é uma relação para com uma outra pessoa ou para com outras pessoas, mas não é de jeito nenhum e de jeito nenhum pode ser um simples acordo nupcial, uma combinação entre amigos, ou um acordo meramente

---

120. *Kjerlighed*
121. *Kjerlighed*, aqui e nas cinco seguintes ocorrências, mesmo definido como paixão do sentimento! [N.T.].

III A. O amor é o pleno cumprimento da lei 137

humano, uma solidariedade entre homens e homens, por mais fiel e terna que fosse. Cada indivíduo particular, antes de se relacionar no amor com a pessoa amada, com o amigo, os amados, os que convivem com ele, tem de se relacionar com Deus e com a exigência divina. Tão logo se deixa de lado a relação com Deus, torna-se o julgamento supremo a definição meramente humana dos interessados sobre o que eles querem entender por amar[122] e sobre o que eles querem exigir uns dos outros, e o seu mútuo julgamento que daí resulta. Aquele que pertence totalmente a uma vocação de Deus não é o único que não deve pertencer a uma mulher para não ficar retido ao tentar contentá-la; mas também aquele que no amor natural pertence a uma mulher deve antes de mais nada pertencer totalmente a Deus, não tentar primeiro agradar a esposa, mas sim primeiramente esforçar-se para que o seu amor[123] possa agradar a Deus. Também não é a esposa que deve ensinar ao marido como é que ele deve amá-la, ou o marido ensinar a ela, nem o amigo à pessoa amiga, nem os companheiros aos companheiros, mas é Deus que deve ensinar a cada indivíduo particular de que modo ele deve amar, se é que seu amor deva ainda relacionar-se com a lei de que se fala quando o Apóstolo diz que "o amor é o pleno cumprimento da lei". Daí segue naturalmente que aquele que só possui uma representação mundana ou meramente humana do que seja o amor seja forçado a considerar como egoísmo e desamor[124] o que no sentido cristão é exatamente amor. Quando pelo contrário a relação com Deus define o que seja amor[125] entre os homens, então o amor é impedido de ficar estacionado em alguma autoilusão ou ilusão dos sentidos, enquanto que certamente por sua vez a exigência de autorrenúncia e de sacrifício se torna infinita. O amor que não conduz a Deus, o amor que não possui este alvo único, de levar os amantes a amarem a Deus, estaciona num julgamento meramente humano sobre o que seja o amor e o que seja o sacrifício e a entrega do amor, ele para, e com isso se esquiva à possibilidade do hor-

---

122. *at elske*
123. *Kjerlighed*, aqui e nas duas seguintes ocorrências! [N.T.].
124. *Selvkjerlighed og Ukjerlighed*
125. *Kjerlighed*, aqui e em todas as seguintes ocorrências, quando não houver ressalva! [N.T.].

138 As obras do amor

ror do último e mais terrível conflito: de que na relação de amor haja uma infinita diferença na representação do que seja o amor. Compreendido num sentido puramente humano, este conflito jamais poderá introduzir-se, pois em termos meramente humanos a representação fundamental do que seja o amor tem de ser essencialmente comum. Só compreendido em termos cristãos o conflito é possível, pois ele é o conflito entre o crístico e o meramente humano. Porém o Cristianismo sabe manobrar através desta dificuldade, e jamais alguma doutrina ensinou a persistir por tanto tempo no amor como o Cristianismo. Imutável e inabalável, e justamente por amor aos amados, este ensina a afirmar a verdadeira noção do que seja o amor e a contentar-se em encontrar como pagamento por seu amor o ser fato de ser odiado pela pessoa amada – pois aí sim está a diferença infinita, a diferença de linguagem da eternidade entre o que uma parte entende por amor e o que a outra parte entende por isto. Submeter-se à representação que a pessoa amada tem do que seja o amor, eis o é que é amar, humanamente falando, e quando se faz assim se é amado. Mas contrariar a representação puramente humana que a pessoa amada tem do que seja amor significa negar o desejo, e portanto também aquilo que o próprio amante, compreendido de maneira puramente humana, teria de desejar, para sustentar a representação divina: eis o conflito. Que um homem, por ser amado tanto quanto é possível por uma outra pessoa pudesse tornar-se um empecilho ao caminho desta pessoa, tal coisa jamais poderia ocorrer à concepção puramente humana do que seja amor. E contudo, compreendido cristãmente, isto é justamente possível, pois ser amado desta maneira pode vir a ser um empecilho na relação do amante para com Deus. Mas o que se há de fazer neste caso? Que aquele que é amado dessa maneira faça advertências contra isto, decerto não ajudará muito, pois com isso afinal ele se tornaria exatamente ainda mais digno de amor – e consequentemente, o amante ficaria ainda mais enganado. O Cristianismo sabe superar o conflito sem contudo suprimir o amor: ele exige simplesmente um sacrifício (que é decerto em muitos casos o mais pesado possível, e em todo caso muito pesado): aceitar de boa vontade ser odiado como recompensa por seu amor. Onde quer que um homem seja amado assim, admirado assim pelos outros, de modo a comprometer sua relação com Deus, há o conflito; mas onde

III A. O amor é o pleno cumprimento da lei 139

há este conflito, aí se exige também o sacrifício, do qual a representação puramente humana do que seja amor não tem a menor suspeita. Pois o crístico é: amar a si mesmo de verdade consiste em amar a Deus; amar uma outra pessoa de verdade consiste em, com todo e qualquer sacrifício (e também o de vir a ser odiado), ajudar a outra pessoa a amar a Deus ou ajudá-la em seu amor a Deus.

Isto é certamente muito fácil de compreender; no mundo, ao contrário, isto tem lá as suas grandes dificuldades, porque uma concepção oposta do que seja amor, uma concepção mundana, meramente humana, porém ademais engenhosa e poeticamente desenvolvida, explica que tudo o que se refere à relação com Deus é propriamente uma ilusão, um atraso, ou então ao falar do amor silencia sobre a relação com Deus. Assim como hoje em dia se procura de muitas maneiras libertar os homens de todos os vínculos, mesmo dos proveitosos, assim também se procura libertar a relação afetiva entre os homens de todo vínculo que a liga a Deus, e a liga em tudo, em qualquer expressão da vida; quer-se ensinar aos homens, em relação ao amor, algo de totalmente novo, para o que contudo a agora envelhecida Sagrada Escritura já tinha uma expressão, quer-se ensinar aos homens a liberdade que "está sem Deus no mundo"[126]. O tempo abominável da escravidão já passou, então procura-se ir adiante – com o auxílio da abominação: abolir a servidão do homem em relação a Deus, a quem todo homem, não por nascimento, mas pela criação a partir do nada, pertence como servo, e de um modo como jamais servo algum pertenceu a um senhor terreno, o qual afinal concede que os pensamentos e os sentimentos são livres; mas a Deus ele pertence em cada um de seus pensamentos, até no mais oculto, em cada sentimento, até no mais secreto, em cada movimento, até no mais íntimo. Porém, a gente, acha que esta servidão seria um fardo pesado demais, e por isso, mais ou menos abertamente, tenciona-se destronar Deus para instalar o homem nos direitos humanos? Não, isto não é preciso, pois o próprio Deus já o fez, então, nos direitos de Deus: afinal de contas, este lugar também fica vacante quando Deus é despedido. Vê bem: como recompensa para tal temeridade o homem deve decerto

---

126. Ef 2,12.

140 As obras do amor

chegar, por este caminho, sempre mais perto de transformar toda a existência em dúvida e redemoinho. O que é, em geral, uma lei, qual é a exigência da lei para um homem? Sim, cabe aos homens defini-lo. Quais homens? Aqui começa a dúvida. Dado que um homem não se encontra essencialmente acima do outro, eis que fica totalmente entregue ao meu arbítrio decidir em quem eu me apoiarei na determinação do bem supremo, a não ser que eu mesmo, possivelmente de maneira ainda mais arbitrária, pudesse estar em condições de encontrar uma nova determinação, e como propagandista conquistasse apoios para ela. Fica igualmente entregue ao meu arbítrio assumir hoje uma coisa como sendo a exigência da lei, e amanhã uma outra coisa. Ou a determinação do que seja a exigência da lei deveria talvez ser um acordo entre todos os homens, uma decisão comum deles, sob a qual então o indivíduo teria de se curvar? Excelente, desde que fosse possível encontrar um lugar e fixar o momento para esta reunião de todos os homens (todos os vivos, todos? Mas, e os mortos, como ficam?), e se fosse de tal modo, o que é igualmente impossível, que todos eles concordassem num único ponto! Ou quem sabe bastaria a conformidade de uma multidão de homens, e um certo número de votos seria suficiente para a decisão? Qual teria de ser a quantidade necessária para isso? E além disso, se a exigência da lei consiste na definição puramente humana do que seja a exigência da lei (contudo não a de um único indivíduo, pois com isso cairíamos na pura arbitrariedade, como ficou claro), de que modo então o indivíduo pode chegar a começar a agir, ou não fica entregue à sorte o quando ele começará a agir, em vez de cada um dever começar pelo começo? Pois para poder começar a agir o indivíduo tem de primeiro ser informado "pelos outros" sobre qual seria a exigência da lei; mas cada um desses outros deve por sua vez enquanto indivíduo ter sido informado "pelos outros". Deste modo, toda a vida humana se transforma numa única grande desculpa – será talvez esta a grande, a incomparável empresa comum, a grande obra da humanidade? A categoria "os outros" torna-se uma ficção, e a definição ficticiamente procurada do que seja a exigência da lei não passa de um alarme falso. E na medida em que este trabalho, desumanamente vasto, da concordância comum entre todos os homens não fica pronto numa única sessão noturna, arrasta-se de geração em geração, assim também

III A. O amor é o pleno cumprimento da lei   141

se tornará totalmente casual o quando o indivíduo chegará a começar; isto dependerá, por assim dizer, de quando ele entrará no jogo. Alguns começarão então pelo começo, mas morrerão antes de chegar à metade do caminho, outros começarão a meio caminho, mas morrerão mesmo assim antes de ver o fim, que propriamente não terá sido visto por nenhum deles, pois este só chegará quando tudo estiver terminado, e a história universal acabada, somente então o homem aprenderá plenamente qual era a exigência da lei. É uma pena, contudo, que a vida humana então não devesse começar, mas já estivesse recém-terminada, e portanto que todos os homens tivessem levado uma vida sem pleno conhecimento do que era a exigência da lei. Quando, entre sete homens acusados de cometer um crime, que não pode ter sido cometido por uma outra pessoa, o sétimo diz: "Não fui eu, foram os outros", então se compreende que a expressão "os outros" se refere aos seis restantes, e assim por diante; mas quando então todos os sete, cada um por si, tiver dito que "foram os outros", como é que fica então? Não se terá evocado como por um feitiço uma figura fantasmagórica que reduplica os verdadeiros sete e como que pretende dar-nos a ilusão de que havia ainda muitos outros, apesar de que eles eram apenas sete? Assim também, se todo o gênero humano, cada indivíduo por si, tivesse a idéia de dizer "os outros", assim se evocaria um fantasma, como se o gênero humano existisse mais uma vez além daquela vez que é a da sua real existência. Só que aqui é tão difícil de comprovar a falsidade, que cega com a aparência de profundidade, porque o gênero humano é tão inumerável. Porém, a relação é completamente a mesma como no que se poderia ser tentado a chamar "O conto dos sete e dos outros sete". Vê, esta é justamente a situação se a definição meramente humana do que seria a exigência da lei deve ser então a exigência da lei: a gente procura se ajudar, por cima, com a estonteante ficção sobre "os outros", e por baixo a gente se apoia reciprocamente em algumas alianças. Pois certamente o gênero humano tem uma segunda existência, mas não fictícia: a sua segunda existência é a sua existência em Deus, ou mais corretamente esta é a sua primeira existência, pela qual cada indivíduo aprende de Deus qual a exigência da lei: a existência real é a segunda vez. Mas com que se pode comparar então aquela situação confusa, que descrevemos? Não seria um motim? Ou deveríamos hesitar em cha-

142 As obras do amor

má-la assim, se num determinado momento todo o gênero humano se fizesse culpado disso, e nós então, é bom notar, acrescentássemos que é um motim contra Deus? Ou a vida moral[127] está tão entregue ao azar que quando uma grande multidão comete algo de errado ou todos nós o cometemos, o incorreto passa a ser o correto? Esta explicação seria por sua vez apenas uma repetição da ideia do motim, ou de sua falta de reflexão[128], pois neste caso seriam afinal os homens que determinariam qual a exigência da lei, em vez de ser Deus a fazê-lo, de modo que aquele que se esquece disto não apenas no que toca a ele se torna culpado de uma revolta contra Deus, mas também contribui com a sua parte para que o motim triunfe. Pois quem iria fazer parar um tal motim, se ele surgisse? Deveríamos nós talvez, apenas com um outro modelo, repetir o erro do motim, e, cada um em particular, dizer: eu não posso impedi-lo, "os outros que o façam"? Mas não estará cada um particularmente obrigado a fazer parar o motim, naturalmente não com gritaria e se fazendo de importante, não tentando de maneira dominadora forçar os outros a obedecer a Deus, mas através de sua própria obediência incondicional, atendo-se incondicionalmente à relação com Deus e à exigência de Deus, e com isso exprimindo, no que lhe toca, que Deus existe e é o único senhor, enquanto ele ao contrário é uma pessoa incondicionalmente obediente. Só há vigor e sentido e verdade e realidade na existência quando nós todos, cada um por si, se posso dizê-lo assim, recebemos nossas ordens no mesmo lugar e então cada um por si obedece incondicionalmente a esta única e mesma ordem. Dado que é uma única e mesma ordem, neste sentido poderia um homem aprendê-la afinal de um outro – desde que fosse certo, ou ao menos bastante certo, que este outro homem estivesse transmitindo a ordem correta. Entretanto, isto seria de qualquer maneira uma desordem, posto que se choca contra a ordem de Deus, pois Deus quer, tanto por uma questão de segurança quanto por uma questão de igualdade e responsabilidade, que cada indivíduo aprenda Dele a exigência da lei. Quando isto se dá, então há firmeza na existência, porque Deus tem o domínio dela; aí

---

127. *det Sædelige*

128. *Tankeløshed*, falta de idéia, de reflexão, o que o jovem Kierkegaard já criticava em Xenofonte [N.T.].

III A. O amor é o pleno cumprimento da lei 143

não há redemoinho, pois cada indivíduo particular começa não com "os outros", e também, de jeito nenhum, com escapatórias e desculpas, mas começa com a relação com Deus, e também ele se mantém firme e ao mesmo tempo, tanto quanto ele alcança, faz parar o redemoinho que é o começo do motim.

Assim também com a lei do amor: há vigor e verdade e firmeza na existência quando todos nós, cada um por si, aprendemos de Deus qual é a exigência pela qual temos de nos orientar, e quando então nas demais coisas todos nós, cada um em particular, nos defendermos contra a confusão humana (porém é evidente que se todos nós fizéssemos assim não haveria nenhuma confusão), sim, se nos defendermos, caso necessário, até da pessoa amada, ou do amigo, ou até daqueles próximos que são especialmente objetos de amor, na medida em que estes de alguma maneira quiserem nos ensinar uma outra explicação ou quiserem ajudar-nos a ir por um desvio, porém pelo contrário agradecendo, quando nos quiserem ajudar no caminho certo. Não nos esqueçamos disto, não enganemos nem sejamos enganados por representações indefinidas do que seja o amor, mas atentemos para a explicação de Deus, indiferentes quanto ao que a pessoa amada e o amigo e os amados acham ou deixam de achar, mas não, nunca indiferentes, muito pelo contrário, bem preocupados interiormente, se eles não estiverem de acordo conosco, mas não obstante, continuando a amá-los, sem perturbação e sem mudança.

Há efetivamente um conflito entre o que o mundo e o que Deus entende por amor. É bastante fácil obter uma unidade aparente (como aliás já é aparente no emprego de uma única e mesma palavra: amor[129]), e em compensação é mais difícil captar corretamente o desacordo; mas esta dificuldade é incontornável para que se conheça a verdade. Com muita frequência ouve-se o mundo sentenciar que no mundo o mais sagaz é afinal de contas amar a si mesmo. Já esta sentença não nos dá a ideia mais lisonjeira a respeito do mundo; pois não pode ser um mundo bom aquele em que o amor a si mesmo é a maior sabedoria ou é aquilo que proporciona a maior vantagem. Mas ainda que o mundo considere o amor de si como a atitude mais sagaz, daí não se segue que ele por outro lado

---

129. *Kjerlighed*

144 As obras do amor

não possa considerar o amor[130] como algo mais nobre. Isto, aliás, ele também faz, só que o mundo não compreende o que seja amor. De novo é bastante fácil estabelecer uma unidade aparente entre Deus e a concepção mundana de amor, pois ela já é afinal aparente no emprego desta expressão comum sobre a nobreza do amor. Contudo, o mal-entendido está oculto. De que adianta elogiar o amor como algo nobre – o que o Cristianismo também faz –, se o mundo entende por amor uma outra coisa, e portanto também entende por nobre uma coisa diferente? Não, se o mundo quiser ser claro, tem de dizer: "Não somente o amor de si é o mais prudente, mas também se quiseres ser amado pelo mundo, se quiseres que ele elogie teu amor e a ti como nobres, então tu tens que ser, no sentido cristão, egoísta, pois aquilo que o mundo chama de amor[131] é amor a si mesmo[132]". A distinção que o mundo faz, é com efeito a seguinte: quando alguém quer ficar sozinho com seu amor de si mesmo (o que aliás é bastante raro de ver), aí o mundo chama a isso amor de si; porém se ele quiser, amando a si próprio, reunir-se a alguns outros que também amam a si mesmos, especialmente se for com muitos desses que amam a si mesmos, então o mundo chamará isto de amor[133]. Mais além o mundo não consegue jamais chegar com sua definição do que seja amor, porque ele não tem nem Deus nem o próximo como determinações intermediárias. Aquilo que o mundo honra e venera[134] com o nome de amor[135] é a solidariedade no amor próprio. A solidariedade exige também sacrifício e dedicação daquele que deve ser chamado amoroso; exige que ele deva sacrificar uma parte de seu próprio amor de si para assim se solidarizar num amor de si coletivo, e exige que ele sacrifique a relação com Deus para poder mundanamente reunir-se nesta solidariedade que exclui Deus ou no máximo O aceita por uma questão de aparência. Deus compreende por amor, ao contrário, um amor que se sacrifica, um amor que se sacrifica no sentido divino, que sacrifica tudo

---

130. *Kjerlighed*
131. *Kjerlighed*
132. *Selvkjerlighed*
133. *Kjerlighed*
134. *elsker*
135. *Kjerlighed*

III A. O amor é o pleno cumprimento da lei   145

para abrir lugar para Deus, mesmo se o pesado sacrifício se torna ainda mais pesado pelo fato de que ninguém o compreende, o que entretanto num outro sentido faz parte do verdadeiro sacrifício; pois o sacrifício que é compreendido pelos homens tem, enfim, no aplauso humano a sua recompensa, e nesta medida não é um verdadeiro sacrifício, o qual tem de ser absolutamente sem recompensa. Não podemos, portanto, ao compreender a palavra apostólica que declara ser o amor a plenitude da lei, aquiescer com o discurso superficial que diz que quando um homem realmente tem amor então também será amado pelos homens. Antes ele será acusado de amor a si próprio, justamente porque não quer amar os homens no sentido em que eles se amam a si mesmos de modo egoísta. As relações são as seguintes: o mais alto grau de amor a si mesmo, o mundo chama também amor a si mesmo; a solidariedade no amor de si mesmo, o mundo chama amor[136]; um amor humanamente magnânimo, nobre, que se sacrifica, mas que contudo ainda não é o cristão, é ridicularizado pelo mundo como sendo loucura; o amor cristão, porém, é odiado e abominado e perseguido pelo mundo. E não vamos outra vez, numa errônea concordância, ocultar as questões duvidosas dizendo: assim ocorre no mundo, mas com o cristão é diferente. Pois isto é bem verdade, mas na medida em que cada batizado fosse um cristão e a cristandade batizada estivesse cheia só de cristãos, aí "o mundo" pura e simplesmente nem existiria num país cristão, o que neste caso se deixaria verificar com a ajuda das listas dos sacristães e dos chefes de polícia. Não, efetivamente há um conflito entre aquilo que o mundo e aquilo que Deus entende por amor. Oh, mas se o combater pelos lares e pela pátria é algo que entusiasma, certamente também o é combater por Deus – o que faz aquele que diante de Deus, diante de Sua face se mantém firme na relação com Deus e em Sua definição do que seja amor! É bem verdade que Deus não precisa de nenhum homem, tão pouco quanto de toda a humanidade ou de todo o universo, que aliás a cada instante em que deve ser, é para Ele o nada, do qual Ele o criou; mas diante de Deus combate aquele que combate o bom comba-

---

136. *Kjerlighed*

146 As obras do amor

te para exprimir que Deus existe e é o Senhor, e que suas explicações devem ser obedecidas incondicionalmente.

A relação com Deus é a marca pela qual se conhece se o amor aos homens é autêntico. Tão logo uma relação de amor não me conduz a Deus, e tão logo eu na relação de amor não conduzo a outra pessoa para Deus, aí então o amor, ainda que fosse a mais suprema felicidade e o maior gozo de uma inclinação, ainda que fosse o mais alto bem terreno dos amantes, não seria nem assim verdadeiro amor. Jamais entrará na cabeça do mundo que Deus então não apenas se torna o terceiro em toda e qualquer relação de amor, mas propriamente vem a ser o único objeto amado, de modo que não é o homem que é o amado da esposa, mas sim Deus, e é a esposa que com o auxílio do marido é ajudada a amar a Deus, e vice-versa, e assim por diante. A concepção meramente humana do amor jamais poderá ir além da reciprocidade: que o amante é o amado, e o amado é o amante. O Cristianismo ensina que um tal amor ainda não encontrou seu objeto verdadeiro: Deus. Faz parte de uma relação de amor a triplicidade[137]: o amante, o amado, o amor; mas o amor é Deus. E por isso, amar uma outra pessoa é ajudá-la a amar a Deus, e ser amado consiste em ser ajudado.

O discurso do mundo sobre o amor leva à confusão. Quando pois se diz a um jovem que sai pelo mundo: "ama, que então serás amado", aí isto é totalmente verdadeiro – especialmente se a caminhada que ele está iniciando se dirige à eternidade, à terra da perfeição. Mas o jovem precisa, afinal de contas, ir ao mundo, e por isso é fraudulento falar assim, se não o lembrarmos de se apoiar em Deus para aprender o que é o amor, e não o lembrarmos de que o mundo – se não tiver aprendido a mesma coisa de Deus (ai, e neste caso seria para a terra da perfeição que o jovem estaria indo) – tem uma concepção completamente diferente. Se Cristo não tivesse sido amor, e o amor nele, a plenitude da lei, será que teria sido crucificado? E se acaso ele tivesse negociado a exigência que valia para ele e tivesse chegado a um acordo com aqueles que fazem do amor algo de totalmente diferente do cumprimento da lei no sentido divino; se ele, em vez de por amor ser o mestre e salva-

---

137. *det Tredobbelte*

III A. O amor é o pleno cumprimento da lei   147

dor do mundo, tivesse de acordo com a noção mundana reformulado sua própria representação do que significa amar: será que nesse caso ele não teria sido amado e elogiado por todos ou até mesmo (que terrível loucura!) divinizado por seus seguidores? Se os apóstolos não tivessem sustentado firmemente que o amor é o pleno cumprimento da lei e portanto algo de diferente da realização dos acordos mundanos e da participação na solidariedade humana, se eles não tivessem sustentado firmemente esta maneira de amar os homens, sem aderir a uma adaptação às ideias humanas a respeito do amor: será que teriam sido perseguidos? Pois o que é que o mundo ama, e chama de amor[138], que outra coisa senão algo de incompleto e uma associação inteiramente terrena na mundanidade, o que, justamente, compreendido a partir do eterno, é algo que fica pela metade. Será que alguma vez algum homem foi mais acusado de amar a si próprio do que aquele que efetivamente se manteve firme na exigência de Deus e em fidelidade a esta amou as pessoas, e por isso também continuou a amá-las, apesar de perseguido e não valorizado? Então não é também natural que o mundo se enfureça por haver Alguém que é mais amado por uma tal pessoa, Alguém, por amor a quem o amor de uma tal pessoa se dirige aos homens? Quando o esforço de um homem se volta para a obtenção de vantagens terrenas, então se queixa decerto injustamente do mundo se ele se queixa por não encontrar simplesmente nenhum amigo; pois por este preço a gente pode ser bastante amado, obter amigos, ter muitos ou poucos, com os quais se pode ficar amorosamente unido. Mas quando o esforço de alguém se volta para (incondicionalmente, com todos os sacrifícios, com o sacrifício de tudo, empobrecido, desprezado, excluído da sinagoga) manter-se unido com Deus no amar aos homens: então até podes, se for o caso, colocar um anúncio no jornal dizendo que estás procurando um amigo – se tu simplesmente acrescentares as condições e também aqui enfatizando especialmente que "não é pelas vantagens", tu dificilmente encontrarás alguém. Nós nos admiramos de que Cristo tenha escolhido homens tão humildes para serem seus apóstolos, mas, não obstante aquilo que decerto foi determinante

---

138. Neste contexto, "amor" sempre traduz o original *Kjerlighed*, se não houver ressalva. Isso vale até para expressões como "amor ao mundo" [N.T.].

na escolha, de que, quanto mais humildes os apóstolos fossem enquanto homens, tanto mais forte seria a ênfase sobre a autoridade divina outorgada a eles: será que não é muito mais de se admirar que Cristo afinal de contas os tivesse conseguido, e que também tivesse tido sucesso em formar uma associação de onze, cuja determinação foi a de se manterem firmemente juntos na disposição para se deixarem açoitar, perseguir, escarnecer, crucificar, decapitar, e cuja determinação também não era lisonjearem-se mutuamente, mas antes se ajudarem mutuamente a se manter humildes diante de Deus? Talvez soasse como uma terrível caçoada sobre aquilo que o mundo chama de amor, porém talvez pudesse ao mesmo tempo operar como um saudável despertar, se alguém nesses tempos em que se formam tantas sociedades, anunciasse o seu desejo de fundar uma tal associação de amor. Pois o mundo pode compreender, quando alguém quer fazer todos os sacrifícios, e aí se encontra um monte de gente que na maior comodidade deseja tirar vantagem de seus sacrifícios; esta espécie de participação que quer a participação integral nos lucros, contudo, não quer submeter-se nem mesmo à metade dos trabalhos, disso o mundo está repleto. E é evidente, a verdadeira participação também pode ser encontrada aqui na terra, mas onde quer que a encontres, tu a encontrarás odiada e perseguida pelo mundo. Experimenta o seguinte: imagina uma pessoa, (e não precisas imaginar ou pensar que ela esteja de posse daquela perfeição que caracterizava aqueles gloriosos que, desprezados pelo gênero humano acabaram tornando-se o orgulho do gênero humano), pensa numa pessoa que era ou ficou, ou era e ficou tão infeliz que os bens da terra e a vantagem terrena a seus olhos tinham perdido todo atrativo, tão infeliz que ela, "cansada de suspirar" (Sl 6,7), como lemos na Sagrada Escritura a respeito da infeliz Sara (Tb 3,10), "extremamente desconsolada; queria enforcar-se"; imagina que justamente na hora mais escura da miséria se lhe tornou completamente claro que apesar de toda a sua infelicidade, que certamente não seria aliviada nem mesmo se ela obtivesse todos os bens do mundo, dado que a posse destes, com o convite para o alegre gozo, para esta pessoa seria uma recordação dolorosa de sua miséria, e propriamente de maneira alguma seria aumentada com a adversidade terrena, que até iria combinar com sua disposição de ânimo, assim como o mau tempo o faz com

III A. O amor é o pleno cumprimento da lei 149

o acabrunhado, imagina que se tornasse completamente claro para esta pessoa, que contudo ainda lhe restava o máximo, querer amar os homens, querer servir ao bem, servir à verdade somente por causa da verdade, a única coisa que em verdade poderia encorajar sua alma aflita e proporcionar-lhe o prazer de viver por uma eternidade – imagina uma tal pessoa no mundo, e tu verás que as coisas irão mal para ela, ela não obterá nenhum amor do mundo, ela não será compreendida, não será amada no mundo. Dependendo do quanto os homens pertençam ao mundo, um pouco mais ou um pouco menos, alguns quererão lamentá-la, alguns hão de rir dela, alguns até preferirão se livrar logo dela, porque terão sentido o espinho; alguns a invejarão e contudo não a invejarão; alguns se sentirão atraídos por ela e contudo repelidos de novo; alguns trabalharão contra ela e, no entanto, estarão com tudo preparado para honrá-la depois de sua morte; alguns jovens sentir-se-ão femininamente arrebatados por ela, mas apenas um pouco mais velhos não mais a compreenderão completamente. O mundo, porém, demonstrará direta e abertamente o amor próprio dela, porque ela não terá conseguido obter vantagens terrenas nem para si própria nem para outros, sim, nem para uma única outra pessoa. O mundo não é melhor do que isto; o máximo que ele reconhece e ama é, quando alcança o máximo: amar o bem e os homens, porém de tal modo que ao mesmo tempo a gente trate de tirar vantagem terrena para si próprio e para alguns outros. O que ultrapassa este ponto, o mundo não consegue compreender, nem com a maior boa vontade – pois aqui temos apenas um modo de dizer; um passo adiante e já terás perdido a amizade e o amor do mundo. Assim é o mundo e o seu amor. Nenhum observador que com sua medida examina o peso específico de um líquido pode garantir qual é o seu peso com mais segurança do que eu quero garantir por esta concepção do mundo e de seu amor, que não é totalmente mau, assim como às vezes no zelo vem a ser representado, nem tampouco isento de toda corrupção, mas assim até um certo ponto bom e mau. Porém, compreendido no sentido cristão, exatamente este "até um certo ponto" provém do mal.

Mas não dizemos estas coisas para julgar, não desperdicemos tempo com isso; nossa consideração procura apenas com o auxílio do pensamento e de um pouco de conhecimento da humanidade

150 As obras do amor

examinar por dentro as ilusões dos sentidos, ou compreender aquela palavra apostólica trazendo-a para as situações cotidianas, onde justamente habitam as ilusões. Não se precisa de tempo, por certo, para ser enganado, a gente pode vir a sê-lo imediatamente e então ficar por muito tempo no engano; mas para tomar consciência do engano precisa-se de tempo. Por certo o mais fácil é apressadamente arranjar para si uma ilusão sobre o que seja o amor, e então dar-se por satisfeito consigo mesmo em sua ilusão; é ainda mais fácil apressadamente reunir ao seu redor umas poucas pessoas para se apoiarem com o seu amor egoísta, para ser por elas amado até o fim: não há absolutamente nada de mais fácil e nada de tão sociável quanto o extraviar-se. Mas se para ti a última e a mais alta finalidade consiste em conseguir uma vida fácil e sociável, então jamais te envolvas com o Cristianismo, foge dele, pois ele quer exatamente o oposto, quer tornar tua vida difícil e quer fazer isto justamente fazendo-te ficar sozinho perante Deus. Nenhuma pessoa séria se cansará, por isso, de investigar as ilusões, pois, na medida em que é um ser pensante, o que ela mais teme é permanecer num erro – por mais confortável que seja a acomodação, por melhor que seja a companhia; e enquanto cristã o que ela mais teme é estar perdida sem o saber, por mais lisonjeiras, por mais brilhantes que sejam a vizinhança e a companhia.

Parece tão fácil perceber que esta pretensão não é amor que até se deveria acreditar que a ninguém ocorreria ser desta opinião. Contudo nem sempre é este o caso, e aqui temos um exemplo cabal de uma ilusão dos sentidos, na medida em que o julgamento meramente humano fosse o decisivo. Caso o próprio pretensioso chegasse a chamar isto de amor, decerto lhe fariam objeções, e então não haveria de jeito nenhum uma ilusão dos sentidos; ela apenas emerge quando os outros desejam tornar-se objeto dessa pretensão, considerá-la como amor, louvá-la como amor e elogiá-lo como amoroso. Mesmo sem ser um grande conhecedor dos homens, não é difícil apontar situações na vida onde um homem pode ser colocado de tal modo que há aqueles que justamente querem mostrar boa vontade com ele, justamente elogiar o seu amor, se ele sob o nome de amor quiser exigir tudo deles. Pois afinal há homens que a rigor nada mais sabem sobre o amor senão que ele consiste em

III A. O amor é o pleno cumprimento da lei   151

mimos e carinhos. Tais pessoas querem justamente que aquele que elas deveriam amar e apoiar exija tudo delas. Há homens que desumanamente esqueceram que qualquer pessoa deve fortalecer-se junto a eles para a igualdade divina comum a todos os homens, e que por isso, seja esta pessoa homem ou mulher, pobremente dotada ou ricamente dotada, senhor ou servo, mendigo ou ricaço, a relação entre uma pessoa e outra não pode e não deve jamais ser tal que um adora e o outro é um objeto de adoração. Isto é tão fácil de perceber que quase se pensa que tal perversidade só pode brotar de um abuso da arrogância, portanto partir somente de alguém superior. Ai, ela pode também originar-se do fraco, que a deseja ele mesmo, para assim ter algum tipo de importância aos olhos do superior. Exclui portanto a igualdade da eternidade e a sua divina reabilitação, isto é, supõe que estejam esquecidas, e então a mulher frágil na relação com o homem que lhe é superior, o maldotado (e contudo vaidoso) na relação com o bem-dotado, o pobre (e contudo só preocupado mundanamente) na relação com "o homem todo poderoso", e o subalterno de muitos (e contudo voltado para as coisas terrenas) na relação com o dominador: todos eles desconhecem qualquer outra expressão para a relação senão a de se prostrarem aí e se abandonarem a si mesmos. E uma vez que eles, contudo, por não *quererem* conhecer nada de mais elevado, não conhecem algo de mais elevado, assim eles mesmos desejam aquela abominação, desejam-na com toda paixão. O desejo deles é o de existirem para o poderoso; se não é possível mundanamente conseguir poder, então o desejado é o arrojar-se aos pés do poderoso. Acaso não se viu que uma jovem preferisse desumanamente abandonar-se a si mesma e adorar o idolatrado, cobiçando tão-somente uma coisa dele, ou seja, que ele desumanamente exigisse tudo dela, e sob essa condição louvando altamente o amor dele, de preferência a compreender que diante de Deus todas essas diferenças entre os seres humanos não passam de uma pilhéria, loucura, e seguidamente levam à perversão! E no entanto a moça chamará de amor próprio se aquele que ela idolatra tentar levá-la a uma tal compreensão. Nunca se viu que o homem fraco e humilhado, por esquecer Deus, só tivesse um desejo, o de se arrojar ao pó diante do dominador – a fim de ao menos existir para este, cobiçando uma única coisa, que o soberano quisesse pisar nele, para que ele pudesse alegremente louvá-lo por seu gracioso amor e seu bom coração? Nunca se viu que aqueles vaidosos, que olvidaram Deus completamente, apenas desejam uma relação com o notável, e de bom grado chamariam o que há de mais baixo um sinal do seu amor? Mas se este não o quiser, se ele quiser exatamente impedi-lo, ajudando-os a chegar àquela igualdade diante de Deus, isso será chamado de egoísmo! Oh, quando o eterno num homem foi roubado, ou só se encontra nele como se ali não estivesse presente, como se não estivesse aí, o eterno, que pode resfriar todo calor insalubre na relação entre os homens mas que também pode tornar a aquecer, quando a temporalidade quer esfriá-la; quando então o eterno é roubado de um homem, aí não há mais nenhuma segurança de que ele não vá chamar pelo nome de amor ao mais abominável e mesmo apaixonadamente ambicionar ser objeto de uma tal abominação. Pode-se desumanamente querer fazer-se indispensável por seu poderio, mas também se pode fazer-se indispensável graças à sua fraqueza, e por isso exatamente rastejando, mendigando, chamar de amor a arrogância do outro.

Mas a exigência da eternidade jamais dispensará um homem de cumprir a lei de Deus, embora o mundo inteiro quisesse liberá-lo, embora o mundo inteiro quisesse amar sua pretensão, porém equivocando-se quanto ao seu amor, porque talvez este, primeiro, através do desespero, pudesse ensinar o desesperado a buscar seu apoio em Deus, em vez de, mendigando, prejudicar sua alma. A exigência da eternidade impedirá o amor de deter-se em alguma autoilusão e de comprazer-se em alguma ilusão dos sentidos, e isso não será nenhuma desculpa para que os próprios homens desejem tal coisa, chamem mesmo a isto de amor e chamem de ser amado o tornar-se objeto dessa pretensão. Deus é que depositou o amor no ser humano, e é Deus que deve determinar o que é amor em cada circunstância.

Mas quando o amigo, a pessoa amada, os amados, os que convivem contigo notam que queres aprender de Deus o que significa amar, em vez de te instruíres junto a eles, aí talvez venham a dizer-te: "Poupa-te, desiste deste exagero! Para que queres levar a vida assim tão a sério? Reduz a exigência, e então nós levaremos uma vida bela, rica, uma vida significativa na amizade e na alegria." E caso tu cedas às sugestões desta falsa amizade, então serás

III A. O amor é o pleno cumprimento da lei   153

amado, serás elogiado por teu amor. Mas se não o quiseres, se não
estiveres disposto a, no amar, ser um traidor em relação a Deus e a
ti mesmo, ou em relação aos outros, então terás de aceitar ser chamado de egoísta. Pois com tua convicção de que amar a si mesmo
na verdade significa amar a Deus, e de que amar uma outra pessoa
significa ajudá-la a amar a Deus, com esta tua convicção teu amigo
talvez não se importará. Ele perceberá, por certo, que a tua vida,
caso em verdade se relacione com a exigência de Deus, contém,
mesmo que não digas nada, uma admoestação, uma exigência para
ele – exatamente aquela que ele quer afastar de si. A recompensa
disso é a amizade e a fama de bom amigo. No mundo, infelizmente,
o mundano impera tanto que, quando se fala em falsa amizade, a
gente logo pensa num enganar em relação a vantagens terrenas,
ou numa infidelidade em relação a bens terrenos. E esta certamente não seria a intenção ou a opinião de teu amigo. Ele só queria
roubar-te tua relação com Deus, e que tu, como amigo, o ajudasses
a enganar-se a si mesmo: assim ele queria permanecer, no engano,
solidário contigo para a vida e para a morte. Fala-se da falsidade do
mundo e pensa-se imediatamente que ele nos engana com relação
aos bens terrenos, ilude as nossas grandes expectativas, escarnece
dos nossos planos mais arrojados; mas que ele, quando neste sentido cumpre honestamente o que prometeu, e quase mais do que tinha prometido, aí justamente possa enganar da maneira mais perigosa, raramente se pensa nesse seu engano, o mais perigoso de todos, ou seja: que o mundo, com sua sincera amizade (pois a amizade falsa consistiria afinal em iludir-nos no tocante às coisas terrenas), queira ensinar-nos a esquecer Deus. Fala-se do pacto com o
mal, e se nos perguntamos que vantagens se oferecem aí como
compensação, então costuma-se nomear o poder, as honras, a satisfação dos prazeres e coisas semelhantes. Mas que com um tal pacto
ao mesmo tempo se possa chegar a ser amado pelos homens e ser
elogiado por seu amor, isso esquecemos de mencionar e até de pensar. Contudo este é o caso – pois o contrário é e sempre foi o caso,
que aqueles que em amor a Deus amaram os homens foram odiados pelo mundo. Como o mundo, ao oferecer poder e força, quis
tentar um homem a esquecer Deus, e depois tratou este mesmo homem como um refugo, porque ele se manteve firme na tentação:
assim também o mundo ofereceu a alguém tentadoramente a sua

154 As obras do amor

amizade, e depois o odiou, porque ele não quis ser seu amigo. O mundo não gosta de ouvir falar nada do eterno, da exigência de Deus em relação ao amor, e ainda menos de ver isso expressado na vida. Mas será que o mundo se declara a si mesmo egoísta? De jeito nenhum! E então o que é que faz o mundo? Então o mundo diz que aquele que quer manter-se firme com Deus é egoísta. A saída é antiga: sacrificar um, sempre que todos os outros possam tirar vantagem disto.

Neste ponto, Deus e o mundo estão de acordo: em que o amor é o pleno cumprimento da lei; a diferença está em que o mundo compreende por lei algo que ele mesmo inventa, e aquele que consente nisto e se comporta de acordo é considerado amável. A quantos o amor de uma jovem não corrompeu, entendido isso no sentido divino, justamente pelo fato de ele, enganado em sua relação com Deus, ficar demasiado fiel a ela, enquanto ela, em contrapartida, era incansável em louvores a respeito do amor dele? A quantos os parentes e amigos não corromperam, enquanto sua perdição era como se não existisse, pois agora justamente é que ele era amado e elogiado por seu amor, por parte dos parentes e amigos? A quantos os contemporâneos não corromperam, esses contemporâneos que em troca idolatravam seu ânimo amável, porque conseguiu fazê-los esquecer sua relação com Deus, e transformá-los em alguma coisa que se podia levar ruidosamente em cortejo, em júbilo, e admirar de modo sentimental, sem perceber nenhuma advertência a respeito do mais elevado? Pois, para levantar uma outra questão, verdadeiramente séria, e ao mesmo tempo não lançar mão do modelo supremo, mas para nos contentarmos com um outro modelo menor – que, contudo, na assim chamada cristandade infelizmente é mais do que suficiente: Por que será que aquele sábio singelo da Antiguidade, quando, acusado pelo egoísmo e pela mundanidade ante o tribunal da leviandade, condenado à morte defendia sua vida, por que será que ele se comparava com uma "mutuca" no mesmo instante em que se declarava uma dádiva divina, e por que será que amava tanto os jovens? No que toca à primeira parte, decerto porque ele, tanto quanto possível a um pagão, tinha amado os homens em algo de superior, portanto porque ele tinha atuado de maneira a despertá-los, e não se deixado enfeitiçar de alguma maneira pela

III A. O amor é o pleno cumprimento da lei   155

temporalidade ou por alguma pessoa, e tampouco por alguma apática ou excitante aliança no amor natural, na amizade, na concordância com outros, com sua época, mas preferira ser o egoísta, o implicante que ninguém amava! No tocante à segunda parte, decerto porque ele percebia que os jovens contudo ainda guardam uma receptividade para o divino que tão facilmente se perde com os anos, com os negócios do mundo, no amor erótico e na amizade, na submissão a um julgamento meramente humano e às exigências do tempo! Portanto, porque ele, com o eterno e com "algo de divino", tinha impedido seu amor aos homens de se deter no autoengano ou no engano dos sentidos; portanto, porque ele, ao se manter próximo da exigência, tinha sido como que uma exigência para os outros homens.

Se tu então de algum modo, ainda que seja em debilidade humana, queres esforçar-te por cumprir a palavra do Apóstolo de que o amor é o pleno cumprimento da lei: então toma cuidado com os homens! Talvez no sentido de que deverias desistir de amá-los? Oh, mas que absurdo! De que modo deveria então o teu amor tornar-se o pleno cumprimento da lei? Mas cuida que não se torne mais importante aparentares que os amas do que realmente os amares; cuida que o seres amado não seja mais importante do que aquilo em que vocês se devem amar mutuamente; cuida que eles não te ludibriem roubando-te o mais alto, por não poderes aguentar que te chamem de egoísta! Não invoques de jeito nenhum, para provares o teu amor, o juízo dos homens a teu respeito; pois o juízo dos homens a teu respeito só tem validade na medida em que concorda com a exigência divina, caso contrário os homens serão pura e simplesmente teus cúmplices! Honra e, ao mesmo tempo, jamais esqueças esta melancólica lição que é a verdade da vida terrena, que todo amor entre os homens nem pode e nem deve ser perfeitamente feliz, e jamais se atreve a estar plenamente seguro! Pois, do ponto de vista de Deus, até o amor mais feliz entre os homens ainda corre um último perigo que a concepção meramente humana do amor não leva em conta: o perigo de que o amor terreno possa tornar-se demasiado intenso, de modo que se perturbasse a relação com Deus, o perigo de que, quando humanamente falando só há paz, e nenhuma ameaça nem se deixa ver, a relação com Deus pode exigir aquele mesmo amor, o mais feliz de todos, como sacrifício. E da possibilidade deste perigo segue-se que tu, mesmo na mais feliz de todas as relações de amor, sempre terás de velar com cuidado, apesar de que o cuidado não é afinal de que fosses cansar-te da amada ou a amada de ti, mas todo o cuidado para que vocês não venham a esquecer de Deus, ou que a amada o faça, ou então tu mesmo. E da possibilidade desse perigo segue-se, para evocarmos o início de nossa consideração, o quão difícil, compreendido à maneira cristã, terá de ser louvar o amor, quando o manter-se firme nele pode significar que se deva ser odiado pela pessoa amada. Só Deus que, aliás, como já foi exposto, também é o único e verdadeiro objeto do amor, é sempre feliz, sempre bem-aventurado no amar; não deves velar em cuidados, mas somente vigiar em adoração.

O amor é cumprimento pleno da lei. Mas a lei é a multidão inesgotável das prescrições, como chegaríamos a concluir o discurso a respeito dela? Concentremos então a multiplicidade no decisivo. *A exigência do amor* tem pois que ser dupla, *em parte uma exigência de interioridade, e em parte uma exigência de persistência.*

Ora, qual é a interioridade exigida? A concepção meramente humana do amor também exige interioridade, devoção, sacrifício, mas os define de maneira meramente humana. A devoção da interioridade consiste em: com qualquer sacrifício satisfazer a noção que a pessoa amada (o objeto) tem do que seja o amor, ou senão, por conta e risco próprios, ousar decidir o que seja o amor. Mas entendido à maneira divina, o amar a si mesmo consiste em amar a Deus, e amar de verdade uma outra pessoa consiste em auxiliá-la a amar a Deus ou no amor a Deus. Aqui, portanto, a interioridade não está definida pela relação de amor, mas pela relação com Deus. A interioridade exigida é aqui a da abnegação ou renúncia de si, que não se define mais proximamente em relação com a noção do amor da pessoa amada (do objeto) mas sim em relação com auxiliar a pessoa amada a amar a Deus. Daí segue que a relação de amor, enquanto tal, pode constituir-se no sacrifício que é exigido. A interioridade do amor deve estar disposta ao sacrifício, e mais: sem exigir nenhuma recompensa. A concepção puramente humana do amor ensina também que o amor não exige nenhuma recompensa – ele quer apenas ser amado, como se isso não fosse nenhuma recom-

III A. O amor é o pleno cumprimento da lei 157

pensa, como se assim a relação toda não permanecesse afinal de contas dentro da definição da relação entre duas pessoas humanas. Mas a interioridade do amor cristão está disposta a ser, como recompensa por seu amor, odiada pela pessoa amada (pelo objeto). Isso mostra que tal interioridade é uma pura relação com Deus, a qual não tem nenhuma recompensa, nem mesmo a de ser amada: assim ela pertence totalmente a Deus, ou nela o homem pertence totalmente a Deus. A autoabnegação, o autodomínio, o sacrifício de si, que afinal não passam de uma ilusão no interior da temporalidade, no interior do mundo sensível da humanidade, não são verdadeiramente cristãos, são como que um gracejo em comparação com a seriedade cristã, são como que um primeiro impulso para a decisão cristã. Queremos oferecer em sacrifício isto ou aquilo, ou tudo mesmo, mas esperamos, contudo, ser compreendidos, e com isso permanecer em sintonia de opinião com os homens, que assim têm de reconhecer e alegrar-se por nosso sacrifício; queremos abandonar tudo, porém com isso não nos passa pela cabeça que devemos ser abandonados pela linguagem e pela compreensão dos homens. O movimento do sacrifício torna-se aparente, finge abandonar o mundo, porém permanece dentro do mundo. Não queremos de modo algum depreciá-lo, oh, até este sacrifício meramente humano talvez já seja bastante raro de encontrar. Mas, compreendido cristãmente, temos de dizer que ele se detém no meio do caminho. Ele escala até uma posição elevada, pois falando humanamente o sacrifício situa-se alto, ele atira tudo para longe de si a fim de escalar este ponto elevado, cuja altitude é descoberta pela admiração, enquanto o sacrifício percebe que ele é visto. Mas parar nesta posição elevada (pois verdadeiramente o sacrifício é elevação), ser acusado, desprezado, odiado, escarnecido, ser quase mais desprezado do que o mais infame entre os infames, portanto, esforçando-se de modo sobre-humano para alcançar esta posição elevada, permanecer nesta posição elevada de tal modo que pareça a todos que se está na mais baixa posição do desprezo: isto sim é, compreendido cristãmente, sacrifício, e é ao mesmo tempo, compreendido humanamente, demência. Só um único percebe a verdadeira conexão, e Ele não admira; pois Deus no céu não admira nenhum homem. Pelo contrário, enquanto o verdadeiro sacrifício só possui um único refúgio: Deus, está de fato, por sua vez, como que aban-

158 As obras do amor

donado por Deus, pois ele compreende diante de Deus que simplesmente não tem nenhum mérito, mas compreende ao mesmo tempo humanamente, que se oferecesse em sacrifício a metade do que sacrificara teria sido compreendido pelos homens, amado, admirado, e não obstante, num certo sentido diante de Deus significaria o mesmo como o sacrifício verdadeiro, pois diante de Deus nenhum, nenhum sacrifício tem mérito. Isto sim é, compreendido cristãmente, sacrifício, e ao mesmo tempo, compreendido humanamente, demência. Isso significa, compreendido cristãmente, amar; se é verdade que amar é a felicidade suprema[139], amar assim seria o mais profundo dos sofrimentos, caso o relacionar-se com Deus não fosse a suprema bem-aventurança[140].

A outra exigência da lei requer a persistência do amor ao longo do tempo. Tal exigência a concepção meramente humana do amor também faz, contudo, compreendido à maneira cristã, a exigência é outra, dado que afinal a interioridade exigida é também outra. A exigência de persistência no tempo quer que a mesma interioridade do amor seja mantida ao longo do tempo, o que até aí é num certo sentido uma nova expressão para a interioridade. Logo que achas que já fizeste o bastante em teu amor, ou que já amaste por tempo suficiente, e que agora podes exigir algo do outro, descobres por certo com isso mesmo que o teu amor está em vias de se tornar uma exigência, como se, por mais disposto a sacrifícios e devotado que fosse o teu amor, aí houvesse apesar de tudo um limite, no qual se mostraria que no fundo ele era uma exigência – mas amor é o pleno cumprimento da lei. Pois aqui não estamos falando de nenhum momento de grande auto-abnegação; a lei exige afinal de contas a mesma interioridade ao longo do tempo. Ao longo do tempo! Mas não seria como que torcer a alma de um homem, e não haveria uma autocontradição na exigência, que a exigência se voltasse ao mesmo tempo para as duas direções distintas, a direção da extensão e a direção da profundidade? Vê bem, a flecha voa rapidamente pelos ares pela extensão, mas se ela tivesse que ao mesmo tempo afundar-se na terra e contudo continuar a voar no trajeto da

---

139. *den høieste Lykke*
140. *den høieste Salighed*

III A. O amor é o pleno cumprimento da lei 159

flecha: ai, que exigência seria esta! Vê só, no instante grandioso do entusiasmo, aí mora a eternidade, mas quando então o tempo inicia sua atividade inquieta, quando avança sempre mais; então, não se afastar do entusiasmo com o tempo, mas seguir apressadamente com a velocidade do tempo e contudo vagarosamente, com a demora da eternidade! Jazer em seu leito de morte (e quando um homem renunciando a si mesmo teve de oferecer o mais pesado dos sacrifícios: como recompensa por seu amor ser odiado pelo objeto deste, aí então ele é como quem jaz em seu leito de morte) e então ter um futuro, uma longa vida pela frente, embora tudo tenha acabado; portanto, ao mesmo tempo e a cada instante jazendo nas últimas e ter de avançar de fronte erguida: que exigência! Pois certamente estar deitado é o contrário de andar ereto, mas jazer nas últimas é certamente a expressão mais decisiva do estar deitado e portanto a maior distância possível do estar de pé. Se alguma vez já viste um caminhante cansado, carregando um pesado fardo, a lutar a cada passo para não ter um colapso: de pé ele só se mantém com grande esforço, luta para não cair. Mas estar caído, ficar deitado, jazer às portas da morte, e assim mesmo apressar-se corajosamente, avançando num andar ereto: que coisa maravilhosa! E esta pode ser a exigência, que pode querer também a perseverança ao longo do tempo.

Ai, no mundo do espírito há algo de enganoso, para o qual não se encontra nenhuma analogia no mundo exterior. Assim dizemos que a criança tem de aprender primeiro a soletrar antes de ser capaz de aprender a ler. A coisa é assim, é uma necessidade incontornável; jamais se viu uma criança que por uma aparência, uma ilusão dos sentidos, se visse motivada a acreditar-se capaz de ler já muito antes de poder soletrar. Mas na relação espiritual, que sedutor! Pois aqui, acaso não começa tudo pela decisão, pelo propósito, pelo grande instante da promessa – onde decerto lemos tão fluentemente como o mais preparado dos leitores lê o texto mais bem ensaiado? E só então vem o ponto seguinte, quando temos de passar ao miudinho, ao puro cotidiano, que simplesmente não pretende causar nenhuma grande impressão e nem auxiliar-nos com o ousado nexo – ai, pelo contrário, ocorre como no caso do soletrar, que rasga as palavras umas das outras e em pedaços, assim também se dá afinal nas longas, longas horas, quando não conseguimos alcançar o sentido, e em vão aguardamos pelo nexo. Combater consigo mesmo na autoabnegação, especialmente quando devemos vencer, é considerado como a vitória mais difícil; e combater com o tempo, se queremos vencer integralmente, é considerado uma impossibilidade.

O mais pesado dos fardos que foi imposto a um homem (pois o fardo do pecado ele se impôs a si mesmo) é num certo sentido o tempo – não dizemos também que ele pode ser mortalmente longo? E contudo, por outro lado, que poder atenuante, leniente e aliciante, não possui o tempo! Mas este poder atenuante, aliciante, constitui-se certamente num novo perigo. Se um homem se torna culpado por algo – mal passou algum tempo, especialmente se ele entrementes parece ter feito algum progresso para o melhor: como a culpa lhe aparece então como bem atenuada! Mas será que é mesmo assim? Será que é assim, que a culpa fica esquecida, tão logo o sujeito irrefletido no instante seguinte se esqueceu dela?

Diz-me então se é possível comentar esta palavra, de que o amor é o pleno cumprimento da lei, sem involuntariamente julgar, se no fundo cada um só quer julgar a si mesmo? Existe alguma expressão mais exata para ver o quão infinitamente longe o homem está de preencher a exigência a este respeito, do que dizendo que a distância é tão grande que ele a rigor nem consegue calculá-la, nem fechar a conta! Pois não apenas negligenciamos diariamente tanta coisa, para nem falar das faltas em que incorremos, mas tão logo algum tempo transcorreu, nem somos mais capazes de denunciar exatamente nossas culpas, tal como haviam aparecido a nós mesmos, porque o tempo altera e atenua nosso juízo sobre o que se passou – ai, mas nenhum tempo altera a exigência, aquela da eternidade: que amor é pleno cumprimento da lei.

III B
O AMOR É QUESTÃO DE CONSCIÊNCIA

1Tm 1,5: *"A soma do mandamento*[141] *é o amor, que procede de um coração puro, de uma boa consciência e de uma fé sem hipocrisia."*

Se devêssemos indicar e caracterizar com uma única palavra a vitória que o Cristianismo alcançou sobre o mundo, ou ainda mais exatamente a vitória pela qual ele mais do que ultrapassou o mundo (já que o Cristianismo jamais quis vencer mundanamente), a transformação da infinitude que o Cristianismo tem em mira, com a qual em verdade tudo permaneceu como era e contudo no sentido da eternidade tudo se tornou novo (pois o Cristianismo jamais simpatizou com a feira das novidades) – não sei nada de mais conciso mas também nada de mais decisivo do que isto: ele tornou toda e qualquer relação humana entre dois indivíduos uma relação de consciência. O Cristianismo não pretendeu derrubar governos de seus tronos para assentar-se ele mesmo no trono, no sentido exterior ele jamais combateu por um lugar no mundo, ao qual ele não pertence (pois no espaço do coração, se acaso aí encontra um lugar, não ocupa absolutamente um lugar no mundo), e contudo transformou infinitamente tudo aquilo que deixou e deixa subsistir. Pois assim como o sangue lateja em cada nervo, assim também o Cristianismo quer impregnar tudo com a relação da consciência. A transformação não ocorre no exterior, não é na aparência, e contudo tal transformação é infinita; como se um homem, em vez de sangue em suas veias tivesse aquela seiva divina com a qual o paganismo sonhava – assim o Cristianismo quer insuflar a vida eterna, a divindade, no gênero humano. Por isso se disse que os cristãos formavam um povo de sacerdotes, e por isso podemos dizer, quan-

---

141. *Summen af Budet*

162   As obras do amor

do refletimos sobre a relação da consciência, que ele é um povo de reis. Pois toma o mais humilde, o mais desapercebido dos servos, imagina aquilo que nós chamamos uma simples, pobre e indigente mulher trabalhadora que ganha o seu sustento com o trabalho mais humilde: ela tem, falando cristãmente, o direito – sim, nós lhe pedimos insistentemente em nome do Cristianismo que ela queira usufruí-lo –, ela tem o direito de, enquanto executa seu trabalho, falando consigo mesma e com Deus – o que o trabalho jamais impede –, dizer: "Eu faço este trabalho pelo salário, mas se o faço tão cuidadosamente como o faço, é que o faço por uma questão de consciência". Ai, em termos mundanos só há um homem, um único, que não reconhece nenhuma outra obrigação que não seja a da consciência: é o rei. E no entanto, aquela humilde mulher, em termos cristãos, tem o direito de, majestaticamente, dizer a si mesma diante de Deus: "Eu faço isto por uma questão de consciência!" Se esta mulher fica incomodada porque ninguém quer escutar-lhe este discurso, então apenas demonstra sua falta de disposição cristã, pois afinal de contas eu entendo que pode ser suficiente que Deus me permita falar assim com ele, ambiciosamente exigir liberdade de expressão neste assunto é uma grande insensatez para consigo mesmo; pois há certas coisas, e entre elas especialmente os segredos da interioridade, que perdem ao serem publicadas, e que se perdem completamente quando a publicidade se torna para alguém o que há de mais importante, sim, há segredos que em tal caso não apenas se perdem mas até se tornam algo sem sentido[142]. A intenção[143] divina do Cristianismo está em confidenciar a cada ser humano: "Não te esfalfes tentando mudar a face do mundo ou tua situação, como se tu, para ficarmos no exemplo, em vez de seres uma pobre trabalhadora talvez conseguisses chegar a ser chamada de madame, oh não, apropria-te do verdadeiramente cristão[144], e aí isso te mostrará um ponto fora do mundo, com ajuda do qual conseguirás mover céus e terra, sim, farás coisas ainda mais maravilhosas, moverás os céus e a terra tão calma e levemente que ninguém o perceberá".

---

142. *Meningsløshed*
143. *Mening*
144. *tilegn Dig det Christelige*

III B. O amor é questão de consciência 163

Eis o milagre do Cristianismo, mais maravilhoso do que transformar água em vinho, o milagre de, na maior tranquilidade, sem nenhuma troca no trono, isto mesmo, sem mover um dedo, transformar qualquer homem, no sentido divino, num rei, tão facilmente, tão agilmente, tão maravilhosamente que o mundo num certo sentido nem precisa ficar sabendo. Pois no mundo exterior, aí convém que o rei seja o único que governa segundo a sua consciência, mas obedecer por uma questão de consciência deve ser permitido a qualquer um, sim, isto ninguém pode impedir. E lá no interior, bem no fundo, onde o verdadeiramente cristão mora na relação da consciência, lá tudo está transformado.

Vê só, o mundo faz soar o alarme apenas para atingir uma pequena mudança, faz mover céus e terra por um nada, como a montanha a parir um ratinho: o Cristianismo faz na maior tranquilidade a transformação da eternidade, como se fosse um nadinha. Isto ocorre tão calmamente como nenhuma outra coisa neste mundo pode ser, com tanta calma como só um moribundo e a interioridade podem ter: em que consiste o Cristianismo, senão em interioridade[145]!

Assim, o Cristianismo transforma cada relação entre dois indivíduos numa relação de consciência, e assim também a relação de amor. É justamente isto que queremos agora considerar, que, compreendido à maneira cristã,

o amor é questão de consciência.

Na palavra apostólica acima citada está incluído algo duplo, em primeiro lugar "a soma do mandamento é o amor". Isto já analisamos nas considerações anteriores, na medida em que vinculamos esta observação a uma outra palavra, de que o amor é o pleno cumprimento da lei. Mas a seguir está dito em nosso texto: se o amor deve ser a soma do mandamento deve proceder de um coração puro, de uma boa consciência, e de uma fé sem hipocrisia. Entretanto, optamos por concentrar nossa atenção sobre uma destas determinações, a de que o amor é uma questão de consciência, na

---

145. *Inderlighed*

164 As obras do amor

qual também estão contidas essencialmente as outras duas determinações, e à qual elas podem ser referidas essencialmente.

Que então uma determinada forma de amor tenha se tornado para o Cristianismo uma questão de consciência, é coisa suficientemente conhecida por todos. Falamos do matrimônio. Antes que o ministro da Igreja una os dois para a vida em comum que foi a escolha de seus corações (sobre o que, aliás, ele não pergunta nada), pergunta contudo a eles, a cada um em particular: "Consultastes Deus e a vossa consciência?" Portanto, o ministro da Igreja refere o amor à consciência, razão porque aliás ele lhes fala de certo modo como um estranho, sem utilizar o "tu" mais íntimo; a cada um dos dois em particular ele ausculta o coração, e isto é uma questão de consciência, ele transforma um assunto do coração numa questão da consciência. Mais determinada e mais nitidamente isto decerto não se pode expressar, e contudo há ainda outra expressão para a mesma consideração contida na fórmula da pergunta, ou no fato de que cada um seja questionado em particular. Perguntar ao indivíduo é a forma mais universal para a relação de consciência, e justamente por isso também a consideração essencial do Cristianismo sobre o gênero humano consiste em antes de mais nada considerar todos estes inúmeros, cada um por si, cada um em particular como sendo o indivíduo[146].

O ministro da Igreja pergunta portanto aos dois, a cada um particularmente, se estes se aconselharam com Deus e com sua consciência. Eis a transformação da infinitude que ocorre no Cristianismo com o amor[147]. Ela é, como todas as transformações do Cristianismo, tão silenciosa, tão oculta, porque ele só pertence à interioridade oculta do homem, à natureza incorruptível do espírito quieto. Quanta abominação não viu o mundo na relação entre homem e mulher, que a mulher, quase como um animal, era um ser desprezado em comparação com o homem, um ser como que de uma outra espécie; quanto não se lutou para que a mulher, no mundo, entrasse de posse dos mesmos direitos do homem: mas o Cristianismo realiza somente a transformação da infinitude e o faz

---

146. *den Enkelte*
147. *Elskov*

III B. O amor é questão de consciência   165

então no maior silêncio. Exteriormente permanece, de certo modo, tudo como antigamente; pois o homem deve ser o senhor da mulher, ela lhe deve obedecer; mas na interioridade tudo está transformado, transformado graças àquela pequena pergunta feita à mulher, se ela se aconselhou com sua consciência, se ela quer ter este homem *como seu senhor*, pois de outra maneira ela não o recebe. Contudo, a pergunta da consciência sobre a questão de consciência a torna na interioridade, diante de Deus, completamente igual com o homem. O que Cristo dizia do seu reino, que ele não é deste mundo, vale também para tudo o que seja verdadeiramente cristão. Como uma ordem superior das coisas ele quer estar presente por toda parte, mas não de maneira palpável. Tal como um espírito amigo abraça sempre os que se amam, segue cada um de seus passos, mas não se mostra; assim também o essencialmente cristão será estranho na vida porque ele pertence a um outro mundo, estranho no mundo porque ele quer pertencer ao homem interior. Homens insensatos se esfalfaram para insensatamente manifestar mundanamente em nome do Cristianismo que a mulher deve ser colocada numa situação jurídica idêntica à do homem: uma tal coisa o Cristianismo jamais exigiu nem desejou. Ele já fez tudo pela mulher se ela quer cristãmente contentar-se com o cristão[148]; caso ela não o queira, ganhará apenas uma pobre compensação para o que perde, na migalha de exterioridade que ela pode obstinadamente conseguir no mundo.

Assim é com o matrimônio. Mas porque o Cristianismo, com o matrimônio, tornou o amor humano uma questão de consciência, daí parece ainda não seguir que ele tenha transformado o amor[149] como tal numa questão de consciência. Contudo, aquele que é de outra opinião está equivocado a respeito do essencialmente cristão. Pois não foi excepcionalmente que o Cristianismo tornou o amor erótico uma questão de consciência, mas porque ele tornou todo e qualquer amor[150] uma questão de consciência; ele também tornou em tal coisa o amor erótico. E além disso, se alguma espé-

---

148. *det Christelige*
149. *Kjerlighed*
150. *Kjerlighed*

166   As obras do amor

cie de amor tinha de ser difícil de transformar em assunto de consciência, decerto seria o amor erótico, que é fundado em instinto e inclinação; pois instinto e inclinação parecem ser exatamente suficientes para a decisão da questão se este amor está presente ou não, e parecem neste sentido levantar uma objeção contra o Cristianismo, assim como também o Cristianismo contra ele. Pois quando dois seres humanos se amam, o que aliás eles mesmos devem saber melhor do que os outros, e de resto nada impede sua união, por que então levantar dificuldades, como o faz mesmo o Cristianismo, ao dizer: "Não, vós tendes que primeiro ter respondido a questão, se já vos aconselhastes com Deus e com as vossas consciências". O Cristianismo jamais quer fazer transformações no exterior, ele não quer abolir nem o instinto nem a inclinação, quer apenas fazer a transformação da infinitude no interior.

E a transformação da infinitude (que é o homem oculto da interioridade, que se orienta para dentro, para a relação com Deus, e nisto se distingue daquela interioridade que se orienta para fora) é a transformação que o Cristianismo quer realizar por toda parte, e por isso também quer transformar toda forma de amor[151] em assunto de consciência. Por isso se considera erradamente o propriamente cristão[152] quando se acha que é uma forma particular de amor[153] o que ele, excepcionalmente, quer tornar num assunto de consciência. Não se pode, absolutamente, tornar algo de particular uma questão de consciência; ou se torna tudo numa tal coisa, como o faz o Cristianismo, ou simplesmente nada. Com a força interior que a consciência tem para expandir-se ocorre o mesmo que com a onipresença de Deus: não se pode restringi-la num sítio particular e dizer que Deus é onipresente neste lugar particular; pois isto significa precisamente negar sua onipresença. E assim também restringir a relação da consciência a algo de particular é o mesmo que negar a relação de consciência absolutamente.

Se quisermos pensar num ponto de partida na doutrina do Cristianismo sobre o amor (ainda que seja impossível fixar um pon-

---

151. *Kjerlighed*
152. *det Christelige*
153. *Kjerlighed*

III B. O amor é questão de consciência   167

to inicial num movimento circular), não se pode dizer que o Cristianismo começa por fazer do amor erótico uma questão de consciência, como se este assunto tivesse logo de saída, antes dos outros, atraído a atenção da doutrina, a qual tem coisas bem diferentes para pensar do que em casar as pessoas. Não, o Cristianismo começou pelo fundamento e, por isso, com a doutrina do espírito sobre o que seja o amor. Para determinar o que é o amor, inicia ou com Deus ou com o próximo uma doutrina do amor que é a essencialmente cristã, já que é preciso partir de Deus para no amor encontrar o próximo, e no amor ao próximo é preciso encontrar Deus. A partir desta consideração fundamental, o Cristianismo se apodera de toda e qualquer expressão de amor e é zeloso de si mesmo. Pode-se, portanto, igualmente dizer que foi a doutrina da relação do homem com Deus que fez do amor erótico um assunto de consciência, como também que foi a doutrina sobre o amor ao próximo. Ambas constituem igualmente a objeção cristã contra a autonomia[154] do instinto e da inclinação. Pois que o homem (o noivo) em primeiríssimo lugar pertence a Deus, antes de pertencer a qualquer relação, é por isso que se pergunta primeiro a ele se já se aconselhou com Deus e com a sua consciência. E da mesma maneira com a mulher. E porque o homem, em primeiríssimo lugar, mesmo na relação com a mulher amada, é o próximo, e ela para ele em primeiríssimo lugar é o próximo, por isso é que aí se pergunta se ele e ela se aconselharam com a consciência. Em sentido cristão, há igualdade entre todos os seres humanos diante de Deus, e na doutrina sobre o amor ao próximo há igualdade entre todos os seres humanos diante de Deus. Pensa-se talvez que o amor ao próximo já é alguma coisa, quando se constitui de um amor erótico desgastado; ai, amor ao próximo é o extremo e o mais sublime amor, e por isso tem direito à primeira fileira no primeiro e supremo instante do enamoramento.

Isto é o cristão[155]. Não se trata, absolutamente, longe disso, de primeiro nos atarefarmos na procura do amado, ao contrário, ao amarmos a pessoa amada devemos primeiro amar o próximo. Para

---

154. *Selvraadighed*
155. *det Christelige*

168 As obras do amor

o instinto e a inclinação isto constitui certamente uma estranha e arrefecedora absurdidade; mas apesar de tudo o Cristianismo é isto e não esfria, de jeito nenhum, mais do que o espírito o faz com o sensual ou com o sensual-anímico, enquanto que de resto a característica do espírito é precisamente de ser ardente sem labaredas. A esposa deve em primeiríssimo lugar ser para ti o próximo, e o fato de que ela é para ti a tua esposa constitui então uma determinação ulterior da vossa relação especial recíproca. Mas o que aí é o eternamente fundante tem de fundamentar também toda e qualquer expressão do particular.

Se não fosse assim, como acharíamos então lugar para a doutrina do amor ao próximo? E contudo, em geral o esquecemos completamente. Falamos à maneira pagã, sem nem nos darmos conta disto, sobre o amor natural e a amizade; orientamos nossa vida nestas questões como pagãos e depois acrescentamos um pouquinho de Cristianismo para amar o próximo, ou seja, algumas outras pessoas. Mas aquele que não se dá conta de que sua esposa é para ele o próximo, e só então sua esposa, jamais chegará a amar ao próximo, por mais gente que ele ame; pois ele tem na esposa uma exceção. A esta exceção ele amará então ou com demasiada veemência por toda a vida, ou primeiro com demasiada impetuosidade e depois com demasiada frieza. Pois certamente a esposa é amada de maneira diferente da do amigo, e o amigo é amado de maneira diferente da do próximo, mas esta não é uma diferenciação essencial, pois a igualdade fundamental consta da determinação do próximo. Com o próximo dá-se o mesmo que com a determinação de "homem". Cada um de nós é homem, e então por sua vez é o diferente que ele é enquanto particular; mas ser homem constitui a determinação fundamental. Ninguém pode enganar-se em virtude da diferença a ponto de, por covardia ou presunção, acabar esquecendo de que é um ser humano; nenhum homem constitui, por sua diferença especial, uma exceção em relação ao "ser homem", mas ele é homem, e aí então é aquele que o é enquanto particular. Assim o Cristianismo não se opõe a que o marido ame a sua esposa de maneira especial, mas ele jamais deve amá-la tão particularmente que ela constitua uma exceção quanto ao ser o próximo, o que cada ser

III B. O amor é questão de consciência 169

humano é; pois assim ele embaralharia o cristão[156]: a sua esposa deixa de ser para ele um próximo, e com isso todos os outros seres humanos deixam de ser para ele o próximo. Se existisse um único homem que por sua diferenciação constituísse uma exceção ao ser homem, o conceito de "homem" ficaria embaralhado: esta exceção não seria um homem, e tampouco os outros homens o seriam.

Diz-se que um marido ama sua esposa de forma conscienciosa, ou o seu amigo, ou os próximos; mas geralmente se fala de tal modo que se inclui um grande equívoco. O Cristianismo ensina que deves amar cada homem, e por isso também a esposa e o amigo, de acordo com a consciência; isto constitui, afinal, uma questão de consciência. Quando, ao contrário, se fala de que se ama a esposa e o amigo de acordo com a consciência, geralmente se quer dizer: no sentido da discórdia ou, o que dá no mesmo, no sentido corporativo de amá-los tão preferencialmente que a gente simplesmente nada mais tem a ver com todos os demais homens. Mas esta espécie de consciência é, no sentido cristão, nada mais do que falta de consciência. Vemos também que caberia à esposa e ao amigo determinar se o amor demonstrado é ou não conscencioso. Aqui está a inverdade, pois é Deus que por si mesmo e pela determinação intermediária do próximo verifica se o amor à esposa e ao amigo é conscencioso. Pois só neste caso o teu amor[157] é uma questão de consciência; e contudo é uma coisa bem clara que só se pode verdadeiramente ser conscencioso num assunto de consciência, pois senão também se poderia falar de um receptador conscencioso. Primeiro então o amor tem de ser definido como questão de consciência, antes que se possa falar de amar de forma conscienciosa. Mas o amor só está definido como uma questão de consciência quando ou Deus ou o próximo constitui a determinação intermediária, portanto não no amor natural ou na amizade enquanto tais. Mas se o amor[158], no amor natural[159] e na amizade[160] como tais, não é deter-

---

156. *det Christelige*
157. *Kjerlighed*
158. *Kjerligheden*
159. *Elskov*
160. *Venskab*

170 As obras do amor

minado como assunto de consciência, então a assim chamada consciênciosidade torna-se tanto mais suspeita, quanto mais estreita é a relação.

Pois o essencialmente cristão não se comporta como uma determinação mais próxima em relação àquilo que no paganismo ou alhures chamou-se de amor[161], mas constitui uma transformação fundamental; o Cristianismo não veio ao mundo para ensinar uma ou outra modificação no modo como tu *particularmente* deves amar tua esposa, ou teu amigo, mas para ensinar de que modo tu, *no sentido da universalidade humana*, deves amar todos os homens. E é esta transformação que, por sua vez, transforma cristãmente o amor natural e a amizade.

Às vezes também ouvimos dizer que perguntar a cada um por seu amor natural seria uma questão de consciência. Mas muito frequentemente isto não é compreendido da maneira mais correta. A razão porque esta é uma questão de consciência é que o homem, em seu amor natural, antes de mais nada pertence a Deus. Por isso ninguém fica bravo quando o pastor pergunta, pois ele pergunta em nome de Deus. Mas frequentemente não se pensa nisto, e pelo contrário, acha-se que o amor natural é um assunto tão íntimo que nenhum terceiro é bem-vindo, nenhum terceiro – nem mesmo Deus, o que, para a compreensão cristã, é falta de consciência. Contudo, uma questão de consciência é absolutamente impensável com referência a um assunto no qual o homem não se relaciona com Deus; pois o relacionar-se com Deus é justamente ter consciência. Por isso um homem não poderia de jeito nenhum ter algo em sua consciência, se Deus não existisse, pois a relação entre o indivíduo e Deus, a relação com Deus é a consciência, e por isso é tão terrível ter uma coisa, por ínfima que seja, em sua consciência, pois imediatamente se tem de aguentar junto com isso o peso infinito de Deus.

O amor é caso de consciência, e por conseguinte não é um caso de instinto ou inclinação, ou de sentimento, ou de cálculos do intelecto.

---

161. *Kjerlighed*

III B. O amor é questão de consciência

A observação mundana ou meramente humana conhece uma porção de espécies de amor[162] e está bem informada sobre a diferença de cada uma e suas distinções recíprocas, ela se aprofunda nessa diferença entre os diferentes, aprofunda-se, se é que é possível aprofundar-se mantendo-se ao nível do superficial. Com o Cristianismo o caso é o oposto. Ele só conhece, propriamente, uma espécie de amor, o amor espiritual, e não se ocupa grandemente em pintar as diferentes formas nas quais este amor, fundamentalmente comum, pode manifestar-se. Toda a diferença entre as diferentes espécies de amor[163] estão, em termos cristãos, essencialmente abolidas.

O ponto de vista puramente humano concebe o amor[164] *ou bem* só de maneira puramente imediata como instinto, inclinação (amor natural), como inclinação (amizade), como sentimento e inclinação com um ou outro acréscimo de dever, relação natural, prescrição social etc., *ou bem* como algo que deve ser procurado e conquistado, porque a razão percebe que é um bem terreno ser amado e apreciado, assim como ter pessoas a quem se ama e aprecia. Com todas essas coisas o Cristianismo propriamente não se ocupa, nem com este tipo de imediatidade e nem com este tipo de comodidade. O Cristianismo deixa todas estas coisas subsistirem com o poder e o significado que têm no exterior; mas ao mesmo tempo, com sua doutrina do amor que não é voltada para as comodidades, ele quer que tudo passe pela transformação infinita no interior. Há algo de maravilhoso e talvez para muitos algo de estranho, algo de incompreensível no fato de que o poder eterno do crístico seja tão indiferente quanto ao reconhecimento no exterior, há algo de maravilhoso no fato de a seriedade consistir justamente em que a interioridade, precisamente por seriedade, banque a estranha, desta forma, na mundanidade. Aliás, também já houve tempos para o Cristianismo em que se julgou ser necessário trair o segredo e com isso criar para o crístico uma expressão mundana na mundanidade. Assim, pretendeu-se abolir o casamento e se viveu, com certeza, oculto num convento. Mas o esconderijo da interioridade ou

---

162. *Kjerlighed*
163. *Kjerlighed*
164. *Kjerlighed*

172   As obras do amor

a interioridade oculta do homem que "conserva o mistério da fé" (1Tm 3,9) é um esconderijo muito mais seguro. O esconderijo do mosteiro na solidão do bosque ou lá longe, sobre o pico inacessível da montanha, e o retiro do calmo morador do convento era, por isso, comparado com a verdadeira interioridade cristã, uma brincadeira de criança, assim como quando a criança se esconde – para que a gente venha e a encontre. O eremita oculto no claustro anunciava ao mundo desta forma que ele se tinha escondido; isto é, compreendido à maneira cristã, ele não tinha se escondido por seriedade, mas brincava de esconder. Com semelhante mal-entendido sobre o essencialmente cristão, com semelhantes infantilidades acreditou-se então que seria cristão trair o segredo, expressar mundanamente a indiferença do Cristianismo[165] frente à amizade, à relação familiar, ao amor à pátria – o que contudo não é verdadeiro, pois o Cristianismo não é indiferente de maneira mundana diante de coisa alguma, pois ele é, pelo contrário, única e exclusivamente preocupado de maneira espiritual por tudo. Contudo, expressar sua indiferença de maneira a zelosamente fazer saberem disto os interessados, isso é justamente não ser indiferente. Uma tal indiferença é como se alguém se dirigisse a um outro e dissesse: "Eu não ligo para ti", ao que o outro teria que responder: "Por que então te esforças em vir dizer-me isto?" Seria também uma infantilidade, seria uma maneira pueril de se fazer de importante com o Cristianismo. Mas o essencialmente cristão é demasiado sério para isto, para bancar o importante. Exteriormente ele não quer produzir nenhuma transformação no exterior, ele quer agarrá-lo, purificá-lo, santificá-lo, e assim tornar todas as coisas novas, enquanto que porém tudo é velho. O homem cristão pode perfeitamente casar-se, pode tranquilamente amar sua esposa, em especial amá-la do modo como ele deve amá-la, pode muito bem ter um amigo e amar sua terra natal; e entretanto em tudo isto deve haver um entendimento fundamental entre ele e Deus sobre o essencialmente cristão, e isto é Cristianismo. Pois Deus não é como um homem, não é importante para Deus receber mostras visíveis das coisas para que ele possa ver se a sua causa venceu ou não; Ele vê igualmente bem no segre-

---

165. *det Christeliges Ligegyldighed*

III B. O amor é questão de consciência   173

do. Bem longe de seres tu quem precisasse ajudar Deus a ver as coisas diferentemente, é antes Ele que te ajudará a ver diferente, acostumando-te a te afastar do ponto de vista do mundo que quer ter provas palpáveis para cada coisa. Se Cristo tivesse sentido alguma necessidade de ver provas palpáveis para a sua causa, decerto lhe bastaria chamar as doze legiões de anjos. Porém, justamente isto é o que ele não queria, ao contrário, ele repreendia os apóstolos, que exigiam provas palpáveis, que não sabiam de que espírito estavam animados, dado que eles queriam ter uma decisão no mundo exterior. Decisão no exterior é justamente o que o Cristianismo não quer (a não ser na medida em que ele quer estabelecer um ou outro sinal que provoque o escândalo para a mundanidade, como o sinal do sacramento, por exemplo); ao contrário, ele quer, pela ausência dessa decisão, pôr à prova a fé do indivíduo, provar se o indivíduo quer conservar o mistério da fé e se contentar com ele. O que é do mundo impele constantemente para a decisão no exterior, desconfiado; de outra maneira ele não crê que a decisão esteja aí. Mas essa ocasião de desconfiança é exatamente a provação, na qual a fé deve ser testada. Compreendido à maneira mundana também seria muito mais seguro para ficar decidido e para ficarmos bem seguros de que Deus existe ter estabelecida uma imagem d'Ele – aí se poderia ver que Ele existia? Ou que um ídolo existia? Que contudo não existia, de jeito nenhum. Em termos mundanos, também teria sido muito mais seguro que Cristo, de um modo exterior, talvez com um cortejo esplendoroso, tivesse tentado comprovar quem ele era, em vez de se apresentar sob a figura de um humilde servidor, sem jamais chamar a atenção por isto, de modo que parecia ser bem igual a qualquer outro homem, e mundanamente falhando assim completamente em sua missão: mas esta é justamente a provação, na qual a fé é testada. E assim também em relação à concepção cristã do amor. O mal-entendido mundano pressiona para que se busque no exterior uma expressão de que o amor, no sentido cristão, é amor espiritual – mas isto não se deixa expressar exteriormente numa exterioridade, pois isto é precisamente interioridade. Mas isso é um escândalo para a mundanidade, como tudo o que é verdadeiramente cristão, e por isso, também o oposto, que o Cristianismo tome um sinal arbitrário como a única decisão no exterior, como a água no batismo. O mundo reage sempre contra: lá onde o

174 As obras do amor

Cristianismo[166] quer ter interioridade, aí a cristandade mundana[167] quer exterioridade, e lá onde o Cristianismo quer ter exterioridade, aí a cristandade mundana quer ter interioridade, o que se deixa explicar pelo fato de que onde quer que esteja o verdadeiramente cristão[168], ao seu lado se encontra o escândalo.

Porém, o Cristianismo só conhece uma única espécie de amor: amor espiritual, mas este pode servir de fundamento e estar presente em qualquer outra expressão de amor[169]. Que maravilhoso! Pois esta ideia da vida cristã tem algo de comum com o pensamento da morte. Imagina uma pessoa que de uma só vez quisesse reunir a impressão de todas as diferenças da vida entre uns homens e outros que ela tivesse visto, e então, ao enumerá-las, dissesse: "Vejo todos esses diferentes homens, mas não vejo o homem". Assim também ocorre com o amor cristão em relação com as diversas espécies de amor[170], ele está em todas elas, quer dizer, pode estar, mas o próprio amor cristão tu não podes mostrar. Tu reconheces o amor natural no fato de que uma mulher é a amada, reconheces no amigo a amizade, e no seu objeto o amor à terra natal[171]; mas o amor cristão não podes reconhecer nem mesmo no fato de que ele ama o inimigo, pois esta pode ser também uma forma oculta de amargura, como se alguém o fizesse para acumular brasas sobre a cabeça dele; nem podes, de jeito nenhum, reconhecê-lo no fato de que ele odeia a pessoa amada, pois propriamente é impossível para ti percebê-lo, se não és tu mesmo o interessado e o sabes juntamente com Deus. Da parte de Deus, quanta confiança, num certo sentido, em relação a um ser humano, e quanta seriedade! Nós, homens, ficamos atentos a ter certeza e um sinal confiável no qual se reconheça o amor. Mas Deus e o Cristianismo não têm nenhum sinal: acaso isto não significa ter uma grande confiança, sim, toda a confiança possível nos homens? Quando nós, em relação a um ser hu-

---

166. *Christendommen*
167. *den verdslige Christenhed*
168. *det Christelige*
169. *Kjerlighed*
170. *Arter af Kjerlighed*
171. *Kjerlighed til Fødelandet*

III B. O amor é questão de consciência

mano, renunciamos aos sinais pelos quais o seu amor deveria dar-se a conhecer, aí dizemos que lhe demonstramos uma confiança ilimitada, que nós queremos acreditar nele apesar de todas as aparências. Mas por que acreditas que Deus mostra uma tal confiança? Não será porque ele vê no segredo? Quanta seriedade!

Tu, porém, jamais vês, e homem algum jamais viu o amor cristão, no mesmo sentido como jamais alguém viu "o homem". Contudo, "o homem" é a determinação essencial, e contudo o amor cristão é o amor essencial, assim como, compreendido à maneira cristã, só existe uma espécie de amor[172]. Pois, para retomarmos o que já foi dito, o Cristianismo não transformou algo daquilo que o homem já havia aprendido antes sobre o amar a amada, o amigo etc., não acrescentou nem tirou alguma coisa, mas transformou tudo, transformou o amor em sua totalidade. E só na medida em que dessa transformação fundamental resulta uma transformação interior no amor natural e na amizade, somente nesta medida pode transformá-lo. E isto ele realizou ao fazer de todo amor um assunto de consciência, o que, em relação ao amor natural e à amizade etc. tanto pode significar o esfriamento das paixões, como significar a interioridade da vida eterna.

O amor é assunto de consciência, e por isso deve proceder de um coração puro e de uma fé sincera.

"Um coração puro". Em geral nós costumamos falar que para o amor ou para entregar-se no amor exige-se um coração livre. Este coração não pode pertencer a nenhum outro ou a nenhuma outra coisa, sim, até mesmo a mão que o distribui tem de estar livre; pois não deve ser a mão que toma o coração com violência e o passa adiante, mas deve ser, pelo contrário, o coração que dá a mão como um presente. E este coração, livre como está, deve então encontrar toda a liberdade no oferecer-se: nem o pássaro que deixas escapar de tua mão, nem a flecha do arco afrouxado, nem o ramo curvado, quando então retorna à sua posição – nada, nada é tão livre como o coração livre quando este se entrega livremente. Pois afinal o pássaro só está livre porque o deixaste escapar, e a flecha só avança

---

172. *Kjerlighed*

porque abandona o arco, e o ramo só volta a retesar-se porque a pressão cessou; mas o coração livre não se torna livre com o cessar de uma resistência: ele era livre, tinha a sua liberdade – e, contudo, encontrou sua liberdade. Belo pensamento, abençoada liberdade que encontra o que ela possui! Porém, eu falo quase como um poeta, o que também pode ser permitido quando o principal não é esquecido, quando isto é feito justamente para iluminá-lo – pois por isso nos esforçamos para falar se possível de maneira lisonjeira a respeito daquilo que os homens geralmente acham delicioso de ouvir, justamente para que não venha a tentar ninguém, como se fosse a falta de sentido ou de talento para falar sobre este assunto que nos impediria de falar a respeito ou de falar exclusivamente sobre isto e como sobre o que há de mais alto, esquecendo o principal: o essencialmente cristão.

Um coração puro não é um coração livre neste sentido, ou não é isto o que aqui nos interessa; pois um coração puro é, do princípio ao fim, um *coração comprometido*. Por isso falar dele não é tão prazeroso quanto falar sobre a bem-aventurada autoestima[173] da liberdade, e sobre o prazer, o mais delicioso de todos, da dignidade própria[174] na ousadia da entrega. Um coração comprometido, sim, um coração ligado no sentido mais profundo: nenhum navio, tendo jogado todas as âncoras, está tão preso quanto deve estar o coração que deve ser puro – pois este coração tem de estar amarrado a Deus. E nenhum rei que se comprometeu com a mais restritiva das constituições, e nenhum homem que se comprometeu com a mais pesada das obrigações, e nenhum diarista que se comprometeu a trabalhar em qualquer dia, e nenhum professor de aulas particulares que se comprometeu para qualquer hora está comprometido a tal ponto, pois qualquer um destes pode, afinal, dizer até que ponto ele está amarrado; porém, com Deus o coração tem de estar comprometido ilimitadamente, se quiser ser puro. E nenhum poder consegue comprometer de tal maneira; pois o rei pode livrar-se do tratado ao morrer, e o patrão pode morrer, de modo que a obri-

---

173. *livsalige Selvfølelse*
174. *Selvfølelse*

III B. O amor é questão de consciência　　　177

gação do diarista cessa, e a hora de aula pode ter passado – mas Deus não morre, e o vínculo que compromete não se rompe jamais. É dessa maneira que o coração tem de estar comprometido. Tu que ardes no prazer do amor natural ou no anelo da amizade, lembra que o que falas sobre a liberdade o Cristianismo jamais negou; mas no entanto tem de haver primeiro aquele infinito compromisso, se o coração do amado e se o teu coração devem ser puros! Portanto, primeiro a ligação infinita, e depois podemos começar a falar da liberdade. Existe uma palavra de origem estrangeira que é muito utilizada na ciência, porém mais ainda nos procedimentos do comércio, uma palavra que se ouve tão frequentemente nas ruas e vielas, nos círculos de negócios, na boca do homem de negócios: é a palavra "prioridade"; pois a ciência fala muito da prioridade de Deus e os negociantes falam das prioridades. Utilizemos então esta palavra estrangeira para exprimir o pensamento da maneira que com a maior certeza produza a impressão correta, e digamos: o Cristianismo ensina que Deus tem a primeira prioridade. Não é exatamente desta maneira que fala a ciência sobre a prioridade de Deus; ela prefere esquecer aquilo que os homens de negócios sabem das prioridades: que são uma obrigação. Deus tem a primeira prioridade, e tudo, tudo o que os homens possuem está empenhado, hipotecado como garantia desta obrigação. Se te lembrares disto, podes, de todo o resto, tanto quanto quiseres, falar do prazer da liberdade; oh, mas se tu realmente o recordas, aí então este prazer não será para ti uma tentação.

O coração livre não tem nenhuma consideração: sem consideração com as outras coisas ele se joga no prazer da entrega de si; mas o coração infinitamente comprometido com Deus tem uma consideração infinita, e nem mesmo aquele que a cada momento tem de levar em consideração uma infinidade de coisas está tão ligado à sua consideração como o coração que está infinitamente comprometido com Deus. Onde quer que esteja, sozinho consigo mesmo, ou ocupado pensando nos outros, ou na companhia dos outros, com o que quer aliás que o coração infinitamente comprometido se ocupe, esta consideração ele traz consigo a todo momento. Tu, que falas tão bonito sobre o quanto o amado significa para ti ou tu significas para o amado, lembra que primeiramente tem de

178 As obras do amor

haver esta consideração por tua alma, bem como pela do amado, se um coração puro deve oferecer-se no amor natural! Esta consideração é o princípio e o fim, não existe divórcio desta consideração sem culpa e pecado.

O coração livre não tem nenhuma história, pois quando se entregou ao outro ele ganhou sua história de amor[175], feliz ou infeliz. Mas o coração infinitamente comprometido com Deus tem história já antes, e por isso compreende que o amor e a amizade são somente um interlúdio, uma contribuição anexa a esta única história de amor, primeira e última. Tu, que sabes falar de maneira tão linda sobre o amor e a amizade, se compreendesses que isto é, contudo, tão-somente um parágrafo muito pequeno no interior daquela história eterna: como não te tornarias lacônico levando em conta a brevidade do parágrafo! Tu inicias tua história com o início do amor[176] e acabas junto a um túmulo. Mas aquela eterna história de amor iniciou muito mais cedo; iniciou com o teu início, quando passaste a existir, saindo do nada, e tanto é verdade que não voltarás ao nada, como é verdade que ela não acabará no túmulo. Pois quando o leito de morte estiver preparado para ti, quando te recostares para não mais levantar, e só esperarem que tu te vires para o outro lado para morrer, e o silêncio crescer ao teu redor – quando então um depois do outro os teus próximos forem embora, e o silêncio crescer porque somente os mais próximos ficaram para trás, enquanto a morte aproxima-se cada vez mais de ti; quando os mais próximos suavemente forem embora e o silêncio crescer porque somente o mais próximo de todos restou; e quando então o último se inclinar sobre ti e se virar para o outro lado, pois tu te voltas para o lado da morte: um único fica ainda contudo para trás, naquele lado, ele que é o último junto ao leito do moribundo, ele que foi o primeiro de todos, Deus, o Deus vivente – se é que teu coração foi puro, o que só veio a ser amando-o.

Dessa maneira se tem de falar sobre o coração puro e sobre o amor[177] como uma questão de consciência. Se o amor natural[178] e

---

175. *Kjerlighedens Historie*
176. *Kjerlighedens*
177. *Kjerlighed*
178. *Elskov*

III B. O amor é questão de consciência   179

o amor terreno[179] são o prazer da vida, de modo que o afortunado diga com verdade: "Só agora é que eu vivo", de modo que o prazer da vida consista tão-somente em ouvir o amante falar sobre sua felicidade, sobre a vida, isto é, sobre o seu prazer: sobre aquele amor consciencioso cabe a um morto falar, o qual, note-se bem, não se cansou de viver, mas justamente conquistou o prazer de viver da eternidade. Mas é um morto que fala, ai, e isso parece a muitos tão repulsivo, que não se atrevem a escutar sua alegre mensagem, enquanto que todos gostam de ouvir falar aquele de quem num sentido privilegiado dizemos: "Ele vive". E contudo aí precisa vir um morto, e neste instante, enquanto os demais vivos alegremente se congratulam com o felizardo e dizem "viva", aí a eternidade diz "morra", se de resto o coração deve tornar-se puro. Pois certamente houve alguém que foi feliz, indescritivelmente feliz ou infeliz ao amar uma pessoa; mas puro, um coração jamais se tornou, caso não se tenha tornado tal ao amar a Deus.

"Uma fé sem fingimento"[180]. Será por acaso possível alguma combinação de palavras mais repugnante do que entre "amar" e "falsidade"? Afinal, isto é impossível, pois amar com falsidade significa odiar. E isto vale não apenas da falsidade, mas a mínima falta de sinceridade já é impossível de reunir com o amar. Logo que falta alguma sinceridade, há algo de oculto, porém neste oculto se oculta o amor egoísta de si, e na medida em que isto existe num ser humano, ele não ama. Na sinceridade o amante se apresenta diante do amado; e nenhum espelho é tão exato ao captar a mínima insignificância como o é a sinceridade, quando ela é a verdadeira, ou quando há nos amantes a verdadeira lealdade[181], que se reflete no espelho da sinceridade que o amor[182] coloca diante deles.

Mas podem então dois seres humanos tornar-se assim tão transparentes um para o outro na sinceridade? Será arbitrário que o Cristianismo fale de uma fé sem fingimento num outro sentido, na medida em que aí ele entende a sinceridade diante de Deus? Se

---

179. *jordisk Kjerlighed*
180. *uskrømtet Tro*; ou: fé sincera [N.T.].
181. *Troskab*
182. *Elskoven*

180 As obras do amor

dois seres humanos devem amar-se mutuamente, não é justamente
necessário que primeiro esteja presente a sinceridade diante de
Deus em cada indivíduo? Pois só haverá hipocrisia quando um homem conscientemente engana os outros ou a si mesmo? Será que
não há também falta de sinceridade quando um homem não se conhece a si mesmo, e será mesmo que um tal homem pode prometer
amor[183] com um coração sem hipocrisia, ou que ele poderá cumprir
o que promete? Sim, decerto ele o poderá, mas e se ele nem conseguir prometer, poderá então cumprir o que nem ao menos foi capaz de prometer? E aquele que não conhece a si mesmo tampouco
é capaz de prometer amor com uma fé sem fingimento.

A ideia da confiança[184] contém em si uma reduplicação[185], e é a
seguinte: aquele, com quem uma pessoa mantém a relação mais íntima, portanto a mais apropriada para ser objeto da comunicação
confidencial ou da comunicação em confiança, só para ele esta pessoa pode propriamente confidenciar, ou ter confiança, ou comuni-
car-se em confiança. Mas, nessa medida, a confiança se relaciona,
afinal de contas, consigo mesma, e assim permanece como o essencial, na confiança, algo de inexprimível, enquanto que se deveria
crer que confiança significaria exprimir-se. Quando então a esposa,
para tomarmos um exemplo humano, tem com o seu marido a relação mais íntima, ela certamente pode em confiança comunicar aos
seus pais uma coisa ou outra, mas esta confidência é confidência
sobre a confidência. Por isso a esposa sentirá que nem de longe ela
pode confiar a eles tudo, ou confiar-lhes aquilo do modo como ela
confidencia ao seu marido, com quem ela mantém a relação de
maior intimidade – mas também a de maior confiança, e só a quem
ela propriamente pode confiar-se no que toca à sua relação mais íntima, que é a relação com ele. Assuntos exteriores e coisas indiferentes não podem ser comunicados confidencialmente, ou aliás só
o podem numa loucura ou numa demência; mas vê: caso a esposa
quisesse comunicar a um outro os seus assuntos mais íntimos, da
relação com seu esposo, ela mesma entenderia que só há uma pes-

---

183. *Kjerlighed*
184. *Fortrolighedens Tanke*
185. *Fordoblelse*

III B. O amor é questão de consciência

soa a quem ela pode comunicá-los em confiança, e esta única pessoa é a mesma que aquela para com quem e quem ela mantém a relação.

Com quem mantém então um homem sua relação mais íntima, com quem pode um ser humano ter a relação mais íntima, senão com Deus? Mas então assim toda a confiança entre os homens, em última análise, permanece confiança sobre a confiança. Só Deus é *confiança*, assim como ele é amor. Quando então dois seres humanos, com sinceridade, prometem mutuamente fidelidade, será isto então prometer fidelidade mútua, se eles primeiro, cada um singularmente, prometem e prometeram fidelidade a um Outro? E contudo isto é necessário, por outro lado, se é que eles, dentro da compreensão cristã, devem amar-se a partir de uma fé sem fingimento. Quando dois seres humanos confiam plenamente um no outro, será isto então confiar plenamente um no outro, se eles primeiro, cada um singularmente, se confiaram a um Terceiro? E contudo isto é necessário, se é que eles devem confiar plenamente um no outro, mesmo se, na confiança que cada um deles tem para com Deus, permanece o inexprimível, o que é justamente um sinal de que a relação com Deus é o que há de mais íntimo, o mais confidencial.

Quão atraente, quão lisonjeiro soa o discurso sobre a confiança recíproca dos dois amantes, e não obstante há fingimento neste discurso, bem como nesta confiança. Mas quando se deve falar do amor que brota de uma fé sincera, cabe a um morto falar, e primeiro parece como se fosse estabelecida a separação entre os dois, que afinal deveriam ser unidos no convívio mais íntimo e mais confidencial. Sim, é como um divórcio, e contudo é a confiança da eternidade que se coloca entre ambos. Muitas, muitas vezes dois seres se tornaram felizes na relação de recíproca confiança, mas jamais algum homem amou a partir de uma fé sincera senão graças ao divórcio que a lealdade para com Deus estabelece, o qual aliás por sua vez é o assentimento de Deus à confiança dos amantes. O amor só brota de um coração puro e de uma fé sincera quando ele é uma questão de consciência.

IV
NOSSO DEVER DE AMAR AS PESSOAS QUE NÓS VEMOS

1Jo 4,20: *"Se alguém disser: 'Amo a Deus', e odeia seu irmão, é um mentiroso: pois quem não ama seu irmão, a quem vê, como pode amar a Deus, a quem não vê?"*

Ora, como a necessidade do amor está *profundamente* enraizada na natureza do homem! A primeira observação, se podemos chamá-la assim, que foi feita sobre o ser humano, e que foi feita pelo Único que em verdade poderia fazê-la, por Deus, e logo sobre o primeiro homem, expressa justamente isto. Com efeito, lemos na Sagrada Escritura: "Deus disse: 'Não é bom que o homem esteja só'". Assim a mulher foi *tirada* das costelas do homem e lhe foi *dada* como companheira – pois o amor[186] e a convivência primeiro retiram algo do homem, antes de lhe dar. Por todos os tempos, portanto, todos os que pensaram com mais profundidade sobre a natureza humana, reconheceram nela este anseio por companhia. Quantas vezes já foi dito e repetido e retomado outra vez, quantas vezes já não se lamentou: "Ai daquele que vive só", ou se descreveu a dor e a miséria do que vive só; quantas vezes, cansado da convivência corrompida, barulhenta e criadora de confusão, já não se deixou o pensamento emigrar em busca de um sítio solitário – para então de novo aprender-se a ter saudades da sociedade! Pois assim se está constantemente voltado para trás, para aquela primeira ideia, aquela ideia que Deus tinha do homem. No formigueiro da multidão apressada, que como companhia tanto é demais quanto de menos, o homem se cansa da sociedade; mas a cura não consiste em descobrir que a ideia divina estava errada, oh não, a cura está

---

186. *Kjerligheden*

IV. Nosso dever de amar as pessoas que nós vemos   183

justamente em que aprendamos de maneira totalmente nova aquela primeira ideia, a nos compreendermos no desejo de ter companhia. Tão profundamente este anseio está enraizado na natureza humana, que aqui desde a criação do primeiro homem não ocorreu nenhuma transformação, não foi feita nenhuma descoberta nova, mas apenas reforçou-se nas mais variadas maneiras aquela única e mesma primeira observação, variando-a, de geração em geração, em sua expressão, em sua exposição, nas fórmulas do pensamento.

Este anseio está tão profundamente enraizado na essência do homem, e pertence tão *essencialmente* ao ser homem, que até aquele que era um com o Pai e que vivia na comunhão do amor com o Pai e com o Espírito, que até aquele que amava todo o gênero humano, nosso senhor Jesus Cristo, sentiu também humanamente esta necessidade, de amar e de ser amado por um outro indivíduo humano. É certo que ele era o homem-Deus, e assim eternamente diferente de qualquer homem, mas era ao mesmo tempo um homem de verdade, experimentado em tudo o que é humano; e por outro lado, o fato de ele o ter vivenciado é justamente a expressão de que isso pertence essencialmente ao ser humano. Ele era um homem real e pôde por isso participar de tudo o que é humano; ele não era uma figura etérea, que acenasse dos céus sem compreender ou querer compreender tudo o que acontece de humano com um homem. Oh não, ele podia compadecer-se da multidão a quem faltava alimento, e de maneira puramente humana, já que ele mesmo tinha passado fome no deserto. E assim ele também podia participar com os homens deste anseio por amar e ser amado, participar de maneira puramente humana. Lemos isto descrito pelo evangelista João (21,15s.): "Jesus disse a Simão Pedro: 'Simão, filho de João, tu me amas mais do que estes?' Pedro lhe respondeu: 'Sim, senhor, tu sabes que eu te amo'". Mas como isto é comovente! Cristo diz: "Tu me amas *mais do que estes?*", isto parece um súplica por amor, deste jeito fala alguém para quem é muito importante ser o mais amado. O próprio Pedro o percebe, e nota a desproporção, semelhante à daquela vez em que Cristo precisava ser batizado por João; por isso Pedro não responde simplesmente que "sim", mas acrescenta: "Senhor, tu sabes que eu te amo". Esta resposta indica a desproporção. Pois se de resto um homem sabe que é amado

184 As obras do amor

porque já antes ouviu o sim que ele quer tanto ouvir e por isso deseja ouvir mais uma vez, se ele o sabe por uma outra maneira além do mero sim, ao qual no entanto ele sempre retorna, desejando ouvi-lo: no caso de Cristo era num outro sentido, afinal, que se pode dizer que ele sabia que Pedro o amava. Contudo, "Cristo voltou a perguntar, uma segunda vez: 'Simão, filho de João, tu me amas?' Pedro lhe respondeu: 'Sim, senhor, tu sabes que eu te amo'". Que outra resposta poderia haver, se apenas a desproporção se torna mais nítida porque a pergunta é feita uma segunda vez! "Cristo perguntou-lhe pela terceira vez: 'Simão, filho de João, tu me amas?' Pedro entristeceu-se porque pela terceira vez lhe perguntara: 'Tu me amas?' e lhe disse: 'Senhor, *tu sabes tudo*, tu sabes que te amo'". Pedro não mais respondeu sim, nem relacionou sua resposta com aquilo que Cristo por experiência tinha de saber sobre o estado de alma de Pedro: "Tu sabes que te amo", ele responde: "Tu *sabes tudo*, tu sabes que eu te amo." Portanto, Pedro não respondeu mais "sim", ele quase estremece diante da desproporção, pois um sim é afinal como uma resposta real para uma pergunta real, com que aquele que pergunta vem a saber de algo ou a saber com mais certeza do que antes o sabia. Mas aquele que "sabe tudo", como pode vir a saber de alguma coisa, ou pela declaração assertiva de um outro vir a sabê-lo com mais certeza? E contudo, se não o pode, então não pode, de jeito nenhum amar de maneira bem humana, pois este é justamente o enigma do amor, de que não há nenhuma certeza mais elevada do que a da asserção renovada pelo amado; em termos humanos, ter certeza absoluta de ser amado não significa amar, dado que isto representa posicionar-se por cima da relação entre amigo e amigo. Terrível contradição: que aquele que é Deus ame humanamente, pois amar humanamente é afinal amar um indivíduo humano e desejar ser o mais amado por este indivíduo particular. Vê só, por isso é que Pedro entristeceu-se pelo fato de a pergunta ser feita pela terceira vez! Pois numa relação de amor parelha entre dois seres humanos constitui uma nova alegria que a pergunta seja feita pela terceira vez, e uma nova alegria o responder pela terceira vez, ou então a pergunta repetida muitas vezes entristece porque parece revelar desconfiança; quando, porém, aquele que tudo sabe pergunta pela terceira vez, e portanto acha necessário perguntar uma terceira vez, então decerto deve ser por-

IV. Nosso dever de amar as pessoas que nós vemos 185

que ele, que sabe tudo, sabe que o amor não é suficientemente forte ou interior ou ardente naquele que está sendo questionado, o qual aliás também o negara três vezes. Por esta razão, Pedro decerto pensou: "O senhor deve achar necessário perguntar três vezes", pois (não é verdade?) que o senhor mesmo sentisse necessidade de ouvir este "sim" pela terceira vez, tal pensamento está acima das forças humanas; embora seja lícito, ele por assim dizer se proíbe. Oh, mas como é humano! Ele, que para o Sumo Sacerdote que o condenou à morte, ele que para Pilatos, que tinha a vida dele em suas mãos, não teve uma palavra para responder – ele pergunta três vezes se é amado, sim ele pergunta se Pedro o ama "mais do que estes?"

O amor está tão profundamente enraizado na natureza do homem, e pertence tão essencialmente ao homem; e no entanto os homens muitas vezes recorrem a subterfúgios para fraudar esta felicidade, portanto inventam um engano para se enganarem a si mesmos, ou para se tornarem infelizes. Às vezes o subterfúgio se reveste da figura da tristeza, a gente suspira pelos homens e por sua infelicidade, de não encontrar a quem amar; pois suspirar sobre o mundo e sobre o seu infortúnio é sempre mais fácil do que bater no seu próprio peito e suspirar por si mesmo. Às vezes o autoengano se expressa como uma acusação, a gente se queixa dos homens, de que eles não mereceriam ser amados – murmura-se contra os homens, pois sempre é mais fácil ser o acusador do que ser o acusado. Às vezes o autoengano é orgulhosa autossuficiência, que acha que procura em vão o que poderia ter valor para ele – pois é sempre mais fácil demonstrar sua superioridade bancando o exigente[187] com todos os outros do que demonstrá-la pelo rigor consigo mesmo. E contudo, contudo todos concordam em que se trata de um infortúnio, e que esta relação está invertida. E o que é, então, que está errado, o que, senão o seu procurar e seu rejeitar! Tais pessoas não percebem que seu discurso soa como um escárnio sobre elas mesmas, porque isto de não poderem encontrar algum objeto para seu amor entre os homens, significa denunciar-se a si mesmas como completamente sem amor para dar. Pois será que é

---

187. *være kræsen*

186   As obras do amor

amor querer encontrá-lo fora de si? Eu acharia que amor é trazê-lo consigo. Mas aquele que traz o amor consigo, à medida que procura um objeto para o seu amor (e de outro modo, aliás, não seria verdadeiro dizer que se procura um objeto para o seu amor), ele facilmente, e na mesma proporção em que o amor nele for maior, tanto mais facilmente encontrará o objeto, e achará que este é digno de amor; pois o poder amar uma pessoa apesar de suas fraquezas e falhas e imperfeições não constitui ainda o que há de mais perfeito, mas certamente o é o poder achá-la digna de amor apesar de e com todas as suas fraquezas e falhas e imperfeições. Entendamo-nos mutuamente. Uma coisa é, afinal, bancando o exigente[188], querer comer somente os pratos mais delicados e mais seletos, quando preparados da maneira mais refinada, ou até, mesmo quando eles o são, ainda encontrar criticamente um ou outro defeito neles; uma outra coisa, é não apenas poder comer o prato mais frugal, mas ser capaz de achar que este prato mais frugal é o mais delicioso, pois a tarefa não está colocada no desenvolver o refinamento[189], mas sim na reeducação de si mesmo e de seu gosto. Ou, caso houvesse dois artistas, e o primeiro dissesse: "Viajei muito e já vi muita coisa pelo mundo, mas procurei em vão encontrar um homem que merecesse ser retratado, não encontrei nenhum rosto que fosse a tal ponto a imagem perfeita da beleza, para que eu pudesse decidir-me a desenhá-lo, em cada rosto vi uma ou outra pequena falha, por isso procurei em vão". Seria um sinal de que este artista era o grande artista? E o outro artista ao contrário dissesse: "Ora, eu nem me considero propriamente como um artista, eu nem mesmo empreendi viagens pelo estrangeiro, mas para ficar no pequeno círculo de pessoas que me estão mais próximas, aí não encontrei um único rosto tão insignificante ou tão cheio de defeitos que eu não pudesse afinal de contas encontrar um lado mais belo e descobrir algo de transfigurado nele; por isso me alegro com a arte que exerço, e que me satisfaz, sem que eu levante a pretensão de ser artista". Não seria isto um sinal de que justamente este era o artista, este que ao trazer algo de especial consigo, logo em seguida encontrava aquilo

---

188. *kræsent*
189. *Kræsenhed*

IV. Nosso dever de amar as pessoas que nós vemos 187

que o artista viajado não encontrara em nenhum lugar do mundo, talvez porque não trazia um "algo mais" consigo! Portanto, o segundo dos dois era o artista. E também não seria triste se aquilo que está determinado para embelezar a vida só pudesse existir como uma maldição sobre ela, de modo que "a arte", em vez de embelezar-nos a vida apenas descobrisse, com desdém[190] que nenhum de nós é belo? E ainda mais triste e ao mesmo tempo ainda mais confuso se o amor também só pudesse ser uma maldição, pois sua exigência somente conseguia manifestar que ninguém de nós mereceria ser amado, em vez de o amor ser reconhecido justamente no fato de que ele tem amor suficiente para poder achar algo de amável em todos nós, e portanto teria amor bastante para poder amar-nos a todos.

Constitui uma triste inversão, todavia demasiado generalizada, que se fale sempre e sempre de novo de como o objeto do amor deveria ser, para que pudesse ser merecedor de amor, em vez de se falar de como o amor deve ser para poder ser o verdadeiro amor. Está generalizada não somente na vida cotidiana, oh, mas quão frequentemente se vê que até alguém que se chama de poeta coloca todo o seu mérito num preciosismo refinado, efeminado, distinto, que, em relação com o amar, só sabe de maneira desumana rejeitar e rejeitar, assume por sua tarefa a este respeito iniciar os homens em todos os segredos repugnantes do preciosismo. Como é que alguém pode ter vontade de fazer assim, como é que muitos são tão inclinados assim, tão curiosos por aprender, isto é, por receber um conhecimento que propriamente só serve para amargurar a vida deles e dos outros! Pois afinal, de quanta coisa nesta vida não vale que, se não se viesse a sabê-lo, se acharia tudo belo ou pelo menos mais belo. Mas quando se é iniciado na contaminação da mania de achar tudo ruim[191], como é difícil conquistar o que se perdeu, o dote da benevolência, do amor, que Deus, no fundo, conferiu a cada homem!

Mas se ninguém mais pode ou quer, pelo menos um apóstolo sempre saberá guiar-nos pelo caminho certo neste ponto, o cami-

---

190. *kræsent*
191. *Kræsenhedens*

188   As obras do amor

nho certo que tanto nos leva a fazer o que é correto para com os outros quanto nos faz felizes. Então escolhemos uma palavra do apóstolo João: "Se alguém disser: 'Amo a Deus', e odeia seu irmão, é um mentiroso: pois quem não ama seu irmão, a quem viu, como pode amar a Deus, a quem não viu?" Queremos fazer desta palavra o objeto de nossa consideração, enquanto, alegres com a tarefa, escolhemos comentar

o dever de amar as pessoas que nós vemos,

mas não no sentido de que se tratasse de amar a todos os homens que vemos, pois este é o amor ao próximo que antes já foi analisado, mas ao contrário, no sentido de que aqui se trata do dever de encontrar no mundo da realidade aqueles a quem podemos amar em especial, e em amando-os amar a todos os homens que vemos. Com efeito, se este é o dever, então a tarefa não consiste em encontrar o objeto amável; porém, a tarefa consiste em: achar dignos de amor os objetos uma vez dados ou escolhidos, e em poder continuar achando-os amáveis, por mais que eles se transformem.

Queremos, porém, primeiramente levantar uma pequena dificuldade com relação à palavra apostólica recém-citada, uma dificuldade que a argúcia terrena, talvez até convencida de sua sagacidade, poderia lembrar-se de fazer, quer ela o faça realmente ou não. Quando o apóstolo diz: "Quem não ama seu irmão, a quem vê, como pode amar a Deus, a quem não vê?": aí o arguto poderia objetar que esta seria uma formulação do pensamento enganadora, pois quanto ao irmão, a quem ele vê, exatamente por isso pode assegurar-se de que ele não é digno de ser amado, mas como se deveria daí (do fato de que ele não ama a alguém que, como ele viu, não merecia ser amado) poder concluir que por isso ele estaria impedido de amar a Deus, a quem ele não vê? E, no entanto, o apóstolo acredita que neste caso há um impedimento para uma tal pessoa amar a Deus, embora com a expressão "seu irmão" certamente ele não se refira em especial a um homem bem determinado, e sim em geral ao amar as pessoas. O apóstolo crê que há uma objeção divina que se coloca contra a credibilidade de uma tal declaração humana que pretende amar o invisível, quando se mostra que esta pessoa não ama os que são visíveis, enquanto que justamente pode-

IV. Nosso dever de amar as pessoas que nós vemos 189

ria parecer o fruto de uma paixão tão exaltada pretender exprimir que só se ama o Invisível, ao não amar nada de visível. Há uma objeção divina que protesta contra a paixão exaltada[192] em relação ao amor a Deus, pois é exaltação, mesmo que não seja hipocrisia, querer assim amar o Invisível. A coisa é bem simples. O homem deve começar por amar o Invisível, Deus, pois assim ele mesmo aprenderá o que significa amar; mas que ele ame realmente o Invisível, deve justamente reconhecer-se no amor que ele tiver ao irmão, que ele vê; quanto mais ele ama o Invisível, tanto mais há de amar as pessoas, a quem ele vê. E não é o contrário (que quanto mais ele rejeita aqueles a quem vê, tanto mais ele ama o Invisível), pois neste caso Deus se transformaria em algo de irreal, num fantasma. Numa tal ilusão só pode cair um hipócrita ou um impostor, para buscar pretextos, ou alguém que dá uma explicação errada de Deus, como se Deus fosse invejoso[193] de si mesmo e do amor que lhe é votado, em vez de dizer que o Deus bendito é misericordioso[194], e por isso sempre como que desvia de si mesmo dizendo: "Se queres me amar, então ama as pessoas que vês, o que fizeres para elas estarás fazendo para mim". Deus é elevado demais para poder receber diretamente um amor humano, para nem falarmos de comprazer-se com aquilo que agrada a um amante fanático. Quando alguém chama de "corban" (Mc 7,11) a oferta com que poderia auxiliar seus pais, destinando-a assim só a Deus, isto não agrada a Deus. Se queres mostrar que ela está destinada a Deus, então distribui-a mas com o pensamento em Deus. Se queres mostrar que tua vida está destinada a servir a Deus, então dedica-te a servir aos homens, mas sempre com o pensamento voltado para Deus. Deus não participa da existência de maneira a exigir para si o seu quinhão; Ele exige tudo, mas quando tu o trazes, imediatamente recebes, por assim dizer, o endereço aonde deves entregar; pois Deus não exige nada para si, embora Ele exija tudo de ti. Assim é que a palavra do apóstolo, corretamente compreendida, leva justamente ao objeto de nosso discurso.

---

192. *Sværmeri:* exaltação romântica ou fanática [N.T.].
193. *misundelig*
194. *miskundelig*

190   As obras do amor

Já que o dever consiste em amar os homens que nós vemos, então antes de mais nada devemos renunciar a todas as representações fantásticas e exaltadas de um mundo de sonhos, onde o objeto do amor tivesse de ser procurado e achado, isto é, temos de nos tornar sóbrios, conquistar a realidade efetiva e a verdade encontrando e permanecendo no mundo da realidade, como sendo a tarefa assinalada a cada um de nós.

O mais perigoso de todos os subterfúgios a respeito do amor consiste em querer unicamente amar o invisível ou aquilo que não se viu. Este subterfúgio voa tão alto que acaba por sobrevoar completamente a realidade efetiva, ele é tão inebriante que por isso facilmente tenta e facilmente convence a si mesmo de ser a mais suprema e a mais perfeita forma de amor. Embora seja raro, decerto, que um homem se atreva a falar mal do amor, tanto mais comum, por outro lado, é a ilusão com a qual os homens se enganam a si mesmos quanto a alcançarem realmente amar, justamente porque eles falam de maneira demasiado exaltada do amar e do amor. Isto tem uma razão muito mais profunda do que se pensa, senão a confusão não poderia ter-se fixado tão fortemente como o fez, a confusão de os homens chamarem de infelicidade aquilo que constitui uma culpa: não encontrar nenhum objeto do amor, com o que eles então adicionalmente se impedem a si mesmos de encontrá-lo; pois se percebessem primeiro que isso constitui uma culpa deles, então eles o encontrariam. Em geral a representação que se tem do amor é a de um olhar bem aberto da admiração que procura por excelências e perfeições. E é assim que a gente se queixa de procurar em vão. Não queremos decidir até que ponto o indivíduo tem razão aqui, ou não a tem, e se aquilo que ele busca, as amáveis qualidades excelentes e perfeições, podem ser encontradas, e se ele não está confundindo procura com descontentamento de indivíduo mimado[195]. Não, não queremos disputar desta maneira, não queremos discutir dentro dessa representação do amor, pois toda essa representação constitui um equívoco, já que o amor é antes o olhar fechado da indulgência e da bondade, que não vê as falhas e as imperfeições.

---

195. *Kræsenhed*

IV. Nosso dever de amar as pessoas que nós vemos   191

Mas a diferença entre essas duas representações é muito essencial; há um mundo a separá-las, a diferença consiste numa inversão. Somente a última representação é a verdade; a primeira é um caminho errado. E um caminhar errado, como se sabe, jamais para por si mesmo, ele conduz sempre mais para o erro, de modo que se vai tornando cada vez mais difícil encontrar o caminho de volta para a verdade; pois o caminho do erro é fácil de se encontrar, mas achar a volta é então coisa bem difícil – assim se conta, aliás, na saga daquela Montanha do Prazer, que deve situar-se em algum lugar do mundo, que ninguém que encontrou o caminho que leva até lá consegue encontrar o caminho da volta. Quando um homem com a representação incorreta do que seja amor sai pelo mundo, então ele procura e procura, como ele crê, para encontrar o objeto, mas, como ele o crê, em vão. Contudo, ele não transforma a sua representação; ao contrário, enriquecido com o múltiplo saber do descontentamento exigente, ele procura de maneira sempre mais exigente[196], mas (como ele o crê) em vão. Contudo, não se dá conta de que o erro poderia estar nele, ou na representação incorreta, pelo contrário, quanto mais refinado ele se torna em sua exigência mimada tanto mais alto ele pensa de si mesmo e da perfeição de sua representação – mas também: se esta lhe mostra tão nitidamente o quão imperfeitas são as pessoas, isso só pode ser descoberto com o auxílio da perfeição! Entrementes, ele se convenceu de que não é por culpa sua, e que não faz isso por intenção má ou odiosa – afinal de contas, ele só procura o amor. Pois longe dele desistir do amor, ele, que de maneira tão viva sente como sua representação se torna sempre mais exaltada –, e afinal, o que nos deixa mais exaltados do que um caminho errado! E o caminho errado ele não interrompe, bem ao contrário, com a sua ajuda ele se entrega à vertigem de amar o Invisível, uma miragem, que não se vê. Ou será que não vem a dar no mesmo *ver uma miragem* e *não* ver? Pois tira fora a miragem, então não vês nada, isto o nosso homem concede; mas, se excluíres o ver, verás uma miragem, isso o homem esquece. Porém, como já se disse, ele não quer renunciar ao amor, muito menos fazer pouco dele, quer falar dele com exaltação e quer conser-

---

196. *mere kræsent*

var o amor ao Invisível. Que triste desencaminhamento! Da honra e do poder mundanos, da riqueza e da boa fortuna, diz-se que são apenas fumo, e isso também é verdade; mas, que a força mais poderosa que há no homem, uma força que por sua definição justamente não é inferior a isso, já que é vida e força, que ela se transforme em fumo, e que o inebriado por essas fumaças orgulhosamente afirme que alcançou o que há de mais alto – ele também agarrou decerto a nuvem e a ilusão, que sempre sobrevoam bem acima da realidade: olha, isso é terrível! Adverte-se, em geral, devotamente, contra o desperdiçar as dádivas de Deus, mas qual dos dons de Deus se poderá comparar com o amor que ele depositou no coração de um ser humano – ai, e então vê-lo desperdiçado dessa maneira! Pois o sábio[197] acredita (tolamente) que desperdiça seu amor quem ama as pessoas imperfeitas e fracas; eu acreditaria que isto seria aplicar o seu amor, fazer uso dele. Mas não ser capaz de encontrar nenhum objeto, desperdiçar o amor ao procurar em vão, desperdiçá-lo num espaço vazio em amando somente o Invisível: isto sim é verdadeiramente desperdiçá-lo.

Portanto, fica sóbrio, volta a ti, compreende que o erro está na tua concepção do amor, de que este deveria ser uma exigência, e a mais excelente caso toda a existência não fosse capaz de pagá-la, tampouco – como tu podes provar o teu direito para cobrar esta exigência. No mesmo instante já transformaste a tua noção do amor; ele agora é justamente o contrário de uma exigência, é um direito devido[198] ao qual Deus te obriga; neste mesmo instante já encontraste a realidade. E este é justamente o dever, encontrar a realidade com os olhos fechados assim (pois afinal, no amor tu os fechas diante da fraqueza e da fragilidade e da imperfeição), em vez de com olhos abertos (sim, abertos ou cravados como os de um sonâmbulo) não perder de vista a realidade efetiva. O dever é absolutamente a primeira condição para que, ao amar, possas chegar a amar os homens que tu vês. A condição consiste em firmar bem os pés na realidade efetiva. Um erro fica sempre em suspenso, daí pro-

---

197. *Kløften*: provavelmente o autor quis escrever *Kløgten*, pois "o abismo" não faz sentido [N.T.].

198. *Tilgodehavende*

IV. Nosso dever de amar as pessoas que nós vemos   193

vém que às vezes pareça tão leve e tão espirituoso, porque ele é tão etéreo. A verdade avança com passo firme, por isso às vezes também desajeitado; ela paira bem firme e por isso às vezes parece tão simples. Esta também é uma transformação significativa: em vez de ter uma exigência a cobrar, receber um dever para cumprir; em vez de viajar ao redor do mundo, tomar por assim dizer o mundo em seus ombros; em vez de ardorosamente querer procurar o fruto delicioso da admiração, pacientemente dever aguentar os defeitos. Mas que transformação! E no entanto é com esta transformação que o amor consegue nascer, aquele amor que pode cumprir o dever: de, ao amar, amarmos os homens que vemos.

Se o dever consiste em, no amor, amar os homens que se vê, *então o que vale é que ao amar o homem real individual não se introduza sub-repticiamente uma representação ilusória de como se acharia ou se poderia querer que este homem devesse ser.* Pois aquele que faz isto, não ama, afinal de contas, o homem que vê, mas ama, isto sim, algo de invisível, sua própria representação ou alguma outra coisa similar.

Em relação ao amar, há uma conduta que para o amor tem a problemática amálgama de ambiguidade e descontentamento[199]. Uma coisa, aliás, é rejeitar e rejeitar e jamais achar algum objeto para o seu amor; uma outra coisa é, ao amar aquela que nós mesmos chamamos de objeto de nosso amor, escrupulosa e honestamente cumprir este dever de amar o que vemos. Em verdade, é sempre válido desejar e voltar a desejar que a pessoa que devemos amar esteja de posse das amáveis perfeições; nós o desejamos não só por nossa própria causa, mas também por causa desta outra pessoa. Acima de tudo é válido desejar e orar para que aquele que amamos sempre possa agir e ser de tal modo que possamos aprovar totalmente e com ele concordar. Mas, em nome de Deus, não esqueçamos que não é mérito nosso se ele é assim, e menos ainda mérito nosso exigir isso dele; se fosse o caso de se falar de um mérito, o que entretanto é indecoroso, um discurso indecoroso em relação ao amor, então isto é que seria justamente amar com a mesma fidelidade e ternura.

---

199. *Kræsenhed*

Mas há uma mania de criticar[200] que constantemente como que trabalha contra o amor e quer impedi-lo de amar o que ele vê, na medida em que esta mania de criticar, insegura no olhar e contudo num outro sentido tão meticulosa, volatiliza a figura real ou se choca contra ela e então ardilosamente exige ver alguma outra coisa. Há homens dos quais se deve dizer que não adquiriram uma forma, que sua realidade não se fixou, porque no seu interior não estão de acordo consigo sobre o que são ou o que querem ser. Mas também se pode, pela maneira de ver, tornar vacilante ou irreal a forma da outra pessoa, pois o amor que devia amar a pessoa que vê não consegue decidir-se direito: mas ora ele quer eliminar um defeito no objeto de seu amor e ora quer acrescentar-lhe uma perfeição, como se – se me fosse permitido dizer – a compra não estivesse bem fechada. Mas aquele que em seu amor se inclina tanto a criticar e chicanar, não ama a pessoa que vê, e facilmente torna para si mesmo desagradável o seu amor, assim como o faz incômodo para a pessoa amada.

O amado, o amigo, também é, enfim, no sentido mais geral, um ser humano, e como tal existe para nós outros; mas para ti deveria essencialmente estar aí apenas como o amado, se deves cumprir o dever de amar a pessoa que vês. Se há uma duplicidade em tua relação, de modo que ele em parte é para ti só no sentido mais geral este ser humano particular, e em parte é em especial a pessoa amada, então não amas a pessoa que tu vês. É antes como se tivesses dois ouvidos no sentido de que não ouvirias como de resto com ambos os ouvidos, mas sim uma coisa com um e outra coisa com o outro. Tu ouves com um dos ouvidos o que ela diz, e se isto é então sensato e correto e perspicaz e engenhoso etc., ai, e só com o outro ouvido tu ouves que é a voz da pessoa amada. Tu a observas com um dos olhos examinando, pesquisando, medindo-a, ai, e somente com o outro olho tu vês que é a tua amada. Oh, mas dividir desse jeito não significa amar a pessoa que vemos. Não é como se constantemente estivesse presente um terceiro, mesmo quando os dois estão a sós, um terceiro que friamente examina e rejeita, um terceiro que perturba a intimidade, um terceiro que às vezes até tem de

---

200. *Kræsenhed*

IV. Nosso dever de amar as pessoas que nós vemos   195

tornar o interessado repugnante a si mesmo e ao seu amor, por ser tão insatisfeito[201], um terceiro que angustiaria o amado, se soubesse que o terceiro estaria presente? E o que significa então a presença deste terceiro? Significa que se... se agora isto ou aquilo não fosse como o desejado, então tu não poderias amar? O terceiro significa então o divórcio[202], a separação, de modo que agora a ideia da separação está presente em meio à confiança, ai, assim como no paganismo a natureza destruidora de maneira insana era levada para dentro da unidade da divindade. Não significa, este terceiro, que a relação de amor, num certo sentido, afinal não é nenhuma relação, que estás pairando acima da relação e testando o amado? Tu te dás conta de que neste caso uma outra coisa está sendo testada: se tu realmente tens amor; ou melhor, de que uma outra coisa está sendo decidida, que tu propriamente não tens amor algum? Pois a vida afinal já tem provas suficientes, e estas provações deveriam justamente encontrar os que se amam, deveriam encontrar os dois amigos unidos, para serem aprovados nas provações. Mas se a prova deve ser trazida para dentro da relação, aí se terá cometido uma traição. Verdadeiramente, esta atitude de reserva secreta é o tipo mais perigoso de infidelidade; uma tal pessoa não rompe sua fidelidade, mas deixa constantemente em suspenso a questão se está ou não vinculada por sua fidelidade. Não é infidelidade, quando o teu amigo te estende a mão, e então no teu aperto de mão ele sente uma coisa indefinida, como se apesar da tua mão o estar cumprimentando não se soubesse se ele, neste momento, corresponderia tanto à tua representação, que tu lhe retribuirias da mesma maneira? Será que é estar numa relação, como que a cada momento começar desde o início a entrar na relação, será amar a pessoa que vês, a cada instante mirá-la, examinando-a, como se fosse a primeira vez que a visses? É repugnante ver o tipo paparicado[203] que rejeita todo alimento, mas também é repugnante ver aquele que, embora coma a comida que lhe é oferecida de boa vontade, contudo, num certo sentido não a come, mas, por assim dizer, constantemente (ainda que fartando-se) apenas prova das comidas, ou so-

---

201. *saaledes kræsen*
202. *Skilsmissen*
203. *den Kræsne*

196   As obras do amor

mente se esforça por degustar um prato mais delicioso em sua boca, enquanto se farta com o mais vulgar.

Não, se um homem deve cumprir o dever de no amor amar os homens que ele vê, então é preciso que não apenas encontre entre os homens reais aqueles a quem amará, mas é preciso eliminar toda ambiguidade e toda mania de criticar[204] ao amá-los, para em seriedade e verdade amá-los como eles são, para em seriedade e verdade assumir a tarefa de achar amável o objeto, uma vez dado ou escolhido. Com isso não temos a intenção de louvar uma admiração infantil das particularidades casuais do amado, e menos ainda uma indulgência sentimental no lugar errado; longe disso, o sério consiste justamente em que a própria relação queira com forças somadas lutar contra o que há de imperfeito, superar o defeituoso, afastar a divergência. Isto é que é seriedade, enquanto a mania de criticar[205] só torna a própria relação equívoca. Um não é afastado pelo outro como um estranho por causa de sua fraqueza ou suas falhas, mas a união considera o ponto mais fraco como aquilo que há de estranho, cuja superação e afastamento é igualmente importante para ambos. Não és tu que deves, por causa da fraqueza da pessoa amada, como que te afastar dela ou tornar a tua relação mais distante; antes devem ambos solidarizar-se tanto mais firme e intimamente, para afastar a fraqueza. Sempre que a relação se torna equívoca, não amas o homem que vês, então é como se exigisses alguma outra coisa, para poder amar; quando, ao contrário, a falha ou a fraqueza torna a relação mais íntima, não como se a falha devesse ser sustentada, mas justamente para superá-la, aí tu amas o homem que tu vês. Tu vês a falha; mas o fato de que a tua relação se torna então mais íntima mostra, justamente, que amas o homem no qual tu sem dúvida vês a falha ou a fraqueza ou a imperfeição.

Assim como há lágrimas hipócritas, um suspiro hipócrita e lamentações sobre o mundo, assim também há uma aflição hipócrita sobre as fraquezas e imperfeições do amado. É tão fácil e tão mole desejar que o amado esteja de posse de todas as perfeições possíveis, e quando então falta uma delas, é tão fácil e tão mole por sua vez

---

204. *Kræsenhed*
205. *det Kræsne*

IV. Nosso dever de amar as pessoas que nós vemos   197

suspirar e afligir-se e se fazer de importante com sua aflição, supostamente tão pura e tão profunda. É, aliás, talvez uma forma mais universal de voluptuosidade, egoisticamente querer usar como enfeite o amado ou o amigo, e querer desesperar por qualquer insignificância sua. Mas seria uma tal coisa amar os homens que nós vemos? Oh, não, os homens que nós vemos, e isso vale também para conosco, quando os outros nos veem, não são perfeitos assim; e contudo, frequentemente ocorre que um homem em si mesmo desenvolva esta debilidade mimada em que não se almeja senão amar o suprassumo das perfeições integrais; contudo, não obstante todos nós homens sermos imperfeitos, tão raramente se vê o amor saudável, vigoroso, capaz, que se prepara para amar os imperfeitos, isto é, os seres humanos que nós vemos.

Se o dever consiste em, no amor, amar os homens que se vê, *então não há nenhum limite para o amor; se o dever deve ser cumprido, o amor tem de ser ilimitado, isto é, inalterado, por mais que o objeto se altere.*

Vamos pensar sobre aquilo que foi lembrado na introdução desta consideração (a relação entre Cristo e Pedro): será mesmo que Pedro, principalmente em sua relação com Cristo, era como o suprassumo de todas as perfeições? E por outro lado, Cristo conhecia bem, afinal de contas, as falhas dele! Falemos de maneira bem humana sobre esta relação. Sabe Deus, em geral quanta "coisinha" sem importância e contudo tão minuciosamente reunida e tão cuidadosamente guardada há que, imediatamente ou (o que é igualmente triste) após transcorrer muito tempo, a nós homens nos dá pretexto para um acusar o outro de interesse próprio, infidelidade, traição; sabe Deus, quão longe está, geralmente, o acusador de fazer o menor esforço para se colocar no lugar do acusado, a fim de que o julgamento, rigoroso e impiedoso, não venha a ser um juízo precipitado, e sim pelo menos tão prudente que o outro ao menos saiba com determinação do que está sendo julgado; sabe Deus quão frequentemente se vê este triste espetáculo, de como a paixão de uma hora para outra arma com uma perspicácia surpreendente até mesmo aquele sujeito talvez limitado, quando de resto ele se supõe injustiçado e como, pelo contrário, ela enche de estupidez aquele mesmo que em geral é inteligente, quando então ele se supõe um injustiçado, incapacitando-o em relação a qualquer concepção atenuante, escusante ou justificante da injustiça, porque a paixão ofendida gosta de ficar em sua agudeza ofuscada; mas sobre um ponto todos vamos afinal concordar, que, se ocorresse numa relação entre dois amigos o que aconteceu com Cristo e Pedro, aí então haveria verdadeiramente motivo mais do que suficiente para romper com um tal traidor. Caso tua vida tivesse chegado à mais extrema decisão e tivesses um amigo, que por impulso próprio te tivesse jurado em alto e bom som fidelidade, sim, jurado que pretendia arriscar a vida e o sangue por ti, e aí então, no instante do perigo, não apenas ficasse de fora (isto quase seria mais desculpável), não, ele viesse, estivesse presente, mas não movesse um dedo, parasse quieto e ficasse olhando – mas não, nem ficasse quieto, seu único pensamento fosse salvar a própria pele, e aliás a qualquer preço, ele nem ao menos fugisse (pois isso quase seria mais fácil de desculpar), não, mas ficasse parado como um espectador (o que ele conseguiu ser), renegando-te: o que fazer? Nós ainda não queremos apresentar a conclusão, vamos tão somente expor de forma verdadeiramente viva a relação e comentá-la de um modo bem humano. Portanto, tu estarias sendo acusado por teus inimigos, condenado por teus inimigos, era literalmente verdade que estavas rodeado de todos os lados pelos teus inimigos. Os poderosos, que afinal poderiam talvez ter-te compreendido, se haviam endurecido contra ti, eles te odiavam. Por isso tu estavas sendo agora acusado e condenado – enquanto uma multidão cega e furiosa te cobria de insultos, e até desvairadamente se regozijava com a ideia de que o teu sangue devesse cair sobre a sua cabeça e a de seus filhos. E isso agradava aos poderosos, àqueles que de ordinário desprezavam tão profundamente a multidão; isso lhes agradava, porque satisfazia ao seu ódio, e era a selvageria animal e a mais abjeta miséria, que em ti haviam encontrado sua rapina e sua presa. Tu tinhas te reconciliado com teu destino, tinhas compreendido que para ti não havia sentido em pronunciar uma única palavra, dado que o insulto só buscava pretexto, de modo que uma palavra altiva de tua parte sobre tua inocência daria nova ocasião ao insulto, como se tivesse sido um desafio, de modo que a demonstração mais clara de tua justiça só haveria de aumentar a indignação e tornar o insulto ainda mais furioso, bem como uma expressão de dor só daria um novo

IV. Nosso dever de amar as pessoas que nós vemos   199

pretexto ao insulto, como se tivesse sido covardia. Assim estavas tu, expulso pela sociedade humana, e contudo, não expulso, pois afinal ainda estavas rodeado pelos homens, mas nenhum deles via em ti um homem, embora num outro sentido vissem em ti um homem, pois a um animal eles não teriam tratado de forma tão desumana. Que horror, é mais pavoroso do que se tivesses caído entre animais selvagens! Pois será que os uivos das bestas mais sanguinárias, seus gritos noturnos, são tão horríveis quanto a desumanidade de uma multidão furiosa? Será que, em bando, um animal de rapina pode incitar o outro a uma maior sede de sangue e selvageria do que aquela que é natural a cada um particularmente, assim como na multidão impenitente um homem pode incitar o outro a algo pior do que a sede de sangue e a selvageria das bestas? Será que mesmo o olhar turvo ou faiscante do animal de rapina mais sanguinolento tem aquele fogo da maldade que se acende no olhar do indivíduo, quando ele, provocado ou provocando, se enfurece junto com a turba enfurecida? Assim tu eras acusado, condenado, escarnecido; em vão tentavas visualizar uma figura que apesar de tudo parecesse um ser humano, para nem falar de um rosto benevolente, sobre o qual o teu olhar pudesse repousar – então tu o viste, teu amigo, porém ele te renegava; e o escárnio que tinha ecoado bastante estridente, agora retumbava como um eco amplificado cem vezes! Se isto tivesse acontecido contigo (não é verdade?), então já considerarias bastante generosidade tua se, em vez de pensares em vingança, afastasses os teus olhos dele e dissesses para ti mesmo: "Não sinto vontade de ver este traidor com meus próprios olhos"! Quão diferentemente agiu Cristo! Não afastou o olhar dele, para, por assim dizer, não tomar conhecimento de que Pedro estava ali; ele não disse: não quero ver aquele traidor; não o deixou abandonado a si mesmo; não, ele "fixou o olhar em Pedro", ele o alcançou imediatamente com um olhar, e se tivesse sido possível ele certamente não teria deixado de lhe dirigir a palavra. E de que modo Cristo fixou o olhar em Pedro? Era um olhar de repulsa, era como um olhar que despede? Oh não, era assim como quando a mãe vê o filho em perigo por sua própria imprudência, e então, não podendo chegar a agarrar o filho, ela o alcança com o seu olhar, decerto que repreendendo, mas também redimindo. Então Pedro estava em perigo? Ora, quem é que não percebe isto? Que peso não é, para um

200 As obras do amor

homem, ter renegado o seu amigo! Mas o amigo injustiçado não consegue enxergar, na paixão da ira, que aquele que o renegou está em perigo. Aquele, contudo, que é chamado de Salvador do mundo, sempre viu claro onde estava o perigo, e que era Pedro que estava em perigo, Pedro, quem devia e precisava ser salvo. O Salvador do mundo não viu errado, achando que sua causa estaria perdida caso Pedro não se apressasse a ajudá-lo, mas viu que Pedro estaria perdido se ele não se apressasse a salvar Pedro. Será que vive ou já viveu um único homem incapaz de compreender isso que é tão claro e tão evidente? E, contudo, Cristo é o único que o viu no instante decisivo, quando ele mesmo era o acusado, o condenado, o escarnecido, o renegado. Raramente um homem é tentado numa decisão de vida ou morte, e raramente tem ocasião de experimentar ao extremo a dedicação da amizade; mas num instante tão importante apenas encontrar temor e esperteza onde tu, em virtude da amizade estarias autorizado a procurar coragem e atitude resoluta, encontrar ambiguidade, duplicidade de ânimo, conduta evasiva em vez de franqueza, determinação e apoio; encontrar só conversa fiada em vez de circunspecta compreensão[206]: ai, e como é difícil então, na tensão do momento e da paixão poder compreender imediatamente de que lado se encontra o perigo, qual dos amigos se encontra no maior perigo, se tu ou ele, que assim te deixa no aperto; como é difícil então amar o homem que se vê, quando a gente o vê tão mudado assim!

Hoje estamos acostumados a elogiar o comportamento de Cristo com Pedro, mas cuidemos para que este elogio não seja um engano, uma ilusão, porque não conseguimos ou não queremos fazer um esforço de pensamento para nos imaginarmos contemporâneos deste acontecimento, de modo que elogiamos Cristo e, por outro lado, quando conseguimos ser contemporâneos de um acontecimento como este, agimos e pensamos de maneira totalmente diferente. Não se conservou nenhum relato a respeito da concepção dos contemporâneos acerca do comportamento de Cristo, mas na medida em que tu encontrasses esses contemporâneos, então poderias perguntar-lhes e ouvirias o que naquela ocasião, como em

---

206. *besindig Overskuelse*

IV. Nosso dever de amar as pessoas que nós vemos 201

quase todas as ocasiões de tudo o que Cristo fazia, foi dito: "Um pobre louco; admitamos que sua causa estava desesperadamente perdida, mas não ter tido força para reunir toda a sua energia por uma última vez para num único olhar esmagar este traidor! Que lamentável fraqueza! É isso que se chama agir como um homem?" Assim ele foi condenado, e o escárnio adquiriu uma nova expressão. Ou foi dito pelo poderoso, que acreditava ter uma compreensão ampla da situação: "Sim, por que ele procurava a companhia dos pecadores e dos cobradores de impostos, recrutava seus seguidores entre a parte mais humilde do povo? Ele deveria ter-se juntado a nós, à sinagoga dos mais distintos; pois agora ele recebe o pagamento conforme o merecido, agora que se mostra o que se pode construir com tal tipo de gente. Porém, como ele sempre se esqueceu de si mesmo, assim continuou até o fim, ele não é capaz de se indignar sobre uma infidelidade tão miserável." Ou foi dito por alguém mais sábio, que além disso considerava a si mesmo como uma pessoa bondosa: "Que ele tenha deixado que os sumos sacerdotes o agarrassem, que ele, exaltado como era, agora visse tudo perdido, isso deve ter enfraquecido sua inteligência e quebrantado sua coragem, de modo que afundou numa exausta debilidade feminina; daí se explica o perdão a uma tal traição, pois homem algum agiria desta maneira!", ai, é verdade demais que homem algum age assim. Justamente por isso também a vida de Cristo é decerto o único caso onde se vê que um mestre, no instante em que sua causa, tanto quanto sua vida, está perdida e tudo está desperdiçado, e da maneira mais terrível com a negação do discípulo, que então um mestre, com seu olhar, neste instante e neste discípulo conquista seu mais zeloso seguidor, e assim também em grande parte a sua causa, muito embora isso ficasse oculto para todos.

O amor de Cristo por Pedro era desta forma ilimitado; ao amar Pedro, ele realizava perfeitamente o amar aquele homem que vemos. Ele não dizia: "Primeiro Pedro precisa modificar-se, e se tornar uma outra pessoa, antes que eu possa amá-lo de novo"; não, exatamente ao contrário, ele dizia: "O Pedro é o Pedro, e eu o amo; se algo pode ajudá-lo a se tornar um homem diferente, é justamente o meu amor que deve fazê-lo". Portanto, ele não rompeu a amizade, para depois talvez reiniciá-la quando e se Pedro se tivesse tor-

202 As obras do amor

nado um homem diferente; não, ele manteve a amizade inalterada, e foi justamente assim que ajudou Pedro a se tornar um outro homem. Acreditas que Pedro, sem esta amizade fiel de Cristo, teria sido reconquistado? Entretanto, é tão fácil ser amigo quando isto outra coisa não significa senão exigir algo determinado do amigo, e se ou quando o amigo não corresponde a esta exigência, então deixar acabar a amizade, até que ela talvez recomece quando ou se ele corresponder à exigência. É esta uma relação de amizade? Quem é então que está mais próximo para ajudar alguém que erra, senão aquele que se chama a si mesmo o seu amigo, inclusive no caso em que a falha tenha ocorrido contra este amigo! Mas o amigo se retrai e diz (sim, é como se fosse uma terceira pessoa falando): quando ele se tiver tornado um outro homem, então poderá talvez se tornar de novo meu amigo. E não estamos tão longe de considerarmos, nós homens, um tal comportamento como sendo magnânimo. Mas na verdade ainda falta muito também para que se possa dizer de um tal amigo que ele, ao amar, ama o ser humano que ele vê.

O amor de Cristo era ilimitado, assim como tem de o ser se o que se deve cumprir é isto: ao amar, amar a pessoa que a gente vê. É bem fácil de entender. Pois por mais que (e como quer que) uma pessoa se modifique, por certo ela não se modifica de tal maneira que chegue a tornar-se invisível. E se isso – por ser impossível – não é o caso, então continuamos a vê-la, e o dever consiste em amar aquela pessoa que vemos. Em geral, acha-se que, quando uma pessoa se modificou essencialmente para pior, mudou tanto que se fica liberado de amá-la. Que confusão na linguagem: ser liberado de amar, como se isso fosse uma coisa forçada, um fardo, que se desejaria jogar para longe de si! Mas o Cristianismo pergunta: "Por causa desta modificação tu não consegues mais vê-la?" A resposta a isto tem de ser: "É claro que eu ainda posso vê-la, eu vejo aliás justamente que ela não é mais digna de ser amada". Mas se é *isto* o que tu vês, então propriamente não a vês (o que tu, contudo, num outro sentido, não podes negar que fazes), tu vês tão somente a indignidade, a imperfeição, e com isso confessas que tu, quando a amavas, num outro sentido não *a* vias, mas vias apenas suas qualidades e suas perfeições, que tu amavas. De acordo com a compreensão cristã, ao contrário, amar consiste justamente em amar a pessoa

IV. Nosso dever de amar as pessoas que nós vemos   203

que a gente vê. A ênfase não é posta no amar as perfeições que a gente vê numa pessoa, mas a ênfase está na pessoa que a gente vê, quer agora se vejam nesta pessoa as perfeições, quer as imperfeições, sim, por mais tristemente que esta pessoa se tenha modificado, dado que, afinal de contas, ela não cessou de ser a mesma pessoa. Aquele que ama as perfeições que vê numa pessoa, não ama a pessoa, ele cessa por isso de amar quando cessam as perfeições, quando ocorre a mudança, mudança esta que, por mais triste que seja, não significa, contudo, que esta pessoa cessou de existir. Mas infelizmente até a mais sábia e a mais engenhosa concepção puramente humana do amor tem, de qualquer jeito, algo de sobrevoo, fica como que pairando no ar: o amor cristão, ao contrário, desce do céu para a terra. A direção então é a oposta. O amor cristão não se deve elevar até o céu, pois desce do céu e traz consigo o céu, ele desce, e com isso consegue amar a mesma pessoa em todas as mudanças, porque ele vê em todas as mudanças a mesma pessoa. O amor puramente humano está sempre disposto a (por assim dizer) sair voando atrás das perfeições do amado e fugir voando com elas. Dizemos de um sedutor que ele rouba o coração de uma moça; mas de todo amor meramente humano, mesmo que seja o mais belo, é preciso dizer que ele tem alguma coisa de ladrão, já que rouba as perfeições do amado, enquanto que o amor cristão concede à pessoa amada todas as suas imperfeições e fraquezas, e em todas as suas mudanças permanece junto a ela, amando a pessoa que ele vê.

Não fosse assim, Cristo jamais teria chegado a amar, pois onde poderia ter encontrado a pessoa perfeita? Que maravilhoso! O que é propriamente que impedia Cristo de encontrar a pessoa perfeita? Não seria o fato de que justamente ele era o perfeito, algo que pode ser reconhecido no fato de que ele amava sem limites a pessoa que ele via? E como as concepções se cruzam estranhamente! Falamos continuamente, em relação ao amor, do perfeito, sempre do perfeito; o Cristianismo fala, também continuamente, em relação ao amor, do perfeito, sempre do perfeito; ai, mas nós homens falamos sobre o encontrar o perfeito para amá-lo, o Cristianismo fala de ser o perfeito, aquele que ama ilimitadamente a pessoa que vê. Nós homens queremos levantar os olhos para enxergar diante de nós o objeto da perfeição (a direção é porém sempre rumo ao invisível), mas

204

As obras do amor

em Cristo a perfeição baixou o olhar para a terra e amou a pessoa que viu. E do Cristianismo nós deveríamos aprender – pois vale num sentido muito mais universal do que se diz – que ninguém subiu ao céu a não ser aquele que desceu do céu: por mais românti ca[207] que pareça esta conversa de elevar-se voando até o céu, não passa de uma ilusão, se tu não desceste cristãmente do céu. Mas o descer cristãmente do céu significa amar ilimitadamente a pessoa que vês, assim como tu a vês. Se queres então te tornar perfeito no amor, esforça-te por cumprir perfeitamente este dever de, ao amar, amar a pessoa que a gente vê, assim como tu a vês, com todas as suas imperfeições e fraquezas; amá-la tal como a vês quando ela se modificou completamente, quando não mais te ama, porém talvez indiferente te vira as costas ou se volta para o outro lado para amar um outro, amá-la, como tu a vês quando ela te trai e te renega.

---

207. *sværmerisk*

V
NOSSO DEVER DE PERMANECER EM DÍVIDA DE AMOR UNS PARA COM OS OUTROS

Rm 13,8: *"Não tenhais nenhuma dívida para com quem quer que seja, a não ser a de vos amardes uns aos outros."*

De diferentes maneiras tentou-se caracterizar e descrever de que modo o amor é sentido por aquele em quem ele se encontra, o estado no amor, ou como é amar. Chama-se o amor um sentimento, um estado de ânimo, uma vida, uma paixão; contudo, dado que esta é uma determinação tão geral, tentou-se descrevê-lo com maior exatidão. Ele foi então chamado uma carência, porém, bem entendido, tal que o amante continuamente sente a falta do que ele aliás possui, uma saudade, mas, note-se bem, sempre daquilo que o amante já possui – pois senão o que se estaria descrevendo seria de fato amor infeliz. Aquele sábio singelo da Antiguidade disse que "o amor é um filho de Riqueza e Penúria". Quem seria então mais pobre do que aquele que nunca amou! Mas por outro lado, não é verdade que até o mais pobre de todos, que curvado recolhe migalhas e humildemente agradece por um tostão, não é verdade que ele propriamente tem ao menos uma noção de quão minúscula pode ser esta insignificância que para o amante tem valor infinito, quão minúscula pode ser esta insignificância que o amante (em sua penúria!) recolhe da maneira mais meticulosa e conserva da maneira mais cuidadosa – como o mais precioso tesouro? Não é verdade que o mais miserável está em condições de ver o que pode ser tão minúsculo que somente o olhar aguçado da paixão (do amor em sua penúria!) enxerga, e enormemente aumentado? Mas quanto menor é o objeto que a penúria recolhe, quando então ela agradece por ele além de qualquer medida, como se fosse um objeto extraordinariamente grande, aí se mostra então tanto mais fortemente a extensão da penúria. Nenhuma declaração sobre a mais extrema pobreza a demonstra de maneira tão decisiva como quando o pobre, a quem tu deste menos do que um único tostão, te agradece por isso com uma tal paixão, como se tu lhe tivesses dado riqueza e abundância, com uma paixão como se ele agora se tivesse tornado rico. Ai, pois é evidente demais que o pobre permaneceu essencialmente tão pobre como antes, de modo que só se tornou rico em sua representação demente. Tão pobre é a penúria do amor! Um homem nobre disse sobre o amor: "Ele toma tudo e ele dá tudo". Quem será que recebeu então mais do que aquele que recebeu o amor de um ser humano; e quem deu mais do que aquele que deu a um ser humano o seu amor! Mas por outro lado, será verdade que mesmo a inveja, quando da maneira mais invejosa despe a outra pessoa de sua grandeza real ou suposta, será que ela pode penetrar até o esconderijo mais recôndito? Oh, mas a inveja é tão estúpida! Ela nem suspeita onde poderia estar tal esconderijo, ou que é neste esconderijo que o homem verdadeiramente rico ocultou seu verdadeiro tesouro; nem suspeita de que existe realmente um esconderijo à prova de arrombamentos por ladrões (e portanto também pela inveja), bem como que há um tesouro que os ladrões (e portanto também a inveja) não são capazes de roubar. Mas o amor pode penetrar até o mais íntimo e despir uma pessoa de tal maneira que ela nada, nada possua, de modo que ela mesma confesse que não possui nada, nada, nada. Mas que coisa estranha! A inveja acha que tira tudo, e quando o tiver tirado, o homem dirá: a rigor eu não perdi nada. Mas o amor pode tomar tudo de tal maneira que o próprio homem dirá: "Eu não possuo absolutamente nada".

Porém talvez se descreva mais corretamente o amor como uma dívida infinita: que um homem, quando é agarrado pelo amor, sente esta forma de ser como um estar numa dívida infinita. Em geral se diz que o que é amado contrai ao ser amado uma dívida. Assim também nós costumamos dizer que as crianças têm uma dívida de amor em relação aos pais, porque estes as amaram primeiro, de modo que o amor dos filhos é somente um desconto da dívida, ou uma compensação. E isso também é verdade. Entretanto, tais ditos lembram demais uma verdadeira relação de cálculo: uma dívida foi

V. Nosso dever de permanecer em dívida de amor... 207

contraída, e tem de ser amortizada em prestações; há um amor que nos foi demonstrado e este amor tem que ser pago com amor. Não é disso que agora falamos, de que *ao sermos amados contraímos uma dívida*. Não, o que ama está numa dívida; na medida em que se sente tomado pelo amor, ele sente isso como um estar numa dívida infinita. Que coisa maravilhosa! Dar a um ser humano o seu amor é afinal, como se disse, o máximo que um homem pode dar – e contudo, justamente na medida em que dá seu amor (e justamente ao dá-lo), ele contrai uma dívida infinita. Por isso pode-se dizer que *a propriedade característica do amor consiste em que o amante, ao dar, infinitamente, contrai uma dívida infinita*. Mas esta é a relação da infinidade, e o amor é infinito. Ao dar dinheiro não se contrai, verdadeiramente, uma dívida, pelo contrário, aquele que recebe é que se torna devedor. Se, ao contrário, o amante dá o que infinitamente é o máximo que um ser humano pode dar a um outro, o seu amor, então ele se torna infinitamente devedor. Que bela, que sagrada modéstia não traz consigo o amor; ele não somente não ousa convencer-se a tomar consciência de que sua obra teria algum mérito, mas tem pudor até de tomar consciência de sua obra como uma amortização da dívida; toma consciência de seu dar como de uma dívida infinita, que aliás é impossível de saldar, uma vez que o dar aqui significa sempre um tornar-se devedor.

Desta maneira se poderia descrever o amor. Contudo, o Cristianismo não se demora jamais nos estados ou na descrição deles, ele se apressa sempre por chegar à tarefa ou por colocar a tarefa. Esta tarefa está justamente expressa na palavra apostólica citada, "não tenhais nenhuma dívida para com quem quer que seja, a não ser a de vos amardes uns aos outros", palavra que queremos colocar como fundamento desta consideração:

Nosso dever de permanecer em dívida de amor recíproco.

Permanecer numa dívida! Mas seria isso difícil? Afinal, nada é tão fácil como ficar devendo! E por outro lado, aqui a tarefa consistiria em permanecer em dívida, enquanto de resto achamos que a tarefa consiste justamente em sair da dívida; qualquer que seja a dívida: dívida de dinheiro, dívida de honra, dívida de uma promessa; em suma: de qualquer tipo que ela seja, a tarefa costuma de resto

208 As obras do amor

sempre ser que a gente saia dessa dívida o mais cedo possível. Mas aqui deveria ser a tarefa, portanto uma honra, permanecer nela! E na medida em que esta é a tarefa, tem de ser uma ação, talvez uma ação vasta e difícil; mas permanecer numa dívida é bem a expressão para não empreender a mínima coisa, a expressão para a ineficiência, a indiferença, a preguiça. E o mesmo deve ser aqui a expressão para o que há de mais oposto à indiferença, expressão do amor infinito!

Vê só, tudo isso, todas essas dificuldades singulares que como que assaltam este estranho discurso, indicam que o caso deve ter um contexto próprio, de modo que é sempre necessária uma reeducação de atitude e de espírito para ao menos tornar-se atento àquilo de que trata nosso discurso.

Comecemos com uma pequena hipótese. Suponhamos que um amante tivesse feito para a pessoa amada algo de, humanamente falando, tão extraordinário, tão magnânimo, com tanto espírito de sacrifício, que nós homens devêssemos dizer: "Isso é o máximo que um ser humano pode fazer por um outro" – isso certamente seria belo e bom. Mas digamos que ele acrescentasse: "Eis que agora paguei minha dívida", não seria isto então um dito desamoroso, frio e duro, não seria, se ouso dizer, uma indecência, que jamais deveria ser ouvida e nunca jamais se ouvirá na boa companhia do verdadeiro amor?! Se, pelo contrário, o amante tivesse feito aquele ato magnânimo e pleno de sacrifício e aí acrescentasse "eu ainda tenho um único pedido, oh, deixa-me permanecer teu devedor": não seria este um dito amoroso?! Ou se o amante com cada sacrifício satisfaz o desejo da pessoa amada e então diz: "Para mim é uma alegria com isso descontar um pouquinho da dívida – na qual eu, contudo, ainda desejo permanecer"; não seria este um dito amoroso?! Ou se ele simplesmente calasse que isso lhe custava sacrifício, apenas para evitar a confusão que por um instante isto pudesse parecer como um desconto da dívida; não seria este um pensamento amoroso?! Assim sendo, exprime-se de fato que a relação propriamente contábil é inconcebível, para o amor é o que há de mais abominável. Uma contabilidade só pode ter lugar onde há uma relação finita, porque a relação do finito com o finito deixa-se calcular. Mas aquele que ama não pode calcular. Quando a mão esquerda nunca

V. Nosso dever de permanecer em dívida de amor... 209

fica sabendo o que a direita faz, então é impossível realizar a contabilidade, e do mesmo modo quando a dívida é infinita. Fazer contabilidade com uma grandeza infinita é impossível, pois calcular é exatamente tornar finito. O amante deseja, portanto, por sua própria causa permanecer na dívida; não deseja dispensa de nenhum sacrifício, longe disso! Disposto, indescritivelmente bem disposto como é o incitamento do amor, ele quer tudo fazer e não teme senão que assim pudesse fazer tudo e liquidasse sua dívida. Este é, corretamente compreendido, o temor; permanecer em dívida é o desejo, mas é além disso o dever, a tarefa. Se o amor em nós homens não é tão perfeito a ponto de este desejo ser o nosso desejo, então o dever nos ajudará a permanecer em dívida.

Quando é dever permanecer na dívida do amor reciprocamente, então *a todo momento é preciso vigiar que o amor jamais venha a demorar-se em si mesmo, ou a comparar-se com o amor em outros homens, ou a comparar-se com suas obras, que ele efetuou.*

Ouve-se no mundo seguidamente um discurso entusiasmado e inflamado sobre amor, sobre fé e esperança, sobre bondade do coração, em resumo, sobre todas as determinações espirituais, um discurso que, nas expressões mais ardentes, com as cores mais ardentes, descreve e arrebata. Contudo, um tal discurso, a rigor, não passa de uma fachada pintada, ele é, a uma verificação mais próxima e mais séria, um engano, dado que tem de lisonjear o ouvinte ou escarnecer dele. Às vezes se ouvem também exposições cristãs cujo inteiro segredo está naquele entusiasmo fraudulento, quando consideradas como discurso e orientação. Com efeito, quando um tal discurso é ouvido e aí pergunta uma pessoa bem simples e honesta (pois é justamente honestidade querer agir de acordo com o que nos é dito, querer dispor nossa vida de acordo com isso): "O que devo então fazer, de que modo conseguir que o amor se inflame assim em mim?"; então o palestrante propriamente terá de responder: "Esta é uma pergunta estranha; aquele, em cujo coração estão o amor e a fé e a esperança e a bondade do coração, nele elas se encontram da maneira descrita, mas não adianta nada falar para aquele em quem elas não estão". Estranho! Pois acreditar-se-ia que fosse de especial importância que se falasse para aquele que ainda não é assim – a fim de que este pudesse se tornar assim. Mas eis aí

210 As obras do amor

justamente o aspecto fraudulento na ilusão: falar, como se se pretendesse orientar as pessoas, e depois ter de confessar que só se é capaz de falar *sobre* aquelas que não precisam de nenhuma orientação, porque elas já são tão perfeitas como o discurso o descrevia. Mas então *para* quem se fala, quem é então que deve tirar proveito deste discurso, que tem no máximo alguns indivíduos *sobre* os quais fala – se é que de fato existem alguns?

Mas seria esta fútil poesia ainda Cristianismo? Então teria sido um erro do Cristianismo primitivo que no discurso sobre a justiça e a pureza se dirigisse constantemente aos pecadores e cobradores de impostos, os quais afinal não são justos! Então o Cristianismo, ao invés de falar de maneira tão mordaz sobre os justos que não necessitam de conversão, deveria, isto sim, mais corretamente ter-se enfeitado para apresentar-se como um elogio sobre os justos! Mas se isso devesse ser feito, não só o Cristianismo ficaria sem ninguém a quem se dirigir, ai, ficaria absolutamente sem ninguém sobre quem falar, ou seja, assim o Cristianismo se reduziria ao silêncio. Não, um discurso elogioso é a última coisa que o Cristianismo jamais quis ser, e jamais se ocupou com descrever ou ficar imaginando como um homem afinal de contas é; jamais fez uma *distinção* entre os homens, de modo que só conseguisse falar dos que afinal *têm* tal sorte de ser tão amorosos. O Cristianismo começa dizendo imediatamente o que *qualquer* ser humano deve chegar a ser. É por isso que se chama o Cristianismo de uma orientação, e com razão; pois ninguém perguntará em vão a Cristo, que é o caminho, ou à Escritura, que é a orientação, o que deve fazer: pois o que perguntar sabê-lo-á imediatamente – se ele mesmo o *quiser*.

Isso para prevenir o mal-entendido. Todo aquele que não quer compreender o discurso sobre o que se deve fazer em relação ao amor, ou seja, que na verdade há muito – ou melhor, tudo – por fazer, tanto para adquiri-lo quanto para conservá-lo, colocou-se fora do Cristianismo, é um pagão que admira aquilo que depende da sorte; portanto, o casual, mas justamente por isso tateia na escuridão. Ou será que fica tanto mais claro ao redor de alguém quanto mais fogos fátuos dançarem em suas mão?

Há portanto algo a fazer, e o que deve agora ser feito para permanecer na dívida de gratidão uns para com os outros? Quando

V. Nosso dever de permanecer em dívida de amor... 211

um pescador apanhou um peixe, e deseja conservá-lo vivo, que deve então fazer? Tem de colocá-lo imediatamente na água, caso contrário o peixe se debilita e morre após o transcurso de um tempo mais longo ou mais curto. E por que deve colocá-lo na água? Porque água é o elemento do peixe, e *tudo o que deve ser conservado vivo tem de ser conservado em seu elemento*; porém, o elemento do amor é infinidade, inesgotabilidade, imensidade. Se queres portanto conservar teu amor, então precisas prestar atenção para que ele, apanhado para a liberdade e para a vida, graças à infinidade da dívida, permaneça constantemente em seu elemento, caso contrário adoecerá e morrerá – não após o transcurso de um tempo mais longo ou mais curto, pois morre imediatamente, o que é justamente um sinal de sua perfeição: que ele *só* possa viver na infinidade.

Que o elemento do amor é infinidade, inesgotabilidade, imensidade, certamente ninguém negará, e também é fácil de percebê-lo. Supõe – afinal, podemos supô-lo – que um serviçal ou uma pessoa cujo trabalho e incômodo podes pagar, realize para ti exatamente a mesma coisa que aquele que te ama, de modo que entre o resultado dos atos deste e dos do serviçal não haja a mínima diferença que a inteligência possa descobrir; contudo, mesmo assim há aí uma diferença infinita, uma imensa diferença. Com efeito, num dos casos há sempre um acréscimo que, bem estranhamente, tem um valor *infinitamente* maior do que aquilo com que se relaciona enquanto acréscimo. Mas este é justamente o conceito de "infinidade"! Em tudo o que faz por ti aquele que ama, na mínima insignificância como no maior dos sacrifícios, ele sempre coloca junto o amor; e com isso, o mínimo serviço – para o qual, no caso de um serviçal, nem verias valor que se levasse em conta – torna-se imenso. Ou imagina que a um homem ocorresse a ideia de querer experimentar se ele, sem amar a outra pessoa e contudo só porque ele o quisesse (portanto, por razões de experimentação – não por razões de obrigação), poderia ser, como dizemos, tão inesgotável nos sacrifícios, nos serviços, nas expressões de dedicação como aquele outro que amava esta mesma pessoa: verás facilmente que ele não o conseguirá, pelo contrário, permanece uma diferença imensa entre os dois. O que realmente ama tem sempre uma vantagem, e uma vantagem infinita; pois cada vez que o outro tiver fundamentado, cal-

212 As obras do amor

culado, inventado uma nova expressão de dedicação, o que ama já a terá realizado, porque o que ama não precisa de cálculos, e também não desperdiça nenhum instante com cálculos.

Mas o estar e permanecer numa dívida infinita é exatamente uma expressão para a infinidade do amor, de modo que este ao permanecer na dívida permanece no seu elemento. Há aqui uma relação recíproca, mas infinita de ambas as partes. Num dos casos é a pessoa amada que em cada expressão de amor do amado compreende amorosamente a imensidade; no outro caso é o amante que sente a imensidade, porque reconhece que a dívida é infinita: é uma e a mesma coisa, que é infinitamente grande e infinitamente pequena. O objeto do amor confessa amorosamente que o amante com o seu mínimo faz infinitamente mais do que todos os outros com todos os sacrifícios supremos; e o amante confessa a si mesmo que com todos os sacrifícios possíveis ainda faz infinitamente menos do que ele percebe ser a sua dívida. Que maravilhosa troca delas por elas neste infinito! Oh, os sábios se orgulham do cálculo do infinito, mas aqui está a pedra da sabedoria: a mais ínfima das expressões é infinitamente maior do que todos os sacrifícios, e todos os sacrifícios infinitamente menos do que o mínimo quando se trata de descontar a dívida.

Mas o que pode então levar o amor a sair de seu elemento? *Quando o amor se demora junto a si mesmo, está fora de seu elemento.* O que quer dizer demorar junto a si mesmo? É tornar-se objeto para si mesmo. Mas um *ob*-jeto é sempre algo perigoso quando se trata de mover-se para a frente; um *ob*-jeto é como um ponto fixo finito, como limite e ponto de parada, uma coisa perigosa para a infinidade. Com efeito, *no infinito* não pode ocorrer que o amor se torne objeto para si mesmo, neste ponto não haveria perigo. Pois *infinitamente* ser para si mesmo o seu objeto significa permanecer na infinidade, e nesta medida apenas existir ou continuar a existir, dado que o amor é um redobramento em si mesmo, assim como a singularidade da vida natural é diferente do redobramento do espírito. Portanto, quando o amor se demora junto a si mesmo, isso tem de ser em uma de suas expressões particulares, que ele se torne objeto para si mesmo, ou que um outro amor especial se torne o objeto, o amor nesta pessoa e o amor naquela pessoa. Quando o

V. Nosso dever de permanecer em dívida de amor... 213

objeto é destarte um objeto finito, o amor se demora junto a si; pois demorar-se junto a si *infinitamente* significaria justamente mover-se. Mas quando o amor se demora junto a si num sentido finito, tudo está perdido. Imagina uma flecha que voa, como se diz, rápido como uma flecha; imagina que num momento lhe ocorresse querer demorar-se junto a si mesma, quiçá para ver quão longe tinha ido, ou quão alto estava flutuando em relação à terra, ou de que modo seu percurso se relacionava com o de uma outra flecha que também estaria voando rápido como uma flecha: no mesmo segundo a flecha cairia ao chão.

Assim também ocorre com o amor, quando ele se demora *num sentido finito* junto a si mesmo ou se torna objeto para si mesmo, o que, definido mais exatamente, designa *a comparação*. Comparar-se a si mesmo num sentido infinito o amor não consegue, pois infinitamente ele se parece tanto consigo mesmo que isto apenas quereria dizer que ele é ele mesmo; na comparação *infinita* não há um terceiro, trata-se de um redobramento, portanto não há uma comparação. De toda e qualquer comparação faz parte o terceiro, junto com a igualdade e a desigualdade. Quando não há nenhum demorar-se, não há nenhuma comparação, quando não há nenhuma comparação não há absolutamente nenhum demorar-se.

Mas o que pode ser então o terceiro termo desta comparação? O amor nesta pessoa individual pode comparar-se com o amor numa outra. Assim ela descobre ou crê descobrir que o amor nela é maior do que o que há na outra, ou que em alguma outra é maior mas é menor, por sua vez, em outra. Ela até acha talvez num primeiro momento que se trata apenas de um olhar de relance, de passagem, que não lhe custa nem tempo nem esforço; mas, ai, o olhar de relance da comparação descobre demasiado rapidamente um imenso mundo de comparações e de cálculos. Eis a parada, no mesmo instante esta pessoa está a ponto de fugir da dívida, ou talvez já esteja fora da dívida – isto é, fora do amor. Ou o terceiro termo da comparação pode ser as ações já realizadas até agora pelo amor. No mesmo instante ela estará, contando ou ponderando, a ponto de livrar-se da dívida, ou talvez já, em grande auto-suficiência, mais do que fora da dívida – isto é, mais do que fora do amor.

214   As obras do amor

Na comparação está tudo perdido, o amor tornado finito, a dívida algo que se paga – exatamente como qualquer outra dívida; diferentemente da dívida de honra, que tem por característica que se deve saldá-la em primeiríssimo lugar, sim, quanto antes melhor, é preciso tratar de se ver livre dela, assim a dívida de amor tem a característica de ser infinita. O que é que a comparação sempre perde? Perde o instante, o instante que deveria ser preenchido com uma expressão da vida do amor. Mas *perder o instante é tornar-se instantâneo*. Perdido um instante, está quebrada a corrente da eternidade; perdido um instante, está destruída a continuidade da eternidade; perdido um instante, está perdido o eterno; mas perder o eterno é afinal justamente tornar-se instantâneo. Um instante gasto com a comparação, e tudo já estará desperdiçado. Pois o instante da comparação é um instante egoísta, um instante que quer ser *para si*; justamente isso é a quebra, é a queda – assim como significa a queda da flecha o parar junto a si.

Na comparação está tudo perdido, o amor tornado finito, a dívida algo que se paga – indiferentemente de qual seja o lugar, ainda que fosse o mais alto, que o amor crê assumir *na comparação* com o amor de outro, ou em relação com seus próprios feitos. Entendamo-nos. Se em verdade fosse o caso (poderíamos afinal por um instante admiti-lo) de que para o filho do rei fosse indigno e indecoroso tratar com o homem vulgar – mas que ele o fizesse mesmo assim e em sua defesa dissesse: "Eu não abdico de modo nenhum de minha dignidade, decerto saberei fazer-me valer como o primeiro também entre esses homens"; será que o fino cortesão não diria: "Alteza, trata-se de um mal-entendido, o indecoroso está no tratar com tais homens; Vossa Alteza mesma perceberá, aliás, que soa como uma zombaria se alguém diz de vós, ó príncipe, que vós sois o primeiro entre esses homens simples. Dentro da comparação não há nada a ganhar, e talvez ainda menos em ser o primeiro dentro dela; pois a própria relação, a possibilidade da comparação é o tropeço, e a dignidade real consiste somente no permanecer fora da comparação". Tudo isto, porém, é afinal apenas uma brincadeira. Mas quando o que é e deve ser infinito procura a má companhia da frequentação e da comparação com o finito, então isto é indecoroso, indigno, e nos tornamos culpados de rebaixa-

V. Nosso dever de permanecer em dívida de amor...   215

mento, mesmo que dentro da comparação acreditemos ser o primeiro. Pois mesmo que isso fosse verdade, amar comparativamente mais do que todos os outros homens significa: não amar. Amar consiste em permanecer numa dívida infinita e a infinidade da dívida é o vínculo da perfeição.

Permite-me ilustrar a mesma coisa comentando uma outra relação da infinidade. Imagina um entusiasta, que entusiasticamente só quer uma única coisa e entusiasticamente quer sacrificar tudo por este bem: imagina que lhe aconteça (o que não acontecerá *por acaso*, mas acontecerá incondicionalmente, enquanto o mundo for mundo) que na mesma medida em que ele trabalha mais e mais desinteressadamente, mais e mais sacrificando-se, esforçando-se mais e mais, na mesma proporção o mundo trabalhará sempre mais contra ele; imagina-o naquele ápice – se, acaso, por um único instante confundir-se e comparar seu esforço com a recompensa do mundo, ou confundir-se e comparar seu esforço com os feitos alcançados até ali, ou confundir-se e comparar sua sorte com as honras daqueles que justamente não parecem arder de entusiasmo: ai, então estará perdido. Mas o Tentador chega até ele e lhe diz: "Interrompe o teu trabalho, diminui o esforço, aproveita os teus dias, goza a vida no conforto e aceita a condição lisonjeira que se te oferece, de ser um dos mais entusiastas" – pois o Tentador não fala mal do entusiasmo, ele é bem esperto, e não é assim tão fácil fazer alguém de bobo, levando-o a jogar fora o entusiasmo. Entretanto, ele não quer ceder ao Tentador, e renova seu empenho. Aí então chega o Tentador outra vez até ele e diz: "Interrompe o teu trabalho, diminui o esforço, aproveita os teus dias, goza a vida no conforto, aceitando exatamente aquela que é incondicionalmente a condição mais lisonjeira de todas, que aliás também só é oferecida a ti, isto é, de seres o maior de todos os entusiastas, uma circunstância que te facilita a vida e te proporciona, a ti, como entusiasta, a admiração do mundo, enquanto que tu afinal só tens gastado tuas forças e com isso só recebes em troca a resistência do mundo". Ai, ser *comparativamente* o maior entusiasta significa justamente não ser um entusiasta. Ai do homem que corrompeu sua alma pelo contágio da comparação, de modo a não poder compreender o que vem agora a seguir, senão como um incrível orgulho e vaidade.

216 As obras do amor

Pois o entusiasta diz ao Tentador: "Afasta-te de mim e leva contigo a tua comparação". E isto é justamente o correto. Vê, é por isso que exclamamos ao entusiasta: "Fecha teus olhos, tapa teus ouvidos, agarra-te à exigência da infinidade, aí nenhuma comparação deve imiscuir-se sorrateiramente para sufocar teu entusiasmo usando do recurso de fazer de ti o maior entusiasta – comparativamente! Para a exigência da infinidade, mesmo o teu maior empenho não passa de uma brincadeira de criança, com o qual não deverias te fazer de importante, já que chegaste a compreender o quão infinitamente mais ainda se exige de ti". Costumamos advertir a quem está num navio que avança na velocidade das tormentas, que não olhe para as ondas para não ficar mareado: assim também a comparação entre a infinidade e a finidade deixa o homem mareado. Cuida-te, portanto, da comparação que o mundo quer te impingir; pois o mundo não entende de entusiasmo mais do que um capitalista entende de amor, e tu acharás sempre que a inércia e a tolice antes de mais nada levam a comparações e a atolar tudo na "realidade" lamacenta da comparação. Não te detenhas então a olhar em volta, "não saúdes ninguém pelo caminho" (Lc 10,4), não escutes o grito e o chamado que querem fazer-te de bobo, roubando-te o entusiasmo, e enganar tuas energias, pondo-as a trabalhar na rotina da comparação. Não deixes que te perturbe o mundo chamar de loucura o teu entusiasmo, e tachá-lo de egoísmo – na eternidade todos terão de compreender o que é entusiasmo e amor. Não aceites as condições que te são oferecidas: de receberes, por um trabalho feito pela metade, toda a admiração do mundo; permanece na dívida da eternidade, contente com tua condição: a da oposição do mundo, porque te recusas a barganhar. Não escutes, porque já seria tarde demais: não crer naquilo; não escutes o que se diz mentirosamente do entusiasmo de segunda mão; não escutes, para não seres prejudicado de uma outra maneira ao crer naquilo, como se a eternidade não fosse, para qualquer um que o *queira de fato*, igualmente próxima, e igualmente próximo o entusiasmar-se. Pois o que é entusiasmo, senão querer tudo fazer e tudo sofrer, senão querer permanecer sempre em dívida infinita? Cada vez que a flecha há de ser arremessada, é preciso estender bem a corda do arco, e cada vez que o entusiasmo renova sua marcha ou a mantém, renovando-se, a infinidade da dívida tem de ser levada em conta.

V. Nosso dever de permanecer em dívida de amor... 217

Assim também com o amor. Se queres conservar o amor, então tens de conservá-lo na infinidade da dívida. Guarda-te então das comparações! Aquele que guarda o tesouro mais precioso de todo o mundo não precisa vigiar tão solicitamente que ninguém fique sabendo dele; pois tens de cuidar também para não chegares tu mesmo a saber algo sobre o amor através da comparação. Guarda-te das comparações! A comparação é a mais funesta vinculação em que o amor pode entrar; a comparação é o mais perigoso conhecimento que o amor pode estabelecer; a comparação é a pior de todas as seduções. E nenhum sedutor é tão rápido com as mãos, e nenhum sedutor é assim tão onipresente como a comparação, tão logo tu a olhas de relance; no entanto nenhum seduzido jamais argumentou em sua defesa que "a comparação me seduziu", pois foi ele mesmo, afinal, que descobriu a comparação. É bem conhecido o quão ansiosamente, quão inutilmente e contudo quão temerosamente tenso um homem caminha quando sabe estar andando em cima do gelo liso: mas também é bem conhecido que um homem avança seguro e firme sobre o gelo liso quando, devido à neblina ou a outra razão, não fica sabendo que está caminhando sobre o gelo liso. Guarda-te portanto de descobrir a comparação! A comparação é o parasita malsão que rouba da árvore seu crescimento: a árvore fica condenada a transformar-se numa sombra ressequida, mas o parasita malsão cresce em opulência malsã. A comparação é como o terreno pantanoso do vizinho, embora tua casa não esteja construída sobre ele, acaba afundando do mesmo jeito. A comparação é como o verme oculto da tuberculose latente, que não morre, ao menos não antes de ter devorado a vida do amor. A comparação é uma erupção repugnante, que vai penetrando até a medula e a devora. Guarda-te portanto, no teu amor, da comparação!

Mas se a comparação é a única coisa que conseguiria afastar o amor da dívida, ou deixá-lo a ponto de abandonar a dívida, e a comparação é evitada, então o amor permanece, saudável e vivo – na dívida infinita. Permanecer na dívida é uma expressão infinitamente ardilosa e contudo infinitamente satisfatória para a infinidade do amor. Quando, por exemplo, se diz de uma força da natureza que ela se desencadeia com uma velocidade infinita, ou que vai irrompendo com uma infinita força e riqueza, então parece sempre

218 As obras do amor

como se fosse contudo possível que afinal tivesse de parar ou se esgotar. Mas o que, em si mesmo infinito, tem ao mesmo tempo atrás de si uma dívida infinita, é tornado uma segunda vez infinito, tem em si mesmo a sentinela que constantemente vigia para que não ocorra nenhuma parada – e a dívida é outra vez a força propulsora.

Se é dever permanecer em dívida de amor reciprocamente, *então o permanecer na dívida não é uma expressão exaltada nem é uma noção sobre o amor, mas sim uma ação, então, graças ao dever, o amor permanece cristãmente em ação, na velocidade da ação, e justamente com isso na dívida infinita.* Amar é ter contraído uma dívida infinita. O desejo de permanecer na dívida poderia parecer ser meramente uma concepção, uma representação do amor, uma derradeira, a mais excessiva expressão, que lhe pertence – como a coroa faz parte da solenidade. Pois mesmo o cálice mais precioso, repleto da bebida mais deliciosa – ainda carece de algo: que o cálice esteja coroado com flores! E mesmo a alma mais amável, na figura da mais bonita das mulheres – ainda carece de algo: da coroa que completa. Assim também se deveria falar quando se falasse apenas humanamente sobre o amor: esse desejo de permanecer na dívida é o máximo da solenidade, é a coroa da festividade, algo que num certo sentido nem tira nem acrescenta (pois afinal a gente não bebe do cálice coroado, e nem a coroa cresce junto com a noiva) e justamente por isso é a expressão da bela exaltação romântica. Em termos meramente humanos, uma bela exaltação é o que há de mais alto.

Porém, o Cristianismo não se exalta ao falar sobre o amor; diz que é um dever permanecer na dívida do amor e não o diz como se o pensamento tivesse vertigens por fim e no máximo da embriaguez – pois o desejo de permanecer na dívida já era uma expressão excessiva, e contudo podia parecer que ainda ficaria mais exagerado, se possível fosse, em se tornando um dever. Mesmo este exagero ainda tem, a contragosto, a aparência de uma redução da dívida, mas se é um dever permanecer nela, então a impossibilidade se elevou outra vez ainda mais. Poderia parecer como numa embriaguez, quando uma repentina sobriedade absoluta, que dura um instante, indica um aumento da embriaguez; pois ainda mais exal-

V. Nosso dever de permanecer em dívida de amor... 219

tada se torna a exaltação sentimental quando se expressa tranquila e conscientemente; ainda mais aventureira se torna a aventura, quando contada de maneira simples como um evento corriqueiro. Mas não é assim que fala o Cristianismo; ele diz, sobre o permanecer na dívida, exatamente a mesma coisa que um nobre amor humano diz com ardor, mas ele o diz de uma maneira totalmente diferente. O Cristianismo não faz nenhum estardalhaço sobre isso, ele não fica, como a concepção meramente humana do amor, oprimido por tal visão, não, ele fala tão seriamente sobre isso quanto sobre aquilo que parece ao entusiasmo meramente humano como de uma ordem completamente diversa. O Cristianismo diz que isso é dever, e com isso retira do amor tudo o que há de inflamado, tudo o que há de instantâneo, tudo o que há de exorbitante.

O Cristianismo diz que é dever permanecer na dívida, e com isso diz que isto é uma *ação*, não um modo de falar *sobre*, não é uma *concepção* refletida *do* amor. Compreendido cristãmente, nenhum homem realizou o máximo no amor; e mesmo se isto acontecesse, coisa que é impossível, no mesmíssimo instante, compreendido cristãmente, surgiria uma nova tarefa. Mas se no mesmo instante há uma nova tarefa, então seria uma impossibilidade ficar sabendo se já se realizou o máximo; pois o instante em que se deveria ficar sabendo isso estaria preso ao serviço da tarefa, e portanto o homem impedido de tomar conhecimento do instante anterior não teria tempo para isso, estaria ocupado, na velocidade da ação, enquanto que mesmo no ponto máximo da exaltação há algo de estacionário.

O Cristianismo sabe o que é agir e o que significa ser capaz de manter o amor ocupado constantemente em ação. A concepção meramente humana do amor admira o amor, e por isso tão facilmente se introduz aí uma parada, com instantes em que não há nada a fazer; instantes soltos, ou seja, instantes de exaltação apaixonada. O amor está para a representação da concepção meramente humana assim como a criança extraordinariamente dotada está para os pais simples: a criança apronta a tarefa tão rapidamente que os pais por fim não sabem o que mais deveriam inventar para manter a criança ocupada. O amor está para a representação da concepção meramente humana assim como o cavalo fogoso, sem-

220   As obras do amor

pre bufando, que deixa cansado o cavaleiro, enquanto que este, se
fosse o caso, é que deveria ser capaz de deixar o cavalo esgotado. E
o Cristianismo é capaz disso. Não é sua intenção deixar o amor es-
tafado, longe disso, mas o Cristianismo sabe, em virtude de sua essência eterna e com a seriedade da eternidade, que tem o amor em
seu poder, e fala por isso de modo tão simples, isto é, tão seriamente sobre o assunto – do mesmo modo como o cavaleiro de ferro que
sabe que pode extenuar sua montaria, e não admirar sua fogosidade, mas diz que ela deve ser fogosa, pois ele não tira a fogosidade
do animal; porém, ao forçar esta fogosidade, apenas a enobrece.
Deste modo, o Cristianismo sabe forçar o amor, e ensinar-lhe que a
cada instante há uma tarefa; sabe sustentar o amor, de modo que
este com humildade aprenda que o permanecer na dívida não é um
modo de expressão, não é nenhuma exaltação sentimental, mas é
sim seriedade e verdade.

O perigoso, como foi mostrado, era que o amor viesse a demorar-se junto a si mesmo em comparações. Isso deve ser impedido,
mas quando é impedido com *a ajuda do dever*, acontece aí ao mesmo tempo uma outra coisa: o amor vem a relacionar-se com a ideia
cristã, ou *cristãmente* com a ideia de Deus; a relação da dívida é
transferida para a relação entre homem e Deus. É Deus quem, por
assim dizer, amorosamente assume a exigência do amor; ao amar
um ser humano, o amante contrai uma dívida infinita – mas por
sua vez a contrai para com Deus como o curador da pessoa amada.
Agora toda comparação se tornou impossível, e agora o amor encontrou o seu mestre. Não se trata mais de atmosferas festivas e de
façanhas pomposas; o amor não deve mais, se ouso dizer, brincar
no pátio infantil da humanidade, que deixa uma dúvida sobre o que
é brincadeira e o que é seriedade. Enquanto o amor em todas as
suas expressões se volta para fora, para os homens, onde afinal tem
seu objeto e suas tarefas, sabe contudo que aí não é o lugar onde
será julgado, e sim que no mais íntimo, onde o amor se relaciona
com Deus, é que se dá o juízo. É como quando a criança está fora,
entre estranhos: a criança age conforme foi educada. Mas quer os
estranhos gostem do que ela faz ou não, quer a própria criança
pense que se comporta melhor do que as outras ou não, a criança
educada seriamente jamais esquece que o julgamento se dá em

V. Nosso dever de permanecer em dívida de amor...

casa, onde são os pais que julgam. E no entanto é claro que a educação não visa a que a criança permaneça em casa junto aos pais, muito pelo contrário, visa a que a criança saia pelo mundo. O mesmo ocorre com o amor, compreendido cristãmente. É Deus quem, por assim dizer, educa o amor numa pessoa; mas Deus não o faz para se divertir com esta visão, pelo contrário, ele o faz para enviar o amor ao mundo, completamente ocupado com a tarefa. Porém, o amor cristão, educado seriamente, não esquece em nenhum instante quando é que ele deverá ser julgado, ou seja, à tardinha ou pela manhã ou quando quer que seja; enfim, cada vez que retornar de todas as suas tarefas para casa por um instante, o amor será examinado – para ser imediatamente reenviado ao mundo. Pois até mesmo na mais alta exaltação apaixonada o amor sempre pode demorar um pouco, antes de sair de novo, mas em Deus não há nenhuma demora.

Vê que, compreendido dessa maneira, há seriedade e verdade no permanecer em dívida de amor reciprocamente. Nem mesmo a exaltação apaixonada de intenção mais sincera e humanamente falando mais nobre, nem mesmo o entusiasmo mais ardente e desinteressado é, afinal, seriedade; nem mesmo quando realizam o que há de mais surpreendente, e nem quando ao mesmo tempo desejam permanecer na dívida. O defeituoso que se vê até no mais nobre entusiasmo humano está em que ele, como meramente humano, em última análise *não tem poder sobre si mesmo, porque ele não tem um poder superior sobre ele*. Só a relação com Deus é seriedade; o sério consiste justamente em que a tarefa é coagida a chegar ao seu máximo, porque ali está Aquele que coage com o poder da eternidade e a seriedade consiste em que o entusiasmo tem um poder acima dele e uma força exercida sobre ele. O indivíduo está comprometido na dívida do amor com outros homens; mas não é nem este mesmo homem individual e nem os outros homens quem deve julgar seu amor. Mas se é assim, então o indivíduo tem de permanecer na dívida infinita. Deus tem do amor a ideia infinita, verdadeira e infalível; Deus é amor, portanto o indivíduo tem de permanecer na dívida – tão verdadeiro como que Deus o julga, ou tão verdadeiro como que ele permanece em Deus, pois Deus só pode permanecer nele na infinidade da dívida.

222 As obras do amor

Ele permanece na dívida, e ao mesmo tempo reconhece que é seu dever permanecer na dívida, seu dever fazer esta confissão, que, no sentido cristão, não é a da exaltação apaixonada, mas é a confissão de uma alma humilde e amorosa. É humilde por fazer tal confissão; é amorosa por estar infinitamente disposta a fazê-la, porque faz parte do amor, porque há um sentido e um nexo de felicidade nesta confissão; é cristã por não fazer alarido a respeito, já que é dever.

"Não tenhais portanto nenhuma dívida para com quem quer que seja, a não ser a de vos amardes uns aos outros"; não, "dai a cada um o que lhe é devido, o imposto a quem é devido; a taxa a quem é devida; a reverência a quem é devida; a honra a quem é devida." Assim, não fiques devendo a nenhum homem nada do que lhe pediste emprestado, nada do que lhe prometeste, nada do que ele pode com justiça exigir de ti como contrapartida. Se possível, não fiques devendo a nenhum homem nenhuma cortesia, nenhum serviço, nenhuma simpatia na alegria ou na tristeza, nenhuma indulgência no julgar, nenhum auxílio na vida, nenhum conselho nos perigos, nenhum sacrifício, nem sequer o mais pesado; não, de todas essas coisas não devas nada a quem quer que seja; mas permanece contudo na dívida que tu com tudo isso de maneira alguma pretendeste pagar e diante de Deus de maneira alguma foste capaz de pagar, a dívida de amar-se mutuamente.

Oh, faz isto! E então só mais uma coisa: "Recorda-te a tempo de que, na medida em que fazes isto ou te esforças por assim fazê-lo, as coisas irão mal para ti no mundo". Isso é especialmente importante de lembrar, particularmente ao final deste discurso, e em geral ao final deste pequeno livro, para que o discurso não venha a provocar um arrebatamento falso. Por isso o mundo achará esta conclusão completamente errônea, o que por sua vez tem lá a sua importância para demonstrar que a conclusão está correta.

Às vezes se leem e se ouvem com tristeza exposições cristãs que propriamente omitem este último perigo. O que ali é dito sobre a fé, sobre o amor, sobre a humildade é muito correto e muito cristão; mas no entanto um tal discurso serve mais para desencaminhar do que para orientar, porque o discurso deixa de mencionar o que logo acontecerá no mundo ao verdadeiro cristão. O discurso

V. Nosso dever de permanecer em dívida de amor...   223

exige que um homem trabalhe com abnegação para desenvolver em si um caráter cristão, mas então, sim, então nada mais se diz, ou se silencia sobre as determinações ulteriores mais graves, enquanto se comenta e se assegura que o que é bom tem sua recompensa, que ele será amado tanto por Deus quanto pelos homens. Quando, pois, este caráter cristão, com toda razão, é elogiado como o que há de mais alto, então o jovem haverá de crer que, caso cumpra o exigido ou ao menos se esforce honestamente por cumpri-lo, então as coisas hão de correr bem para ele no mundo. Vê, aquele silêncio sobre a última dificuldade (isto é, de que humanamente falando, as coisas irão mal para ele no mundo, e justamente tanto mais quanto mais ele desenvolver o cristão[208] em si) é um engano que ou bem levará o jovem a desesperar sobre si mesmo (como se o erro estivesse bem claramente nele, que não seria um verdadeiro cristão), ou bem a renunciar, desencorajado, aos seus esforços, como se tivesse acontecido com ele algo de totalmente fora do comum, enquanto que de fato só lhe acontece o que o apóstolo João comentava como sendo algo de bastante comum, quando dizia (1Jo 3,13): "Não vos surpreendais". O orador enganou portanto o jovem ao silenciar sobre o verdadeiro encadeamento das coisas, ao fazer de conta que, no sentido cristão, só há combate num lugar, enquanto que o verdadeiro combate cristão supõe sempre um perigo duplo, porque há combate em dois lugares, primeiro no interior do homem, onde ele deve combater consigo mesmo, e depois, quando tiver feito progresso nesta luta, fora do homem, com o mundo. Oh, talvez um tal orador tenha medo de recomendar o crístico e o bom desta maneira, sem dúvida singular mas verdadeira, de que não há recompensa no mundo, sim, que justamente o mundo trabalha contra eles. Talvez pareça ao orador que seria como bater em sua própria boca – tão eloquente – se ele, após ter elogiado o bem com as formulações e expressões mais calorosas, além de escolhidas com rara felicidade, e assim ter deixado o ouvinte tão próximo quanto possível de ainda hoje ir e fazer o mesmo, talvez lhe pareça que seria como bater em sua própria boca, sim, que seria uma lástima para a boa impressão de sua obra-prima de oratória tão elegante se então tivesse

---

208. *det Christelige*

224   As obras do amor

de acrescentar, no meio de suas recomendações: o bem é recompensado com ódio, desprezo e perseguição. Pois se é assim, então parece mais natural advertir contra o bem, ou ainda melhor, isto já está feito quando se recomenda o bem desta maneira. O orador se encontra certamente numa situação difícil. Talvez com a melhor das intenções gostaria tanto de atrair os homens: então omite a última dificuldade, aquela que torna a recomendação tão difícil – e aí tudo flui, elevando e arrancando lágrimas, numa fascinante exposição. Ai, mas, como ficou claro, isso significaria enganar. Se, pelo contrário, o orador fizer uso daquela difícil recomendação, então "espantará aos ouvintes"; talvez o discurso quase espante até a ele mesmo, a ele que, tão festejado, respeitado e apreciado, demonstrava, afinal de contas, que o bom cristão tem sua recompensa no mundo. Com efeito, não se pode negar que ele tem uma recompensa, embora a eternidade afirme dez vezes que ele já teve sua recompensa pelo fato de ter uma recompensa, porém esta parece um tanto quanto mundana, e não é aquela retribuição que o Cristianismo *em boa hora* prometeu aos seus seguidores e com a qual ele *imediatamente* se recomendou.

Em verdade, não gostaríamos de tornar um jovem arrogante, ensinando-o prematuramente a precipitar-se em julgar o mundo; Deus nos livre de que alguma palavra nossa venha a contribuir para desenvolver esta morbidez numa pessoa; achamos justamente dever fazer-lhe sua vida tão esforçada para o interior que ele tenha em primeiro lugar outra coisa para pensar, pois sem dúvida há um ódio mórbido ao mundo que, talvez mesmo sem jamais ter refletido sobre sua imensa responsabilidade, deseja ser perseguido. Mas pelo outro lado, em verdade também nos repugna iludir um jovem ocultando a dificuldade, e omitindo-a justamente no momento em que nos esforçamos por recomendar o crístico, pois aí (e justamente aí) é o momento para falar. Temos confiança de poder elogiar francamente o Cristianismo, mesmo com o acréscimo de que sua recompensa, para falar com suavidade, será a ingratidão no mundo. Consideramos como nosso dever falar sobre isso sempre *no tempo oportuno*, de modo que não precisemos ora louvar o crístico, escamoteando algo de sua dificuldade essencial, e ora (talvez ao ensejo de algum texto particular) descobrir algumas razões de consolo

V. Nosso dever de permanecer em dívida de amor... 225

para quem é tentado na vida. Não, justamente quando o crístico é louvado mais fortemente, aí então deve ser ressaltada a dificuldade. Com efeito, seria uma choradeira anticristã se alguém pensasse: "Conquistemos pessoas de qualquer modo para o Cristianismo, e se alguma vez lhe surgirem adversidades, então saberemos o que fazer, então será a hora de falar dessas coisas". Mas aí é que está a fraude: não seria possível, afinal, que um cristão conseguisse desviar-se dessas adversidades, inteiramente no mesmo sentido como alguém por sorte deixa de ser tentado pela miséria ou pela doença? Isso quer dizer que se vê a oposição do mundo numa relação casual com o crístico, não numa relação essencial: a oposição pode talvez chegar, mas pode talvez não aparecer. No entanto, esta maneira de ver é completamente acrística. É bem possível que um pagão tenha razão em se considerar feliz na hora da morte por ter passado pela vida e contudo evitado todas as adversidades; mas um cristão tem de desconfiar um pouco dessa alegria na hora da morte – pois, cristicamente, a oposição do mundo está *numa relação essencial* para com a interioridade cristã. Além disso, aquele que opta pelo crístico deve, justamente neste instante, ter uma impressão de sua dificuldade, para que saiba o que está escolhendo. Não se deve prometer ao jovem nada de diferente do que o Cristianismo pode garantir, mas o Cristianismo não pode garantir coisa diferente daquilo que desde o início prometeu: ingratidão do mundo, oposição, escárnio, e tudo isto em grau tanto mais alto quanto mais seriamente cristão alguém se tornar. Esta é a última dificuldade no crístico, e não se pode escamoteá-la quando se faz o elogio do crístico.

Não, quando se omite a última dificuldade, não se pode, propriamente, falar do crístico. Se o mundo não é tal como o Cristianismo originalmente assumiu que o fosse, então o Cristianismo está essencialmente abolido. O que o Cristianismo chama de abnegação inclui justamente, e essencialmente, um *duplo perigo*, ou a abnegação não será abnegação cristã. Se portanto alguém conseguir provar que o mundo ou a cristandade agora já se tornou essencialmente bom, como se fosse a eternidade, então eu também provarei que a abnegação cristã se tornou impossível, e o Cristianismo abolido, assim como ele pretende ser abolido na eternidade, onde terá cessado de ser *militante*. A ideia *da abnegação mera-*

mente humana é: renuncia aos teus desejos, ambições e planos egoístas – assim serás respeitado e honrado e amado como o justo e o sábio. Vemos facilmente que esta abnegação não alcança a Deus ou à relação com Deus, ela permanece mundanamente no interior da relação entre homem e homem. A ideia da *abnegação cristã* é: renuncia aos teus desejos e ambições egoístas, renuncia a teus planos e propósitos interesseiros, de modo que em verdade trabalhes desinteressadamente para o bem, e resigna-te a seres abominado quase como um criminoso, escarnecido, alvo de zombaria, resigna-te, se isto te for exigido, a seres justamente por causa disto executado como um criminoso, ou melhor, não te resignes a isto, pois isto é uma coisa que pode ser quase imposta, mas opta por isto livremente. Com efeito, a resignação cristã sabe de antemão que isso vai lhe acontecer, e opta por isto livremente. O Cristianismo possui a representação da eternidade do que seja renunciar a seus propósitos interesseiros e não deixa então o cristão escapar pela metade do preço. Vemos facilmente que a abnegação cristã alcança a Deus, e em Deus tem seu único refúgio. Mas só o estar assim abandonado, no duplo perigo, é abnegação cristã; o segundo perigo, ou o perigo no lado oposto é justamente a garantia de que a relação com Deus está correta, e de que ela é uma relação pura com Deus. E mesmo se não houvesse este segundo duplo perigo: a simples disposição de ficar assim abandonado, o mundo vai considerar como tolice ou loucura, longe estará pois de honrá-la e admirá-la. O mundo só entende uma abnegação que inclua a sagacidade, e por isso só honra aquela abnegação que permanece prudentemente no interior da mundanidade. Por isso o mundo procura que haja sempre em circulação uma quantidade suficiente de cédulas falsas da abnegação imitada; ai, e às vezes o cruzamento das relações e das idéias torna-se tão complicado que é preciso ter um olho experimentado para reconhecer imediatamente a cédula falsa. Pois podemos também incluir mundanamente Deus na mundanidade, e então obter uma abnegação que tem a estampa de Deus e contudo é falsa. Aliás, às vezes é possível sair-se bem mundanamente, conseguindo, como se diz, abnegar-se por amor a Deus, sem contudo colocar-se naquela intimidade com Deus do abandono ao duplo perigo, mas sim de tal maneira que o mundo entenda e honre tal pessoa em função disso. Porém é fácil reconhecer a falsificação, pois,

V. Nosso dever de permanecer em dívida de amor... 227

se falta a marca dupla, não se trata da abnegação cristã. Trata-se de abnegação humana, quando a criança renuncia a si mesma, enquanto o abraço dos pais, encorajando e estimulando, se abre para a criança. Trata-se de abnegação humana, quando um homem renuncia a si mesmo, e o mundo já se abre para ele. Mas é abnegação cristã quando um homem renuncia a si mesmo e agora, justamente porque o mundo se fecha para ele, repudiado pelo mundo precisa buscar a intimidade com Deus. O duplo perigo consiste afinal justamente em encontrar resistência ali onde esperava encontrar assistência, de modo que ele então tem de dar a volta duas vezes, enquanto que a abnegação meramente humana só dá a volta uma vez. Toda abnegação, portanto, que encontra apoio no mundo, não é abnegação cristã. Era neste sentido que a antiga doutrina da igreja dizia que as virtudes dos pagãos são vícios brilhantes. *É abnegação meramente humana:* sem temor por si mesmo e sem consideração consigo mesmo aventurar-se no perigo – no perigo onde as honras acenam ao vencedor, onde a admiração dos contemporâneos, dos espectadores já acena àquele que simplesmente se aventura. Vemos facilmente que esta abnegação não alcança a Deus, porém fica a meio caminho, no interior da humanidade. *É abnegação cristã:* sem temer por si mesmo e sem consideração consigo mesmo aventurar-se no perigo em relação ao qual os contemporâneos, enredados e cegos e acumpliciados, não têm ou não querem ter nenhuma ideia de que aí há honra a conquistar, de modo que então não só é perigoso lançar-se ao perigo, mas é duplamente perigoso, porque o escárnio dos espectadores aguarda o corajoso, quer ele vença ou seja derrotado. No primeiro caso, a noção do perigo está dada, os contemporâneos estão de acordo sobre a presença do perigo, do perigo de ousar, e também da honra a ser conquistada com a vitória, dado que a noção do perigo já os predispõe a admirar aquele que simplesmente o ousa. No outro caso o corajoso precisa como que descobrir o perigo e lutar para ter o direito de chamar de perigo aquilo que os contemporâneos não aceitam chamar assim, pois, ainda que concedam que é possível expor a vida naquele perigo, negam contudo que haja um perigo, pois para a representação deles aquilo é algo de ridículo, e portanto é duplamente ridículo expor a vida por algo de ridículo. O Cristianismo descobriu assim um perigo que se chama perdição eterna. Este perigo parece ao

228 As obras do amor

mundo algo de ridículo. Pensemos agora num mártir, testemunha da fé cristã. Ele se aventura, por causa desta doutrina, na luta contra os poderosos que têm sua vida em suas mãos e que nele têm de ver um perturbador – isto lhe custará decerto a vida. Ao mesmo tempo acham os contemporâneos, contra quem ele não tem de lutar diretamente, mas que são espectadores, acham ridículo expor-se assim à morte por causa de uma tal bobagem. Aqui se pode perder a vida sem conquistar, na verdade, nem honra nem admiração! Contudo, ser assim abandonado, só assim ficar abandonado é abnegação cristã. E se agora o mundo ou a cristandade se tornou essencialmente bom, então esta abnegação se tornou impossível; pois neste caso o mundo iria afinal de contas, como essencialmente bom, honrar e louvar aquele que renunciasse a si mesmo, e teria sempre a noção correta sobre onde está o perigo e qual é o verdadeiro perigo.

Vê, por isso desejamos terminar este como todos os nossos discursos, que de acordo com o talento que nos foi concebido elogiam o Cristianismo, com esta recomendação, bem pouco insinuante: guarda-te de começar a fazê-lo, se não pensas seriamente, em verdade, em renunciar a ti mesmo. Temos uma noção demasiado séria do crístico, para querer atrair alguém, quase preferimos advertir. Quem em verdade pretende apropriar-se do crístico há sim de experimentar em seu interior bem outros terrores do que o pequeno teatro de terror de um discurso; e no exterior precisará estar decidido de modo bem diferente do que pode ficar graças à inverdade maquiada com um pouquinho de eloquência. Deixamos por conta de cada um provar se esta nossa noção séria poderia parecer fria, desconsolada, sem entusiasmo. Na medida em que alguém devesse falar de sua própria relação com o mundo, aí seria uma outra coisa, aí haveria o dever de falar com tanta suavidade, tanta compreensão quanto possível, e mesmo quando o fizesse, haveria o dever de permanecer na dívida do amor. Mas quando falamos orientando, não podemos calar o que talvez seja pouco apropriado para tornar o discurso agradável à ardorosa representação de um jovem exaltado. Também não podemos elogiar que alguém sorrindo se eleve acima da resistência e da loucura do mundo; pois mesmo que isto fosse factível, como foi feito no paganismo, isto também só pode

V. Nosso dever de permanecer em dívida de amor... 229

ser feito no paganismo, porque o pagão não possui a representação verdadeira, séria e eternamente preocupada do crístico a respeito do verdadeiro: pois para esta não é, de jeito nenhum, ridículo que outros não a possuam. Compreendido cristãmente, a loucura essencial do mundo não é, de modo nenhum, ridícula, por mais ridícula que seja, pois quando há uma felicidade por conquistar ou perder, então não é brincadeira se eu a ganho, e de jeito nenhum ridículo, se alguém a desperdiça.

Por outro lado é algo de ridículo, de que devemos decerto guardar-nos: falar do crístico procurando agradar. Acaso então um homem, ao apresentar a outro um instrumento extremamente cortante, de dois gumes aguçados, acaso o entregaria com gestos, atitudes e expressões como se apresentasse um buquê de flores? Isso não seria insensato? O que fazer então? Convencidos da excelência do perigoso instrumento, louvá-lo-emos decerto com plena convicção, mas de tal maneira que num certo sentido estaremos prevenindo contra ele. E é assim com o crístico. Caso se fizesse necessário, não deveríamos ter o menor escrúpulo de assumir a responsabilidade na mais alta instância de pregar *contra* o Cristianismo nas pregações *cristãs*, justamente nas pregações *cristãs*. Pois sabemos muito bem onde está a desgraça de nossos tempos: que em discursos dominicais mistificadores e lisonjeiros meteram o Cristianismo num engano e a nós homens na ilusão de que desta maneira somos cristãos. Contudo, se um homem pensasse estar segurando uma flor em suas mãos, uma flor que ele meio vaidoso e meio distraído se deliciasse em observar, e aí alguém, com razão, bem entendido, lhe gritasse: "Desgraçado, não percebes que é um instrumento extremamente cortante, de dois gumes aguçados, o que tens em tuas mãos", será que ele por um momento não se aterrorizaria? Mas, mas será que aquele que em verdade o dissera teria enganado a ele ou à verdade? Pois, mais uma vez, só serviria afinal para prendê-lo ainda mais ao mal-entendido, caso alguém quisesse lembrar àquele homem de que a flor que ele trazia em sua mão não era absolutamente uma flor simples ou comum, porém uma flor extremamente rara. Não, o Cristianismo não é, no sentido humano, uma flor extremamente rara, e absolutamente não é a mais rara de todas – deste modo o discurso permaneceria afinal, pagão e mundano, no in-

230 As obras do amor

terior da concepção meramente humana. O Cristianismo é, no *sentido divino*, o bem supremo, e por isso é ao mesmo tempo, no sentido humano, um bem enormemente perigoso, porque ele, compreendido de modo meramente humano, tão longe está de ser aquela flor rara, que antes ele é escândalo e loucura, agora tanto como no começo e enquanto o mundo for mundo.

Onde estiver o crístico aí estará a possibilidade do escândalo, mas o escândalo é o perigo supremo. Qualquer um que em verdade se tenha apropriado do crístico ou de algo do crístico teve também de passar de tal maneira pela possibilidade do escândalo que ele a viu, e com ela diante dos olhos – este terá escolhido o crístico. Quando se deve falar sobre o crístico, o discurso precisa manter sempre aberta a possibilidade do escândalo, mas então jamais poderá chegar a recomendar *diretamente* o Cristianismo, de tal modo que a diferença entre os palestrantes consistisse apenas em que um o elogiaria com mais força, o outro de maneira mais fraca e um terceiro na mais forte de todas as expressões de elogio. O Cristianismo só pode ser elogiado na medida em que a cada ponto o perigo é incessantemente evidenciado: ou seja, de que modo o crístico é para a concepção meramente humana loucura e escândalo. Mas ao se tornar isso claro e evidente, está-se prevenindo, afinal de contas. Tão sério assim é o Cristianismo. O que necessita da aprovação dos homens procura imediatamente insinuar-se como agradável a eles; mas o Cristianismo está tão seguro de si mesmo e sabe com tanta seriedade e rigor que os homens é que precisam dele, que justamente por isso não se recomenda diretamente, mas antes assusta os homens – assim como o Cristo se recomendava aos apóstolos, predizendo-lhes a tempo que haveriam de ser odiados por causa dele, sim, que quem quer que os matasse julgaria estar realizando um ato de culto a Deus.

Quando o Cristianismo veio ao mundo, não precisava (embora o tenha feito) chamar expressamente a atenção para o fato de ser ele um escândalo, pois isso aliás bem facilmente descobriu o mundo, que se escandalizou dele. Mas agora, agora, quando o mundo se tornou cristão, agora o Cristianismo tem de, antes de mais nada, prestar atenção expressamente ao escândalo. Se é verdade que tantos "cristãos" nestes tempos fracassam no Cristianismo, de onde

V. Nosso dever de permanecer em dívida de amor... 231

provém isso, senão do fato de que a possibilidade do escândalo se perdeu para eles, aquele terrível "atenção, por favor"?! Não é se de admirar então que o Cristianismo e sua felicidade e suas tarefas não consigam mais satisfazer "os cristãos" – afinal, já não conseguem nem mesmo escandalizar-se dele! Quando o Cristianismo veio ao mundo, não precisava expressamente (embora o tenha feito) chamar a atenção para o fato de que ele batia contra a razão humana, pois isto o mundo descobriu com a maior facilidade. Mas agora, agora que o Cristianismo ao longo dos séculos viveu em amplas relações com a razão humana, agora, quando um Cristianismo decaído – tal como aqueles anjos decaídos, que se casaram com mulheres terrenas – casou-se com a razão humana, agora que o Cristianismo e a razão vêm se tuteando: agora o Cristianismo tem de, antes de mais nada, prestar atenção ao conflito. Se o Cristianismo (ai, parece a história do castelo enfeitiçado por cem anos) deve ser libertado, pela pregação, do feitiço da ilusão e de sua deformação, então a possibilidade do escândalo precisa ser antes reavivada na pregação desde os seus fundamentos. Somente a possibilidade do escândalo (antídoto contra o narcótico da Apologética) é capaz de despertar o adormecido, capaz de chamar de volta o enfeitiçado, de modo que o Cristianismo volte a ser ele mesmo.

Portanto, se a Sagrada Escritura diz: "Ai daquele pelo qual o escândalo vem", então nos consolamos dizendo: "Ai daquele que foi o primeiro a ter a ideia de pregar o Cristianismo deixando de lado a possibilidade do escândalo". Ai daquele que, agradando, enfeitando, recomendando, demonstrando, impingiu aos homens esta coisa emasculada que deveria ser o Cristianismo! Ai daquele que seria capaz de tornar o milagre compreensível, ou ao menos de abrir-nos brilhantes perspectivas de que isto muito em breve se realizará! Ai daquele que traiu e rompeu o mistério da fé, fazendo-o degenerar em sabedoria pública, porque lhe retirou a possibilidade do escândalo! Ai daquele que seria capaz de compreender o mistério da redenção sem nada perceber da possibilidade do escândalo; mais uma vez, ai dele porque julgava com isso estar prestando um serviço a Deus e ao Cristianismo! Ai de todos esses administradores infiéis que se sentaram e escreveram falsas provas, e com isto ganharam amigos para o Cristianismo e para si mesmos, retirando da es-

232   As obras do amor

crita do Cristianismo a possibilidade do escândalo e acrescentan-do-lhe tolices às centenas! Oh, que triste desperdício de erudição e de perspicácia, que triste perda de tempo neste trabalho imenso de defender o Cristianismo! Em verdade, basta que o Cristianismo se levante de novo poderosamente com a possibilidade do escândalo, de modo que aquele terror volte a assustar os homens: e o Cristianismo já não necessitará mais de nenhuma defesa. E por outro lado, quanto mais erudita, mais excelente a defesa, tanto mais o Cristianismo fica deformado, abolido, debilitado como um eunuco. Pois a defesa quer exatamente, por pura bondade, tirar do homem a possibilidade do escândalo. Porém o Cristianismo não deve ser defendido; são os homens que devem ver se conseguem defender-se a si mesmos e justificar para si o que escolhem, quando o Cristianismo, terrível como antigamente, os impele a escolher: ou escandalizar-se ou assumir o Cristianismo. Retira portanto do crístico a possibilidade do escândalo, ou retira do perdão dos pecados a luta da consciência angustiada (à qual, contudo, segundo a magnífica explicação de Lutero, toda esta doutrina deve ser referida) e fecha, quanto antes melhor, as igrejas, ou transforma-as em lugares de diversão abertos o dia inteiro.

Mas enquanto assim, pela exclusão da possibilidade do escândalo, o mundo inteiro cristianizou-se, algo de estranho continua a ocorrer: que o mundo se escandaliza do cristão autêntico. Aqui retorna o escândalo, cuja possibilidade é sempre inseparável do crístico. Só que a confusão é hoje mais lamentável do que nunca, pois antigamente o mundo se escandalizava do Cristianismo – e nisto havia sentido; mas agora o mundo pegou a ilusão de ser cristão, de ter-se apropriado do Cristianismo sem nada perceber da possibilidade do escândalo, e então se escandaliza do cristão autêntico. Em verdade é difícil escapar de uma tal ilusão. Ai daquelas penas apressadas e das línguas açodadas, ai de todo açodamento que não conhecendo *nem* um *nem* outro, consegue por isso com infinita facilidade reconciliar *ambos*, tanto um quanto o outro.

Do verdadeiro cristão continua ainda a escandalizar-se o mundo cristão. Só que a paixão do escândalo aqui de ordinário não é tão forte que chegue a querer exterminá-lo, não, ela se limita a zombaria e escárnio. Isso é fácil de explicar. Antigamente, quando

V. Nosso dever de permanecer em dívida de amor... 233

o mundo estava consciente de não ser cristão, havia algo contra o que lutar, aí era uma questão de vida ou morte. Mas agora que o mundo se convenceu, orgulhoso e tranquilo, de ser ele mesmo cristão, aí o exagero do verdadeiro cristão não merece nada mais além do riso. A confusão é mais lamentável do que nos primeiros tempos do Cristianismo. Então era lamentável, mas fazia sentido, dado que o mundo lutava por vida ou morte contra o Cristianismo; mas a atual tranquilidade soberana do mundo na consciência de ser cristão, sua zombaria barata, se quisermos, sobre o verdadeiro cristão: isto sim beira quase à demência. Desse jeito o Cristianismo em seus primeiros tempos jamais foi objeto de zombaria.

Quando pois neste mundo cristão uma pessoa pretender cumprir por pouco que seja o dever de permanecer em dívida de amor para com as outras, então terá também de enfrentar a última dificuldade e terá de lutar contra a resistência do mundo. Ai, o mundo pensa tão pouco ou nem pensa em Deus, daí provém que ele sempre há de entender mal qualquer vida cuja ideia mais essencial e mais constante seja justamente a ideia de Deus, a ideia sobre onde estaria, no sentido divino, o perigo, e qual seria a exigência feita ao homem! Sobre o cristão autêntico o mundo dirá pois, neste aspecto, sempre: "Ele se abandona a si mesmo, até mesmo lá onde é obviamente o injustiçado, ele não está longe de quase pedir desculpa por isso". Nele, o mundo vai, cristãmente (já que o mundo é cristão), sentir falta da necessária dureza de coração cristã, que se apressa em reclamar o seu direito, em afirmar-se, em pagar o mal com o mal ou pelo menos com a consciência orgulhosa de agir bem. O mundo absolutamente não percebe que uma tal pessoa tem uma regra completamente diferente para sua vida, e que a partir daí tudo se deixaria explicar singelamente, enquanto que corretamente tudo fica absurdo quando explicado pela regra do mundo. Mas dado que o mundo propriamente não sabe e decerto nem quer saber que existe aquela regra (a relação com Deus), então não consegue explicar a conduta de uma tal pessoa a não ser como esquisitice – pois que seja cristicidade jamais ocorrerá ao mundo, o qual como cristão sabe afinal de contas melhor do que ninguém o que é Cristianismo. É algo esquisito que uma pessoa não busque o seu interesse pessoal, é esquisito que não devolva as injúrias, é algo es-

234 As obras do amor

quisito e embaraçoso que perdoe seus inimigos e quase se preocupe em saber se fez o suficiente em favor de seus inimigos, é esquisito que esta pessoa sempre se coloque na posição errada, jamais onde há vantagens em ser corajoso, altivo, desinteressado: tudo isso é esquisito, afetado e meio maluco, em suma: algo sobre o que se pode rir, quando alguém, mesmo sendo mundo, está seguro de, como cristão, estar de posse da verdade e da felicidade, tanto aqui quanto lá em cima. O mundo não tem nenhum noção, a não ser no máximo uma remotíssima noção de ocasiões festivas do que significa existir uma relação com Deus, para nem falar que ela devesse determinar a vida de uma pessoa no seu cotidiano – por isso ele precisa julgar dessa maneira. A lei invisível para a vida de uma tal pessoa, para a sua paixão e para a sua felicidade, simplesmente não existe para o mundo: *ergo* ele deve explicar uma tal vida na melhor das hipóteses como esquisitice, assim como nós explicamos como demência quando um homem não cessa de procurar por um pássaro que nenhum de nós outros podemos ver, ou quando um homem dança – conforme uma música que nenhum outro homem, mesmo com a melhor boa vontade, consegue ouvir, ou quando um homem com seu caminhar exprime que se desvia de algo invisível. E isso é de fato demência: pois um pássaro, se está realmente presente, não pode estar presente de modo invisível, tampouco quanto uma música real pode ser inaudível e tampouco como um obstáculo real que se encontra no caminho de alguém fazendo-o afastar-se do caminho pode ser invisível: mas Deus pode estar presente apenas invisível e inaudível, de modo que o fato de que o mundo não o veja ainda não prova grande coisa.

Deixa-me ilustrar esta situação com uma imagem simples, que já empreguei muitas vezes, embora de diferenciadas maneiras – por ser tão fecunda, tão instrutiva e tão típica. Quando uma criança educada com rigor está junto com crianças grosseiras ou menos bem-educadas, e então não quer participar com elas de suas travessuras, que elas todavia, ao menos em boa parte, nem consideram travessuras: não sabem as crianças travessas explicar isto senão dizendo que esta criança é esquisita e boba; não entendem que a situação pode ser explicada de outro modo, ou seja, que a criança educada com rigor, onde quer que esteja, sempre traz consigo a re-

V. Nosso dever de permanecer em dívida de amor...   235

gra dos pais para o que lhe é permitido ou não. Se os pais estivessem visivelmente presentes, de modo que as crianças malcriadas os vissem, aí poderiam entender melhor a criança, especialmente se ao mesmo tempo ela se mostrasse constrangida ao ter de seguir a proibição dos pais; pois assim ficaria evidente, afinal, que a criança claro que gostaria de agir como as outras crianças travessas, e seria bem fácil de perceber, sim, de ver, o que é que retinha a criança. Mas se os pais não estivessem presentes, as crianças malcriadas não compreenderiam a criança educada com rigor. Pensariam mais ou menos assim: *ou bem* esta criança não pode ter prazeres como nós outras crianças, mas isso é bobo e esquisito; *ou bem* ela teria prazer mas não se atreve. Porém, por que razão não se atreve, já que os pais não estão presentes? Vejam que isso também é bobo e esquisito. Não podemos, por isso, acusar sem mais nem menos de alegria maldosa ou ruindade as crianças menos bem-educadas por julgarem assim a criança educada no rigor, oh não, talvez elas sejam, à sua maneira, bem intencionadas em relação àquela criança. Não compreendem a criança educada com severidade, gostam das travessuras, e por isso querem que ela participe, que seja uma criança viva – como as outras. A aplicação desta imagem é muito fácil de fazer. Não entra na cabeça do mundo (e nem é este o caso) que um cristão não pudesse ter os mesmos prazeres e as mesmas paixões que o mundo tem. Mas se ele as tem, menos ainda lhe entra na cabeça por quê então ele, por temor a um invisível, tão bobamente quer reprimir os prazeres que na concepção do mundo são inocentes e permitidos, que até é "dever procurar", por que razão ele quer reprimir o amor a si mesmo, que o mundo chama não apenas de inocente, mas até louvável, por que razão quer reprimir a ira, que o mundo não só considera natural mas até característica de um homem e da honra de um homem, por que razão ele de uma dupla maneira quer se tornar infeliz: primeiro, ao não satisfazer seus desejos, e depois ao receber como pagamento por isso o ser objeto de riso para o mundo.

Vê-se facilmente que a autoabnegação aqui está corretamente assinalada: ela tem a marca dupla. Justamente porque isto é assim, porque bem corretamente aquele que quiser seriamente ir atrás disto enfrentará o duplo perigo, justamente por isso dizemos nós que é dever *do cristão*: permanecer na dívida do amor recíproco.

SEGUNDA SÉRIE

PREFÁCIO

Estas considerações cristãs, que são o fruto de muitas considerações, querem ser compreendidas com vagar, mas aí então também facilmente, enquanto que elas talvez se tornassem muito difíceis se alguém as deixasse assim por uma leitura ligeira e curiosa. "Aquele indivíduo", que deve considerar primeiramente consigo mesmo se quer ou não quer ler, que então considere, amorosamente, se optar por ler, se afinal a dificuldade e a facilidade, quando colocadas judiciosamente na balança, se correspondem reciprocamente de forma correta, de modo que o especificamente cristão não seja exposto com um falso peso, fazendo-se a dificuldade ou a facilidade grande demais.

São "considerações cristãs", por isso não sobre "o amor", mas sim sobre "as obras do amor".

São "as obras do amor", não como se com isso todas as suas obras fossem contadas e descritas, longe disso; não como se cada obra fosse descrita de uma vez por todas, longe disso, Deus seja louvado! O que em toda a sua riqueza é *essencialmente* inesgotável, é também em suas obras menores *essencialmente* indescritível, justamente porque ele *essencialmente* está presente todo em toda parte, e *por essência* não pode ser descrito.

Outono 1847

S.K.

I
O AMOR EDIFICA

1Cor 8,1: *"Mas o amor edifica."*

Todo discurso humano sobre as coisas do espírito, mesmo o divino discurso da Sagrada Escritura, é essencialmente um discurso transposto[209]; e isso é natural, ou na ordem das coisas e da existência; dado que o homem, mesmo que espírito desde o seu nascimento, só toma consciência de si como espírito mais tarde, depois de ter vivido um certo período seguindo os sentidos e a alma. Mas, quando despertar o espírito, esse período inicial não deve ser desprezado, tampouco como o despertar do espírito deve anunciar-se de maneira sensorial ou psicossensorial em contraste com o sensorial e o psicossensorial. O primeiro período deve justamente ser assumido pelo espírito; e assim utilizado, colocado assim como base, ele se torna o *transposto*. Por isso, o homem espiritual e o homem psicossensorial dizem em um certo sentido o mesmo; todavia, há uma diferença infinita, já que o último, embora empregando o mesmo termo, mas não metaforicamente, não tem noção do segredo do termo transposto. Um mundo separa estes dois homens: um deles operou a passagem[210] ao espírito ou se *deixou transpor*[211] ao outro lado, enquanto que o segundo ficou aquém; no entanto, existe um vínculo entre eles, pois ambos empregam a mesma palavra. Aquele em quem o espírito despertou nem por isso abandona afinal o mundo visível; apesar de estar consciente como espírito, ele ainda permanece constantemente no mundo visível e é visível mesmo de modo sensorial: assim ele permanece também na linguagem, só que sua linguagem é a transposta; mas a palavra que ele empre-

---

209. *overført Tale*: um discurso metafórico [N.T.].

210. *gjort Overgangen*: fez a passagem, efetuou a transição; em alemão: *hat den Übergang gemacht* [N.T.].

211. *føre over*: levar para o outro lado, numa passagem, transição ou transposição [N.T.].

I. O amor edifica   241

ga assim transposta, longe de ser nova em folha, é pelo contrário a palavra já dada. Como o espírito é invisível, assim também sua linguagem é um segredo, e o segredo consiste justamente em que se usa o mesmo vocabulário da criança e da gente simples, mas o utiliza em sentido transposto, com o que o espírito se recusa a ser o sensorial ou o psicossensorial, mas ele não o recusa à maneira sensorial ou psicossensorial. A diferença não é de jeito nenhum uma diferença surpreendente. Assim encaramos com razão como um sinal de falsa espiritualidade[212] o gabar-se de uma diferença surpreendente – o que é justamente sensualidade[213]; e ao contrário, a essência do espírito está no segredo calmo e sussurrante da transposição, para quem tem ouvidos para ouvir.

Uma das expressões assim transpostas que a Sagrada Escritura emprega mais frequentemente, ou um dos termos que ela emprega o mais frequentemente transposto é: *edificar*. E já é, sim, é tão edificante de ver como a Sagrada Escritura não se cansa de recorrer a essa palavra banal, como ela não procura engenhosamente variantes e figuras novas, mas, pelo contrário, e seguindo a própria natureza do espírito, renova a ideia utilizando a mesma palavra! E é, sim, é tão edificante de ver a Escritura designar por essa palavra tão simples o que há de mais sublime e da maneira mais interior; é quase como aquele milagre da refeição com magras provisões que, contudo, uma vez abençoadas bastaram para alimentar com tal abundância que até restaram sobras! E é, sim, é edificante quando alguém consegue, em vez de andar correndo em busca de novas descobertas que apressadamente deveriam desalojar o antigo, contentar-se humildemente com a palavra da Escritura e apropriar-se, com um profundo agradecimento, do que foi transmitido pelos antepassados, fundando um novo conhecimento – com os velhos conhecidos! Quando crianças, todos nós decerto brincamos muitas vezes de receber visitas desconhecidas: em verdade, é justamente seriedade, no sentido espiritual, ser capaz de continuar este jogo edificante na seriedade, brincando de receber como visita nova o velho conhecido.

---

212. *Aandighed*
213. *Sandselighed*

242 As obras do amor

Edificar é uma expressão transposta; porém, queremos agora, com esse segredo do espírito em mente, examinar o *que essa palavra significa no discurso usual*. Edificar é formada, em nossa língua, pelo termo *bygge* [construir] e pelo prefixo *op* [em altura] sobre o qual recai a ênfase. Qualquer um que edifica, constrói; mas não basta construir para edificar. Assim, quando um homem constrói uma ala para sua casa, não dizemos que ele "edifica" uma ala, mas que ele a constrói *acrescentando-a*. O prefixo *op* parece designar a elevação, a direção para cima. Mas ainda não é esse o caso. Se um homem eleva em dez varas uma construção que já tem trinta de altura, não dizemos todavia que ele edifica a casa em mais dez varas, mas que ele a *aumenta* de tanto. A palavra já começa aqui a se tornar peculiar; vê-se que a elevação [a altura] não é contudo de jeito nenhum o que importa. Em contrapartida, se um homem constrói uma pequena casa, mesmo bem baixinha, mas sobre fundações[214], dizemos que ele edifica uma casa. Edificar, é então construir para o alto *a partir de fundações*. O prefixo *op* assinala decerto a direção para cima, mas só quando à altura corresponde inversamente uma profundidade falamos em edificar. Eis porque, quando um homem edifica para cima e sobre fundações, calculando mal a profundidade em relação à altura, nós dizemos decerto que ele edificou mas também que ele edificou mal, enquanto que entendemos por "construir mal" algo diferente. Assim, no que toca ao edificar, a ênfase recai especialmente no construir sobre fundações. Nós certamente não dizemos que construir em profundidade seja edificar; não dizemos: edificar um poço; quer a construção seja alta ou baixa, o termo implica em que o trabalho seja feito *desde o fundamento*. Por isso podemos dizer de um homem que ele começou a edificar uma casa mas sem terminá-la. Em contrapartida, se alguém aumentou a altura de sua habitação, ainda que muito, mas sem começar pelas fundações, jamais poderemos dizer que ele edificou. Como é estranho! O prefixo do nosso termo *op-bygge* marca bem a altura, mas entendendo-a inversamente no sentido de profundidade: pois edificar é construir sobre fundações. É por isso também que a Escritura diz do imprudente que ele "construiu sem

---

214. *men fra Grunden af:* desde as suas bases, desde a base, o alicerce, o fundamento [N.T.].

I. O amor edifica

pôr as fundações"; mas do homem que escuta a Palavra para sua edificação verdadeira ou, seguindo os termos da Escritura, do que escuta a Palavra e a põe em prática, ela diz que ele é semelhante àquele que construiu uma casa "*e antes cavou bem fundo*" (Lc 6,48). As águas trasbordaram, a tempestade se enfureceu contra essa casa edificada de forma a resistir: e todos estamos felizes de ver, para nossa edificação, que a tempestade não pôde abalá-la. Pois, já foi dito, se queremos edificar, o importante é colocar fundações. Um homem age de maneira louvável, se antes de pôr-se à obra, examina "até que altura ele pode elevar a torre"; mas se ele deve edificar, com certeza deve então ter cuidado de cavar profundamente; mesmo se a torre se elevasse se possível até as nuvens, caso não tivesse fundações, ela não estaria edificada. Impossível edificar sem fundações, é construir no ar. Por isso é linguisticamente correto falar de construir castelos no ar, não se diz edificar castelos no ar, o que seria um uso linguístico negligente ou errado. Pois até na expressão para as coisas insignificantes é preciso haver um acordo entre os termos avulsos, o que não ocorre entre as palavras "no ar" e "edificar", dado que a primeira não leva em conta a "fundação" e a última se refere ao "desde a fundação": a justaposição dos termos seria portanto um falso exagero.

Tal é o sentido do termo "edificar" na linguagem usual; lembremo-nos agora de que ele está transposto e passemos ao objeto da nossa consideração:

O amor edifica.

Mas é o edificar, no sentido espiritual, uma qualidade tão característica do amor que lhe corresponde exclusivamente? De resto, pode valer de um atributo que haja vários objetos que igualmente, ainda que seja em diferentes graus, têm contudo direito a um único e mesmo atributo. Se tal é o caso quanto ao edificar, seria incorreto enfatizá-lo em relação ao amor de maneira tão exclusiva quanto esta consideração o faz; seria uma tentativa fruto de um mal-entendido imputar ao amor uma usurpação, como se ele quisesse monopolizar ou arrebatar para si o que compartilharia com outros – e o amor justamente está pronto para compartilhar com outros, já que "ele jamais procura seu interesse próprio" (1Cor

244 As obras do amor

13,5). Contudo, é verdadeiramente assim: a edificação é exclusivamente característica do amor; mas por outro lado, esta qualidade ainda tem edificantemente a característica de poder se entregar a tudo, de participar de tudo – exatamente assim como o amor. Assim vemos que o amor em sua qualidade característica não se isola; nem se obstina numa certa independência ou num "ser para si" enfileirado com o resto: porém, ele se dedica inteiramente; o característico é justamente que ele com exclusividade tem a característica de se entregar. Não há nada, nada que possa ser feito ou dito de tal modo que se torne edificante; mas de qualquer forma, quando é edificante, o amor está presente. Por isso a admoestação do Apóstolo, justamente quando ela reconhece a dificuldade de dar um regra determinada, reza: "Fazei tudo para a edificação". Ela poderia igualmente rezar: "Fazei tudo no amor", e ela expressaria exatamente a mesma coisa. Dois homens podem ter uma conduta diametralmente oposta; mas se cada um faz o contrário, no amor os opostos tornam-se edificantes. Não há na linguagem nenhuma palavra que seja em si e por si edificante, e não há nenhuma palavra na linguagem que não possa ser dita de modo edificante e não se torne edificante quando o amor está presente. Por isso, bem longe (ai, seria justamente um equívoco desamoroso e gerador de discórdia!) de dever ser o edificar algo que constitui um *privilégio* de alguns bem dotados, como o conhecimento, o talento poético e a beleza, e coisas tais; bem ao contrário, cada ser humano, pela sua vida, por seu comportamento, sua conduta diária, seu trato com seus iguais, suas palavras e suas expressões, deveria e poderia edificar, e o faria se o amor estivesse realmente presente nele.

Nós mesmos também nos damos conta disso, pois usamos a palavra "edificante" no sentido mais amplo; mas o que talvez nos escape é que nós só o empregamos em toda parte onde o amor está presente. No entanto, este é o uso linguístico correto: evitar escrupulosamente usar essa palavra exceto onde o amor estiver presente, e com esta limitação, por sua vez, tornar o seu âmbito ilimitado, já que tudo pode ser edificante, exatamente como o amor pode estar presente em todos os lugares. Quando, por exemplo, nós vemos uma pessoa solitária em louvável frugalidade bastar-se economicamente com poucos meios, nós a honramos e louvamos; sua vista é

I. O amor edifica

para nós uma alegria e ela nos confirma no bem, mas nós não dizemos propriamente que se trata de uma visão edificante. Em contrapartida, quando vemos como uma mãe de família que tem que cuidar de muita gente, na frugalidade e com uma certa economia, com seu amor consegue abençoar o pouco que tem, de modo que haja bastante para todos, aí nós dizemos que esta é uma visão edificante. O edificante consiste em que ao mesmo tempo em que vemos a frugalidade e a economia que louvamos, vemos também a solicitude amorosa da dona de casa. Em contrapartida, dizemos que é pouco edificante, e até um espetáculo repugnante ver um homem morto de fome (por assim dizer) no meio da abundância, e no entanto sem ter nada sobrando para os outros. Dizemos ser uma visão revoltante; sua exuberância nos dá náusea; trememos pensando que, por uma cruel vingança, este perseguidor de prazeres está faminto na abundância; mas o fato de procurarmos em vão em tudo isso o mínimo vestígio de amor, nos confirma quando dizemos que esse espetáculo é pouco edificante. Quando vemos uma família numerosa amontoada em um apartamento exíguo, e contudo vemos um apartamento confortável, acolhedor, espaçoso, dizemos que é uma vista edificante, porque nós vemos o amor que deve habitar em todos e em cada um, dado que, afinal, um único dentre eles, sem amor, bastaria para ocupar todo o espaço; nós o dizemos porque vemos que realmente sempre há lugar quando há lugar no coração. Mas, ao contrário, é tão pouco edificante ver um espírito inquieto habitar um palácio sem encontrar repouso num único dos numerosos salões e sem poder no entanto dispensar ou privar-se de um quartinho por menor que seja. Sim, o que é que não pode ser edificante desse modo? Ver alguém dormindo, poderíamos crer, nada teria de edificante. E, no entanto, quando vês a criança dormindo sobre o seio de sua mãe, e tu vês o amor da mãe, vês que ela, por assim dizer, esperou esse momento (ou seja, enquanto a criança dorme), para verdadeiramente se deleitar de todo coração por seu pequeno, porque ela quase não ousa deixar que a criança note o amor indizível que ela lhe tem: esse espetáculo é edificante. Se o amor da mãe não é visível, se em vão procuras em seu rosto e em seus traços descobrir a mínima expressão da alegria do amor materno sobre a criança ou a solicitude por ela, então tu só enxergas preguiça, indiferença que se alegra de estar livre da criança por um

246 As obras do amor

tempo; nesse caso, a visão não tem nada de edificante. Ver apenas a criança adormecida é uma visão graciosa, benfazeja, tranquilizadora, mas não é edificante. Se no entanto pretendes chamá-la edificante, então é porque vês o amor presente, é porque tu enxergas o amor de Deus a envolver a criança. É magnífico ver um grande artista acabar sua obra-prima; é uma visão que eleva a alma, mas não é edificante. Mas supõe que esta obra-prima seja uma maravilha – se então o artista por amor por uma pessoa a despedaça, este espetáculo seria edificante.

Onde quer que esteja o edificante está o amor; e onde quer que esteja o amor, está o edificante. É por isso que o apóstolo Paulo diz que um homem sem amor, mesmo que falasse a língua dos homens e dos anjos, é contudo como o bronze que ressoa e o címbalo que retine. O que haveria de menos edificante que um címbalo que retine? As coisas do mundo, por mais magníficas ou barulhentas que sejam, são sem amor e, por conseguinte, elas não são edificantes; a mínima palavra pronunciada com amor, a mínima ação realizada com amor ou no amor são edificantes. É por isso que o conhecimento só faz inflar. E no entanto, o conhecimento e a comunicação do conhecimento também podem ser edificantes; mas é que então o amor os acompanha. Parece pouco edificante glorificar-se; mas isso no entanto pode ser também edificante; o apóstolo Paulo não se glorifica, às vezes? Mas ele o faz então em um espírito de amor e por isso, como ele mesmo o diz, "para a edificação". O mais inesgotável de todos os discursos seria portanto aquele em que falássemos sobre o que pode ser edificante, já que tudo pode sê-lo; seria o mais inesgotável dos discursos, ai de mim! assim como a mais triste das queixas que se possa formular sobre o mundo é a de ver e ouvir tão poucas coisas edificantes. Pois tanto faz que se veja a riqueza tão raramente: nós preferiríamos ver o bem estar geral. E se é raro vermos uma obra-prima, ora, num certo sentido tanto faz, e neste aspecto a maioria das pessoas nada pode fazer mesmo. É diferente com o edificante. A cada instante vive uma multidão inumerável de seres humanos; é possível que tudo o que cada um se propõe a fazer, tudo o que cada homem diz possa ser edificante: e no entanto, ai! é tão é raro ver ou ouvir algo edificante!

O amor edifica. Reflitamos sobre o que foi exposto na introdução, com o que nós nos premunimos imediatamente contra o peri-

I. O amor edifica   247

go de o discurso se extraviar, ao escolher um assunto impraticável, uma vez que tudo pode ser edificante. Edificar, é erguer algo a partir de um fundamento. No discurso usual sobre uma casa ou um prédio, cada um sabe o que se entende por base e fundações. Mas qual é, no domínio do espírito, a base ou a fundação da vida espiritual que tem de suportar o edifício? É justamente o amor; o amor é a fonte de todas as coisas, e no sentido espiritual o amor é o fundamento mais profundo da vida espiritual. Em cada ser humano em que há amor, está implantada, no sentido espiritual, a fundação. E o edifício que, no sentido espiritual, deve ser erguido é outra vez amor, e é o amor que edifica. Amor edifica, e isso significa: ele edifica amor. Nossa tarefa está então definida; o discurso não se dispersa nos detalhes e na multiplicidade, ele não começa de maneira confusa por algo que de modo totalmente arbitrário precisaria interromper em algum lugar para poder enfim terminar; não, ele se concentra e concentra a atenção sobre o essencial, sobre o que é sempre igual em toda a multiplicidade das coisas; o discurso permanece do início ao fim um discurso sobre o amor, justamente porque o edificar é a determinação mais característica do amor. Amor é o fundamento, amor é o edifício, amor edifica. Edificar, é edificar amor, e é o amor que edifica. Sem dúvida, empregamos às vezes o termo edificar em uma acepção mais geral; opondo-nos à decadência que só quer derrubar, ou à confusão que só é capaz de derrubar e destroçar, dizemos que a pessoa competente edifica, aquela pessoa capaz de governar e orientar, que sabe ensinar proveitosamente em sua especialidade, aquela que é mestre em sua arte. Neste sentido, qualquer um edifica, em contraste com o demolir. Porém, toda essa edificação no domínio do conhecimento, da inteligência, da habilidade artística e da integridade profissional etc. não é, contudo, já que não edifica o amor, edificação no sentido mais profundo da palavra. Pois, espiritualmente, amor é a *fundação*, e edificar é construir *a partir da fundação*.

Quando então falamos da obra do amor que consiste em edificar isso deve significar uma de duas coisas: que o que ama implanta o amor no coração de uma outra pessoa, *ou então* deve significar que o que ama pressupõe que o amor esteja no coração da outra pessoa, e justamente por essa pressuposição edifica nela o amor a partir da fundação, na medida em que, é claro, a pressupõe amorosamente, no

248   As obras do amor

fundamento. Edificar deve ser uma ou outra dessas duas coisas. Mas será mesmo que um ser humano pode implantar amor no coração de uma outra pessoa? Não, essa é uma relação sobre-humana; uma relação inconcebível entre dois seres humanos; o amor humano não edifica neste sentido. É Deus, o Criador, que deve implantar amor em cada ser humano, Ele, que é o amor em pessoa. Por isso é justamente desamoroso, e de modo algum edificante, se alguém arrogante imagina que quer e que pode criar o amor na outra pessoa; nesse sentido, nenhum zelo apressado e metido a importante edifica o amor, e nem é, ele mesmo, edificante. A primeira forma de edificar mostrou-se então inconcebível, portanto devemos examinar a segunda situação. Assim obtivemos a explicação do que quer dizer "o amor edifica", e queremos nos deter nessa explicação: *aquele que ama pressupõe que o amor esteja presente no coração da outra pessoa, e justamente com essa pressuposição ele edifica nela o amor a partir do fundamento – na medida em que ele, é claro, amorosamente o pressupõe no fundamento.*

Não é o caso pois de se perguntar o que o amoroso, que quer edificar, deve então fazer para transformar a outra pessoa ou para forçá-la a demonstrar o amor, mas se trata, isso sim, de como o amoroso de maneira edificante força a si mesmo. Observa: já é edificante considerar que o amoroso edifica pelo autodomínio! Apenas o desamoroso imagina que deve edificar pressionando o outro; o amoroso pressupõe constantemente que o amor está presente, justamente assim ele edifica. Um construtor faz pouco da pedra e da areia que usa para a construção; um mestre pressupõe que o discípulo não sabe, um agente correcional pressupõe que o outro homem é corrupto: porém o homem amoroso que edifica só tem um único método, pressupor o amor; o que haveria de resto por fazer só poderia ser constantemente obrigar-se a sempre pressupor o amor. É assim que ele favorece a eclosão do bem, ele faz crescer com amor[215] o amor, ele edifica. Pois o amor só pode e só quer ser

---

215. *han opelsker Kjerligheden*: ele cultiva carinhosamente o amor, educa no amor o próprio amor, ama o amor de maneira que o eleva. Hayo Gerdes traduz: *er liebt die Liebe hervor*; Hong, um tanto perplexo, sente-se forçado a escrever: *he loves forth (opelske) love*. Tisseau parafraseia: *la croissance de l'amour*. O verbo conota amar e elevar ou erguer, ao mesmo tempo [N.T.].

I. O amor edifica

249

tratado de uma única maneira, com um amor que faz avançar; amar o amor fazendo-o adiantar-se é edificar[216]. Mas amá-lo fazendo avançar é justamente pressupor que ele esteja presente no fundamento. Alguém pode ser tentado a ser o construtor, a ser o professor, a ser agente de correção, porque isso parece ser dominar sobre outras pessoas; mas o edificar como o faz o amor não poderia tentar, pois é justamente ser aquele que serve; por isso só o amor tem vontade de edificar, porque ele está disposto a servir. O construtor pode apontar para o seu trabalho e dizer: "Eis minha obra"; o mestre pode mostrar o seu discípulo; mas o amor que edifica não tem nada a mostrar: seu trabalho consiste simplesmente em pressupor. E é isso que é tão edificante de considerar. Admitamos que o homem amoroso consiga edificar o amor numa outra pessoa; quando então o edifício está erguido, ele se mantém afastado junto a si e diz, humilhado: "Afinal, eu sempre pressupus isso". Ai, aquele que ama não tem mérito nenhum. O que foi edificado não permanece como um monumento à memória da arte do construtor, ou como o discípulo que lembra o ensinamento do mestre; o amoroso nada fez além de pressupor que o amor estivesse no fundamento. O amoroso trabalha com muita calma e solenidade, e no entanto as forças da eternidade estão em ação; humildemente, o amor se faz mais desapercebido justamente quando mais trabalha, sim, seu trabalho é como se não fizesse nada. Ai, para a agitação e a mundanidade isso corresponde à maior das tolices: dizer que num certo sentido, o simplesmente não fazer nada deva ser o trabalho mais difícil. E no entanto, tal é o caso. Pois é mais difícil dominar o seu ânimo do que capturar uma cidade, e mais difícil edificar, como o amor faz, do que executar a mais incrível das obras. E se já é difícil em relação a si mesmo dominar o seu ânimo, quanto mais difícil o será, em relação a uma outra pessoa, aniquilar-se inteiramente a si mesmo, e não obstante fazer tudo e sofrer tudo! E se de resto deve ser difícil começar sem pressuposições, verdadeiramente a mais difícil das tarefas é começar a edificar pressupondo

---

216. *at elske den frem er at opbygge*: literalmente: amá-lo (puxando) para frente é edificar. O prefixo agora é *frem* (para a frente), e não mais *op* (para cima). Gerdes: *sie hervorlieben heißt aufbauen*; Hong: *to love it forth is to build up*; Tisseau: *celle qui fait croître dans l'amour* [N.T.].

250 As obras do amor

que o amor esteja presente e terminar com esta mesma pressuposição; todo o trabalho que alguém faz é assim previamente reduzido a nada, na medida em que a pressuposição, do início ao fim, é a autoabnegação, ou a que o construtor permanece oculto e como que inexistente. Por isso, só podemos comparar este edificar do amor com o trabalho oculto da natureza. Enquanto o homem dorme as forças da natureza não dormem nem de noite nem de dia; ninguém se pergunta como é que elas aguentam – enquanto todos se deleitam com a encantamento do prado e com a fecundidade dos campos. Assim se comporta o amor: ele pressupõe que o amor esteja presente como o germe no grão; e se ele consegue lhe fazer crescer, ele então se oculta como estava oculto quando trabalhava da manhã à noite. Mas tal é justamente o edificante na natureza: tu vês todo este esplendor, e então isso te arrebata, edificando quando te pões a pensar no quanto é estranho que tu não vejas aquele que produz tudo isso. Se pudesses ver Deus com teus olhos corporais, se ele, se me atrevo a dizer, parasse ao teu lado e dissesse: "Fui eu quem fez tudo isso", o edificante teria desaparecido.

O amor edifica, ao pressupor que o próprio amor esteja presente. Desse modo, um que ama edifica o outro, e aqui é então bem fácil pressupô-lo, onde ele está notoriamente presente. Ai, mas o amor jamais está completamente presente em homem algum; nesta medida é possível afinal fazer outra coisa além de pressupô-lo: descobrir nele um defeito qualquer ou alguma fraqueza. E quando então alguém, desamorosamente, descobriu isso, quer talvez, como se diz, retirar, retirar esse argueiro, para edificar corretamente o amor. Mas o amor edifica. A quem ama muito, muito lhe é perdoado, mas quanto mais perfeitamente aquele que ama pressupõe que o amor esteja presente, tanto mais perfeito será o amor que ele há de cultivar amorosamente no outro. Não há no mundo inteiro uma só relação em que o igual pelo igual valha tanto; em que o resultado corresponda tão exatamente ao que foi pressuposto. Não levantemos objeções; não evoquemos a experiência, pois seria justamente desamoroso fixar arbitrariamente uma data em que se deva manifestar o que se produziu. O amor não entende desse tipo de previsões; ele está eternamente certo do cumprimento da pressuposição; quando não é este o caso, então o amor está em vias de enfraquecimento.

I. O amor edifica

O amor edifica pressupondo que o amor está presente no fundamento, e por isso o amor edifica também lá onde humanamente falando parece faltar amor, e onde em termos humanos parece necessário primeiramente demolir, certamente não pelo prazer, porém para a salvação. O contrário de edificar é demolir. Esta oposição jamais se mostra mais nitidamente do que quando o tema do discurso afirma que o amor edifica; pois em qualquer outro contexto em que se trata de edificar, este termo tem semelhança com o de demolir, em que sempre se trata de fazer algo *com* e *em* um outro. Mas quando aquele que ama edifica, faz exatamente o contrário de demolir, pois o amoroso faz alguma coisa em si mesmo: ele pressupõe que o amor esteja presente na outra pessoa – o que é por certo o contrário de fazer alguma coisa *com* o e *no* outro. Demolir é algo que satisfaz bem facilmente o homem preso aos sentidos; ele pode decerto ter prazer em edificar, no sentido de fazer alguma coisa com um outro e no outro; mas edificar dominando-se a si mesmo, isso só traz satisfação ao amor. E contudo este é o único modo de edificar. Mas no zelo bem intencionado de demolir e de edificar, esquecemo-nos de que em última análise nenhum ser humano tem condições de estabelecer a fundação do amor numa outra pessoa.

Vê, aqui se mostra justamente quão difícil é a arte da edificação que o amor exerce e que se encontra descrita naquela célebre passagem do apóstolo Paulo (1Cor 13), pois o que *ali* é dito sobre o amor constitui-se justamente em determinações mais precisas sobre como o amor se comporta ao edificar. "*O amor é paciente*", e graças a isso ele edifica; pois a paciência é aliás justamente a perseverança em pressupor que o amor esteja realmente presente no fundamento. Aquele que julga, mesmo que isso se dê lentamente, aquele que julga que falta amor à outra pessoa, retira as fundações – ele não pode edificar; mas o amor edifica pela paciência. Por isso "*ele não traz inveja*" e também não guarda "*rancor*"; pois inveja e rancor negam o amor na outra pessoa e com isso corroem, quanto fosse possível, a fundação. O amor que edifica suporta, pelo contrário, a incompreensão, a ingratidão, a cólera da outra pessoa – tantas coisas com um peso já bem suficiente: como então o amor carregaria ainda inveja e rancor! Tal é a divisão no mundo: o que tem inveja e rancor não carrega por sua vez os fardos da outra pessoa, mas aquele que ama e não tem inveja nem rancor carrega os fardos de outrem. Cada um carrega o seu fardo, o invejoso e o amoroso; ambos são num certo

252   As obras do amor

sentido mártires, pois como disse um homem piedoso[217]: também o invejoso é um mártir – mas do diabo. *"O amor não busca seu próprio interesse"*, por isso ele edifica. Pois aquele que procura seu interesse deve afastar todo o resto, deve demolir para dar lugar ao seu interesse, que ele quer edificar. Mas o amor pressupõe que o amor esteja presente no fundamento, por isso ele edifica. *"Ele não se alegra com a injustiça"*; mas aquele que quer demolir ou pelo menos tornar-se importante a seus próprios olhos achando que é necessário demolir, deste homem podemos dizer que ele se alegra com a injustiça – senão, não haveria nada a demolir. O amor, ao contrário, se regozija em pressupor que o amor esteja presente no fundo, por isso ele edifica. *"O amor tolera tudo"*; pois o que é tolerar tudo? É, em última análise, encontrar em todas as coisas o amor que se pressupõe no fundamento. Quando dizemos de um homem de saúde forte que ele tolera todo tipo de comida e bebida, entendemos com isso que sua saúde se nutre até de coisas malsãs (assim como ao doente até um alimento saudável faz mal), nós entendemos com isso que sua saúde se alimenta até do que parece menos nutritivo. É assim que o amor tolera tudo, pressupondo sem cessar que o amor esteja mesmo presente no fundamento – e desta maneira ele edifica. *"O amor tudo crê"*, pois tudo crer é justamente – ainda que não o vejamos; sim, apesar de vermos o contrário – pressupor que o amor esteja contudo presente no fundo, mesmo no perdido, no corrompido, no mais raivoso dos homens. A desconfiança arranca fora as fundações, ao pressupor que o amor não está presente; por isso a desconfiança não consegue edificar. *"O amor espera tudo"*, mas esperar tudo é justamente pressupor que o amor esteja presente no fundamento e que ele ainda se manifestará naquele que tomou o mau caminho, no desorientado, até mesmo no perdido – embora não o vejamos ou vejamos o contrário. Vê só, o pai do filho pródigo era talvez o único a ignorar que tinha um filho perdido, pois o amor do pai esperava tudo. O irmão mais velho logo soube que seu irmão estava perdido sem nenhuma esperança. Mas o amor edifica; e o pai tornou a ganhar seu filho perdido, justamente porque, esperando tudo, pressupunha que o amor estivesse presente no fundo. Apesar do extravio do filho, não ocorreu nenhum rompimento da parte do pai (e uma ruptura é bem o contrário de edificar); este último esperava tudo,

---

217. Abraão de Santa Clara [Nota da ed. dinamarquesa].

I. O amor edifica

por isso ele edificou na verdade com seu perdão paterno, justamente porque o filho percebeu bem vivamente que o amor paterno havia permanecido com ele, de modo que não houvera nenhuma ruptura. *"O amor suporta tudo"*, pois suportar tudo é justamente pressupor que o amor esteja presente no fundo. Quando dizemos que a mãe suporta todas as malcriações de sua criança, dizemos com isso então que ela, considerada como mulher, sofre com paciência a maldade? Não, dizemos algo diferente, que ela, enquanto mãe, fica constantemente lembrando que é sua criança, e portanto pressupondo que a criança ainda a ame, e que isso ainda se mostrará um dia. Se não fosse assim, falaríamos decerto de como a paciência tudo suporta e não de como o amor suporta tudo. Pois a paciência suporta tudo e cala, e se a mãe suportasse assim as impertinências de sua criança, com isso diríamos propriamente que, contudo, a mãe e a criança se teriam tornado estranhas uma à outra. Pelo contrário, o amor suporta tudo e cala pacientemente – mas pressupõe durante o silêncio que o amor mesmo assim continue presente na outra pessoa.

É assim que amor edifica. *"Ele não se infla, ele não usa de precipitação, ele não se irrita"*: ele não se infla na opinião de que ele teria a função de criar o amor na outra pessoa, não é irritado e precipitado, impaciente, quase sem esperança na pressa com que primeiro deve demolir para então edificar de novo; não, ele pressupõe constantemente que o amor esteja presente no fundamento. Por isso é absolutamente o espetáculo mais edificante ver o amor edificar, uma visão com a qual os próprios anjos são edificados; e por isso seria absolutamente o que há de mais edificante se um homem conseguisse comentar corretamente de que modo o amor edifica. Há muitas visões que nos agradam, muitas que nos reconfortam, muitas que nos encantam, muitas que nos emocionam, muitas que elevam nossa alma, muitas que nos cativam, muitas que nos persuadem e assim por diante; mas há apenas uma visão edificante: ver o amor edificar. Por isso, o que quer que tenhas visto de horrível ou repugnante no mundo, que desejarias poder esquecer porque quer abater tua coragem, tua confiança, dar-te desgosto da vida e repugnância de viver: medita simplesmente como o amor edifica, e estarás edificado para viver! Há uma enorme quantidade de diversos objetos que se prestam a discursos, mas apenas um é edificante: de que maneira o amor edifica. Assim, qualquer que tenha sido teu destino, tão amargo que poderias desejar jamais ter

254 As obras do amor

nascido e quanto antes melhor emudecer na morte: medita apenas na maneira como amor edifica, e então estarás edificado novamente para poder falar! Há apenas um único espetáculo edificante e apenas um único assunto edificante; tudo, no entanto, pode ser dito e ser feito de modo edificante, pois onde quer que esteja o edificante, está amor, e onde quer que haja amor, há o edificante, e tão logo o amor esteja presente, ele edifica.

O amor edifica pressupondo que o amor esteja presente. Nunca fizeste tu mesmo esta experiência, m. ouvinte? Se alguma vez alguém falou contigo de tal modo ou agiu com relação a ti de tal modo que te sentiste verdadeiramente edificado, isso foi porque tu percebeste de maneira viva como ele pressupunha que o amor estivesse em ti. Ou como imaginas que deveria ser a pessoa realmente capaz de te edificar? Não é verdade que lhe desejarias inteligência e instrução e talento e experiência? Mas tu não acreditarias, porém, que isso importa decisivamente, antes tu gostarias que fosse uma pessoa confiavelmente amorosa, isto é, uma pessoa verdadeiramente amorosa. Tu achas, portanto, que para edificar, o decisivo e essencial depende de ser amoroso ou ter amor a um ponto tal que possamos confiar nisso. Mas agora, o que é amor? Amor é pressupor amor; ter amor é pressupor amor nos outros; ser amoroso é pressupor que os outros sejam amorosos. Entendamo-nos bem. As qualidades que um homem pode ter são, ou bem qualidades que ele possui para si – embora as empregue em relação aos outros –, ou bem são qualidades para outros. Sabedoria é uma qualidade que existe por si, poder e talento e conhecimentos etc. também existem por si. Ser sábio não quer dizer pressupor que outros sejam sábios; pelo contrário, pode ser muito sábio e muito verdadeiro se o verdadeiramente sábio admite que muito pouca gente é sábia. Sim, já que "sábio" é uma qualidade dada por ela própria, nada impede, em princípio, admitir que viva ou tenha vivido um sábio que se atrevesse a dizer que admitia serem todos os demais desprovidos de sabedoria. Na idéia de ser sábio, e admitir que todos os outros não o sejam, não há nenhuma contradição. Na vida real, uma tal expressão seria arrogância, mas no mero pensamento enquanto tal, aí não há nenhuma contradição. Em contrapartida, se alguém resolvesse achar que era amoroso, mas também que todos os demais não são amorosos, nós lhe diríamos: Alto lá! Aqui há uma contradição no próprio pensamento; pois ser amoroso é afinal de contas justamente admitir, pressupor que outros seres humanos também

I. O amor edifica   255

sejam amorosos. O amor não é uma qualidade dada por ela mesma, mas uma qualidade pela qual (ou na qual) tu és para outros. Na conversação diária, decerto, ao enumerar as qualidades de alguém, dizemos que ele é sábio, razoável, amoroso – e não notamos a diferença que separa esta última qualidade das precedentes. Sua sabedoria, sua experiência, seu bom senso ele tem para si, mesmo se daí tira proveito para outros; mas se ele é verdadeiramente amoroso, não é ele que tem amor, no mesmo sentido como ele tem sabedoria: mas seu amor consiste justamente em pressupor que nós outros também tenhamos amor. Tu o elogias como o que tem amor, tu achas que se trata de uma qualidade que ele tem, o que é verdade também; tu te sentes edificado por ele, justamente porque ele é amoroso; mas tu não vês que a explicação é que seu amor significa que ele pressupõe amor em ti, e que justamente com isso te edificas, e justamente com isso o amor se edifica em ti. Se fosse realmente o caso que um homem pudesse realmente ser amoroso sem que isso significasse pressupor o amor nos outros, tu não poderias de jeito nenhum te sentir edificado no sentido mais profundo, por mais confiável que fosse o fato de ele ser amoroso, tu não poderias de jeito nenhum te sentir edificado no sentido mais profundo, tampouco como tu te edificas no sentido mais profundo por mais confiável que seja o fato de sua sabedoria, seu bom senso, sua experiência, sua erudição. Se fosse possível que ele pudesse ser verdadeiramente amoroso sem que isso significasse pressupor amor nos outros, tu também não poderias de jeito nenhum confiar inteiramente nele; pois a confiabilidade na questão do amor consiste exatamente em que, até quando duvidas sobre ti mesmo, se há amor em ti, ele é bastante amoroso para o pressupor, ou melhor, ele é o amoroso que o pressupõe. Mas tu exigias que, para edificar verdadeiramente, um homem deveria ser verdadeiramente amoroso. E ser amoroso mostrou-se agora significar: pressupor amor nos outros. Tu dizes assim exatamente o mesmo que o nosso discurso desenvolveu.

Assim retorna nossa consideração ao seu ponto de partida. Edificar é pressupor amor; ser amoroso é pressupor amor; só o amor edifica. Pois edificar é erguer algo desde um fundamento, mas, espiritualmente, o amor é o fundamento de todas as coisas. Implantar no coração de um outro o fundamento do amor, disso nenhum ser humano é capaz; todavia, o amor é o fundamento, e só podemos edificar a partir de um fundamento, portanto só podemos edificar ao pressupor amor. Se retirares o amor, ninguém edificará e ninguém será edificado.

II
O AMOR TUDO CRÊ –
E NO ENTANTO JAMAIS É ILUDIDO

1Cor 13,7: *"Amor tudo crê."*

"Agora, portanto, permanecem estas três coisas, fé, esperança e amor; mas a maior delas é o amor"[218], que é por isso, então, o fundamento de todas as coisas, é anterior a todas elas e que subsiste quando todo o resto é abolido. O amor é portanto "a maior" entre "estas coisas"; mas aquilo que é o maior no sentido da perfeição (e o que haveria de mais perfeito para comparar-se do que fé e esperança!) deve ser capaz, se ouso dizer, de se encarregar dos assuntos dos que lhe são subordinados e de torná-los ainda mais perfeitos. Neste mundo, pode muito bem ocorrer às vezes que alguém ocupe o primeiro lugar sem ser o maior em termos de perfeição, mas tal é justamente a imperfeição da mundanidade. Na verdade, é válido que o maior pode fazer o que os menores podem, e isso vale verdadeiramente para o amor: que ele pode encarregar-se da obra da fé e da esperança, e pode torná-la ainda mais perfeita.

É o que iremos examinar, meditando como

o amor tudo crê, sem no entanto jamais ser iludido.

Consideremos primeiro como se deve entender que o amor tudo crê, e em seguida, como o amoroso, justamente por crer em tudo, pode estar assegurado contra qualquer engano; pois, na verdade, nem todo aquele que crê em tudo é só por isso o amoroso, e nem todo o que crê em tudo está por isso ao abrigo de qualquer engano – nem mesmo a fé, se quer crer em tudo. E ainda que possa parecer que essa garantia contra todo engano seja um bem para o

---

218. 1Cor 13,13.

II. O amor tudo crê – e no entanto jamais é iludido 257

amor, uma vantagem que ele possua, de tal sorte que essa observação de fato não se ajustaria ao exame num escrito sobre as *obras do amor*: eis que de fato não é assim. O assegurar-se contra qualquer engano é uma obra, uma tarefa, absolutamente sinônima de crer em tudo, de modo que, sem a mínima reserva, tanto se pode dizer que o amor crê em tudo, como dizer que ele jamais é enganado, já que se trata de uma única e mesma coisa; não é o caso, aqui, como de ordinário, de que o agir seja uma coisa e a sabedoria atenta em evitar o engano, uma outra. E também não é, de jeito nenhum, no sentido da sagacidade, que o amor jamais será iludido; pois amar de tal maneira que jamais se esteja iludido é, de acordo com a compreensão e a linguagem da sagacidade, a conduta mais boba e mais tola, e é até um escândalo para a sabedoria mundana – mas por isso mesmo, é fácil reconhecer tal conduta como essencialmente própria do Cristianismo.

O amor tudo crê. Leviandade, inexperiência, credulidade creem em tudo o que se diz; vaidade, presunção, autossuficiência creem em tudo o que se diz de lisonjeiro; ciúme, malignidade, depravação creem em tudo o que se diz de mal; desconfiança não crê em absolutamente nada; experiência ensinará que o mais prudente é não crer em tudo: mas o amor crê em tudo.

Assim, a desconfiança não crê em absolutamente nada; ela faz exatamente o contrário do que amor faz. Geralmente, a desconfiança não é bem vista entre os homens; mas daí não se pode concluir, de jeito nenhum, nem que se esteja totalmente de acordo quanto a abolir sem reserva toda desconfiança, nem que se esteja totalmente de acordo quanto a louvar sem reserva o amor que crê em tudo. Antes talvez se estabeleça um acordo, bastante estranho, (portanto, um acordo discordante) entre a desconfiança – que, um pouquinho caridosa, crê afinal em alguma coisa – e o amor que, um pouquinho desconfiado, nutre afinal uma ou outra suspeita. Sim, se alguém quisesse expor o sutil segredo da desconfiança, e revesti-lo em tamanho sobrenatural com o brilho deslumbrante da sagacidade, da astúcia, da esperteza, ela seria para muitos uma tentação; e talvez houvesse alguém que nos daria habilmente a entender – orgulhoso de sua descoberta – que era justamente isso o que ele havia descoberto. E em contraste com isto o amor que crê em

258 As obras do amor

tudo faria uma figura bem pobre, como tão frequentemente acontece com o bem, de modo que muitos nem ousariam confessar que poderiam desejar uma tal simplicidade.

Qual é, com efeito, o perspicaz segredo da desconfiança[219]? Ele consiste em um abuso de saber, um abuso que, sem mais, e de um só fôlego, quer ligar seu *ergo* àquilo que, enquanto saber, é perfeitamente verdadeiro e só se torna algo completamente diferente quando, por uma inversão, se crê em virtude daquilo que é tão impossível quanto invertido, pois não se crê em virtude do saber. O que a desconfiança diz ou apresenta é propriamente apenas saber; o segredo e a falsidade residem em que ela converte, sem mais, esse saber em uma fé; fazendo como se nada acontecesse, fazendo como se isso fosse algo que nem precisaria ser notado, "já que qualquer um que tem o mesmo saber deve *necessariamente* concluir da mesma maneira" – como se estivesse para sempre certo e decidido que, uma vez dado o saber, também está dada a maneira de concluir. O engano consiste em que a desconfiança, *a partir* do saber (pois a ilusão e a falsidade consistem em que isso aconteceria em virtude do saber) e em *virtude* da incredulidade, inerente ao desconfiado, conclui, admite e crê no que conclui, admite e crê; enquanto que a gente, *partindo* do mesmo saber, *em virtude* da fé, pode concluir, admitir e crer exatamente o contrário. A desconfiança diz: "O engano alcança incondicionalmente tão longe quanto a verdade, a falsidade incondicionalmente tão longe quanto a probidade; não há nenhum critério absoluto do verdadeiro, ou do honesto, do sincero. Assim também em relação ao amor; hipocrisia e astúcia e esperteza e sedução alcançam no enganar incondicionalmente tão longe como amor alcança; podem tomar a aparência do verdadeiro amor de modo tão enganoso que não haja absolutamente nenhum sinal distintivo, pois para cada expressão do verdadeiro ou, aqui, do amor verdadeiro, apresenta-se a possibilidade de um engano que lhe corresponde inteiramente." E assim é e é assim que deve ser. Justamente porque a existência deve "te" pôr à prova, deve provar "teu" amor, ou revelar se há amor em ti: justamente

---

219. Ver, sobre o tema, os *Papirer* de 1846 (*Pap*. VII 1 A 215) e de 1847 (*Pap*. VIII 1 A 186) [N.T.].

II. O amor tudo crê – e no entanto jamais é iludido 259

por isso é que, por meio do entendimento, ela te coloca o verdadeiro e o falso no equilíbrio das possibilidades diametralmente opostas; de modo que, quando "tu" agora julgas; quer dizer, quando, ao julgar, tu *escolhes*, o que está em ti tem de revelar-se. Ai, muitos acham que o julgamento é algo que ocorre para além do túmulo, e este também é o caso; mas esquecemos que o juízo está muito mais próximo e que ele ocorre a cada instante, porque a cada instante de tua vida, com efeito, a existência te julga; pois que viver é julgar-se a si mesmo, é tornar-se manifesto. Por essa razão justamente, a existência tem de ser organizada de tal maneira que tu não escapes, graças à confiabilidade de um saber, de revelar-te a ti mesmo em teu julgar ou na tua forma de julgar. Quando então o engano e a verdade se colocam no equilíbrio das possibilidades diametralmente opostas, a decisão é a seguinte: saber se há em ti desconfiança ou amor. Pois vejam, diz alguém, "até mesmo o que se mostra como o mais puro dos sentimentos poderia contudo ser uma impostura": ora, isto é possível, deve ser possível, "*ergo* eu opto pela desconfiança, ou por não crer em nada", isto é, ele torna manifesta sua desconfiança. Convertamos a conclusão "verdade e falsidade se estendem absolutamente até o mesmo ponto, portanto pode ser possível que mesmo o que se mostra como a atitude mais baixa poderia ser puro amor": ora, isto é possível, deve ser possível, *ergo* opto pelo amoroso que crê em tudo, ou seja, ele torna manifesto seu amor. Sem dúvida, para um cérebro confuso, a existência é um elemento um tanto quanto turvo: ora, nem o mar é tão transparente! Por isso, se alguém pode provar que não devemos crer em nada por causa da possibilidade do engano, então eu posso provar que devemos crer em tudo – por causa da possibilidade do engano. Se alguém pensa que não devemos fiar-nos nem no melhor dos homens, pois afinal seria possível que ele fosse um impostor, então vale igualmente o contrário: até ao pior dos homens tu podes atribuir a bondade, pois afinal poderia ser que sua malvadeza fosse tão somente uma aparência.

O amor é exatamente o contrário da desconfiança, e no entanto ele é iniciado no mesmo saber; no saber ambos são, se quisermos, indiscerníveis um do outro (pois o saber é de fato o infinitamente indiferente); só na conclusão e na decisão, n*a fé* (crer em

260 As obras do amor

tudo, e não crer em nada) é que eles são diametralmente opostos. Com efeito, quando o amor crê em tudo, não é preciso entender isso, de jeito nenhum, no mesmo sentido da leviandade, da inexperiência e da credulidade, que acreditam em tudo por ignorância e desconhecimento. Não, o amor sabe tanto quanto qualquer um, ciente de tudo aquilo que a desconfiança sabe, mas sem ser desconfiado; ele sabe tudo o que a experiência sabe, mas ele sabe ao mesmo tempo que o que chamamos de experiência é propriamente aquela mistura de desconfiança e amor.

"Pois quanta coisa oculta pode morar num homem, ou quanta coisa ele consegue afinal manter oculta; quão engenhosa não é a interioridade oculta quando se trata de esconder-se e de enganar ou de se esquivar aos outros; ela preferiria que nem se suspeitasse que ela existe, temendo em seu pudor ser vista, e temendo como se fosse a morte o tornar-se totalmente manifesta! Por acaso não é verdade que um ser humano jamais compreende inteiramente um outro? Mas se ele não o compreende inteiramente, então é sempre possível, com efeito, que a coisa mais indubitável poderia, afinal, ser suscetível de uma explicação inteiramente diferente e que – é bom notar – seria a verdadeira; pois uma hipótese pode muito bem explicar uma grande multidão de casos e com isso confirmar sua verdade, e no entanto mostrar ser falsa tão logo se apresente aquele caso que ela não consegue explicar – e poderia ser que esse caso ou essa pequena determinação mais próxima surgissem ainda no último instante. É também por isso que todos os observadores calmos e espiritualmente desapaixonados, que afinal como homens eminentemente aptos em avançar pesquisando e desvendando o mundo interior que justamente estes julgam com um cuidado tão infinito ou até preferem simplesmente abster-se de afirmar alguma coisa: porque eles, enriquecidos por suas observações, possuem uma noção desenvolvida do mundo misterioso das coisas ocultas, e porque como observadores aprenderam a dominar suas próprias paixões. Só pessoas superficiais, precipitadas, apaixonadas, que não se conhecem a si mesmas, e naturalmente por isso mesmo não sabem mesmo que não conhecem os outros, julgam sem rodeios. O homem competente, o sábio, jamais faz assim. Um homem jovem, inexperiente, que talvez nunca antes tenha monta-

II. O amor tudo crê – e no entanto jamais é iludido 261

do um cavalo, salta ousadamente sobre a primeira montaria que se lhe apresenta; mas o cavaleiro forte e contudo bem exercitado – verás com que atenção ele observa o cavalo, para ele desconhecido, em que deve montar pela primeira vez; vê com quanta reserva e com quanta prudência procede: como ele mal se arrisca a montar na sela, mas antes o faz correr segurando-o por uma corda para descobrir seu gênio; e por outro lado vê ainda quanto tempo ele persiste em examiná-lo, muito, muito depois de o inexperiente ter desistido. Pois o inexperiente, que não conhece absolutamente nenhuma montaria, acha que 'um cavalo é como qualquer outro – *ergo*, eu conheço todos eles'; só o bom ginete tem uma noção desenvolvida sobre a enorme diferença que pode haver, sabe como é possível enganar-se das mais diversas e opostas maneiras sobre um cavalo; e quão duvidosos são todos os sinais, pois cada cavalo tem sua própria diferença. E como não seria então a diferença entre um ser humano e outro! Como ela é imensa! Se não fosse assim, o homem seria degradado; pois a vantagem do homem sobre o animal não consiste apenas em suas características humanas universais, frequentemente mencionadas, mas também no fato, frequentemente esquecido, de que no interior da geração cada indivíduo é essencialmente diferente ou peculiar. E esta vantagem sim é propriamente a vantagem humana, a primeira vantagem era a vantagem do gênero humano diante das espécies animais. E se não fosse assim (que um homem, agindo com honestidade, sinceridade, dignidade, piedade, pudesse fazer nas mesmas circunstâncias exatamente o contrário de um outro agindo todavia também com honestidade, sinceridade, dignidade, piedade), então não existiria essencialmente a relação com Deus, pelo menos não existiria no sentido mais profundo da palavra. Se se pudesse julgar com uma absoluta verdade qualquer homem seguindo um critério universal dado, a relação com Deus estaria abolida em seu fundamento: tudo estaria virado para o exterior e encontraria sua realização total na vida do Estado ou na vida social, como no caso dos pagãos; então, viver se tornaria coisa fácil demais, mas também oca demais; então não seria possível nem necessário o esforço pessoal e nem mesmo o trabalho de aprofundamento em si que, justamente nos mais árduos conflitos da incompreensão infinita, desenvolve a relação que um homem mantém com Deus."

262 As obras do amor

Podes me dizer agora quem foi que disse essas palavras? Não, é impossível, elas são totalmente ambíguas; o mais desconfiado de todos os homens e o mais amoroso podem, tanto um quanto o outro, tê-las dito, do ponto de vista do saber. Nenhum ser humano as pronunciou, elas foram ditas de maneira desumana, formam como que um conjunto de consoantes que só se transformam num discurso humano quando recebem o hálito da personalidade que introduz a diferenciação ao pronunciá-las, dotando-as de uma voz. Tais palavras pertencem ao saber, que, enquanto tal, é impessoal, e deve ser comunicado de maneira impessoal[220]. O saber coloca tudo na possibilidade, e neste sentido está fora da efetividade da existência, na possibilidade; só com um *ergo*, com a *fé*, o indivíduo começa sua vida. Mas a maioria deles simplesmente nem percebe que, de uma maneira ou de outra, cada minuto que vive, vive em virtude de um *ergo*, de uma fé – eis como eles vivem descuidados! O saber não comporta nenhuma decisão; a decisão, o estado de determinação e a firmeza pessoal, só ocorre num *ergo*, na fé. O saber é a arte infinita do duplo sentido ou a duplicidade infinita: ele consiste, no seu máximo, em equilibrar possibilidades opostas. Ser capaz de fazer isto é ser alguém que sabe, e só aquele que sabe comunicar possibilidades opostas entre si, postas em equilíbrio, comunica o saber. Comunicar decisão no saber ou o saber na decisão, é contrassenso, um absurdo próprio desses tempos – é absurdo e continua sendo, mas nesses tempos se transformou na autêntica profundidade, no autêntico sentido oculto do pensamento profundo. O saber não é desconfiança, pois o saber é infinitamente imparcial, ele é a infinita equivalência/indiferença[221] no equilíbrio; o saber também não é amor, pois o saber é infinitamente equitativo, é uma equivalência/indiferença em equilíbrio; o saber também não é mácula, pois ele é a infinita equivalência/indiferença. O desconfiado e o amoroso têm em comum o saber, e nem o desconfiado é desconfiado devido ao saber e nem o amoroso é amoroso devido ao seu saber. Mas quando então o saber pôs em equilíbrio num homem as possibilida-

---

220. Ver as Lições, deixadas inéditas na seção B dos Diários, sobre a dialética da comunicação ética e ético-religiosa (*Den ethiske og den ethisk-religieuse Meddelelses Dialektik, Pap.* VIII 2 B 86-89) [N.T.].

221. *Lige-Gyldighed*

II. O amor tudo crê – e no entanto jamais é iludido   263

des opostas e esse homem deve ou quer pronunciar seu julgamento: aí então se mostra, conforme aquilo em que ele crê, quem ele é, se é desconfiado ou amoroso. Apenas os espíritos muito confusos e com pouca experiência acham que podem julgar outra pessoa graças ao saber. Seu erro provém do fato de eles não saberem em quê consiste o saber; de que eles jamais destinaram tempo nem esforço para cultivar o sentido infinito, equitativo, das possibilidades, ou de concebê-las com a arte da infinita ambiguidade e mantê-las em equilíbrio, ou ainda para fundá-las em sua transparência. Em um certo estado de fermentação, seja por preguiça, seja por paixão, eles mostram uma predileção por certo tipo de possibilidade: basta-lhes um pouco desta para que eles julguem, e chamam a isso julgar em *virtude* do saber, e, satisfeitos consigo mesmos ao *crerem em virtude* do saber (o que é pura contradição), eles se imaginam (uma nova contradição) garantidos contra erros – que deveriam estar reservados à fé.

É bem comum ouvir as pessoas exprimirem um grande temor de se enganarem ao julgar: porém, se escutas com mais atenção o que elas dizem, ai, descobrimos frequentemente um triste mal-entendido nesse temor tão sério. Olha, aquele nobre sábio singelo da Antiguidade tornou-se o que ele se tornou, não grande coisa, nem um grande banqueiro, nem um eminente servidor do Estado neste melhor dos mundos; mesmo empobrecido, ridicularizado, escarnecido, acusado, condenado, ele permaneceu o nobre e simples sábio, porém um espírito raro, talvez quase o único, que verdadeiramente distinguia entre o que ele compreendia e o que não compreendia; e ficou assim justamente porque o que ele "mais temia era estar no erro"[222]. Mas seria verdadeiramente essa sublimidade, esse equilíbrio da sublimidade o que almejam os homens quando temem estar errados ao julgar? Talvez. Mas também é possível que esse temor seja às vezes um tanto quanto parcial. Nós humanos temos um temor natural de cometer erros ao formarmos uma opinião boa demais sobre uma pessoa. O engano que consiste em formar uma opinião ruim demais sobre outra pessoa, por outro lado, quiçá não se tema, pelo menos não na mesma proporção que o primeiro. Mas en-

---

222. Cf. Platão: *Apologia de Sócrates*, 29 b.

tão, nosso temor supremo não é estar no erro; estamos então, pelo contrário, mergulhados num erro ao nutrirmos unilateralmente o temor de um certo tipo de erro. Humilha a vaidade e o orgulho ter ou ter tido uma opinião boa demais a respeito do dissimulado, ter sido tão tolo a ponto de crer nele – pois aqui se trata de uma competição para ver quem é o mais esperto. Indignamo-nos contra nós mesmos, ou ainda achamos que foi (sim, é como dizemos, e não adianta muito, ou melhor, é mais outro engano, empregar no discurso edificante um termo mais solene, uma expressão que produz estranhamento), que foi "tão vexatório" termos sido feitos de bobos. Mas nós não deveríamos ficar, para falar suavemente, pelo menos tão vexados por termos acreditado no mal ou, por desconfiança, não termos acreditado em nada lá onde havia o bem! Será que isso, um dia, na eternidade, não será mais do que "vexatório"? Pois usemos simplesmente essa palavra tão utilizada no mundo, ela combina tão bem, relacionada com a eternidade! Mas aqui no mundo não é "vexatório" ter uma opinião ruim a respeito de uma pessoa boa, é sim uma arrogância que permite de maneira fácil estar quite com o bem; mas "do vexame" de ter tido uma opinião boa sobre uma pessoa ruim, contra este nos precavemos – já que tememos tanto estar no erro. Em contrapartida, o que ama teme verdadeiramente estar no erro, e é por isso que ele crê em tudo.

O mundo nos tenta de muitos modos, entre outros também dando-nos a impressão de que seria muito limitado, muito tolo, *amorosamente* crer em tudo. Mas isto é um mal-entendido. Passamos um risco por cima do amor (ai, em vez de sublinhá-lo!), e portanto enfatizamos a tolice que seria crer em tudo, em vez de pôr toda a ênfase no fato de que é o *"amor"* que tudo crê. Na verdade, não é o saber que mancha um homem, oh longe disso; o saber é como a transparência nua e crua, e justamente aí a mais perfeita e mais pura, assim como a perfeição da água consiste em não ter sabor algum. O servidor da justiça não fica maculado por conhecer melhor que o criminoso todas as intrigas. Não, o saber não mancha uma pessoa; é a desconfiança que mancha seu saber, assim como o amor o purifica.

Quando se trata de julgar uma outra pessoa, o saber conduz no máximo ao equilíbrio das possibilidades opostas entre si – aí a

II. O amor tudo crê – e no entanto jamais é iludido 265

diferença aparece na conclusão que se tira. Pois a Escritura nos adverte contra o julgar, e acrescenta, "para não serdes também julgados", de sorte que ainda parece que se poderia às vezes julgar sem ser julgado de volta. Mas não é o caso. No mesmo minuto em que julgas uma outra pessoa ou censuras um outro homem, tu te julgas a ti mesmo; julgar a outrem, com efeito, é em última análise simplesmente julgar-se a si mesmo ou revelar-se a si mesmo. Talvez não o percebas, talvez escape à tua atenção o quanto a existência é coisa séria e como, mostrando-te todos esses muitos homens, ela te leva de certa forma a julgar, e assim tu te estimas feliz por seres desses favoritos da sorte sem mérito algum, que não são nada, e que por isso, sem a menor preocupação, se entregam à cômoda tarefa de julgar os outros: e então é a existência que tem a cortesia ou o suficiente rigor de não te considerar como um nada, então é a existência que te julga. Quão ávido por julgar não pode ser um homem! Mas se soubesse o que é julgar, como ele se tornaria lento! Quão ansiosamente pode ele recolher até a menor das migalhas para ter a oportunidade de julgar – isto é, a oportunidade de se deixar capturar! Pelo saber tu só chegas até o equilíbrio, se o exercitas com uma arte acabada; mas a conclusão aponta de volta para a essência da pessoa que julga e torna manifesto que ela é alguém que ama, posto que conclui: *ergo* creio em tudo.

A desconfiança, ao contrário, tem (claro que não pelo seu saber, que é a infinita equivalência[223], mas por si mesma, por sua *incredulidade*) uma predileção pelo mal. Não crer simplesmente em nada, é exatamente o limite, aí se começa a crer no mal; pois o bem é o objeto da fé e é por isso que aquele que não crê em nada já começou a crer no mal. Não crer em absolutamente nada, é começar a *ser* mau, pois isso mostra que não se tem nada de bom em si, já que a fé é justamente, no homem, o bem que não vem com o grande saber e nem mesmo precisa faltar só porque o saber é pequeno. A desconfiança não consegue manter o saber em equilíbrio: ela mancha o seu saber, e por isso se aproxima da inveja, da malícia, da corrupção, que creem que tudo é mau. Mas que tal então se aquela

---

223. *Lige-Gyldighed*; outra tradução possível: indiferença, quando tudo vale o mesmo [N.T.].

266 As obras do amor

pessoa que se mostrou tão zelosa em julgar, em derramar sua indignação, sua potente ou impotente amargura sobre um outro, sem saber porém corretamente sobre o que ela julgava; que tal seria se, na eternidade, ela descobrisse e fosse forçada a confessar que o condenado não apenas era desculpável, mas que era o mais nobre, o mais desinteressado, o mais generoso de todos os homens? Já se disse que nós talvez um dia, na eternidade (ai, na esperança de que não sejamos excluídos dela), nos surpreenderemos de não encontrar tal ou qual pessoa que calculávamos encontrar lá com certeza; mas será que também não veremos lá com surpresa uma ou outra que havíamos excluído sem nenhuma cerimônia, e não veremos que ela era bem melhor do que nós mesmos, e não por ter se tornado assim depois, mas justamente em relação àquelas coisas que haviam levado o que julgava a excluí-la? Aquele que ama, porém, crê em tudo. Com a bem-aventurada alegria da surpresa, verá um dia que ele tinha razão; e se tiver errado por crer demais no bem – crer no bem já é em si mesmo uma felicidade. Se crer amorosamente no bem não é decerto erro algum, então também não se erra, de jeito nenhum, quando se faz isso.

A atitude de, por desconfiança, não *crer* em absolutamente nada (o que é bem diferente do *saber* a respeito do equilíbrio das possibilidades opostas entre si) ou de *crer* em tudo por amor, não é portanto um conhecimento e nem é, de modo algum, conclusão tirada de um conhecimento: porém, é uma escolha que surge justamente quando o saber já estabeleceu o equilíbrio das possibilidades contrárias; e nessa escolha, que por certo tem a forma de um juízo sobre os outros, aquele que julga acaba por se revelar. Crer em tudo por leviandade, inexperiência, ingenuidade, é um conhecimento, é um conhecimento tolo; mas tudo *crer por amor*, é uma opção exercida em virtude do amor. Em vez de empregar sua perspicácia para confirmar-se em nada crer, como o faz a desconfiança, o amor emprega sua perspicácia para descobrir a mesma coisa, ou seja, que o engano e a verdade têm absolutamente a mesma extensão; mas então conclui – em virtude da fé que possui em si próprio: *ergo* eu creio em tudo.

Amor crê em tudo – e no entanto jamais é enganado. Maravilhoso! Não crer em absolutamente nada, para evitar qualquer desi-

II. O amor tudo crê – e no entanto jamais é iludido 267

lusão, isso se aceita, pois como poderia enganar-se aquele que não crê em absolutamente nada! Mas crer em tudo e assim como que se entregar como presa a todas as imposturas e a todos os impostores, e contudo justamente com isso resguardar-se infinitamente contra todo e qualquer engano: é estranho. E no entanto, mesmo se então não somos enganados por outros, não o seríamos por nós mesmos? Enganados do modo mais horrível, aliás, por nós mesmos, quando não cremos em absolutamente nada; não ficamos então defraudados no que há de mais elevado, na felicidade da dedicação e do amor? Não, só há um caminho para preservar-se de jamais ser enganado, é crer em tudo por amor.

Digamos assim: pode um ser humano enganar Deus? Não; em relação a Deus, um homem só pode enganar a si próprio; pois a relação com Deus é o bem supremo, de modo que o que engana Deus, engana-se a si mesmo da maneira mais terrível. Ou tomemos uma relação entre os seres humanos. Pode uma criança enganar seus pais? Não, a criança engana a si mesma; que, para a criança e para o que não tem um melhor discernimento do que a criança, dê a impressão de que foi a criança que logrou os pais, é uma mera aparência (e portanto um engano), uma ilusão devida à miopia; ai! enquanto que a pobre criança, no essencial, só engana a si própria. Podemos razoavelmente admitir que os pais, em relação à criança, têm uma tal superioridade em sabedoria e discernimento, e por isso também uma tal superioridade em amor verdadeiro para com sua criança (a qual mal sabe o que é amar a si própria), de modo que enganar seus pais seria a maior infelicidade que poderia ocorrer à criança, a maior infelicidade, mesmo se não fosse por sua própria culpa. Mas então, de fato, não são os pais que são enganados, mas é ao contrário a criança, e é uma aparência (uma ilusão) que ela engane os pais; num sentido *pueril* e *fraco é assim*: a criança engana os pais; *logo, não é verdade* que ela os engane, já que isso só é verdade num sentido *pueril e fraco*. Por outro lado, não seria uma visão lastimável, repugnante, ver um pai ou uma mãe que, em relação à criança não tivessem a noção verdadeira, plena de seriedade e solicitude, de sua superioridade, fundada em sua preocupação de querer verdadeiramente, com o sentimento de sua responsabilidade eterna, o melhor para a criança? Não seria lastimá-

268 As obras do amor

vel, repugnante, ver um pai ou uma mãe capazes de rebaixar-se a mesquinhas e indecorosas querelas com a criança, ficarem por própria culpa irritados e amargurados porque o pai ou a mãe puerilmente teriam a ideia tola de que fora a criança que os enganara? Uma tal relação entre pais e filho é contudo indecorosa, sim, quase insensata: é como se o castigar a criança significasse bater-se com ela, e assim, pondo de lado toda dignidade, elevação, madura superioridade, ficasse provado apenas que o pai ou a mãe eram os mais fortes fisicamente!

Portanto, a superioridade verdadeira jamais pode ser enganada, desde que seja fiel a si própria. Mas o amor verdadeiro é absolutamente superior a tudo o que não é amor, e portanto a todo e qualquer engano; por conseguinte, jamais pode ser enganado quando, crendo em tudo, permanece fiel a si próprio, ou continua a ser o amor verdadeiro.

É muito fácil, decerto, entender tal coisa, pois a dificuldade é uma outra: está em que existe um círculo inferior de representações que não possui o mínimo vislumbre do que seja o amor verdadeiro, o amor verdadeiro em si e por si, nem da felicidade que há nele mesmo; a dificuldade está em que uma enorme multiplicidade de ilusões dos sentidos quer amarrar o homem a esse horizonte inferior onde o engano e o ser enganado significam exatamente o contrário do que essas coisas significam *na noção infinita do amor. Para essa última, ser enganado significa unicamente deixar de amar, deixar-se levar ao ponto de desistir do amor em si e para si e com isso deixar ir a pique sua intrínseca felicidade.* Pois, no sentido infinito, uma única ilusão é possível, o autoengano; em termos de infinito, não precisamos temer aqueles que matam o corpo[224]; para o infinito, ser morto não é nenhum perigo, e muito menos é perigo aquele tipo de engano de que o mundo fala. E isso, de novo, é fácil de entender. O difícil é realizar perfeitamente a tarefa de adquirir a noção verdadeira do amor ou, mais corretamente, de tornar-se o verdadeiro amoroso; pois esse, ao crer em tudo, defende-se justamente assim contra o engano dos sentidos, combate para conservar-se no amor verdadeiro. Mas a ilusão dos

---

224. Mt 10,28.

II. O amor tudo crê – e no entanto jamais é iludido   269

sentidos quer sempre se impor, mais ou menos assim como aquela ilusão dos sentidos que acha que é o sol que gira, não obstante sabermos que é a Terra que o faz.

Há uma concepção inferior do amor, ou seja, um amor inferior, que não tem nenhuma noção do amor em si e para si. Ela considera o amar como uma exigência (a reciprocidade no amor é a exigência), e o ser amado (o amor correspondido) é a seus olhos como um bem terreno, temporal – ai, e ainda como a felicidade suprema. Afinal, se fosse assim, o engano poderia decerto desempenhar o papel do mestre, exatamente como no mundo das finanças. Desembolsamos dinheiro para comprar tal ou qual coisa que nos convém; se alguém entregou seu dinheiro e não recebeu o que lhe convinha, aí sim, fez papel de bobo. A gente faz a transação do amor; entrega seu amor esperando a permuta, mas se a gente não recebeu amor de volta, é que a gente foi enganada. O engano deve assim consistir em que o impostor obteve o amor da pessoa lograda, de modo que talvez esta nem consiga deixar de amá-lo, porque a pessoa lograda seria tão amorosa ao ponto de só poder amar uma única pessoa – e esta única pessoa seria a do enganador. Não é intenção desta consideração negar que tal pessoa que amou foi enganada, e muito menos que o que a enganou era, sim, que ele era um miserável impostor; mas é sua intenção negar que a pessoa que assim amava, era o verdadeiro amoroso. Pois aquele que é tão extraordinariamente amoroso a ponto de só poder amar uma única pessoa, não é o verdadeiro amoroso, mas sim um apaixonado, e um apaixonado é uma pessoa que ama a si mesma, como já foi mostrado antes. Mas que se possa enganar uma pessoa que ama a si mesma, isso nosso discurso jamais pretendeu negar. Aqui, como em todo lugar, há algo de muito profundo na existência. Às vezes se ouve a queixa clamorosa sobre o ter sido enganado no amor. Quem se queixa quer, assim, justamente provar que amoroso pouco comum ele era, e então com isso, de novo, quão extraordinariamente sórdida é e foi a pessoa que o enganou; e isso ele o demonstra, assegurando a seu próprio respeito que hoje como outrora só poderia amar uma única pessoa. Ele não percebe que quanto mais essa acusação se faz veemente, tanto mais ela se vira contra seu autor, que se denuncia como um ser que foi e permanece egoisticamente apaixonado por si próprio, e que por esta razão – é bem correto – só poderia amar uma única pessoa (pois o verdadeiro amoroso ama a todos e sem exigir ser amado em contrapartida); e por isso, bem corretamente, poderia ser enganado, o que não pode acontecer ao que ama de verdade. Quer dizer: qualquer um que afirme essencial e decisivamente que foi, em seu amor, vítima de um engano tal que ele perdeu o que possuía de melhor, para não dizer tudo, declara-se com isso ser alguém que ama a si mesmo; pois aquilo que há de melhor é o amor em si e para si, e este sempre se pode conservar, quando se quer ser o verdadeiro amoroso. Qualquer um, então, que queira ter sobre a natureza do amor apenas aquela noção inferior (a do engano), deve tomar cuidado para não se deixar enganar: convém então instruir-se com os homens do dinheiro ou com os que compram e vendem mercadorias, ver quais precauções eles tomam contra os fraudadores. Mas, ai, apesar de todas essas precauções, sim, mesmo se conseguissem precaver-se contra todo e qualquer engano, essa pessoa e todas as que pensam do mesmo jeito são contudo essencialmente logradas ao situarem sua vida nesse mundo, que é o engano; nesse mundo onde todos são essencialmente enganados, quer um se lamente contra o outro por ter sido enganado, quer o outro se gabe de não ter sido enganado. A diferença não é maior do que, se numa gaiola de loucos, um débil mental imaginasse não ser débil mental da mesma maneira como o outro, enquanto que afinal de contas essencialmente todos são débeis mentais.

A representação inferior e a ilusão dos sentidos, que a seu encargo e serviço visita o ser humano, é a tentação; a dificuldade está justamente em se defender dela enquanto atuamos; pois é bastante fácil perceber, numa hora de calma meditação, que o amor verdadeiro, que crê em tudo, não pode ser enganado. "Mas é contudo tão vexatório ser enganado." Se tu mesmo fosses o verdadeiro amoroso, que crê em tudo, não deixarias de reconhecer facilmente que isso é impossível, e de perceber que não foste enganado. Mas há então algum vexame em saber em consciência que a gente não foi enganada? Não. "Mas ainda assim, é tão vexatório pensar que deve parecer aos outros que a gente foi enganada." É aqui, vê só, que se encontra a ilusão. Saber em consciência e em verdade que a gente não foi enganada, e contudo achar vexatório que pareça como se a

II. O amor tudo crê – e no entanto jamais é iludido 271

gente tivesse sido enganada, como é que se chama isso? Isso é o que se chama vaidade, ou, aqui dá no mesmo, o que se chama: no fundo ainda não ser aquele que ama de verdade. Ai, se a vaidade pudesse apoderar-se de quem ama verdadeiramente, então este seria certamente enganado; pois ela o arrancaria para fora do amor para lançá-lo no mundo inferior das mesquinharias e das querelas, onde a gente faz de bobo e é feito de bobo, envaidecendo-se por poder fazer os outros de bobos, e vexando-se de ser feito de bobo, e portanto envaidecendo-se de ser capaz de escapar disso. Quando vemos o que ama verdadeiramente ser logrado pelo astucioso, intrigante, ficamos revoltados, e às vezes por que, porque não vemos no exterior a punição e a retaliação; portanto porque, para satisfazer nosso senso de exterior e do imperfeito, reivindicamos assistir o espetáculo, que satisfaz os sentidos, da imperfeição e da exterioridade, onde a represália está na exterioridade; ou seja, porque caímos no círculo das representações inferiores, portanto, porque, na nossa preguiça e na nossa irreflexão, esquecemos que é impossível enganar ao que ama verdadeiramente. Temos razão de gritar "ai daquele" para alguém que desencaminha um cego; e é natural exigir aqui um castigo exterior visível; pois a gente consegue enganar um cego, e a cegueira não o preserva de todo engano; mas ao que ama verdadeiramente e que em tudo crê, não se consegue enganar. Este pode muito bem saber, num certo sentido, se alguém o engana; mas ao não querer acreditar nisso, ou, ao crer em tudo, ele se preserva no amor, e desta forma não vem a ser enganado – e assim temos aqui também um exemplo que mostra como é tola e como é insensata aquela agitação que acha que saber é mais elevado do que crer; pois aquilo que justamente preserva contra o engano o amoroso – o qual, num certo sentido, sabe que está sendo enganado – é o crer em tudo.

Ao que ama verdadeiramente, ao que crê em tudo, não se pode enganar, pois *enganá-lo é enganar a si próprio*. Em que consiste, com efeito, o bem supremo e a maior felicidade? Por certo, em amar de verdade; depois disso, em ser amado de verdade. Mas, dessa forma, é afinal impossível enganar aquele que ama, o qual, justamente por crer em tudo, permanece no amor. Se, em questões de dinheiro, pudéssemos enganar alguém de tal modo que deixásse-

272 As obras do amor

mos o supostamente enganado com seu dinheiro: ele teria sido enganado? Mas tal é aqui exatamente o caso. O impostor se torna desprezível por sua tentativa, e aquele que ama se preserva no amor: permanece, portanto, no amor, na posse do bem supremo e da maior felicidade, ou seja, ele decerto não terá sido enganado! O impostor, em contrapartida, se engana a si próprio. Ele não ama, e com isso já se enganou no que toca ao bem supremo e à maior felicidade. Após isso, vem o ser amado por aquele que ama de verdade – de outra forma, o ser amado poderia transformar-se num grande infortúnio. Ainda aqui, o impostor está a ponto de lograr-se a si próprio, na medida em que se priva do verdadeiro proveito disso, e na medida em que consegue (quando seu logro provavelmente for descoberto) desbaratar o amor da outra pessoa, tornar infeliz a pessoa que o ama ao cessar de amá-lo de verdade – em vez de, crendo em tudo, permanecer no amor, assegurado contra o engano.

Imaginemos a cena ocorrendo diante de nossos olhos, para que possa tornar-se bem nítido quão miseravelmente se comporta o impostor em relação à pessoa verdadeiramente amorosa – pois muito se fala de sedutores e seduções, de impostura e de impostores, mas é bem raro ouvir falar ou ver representar a pessoa *verdadeiramente* amorosa. Eu imagino então um sujeito astuto, um intrigante, um hipócrita; eu me deleito em dotá-lo ainda com todos os dons da sedução, a ele que já está instruído em todos os segredos do engano. O que ele ainda pretende? Quer enganar a pessoa amorosa e (já que, apesar da sua corrupção, ele é bastante inteligente para ver que imenso bem é ser amado,) procura, com sua astúcia, vir a ser amado. Mas para que tanto trabalho, tanta munição completamente supérflua de astúcia e intriga? É à pessoa verdadeiramente amorosa que ele quer enganar; mas a pessoa verdadeiramente amorosa ama a todos os homens, de modo que o impostor pode atingir seu objetivo de ser amado por um caminho mais simples. Certamente, se ele estivesse lidando com uma pessoa apaixonada (uma egoísta), seu engano ao menos teria um sentido; pois a enamorada só pode amar um único ser, e aí o importante seria, por conseguinte, na medida do possível, tornar-se este único ser, graças aos artifícios enganadores da astúcia e da perfídia. Mas em relação àquela que ama verdadeiramente, a impostura é desde o início

II. O amor tudo crê – e no entanto jamais é iludido   273

sem sentido, e o impostor está desde o início no enfoque mais miserável. Vamos adiante. Ele consegue portanto, naturalmente, ser amado, *naturalmente* – sim, o impostor acha e precisa naturalmente achar que deve seu sucesso à sua astúcia, a suas artimanhas e à arte; pobre logrado! Ele não percebe que está tratando com a pessoa que ama verdadeiramente, e que o ama porque a pessoa verdadeiramente amorosa ama a todos os homens. Em que absurdidade se enredou a miséria desse impostor; não que o engano tenha fracassado, não, esse castigo seria muito pequeno; não, o engano dá resultado e o impostor está orgulhoso de sua impostura! Mas onde está aqui o engano, de que espécie de engano ele fala? Naturalmente, o engano deve consistir em que, enquanto a pessoa amorosa o ama, ele, além de gozar esse bem de ser amado (ao mesmo tempo, frio, orgulhoso e zombeteiro), goza a autossatisfação de não retribuir o amor. Passa-lhe naturalmente bem desapercebido (afinal, como ocorreria a um impostor que ali estivesse o amor verdadeiro!), que ele esteja tratando com a pessoa verdadeiramente amorosa, que ama sem fazer nenhuma exigência de reciprocidade no amor, e que coloca o amor e a felicidade do amor justamente na não exigência de reciprocidade amorosa. Por sua astúcia, o impostor então levou a pessoa amorosa a amá-lo – mas é justamente isto o que a pessoa amorosa desejava de todo coração; presume-se que o impostor a fez de boba ao não retribuir seu amor, mas a pessoa verdadeiramente amorosa encara afinal justamente a exigência de uma reciprocidade no amor como uma mácula, um aviltamento, e encara o amor sem a recompensa do amor retribuído como a mais alta felicidade. Quem é então o logrado? De que engano estamos falando? O impostor fala de maneira nebulosa e não sabe ele mesmo o que está dizendo, assim como aquele homem, de quem rimos, aquele homem que, deitado na valeta, se imaginava montado num cavalo. Enganar de tal maneira não é a mesma coisa como chamar de roubo o enfiar dinheiro no bolso de alguém? A pessoa verdadeiramente amorosa se enriqueceu, pois quanto mais gente ela consegue amar e quanto mais ela entrega seu amor renunciando à reciprocidade amorosa, tanto mais rica ela se torna. Ou a pessoa verdadeiramente amorosa está enganada caso permaneça oculto quão indigno objeto de amor é o impostor? Amar é o bem supremo, mas então, apenas aquele amor que exige reciprocidade, ou seja, o amor não verdadeiro, corre o risco de ser enganado ao ficar sem saber que seu objeto era indigno. Ou a pessoa verdadeiramente amorosa está enganada, se acaso se revela o quanto o impostor foi e é um objeto indigno? Amar é, sem dúvida, o bem supremo e a maior felicidade. Vê só: a pessoa que em assuntos financeiros, para ganhar dinheiro, recorre a um homem em quem deposita confiança e que ela acredita possuir dinheiro: é feita de boba se esse homem é irresponsável e está sem dinheiro. Mas aquela pessoa que está disposta a passar adiante seu dinheiro e nem de longe deseja ou exige reembolso, certamente não é feita de boba – só porque o beneficiário não tem nenhum dinheiro. Mas o astuto enganador se move nas evoluções mais habilidosas e mais insinuantes da perfídia e não percebe quão deselegante é sua conduta. Ele se acha o superior; sorri para dentro de si, autossatisfeito (ai, parece o sorriso satisfeito do maluco, que nos leva a rir e a chorar); não faz a menor ideia a respeito da infinita superioridade da pessoa amorosa. Em sua cegueira, não se dá conta de sua terrível impotência: sua impostura é coroada de sucesso – e ele faz uma boa ação; sua impostura tem sucesso – e enriquece ainda mais aquela pessoa que ama verdadeiramente; teve sucesso com sua fraude, ele teve sucesso – e contudo é ele justamente o enganado. Pobre logrado, a quem até essa via de salvação, que seria o fracasso de sua impostura, é cortada! Se um débil mental quer convencer um homem sensato da correção de seus raciocínios absurdos, e o consegue em certa medida, não é aqui o mais terrível de tudo, não é quase como uma impiedade da existência? Pois se fracassasse, talvez o débil mental ainda tivesse chance de reconhecer seu estado de débil mental; mas agora isso lhe permanece oculto e sua demência se torna decerto incurável. Assim também com o impostor; mas neste caso não é impiedade, mas sim o justo castigo que o atinge, que a sua impostura tenha sucesso – e justamente com isso, sua perdição.

O que está em jogo, em verdade, no conflito entre o impostor e o amoroso? O enganador quer mistificá-lo, roubando-lhe seu amor. Mas isso não pode ser feito; justamente por não exigir, em absoluto, a mínima reciprocidade no amor, o que ama verdadeiramente assumiu uma posição que não pode ser tomada de assalto; é tão impossível surrupiar-lhe seu amor como o seria fraudar um homem ti-

II. O amor tudo crê – e no entanto jamais é iludido 275

rando-lhe o dinheiro que ele está oferecendo e dando de presente a qualquer um. O conflito, por isso, diz respeito propriamente a um outro ponto, se poderia ser possível que o impostor (que não tem tal intenção nem pensa nisso) se tornasse a ocasião de queda para o que ama, de sorte que este decaísse do amor e afundasse no mundo da ilusão dos sentidos, em uma discussão pueril com o impostor, posto que o amoroso teria desistido do amor que ama sem exigir reciprocidade. Porém, ao contrário, a pessoa verdadeiramente amorosa se preserva justamente ao crer em tudo, e portanto, ao amar o impostor. Se o impostor pudesse compreender isso, ele teria de perder o entendimento. Um apaixonado (o egoísta) se acha assim enganado quando o impostor soube fazê-lo de bobo levando-o a amá-lo, enquanto que não lhe retribui com amor – e o que ama de verdade se acha justamente salvo quando, ao crer em tudo, tem sucesso em amar o impostor; o apaixonado considera como uma infelicidade o continuar a amar o impostor, aquele que ama verdadeiramente, considera uma vitória o simples fato de ser capaz de continuar amando-o. Maravilhoso! O impostor precisa, à sua maneira, ficar sempre mais presunçoso porque sua fraude deu certo de um modo extraordinário; ele acaba finalmente até por considerar decerto o amoroso como um pobre coitado de espírito limitado. E no entanto, é justamente essa ingenuidade que dá à pessoa que ama na verdade a garantia eterna e infinita de estar ao abrigo da impostura! Conheces, meu ouvinte, alguma expressão mais forte para superioridade do que quando o mais forte parece, ainda por cima, o mais fraco? Pois *aquele* mais forte que se mostra como o mais forte, fornece uma medida de sua superioridade; mas aquele outro que, embora superior, aparece como o mais fraco, recusa toda medida e toda comparação; ou seja, ele é infinitamente superior. Encontraste algum dia na vida esta relação de superioridade infinita que por certo não se deixa ver diretamente, pois o infinito jamais se deixa ver diretamente? Toma o caso do homem infinitamente superior aos outros por sua inteligência: verás que ele parece um pobre diabo bem simples; somente aquele que se acha um pouco mais inteligente que os outros, mas sem estar totalmente seguro disso, ou que é bastante limitado e tolo para se gabar de uma relação comparativa, procura atribuir-se um ar de superioridade intelectual.

276   As obras do amor

Assim ocorre com a pessoa amorosa, que crê em tudo. Pode tão facilmente ser confundida com limitação, e no entanto há profundidade da sabedoria nessa simplicidade; pode tão facilmente ser confundida com fraqueza, e no entanto há forças da eternidade nessa impotência; pode tão facilmente parecer como uma pobre coitada à mercê de qualquer um, e no entanto essa pessoa é a única eternamente e infinitamente protegida contra o ser enganada. Mas não isso não se mostra à primeira vista; em termos humanos, a confusão está bastante próxima, principalmente nos nossos tempos tão espertos, que se tornaram *espertos* demais para *crer na sabedoria*. A confusão está bastante próxima, pois o amoroso que crê em tudo não se mostra à primeira vista; ele se parece com aquelas plantas cuja reprodução ocorre às escondidas ele respira em Deus, recolhe em Deus alimento para seu amor, ele se fortalece junto a Deus. Que ele, em termos humanos, venha a ser enganado, ele mesmo o percebe, num certo sentido; mas ele sabe que o engano e a verdade se estendem equidistantes e que, portanto, também seria possível que o impostor não fosse um impostor; e por isso ele crê em tudo. Para tanto essa pessoa amorosa tem a coragem, a coragem de crer em tudo (na verdade, é a coragem mais elevada), a coragem de suportar o desprezo e os insultos do mundo (a maior de todas as vitórias, na verdade, maior que as obtidas no mundo, pois esta triunfa sobre o mundo!), coragem para aguentar que o mundo ache sua conduta uma tolice tão indescritível, enquanto que ele pode perfeitamente compreender o ponto de partida da conclusão, mas não a sua conclusão, tampouco como o mundo *desconfiado* pode compreender a felicidade que o verdadeiramente amoroso possui em si próprio.

Mas suponhamos que um dia, na eternidade, se evidenciasse que a pessoa amorosa fora *realmente* enganada? Como é que fica? Seria realmente necessário retomar mais uma vez? Se o bem supremo e a mais alta felicidade consistem em amar; se, a partir do fato de que ele crê em tudo, o que ama permanece na felicidade do amor: como teria ele sido enganado então no tempo ou na eternidade? Não, não: só há, no tempo e na eternidade, um único engano possível em relação ao amor verdadeiro, que é o enganar-se a si próprio, ou desistir do amor. Por isso, aquele que ama verdadeira-

II. O amor tudo crê – e no entanto jamais é iludido

mente nem compreenderá esta objeção. Ai, nós outros, porém, somos capazes até demais, infelizmente, pois é tão difícil de se arrancar do círculo de ideias inferior e da aliança das paixões terrenas com os enganos dos sentidos. Tão logo compreendemos da melhor maneira o verdadeiro, e já retorna o antigo. O infinito, o eterno (portanto, o verdadeiro) é algo tão estranho ao homem natural que lhe acontece a mesma coisa que ao cão, que sem dúvida consegue aprender a caminhar nas patas traseiras por um tempo, mas contudo anseia sempre voltar para as quatro patas. A gente quase pode obrigar o pensamento de um homem a ter de conceder que, posto que o engano vai tão longe quanto o verdadeiro, um ser humano não pode realmente julgar o outro; mas apenas o que julga revela quem ele é – mais ou menos como quando alguém golpeia com toda sua força um dinamômetro sem saber que se trata de um aparelho de medir a força: pretende portanto realmente bater, enquanto afinal sua força é apenas testada. E mesmo quando já se compreendeu isso, mesmo então ainda se pode procurar um subterfúgio, pode-se relacionar com a eternidade de maneira curiosa, calculando que ela então revelará se se tratava *realmente* de um impostor. Mas o que é que isso prova? Isso prova que não somos nem a pessoa verdadeiramente amorosa que possui em si mesma a felicidade do amor, e nem temos a ideia da seriedade verdadeira a respeito da eternidade. Se alguém cede a esse impulso, este imediatamente o puxa para o baixo nível da mesquinharia onde o suprassumo não é a felicidade do amor em si mesmo, mas, ao contrário, as disputas da mania de ter razão. Mas o verdadeiro amoroso crê em tudo – e no entanto, jamais será enganado.

III
O AMOR ESPERA TUDO –
E NO ENTANTO JAMAIS É
CONFUNDIDO

1Cor 13,7: *"Amor espera tudo."*

Com a ajuda de muitas imagens e muitas representações, a Sagrada Escritura procura de várias maneiras dar festividade e solenidade a essa nossa existência terrena, providenciar ar e perspectivas na relação com o eterno. E isso decerto se faz necessário. Pois quando a mundanidade da vida terrena, abandonada por Deus, se isola nela própria, em autossatisfação, essa atmosfera confinada desenvolve veneno nela e a partir dela. E quando o tempo, num certo sentido, arrasta-se tão lentamente na temporalidade, embora tão rápido em sua perfídia que jamais percebemos com atenção concentrada o seu desaparecer; ou quando o instante se fixa e fica imóvel, e tudo, tudo se arranja para reintroduzir a mente e as forças no instante: então perde-se de vista o horizonte, e esse instante, solto da temporalidade, abandonado por Deus, por mais breve ou mais longo que seja, torna-se um resíduo da eternidade. Vê, é por isso que tão frequentemente, em diversas épocas, sentimos a necessidade de uma brisa refrescante, estimulante, de um sopro potente capaz de purificar o ar e dissipar os gazes venenosos, sentimos a necessidade da salutar movimentação de um grande acontecimento que salva ao agitar o torpor, sentimos a necessidade da perspectiva animadora de uma grande esperança – para que não fiquemos sufocados na mundanidade nem pereçamos no instante molesto!

No entanto, o Cristianismo só conhece um único caminho e uma única saída, embora não deixe de saber sempre qual é o caminho e qual é a saída: é graças ao eterno que o Cristianismo renova a cada instante o ar e as perspectivas. Quando a agitação cresce,

III. O amor espera tudo – e no entanto jamais é confundido 279

justamente porque o instante se espalha, quando ela sem parar
fica a dar voltas no instante que, na compreensão da eternidade,
não sai do mesmo lugar; quando os homens atarefados semeiam e
colhem e voltam a semear e colher outra vez (pois a agitação colhe
muitas vezes), quando os atarefados enchem seus celeiros com o
que colheram e repousam sobre seus ganhos – ai, enquanto aquele
que verdadeiramente quer o bem, no decorrer do mesmo tempo
ainda não enxerga o menor dos frutos de seu trabalho e se vê alvo
de zombarias como o que não sabe semear, que trabalha em vão e
apenas esgrima no ar: aí então o Cristianismo renova o ar e abre
horizontes graças à sua fala figurada que faz dessa vida terrena o
tempo da semeadura, e da eternidade, o da colheita. Quando o instante, justamente por parar, torna-se semelhante a um turbilhão
(pois o turbilhão não se move para a frente); quando se combate, se
triunfa, se é vencido e novamente se triunfa, ora sobre um ponto,
ora sobre um outro – enquanto que o homem que verdadeiramente
quer o bem é o único que perde, e perde tudo, como parece: aí então o Cristianismo abre horizontes graças à sua linguagem parabó-
lica que refere essa vida à luta e à tribulação, e a eternidade ao triunfo. Quando o instante pára no miserável embaraço com as coisas
mesquinhas que contudo reproduzem de forma caricatural até as
coisas mais sagradas, o bem, o verdadeiro, em lamentável redução,
caricaturalmente joga o jogo de repartir a honra e a vergonha;
quando tudo é reduzido a vaidade, rebaixado por esta lastimável e
confusa agitação: aí então o Cristianismo renova o ar e dá novos
horizontes; dá à vida seu caráter de solenidade e festividade evo-
cando em sua linguagem figurada aquele cenário da eternidade,
onde se decidirá para sempre quem conquistou a coroa da glória, e
quem é entregue à vergonha. Que festividade tão grave e solene!
Em verdade, o que são afinal a honra e a vergonha quando não está
garantido o ambiente que dá significado infinito à honra e à vergonha! Mesmo se fosse merecido que um homem adquirisse para si
honra aqui no mundo, que solenidade tem o mundo para lhe dar
importância! Supõe que um aluno seja merecidamente censurado
ou merecidamente louvado; se por acaso o ato solene se realizasse
na escadaria, se por acaso o mestre que distribui as honras e as
censuras for um pobre coitado; e se por acaso não forem convida-
das à cerimônia pessoas honradas, ou quase nenhuma, que hon-

280 As obras do amor

ram a solenidade com sua presença, mas um número bem maior de pessoas avulsas, cuja reputação fosse ainda duvidosa: o que significam então a honra e a vergonha? A eternidade, porém! Conheces algum palácio de festivais cuja abóbada seja tão elevada como o da eternidade? Conheces algum edifício, até mesmo uma casa de Deus, onde reine como na eternidade um silêncio sagrado? Conheces algum círculo de cidadãos veneráveis, mesmo formado por sua elite, que esteja tão garantido contra a possibilidade da presença de alguém contra quem a honra teria qualquer objeção a fazer, por menor que fosse, tão bem assegurado contra a possibilidade da presença de alguém que não faça honra à honra, como no caso da eternidade? Conheces um salão de festas, mesmo com todas as paredes recobertas de espelhos, que de maneira tão infinita e exclusiva reproduzisse a exigência da honra, e que da mesma forma infinita recusasse a mínima, a mais imperceptível das fissuras em que a desonra pudesse se esconder, quanto o faria a eternidade – se devesses aparecer lá para tua vergonha!

É assim que a cada instante, graças à eternidade, o Cristianismo nos abre os horizontes em relação à glória e à censura, se tu mesmo queres ajudar-te, esperando. O Cristianismo não te conduz a algum lugar mais elevado de onde tu, porém, enxergarias apenas um panorama um pouco mais amplo: esta seria apenas uma esperança terrena e apenas um horizonte mundano. Não, a esperança do Cristianismo é a eternidade; e é por isso que no desenho que ele dá da existência há luz e sombra, beleza e verdade, e sobretudo o distanciamento da transparência. A esperança do Cristianismo é a eternidade, e Cristo é o caminho; seu rebaixamento é o caminho, mas também quando ascendia ao céu ele era o caminho.

Mas o amor, que é maior que a fé e a esperança, se encarrega também da obra da esperança; ele se encarrega da esperança, de esperar por outros, como uma obra. Ele mesmo encontra sua edificação e seu alimento nessa esperança da eternidade, e ele exerce por sua vez o amor em relação aos outros nessa esperança, o que agora queremos considerar:

O amor espera tudo – e no entanto jamais é confundido;

III. O amor espera tudo – e no entanto jamais é confundido   281

pois, na verdade, nem todo o que espera tudo é por isso o amoroso, e nem todo o que espera tudo está por isso seguro de jamais ser confundido; mas amorosamente esperar tudo é o contrário de desesperadamente não esperar nada, nem para si, nem para outrem.

Esperar tudo ou, o que é a mesma coisa, *esperar sempre*. É certo que, à primeira vista, parece que esperar tudo é algo que se pode fazer de uma vez por todas, já que "tudo" reúne afinal o múltiplo no uno, e assim naquilo que poderíamos chamar de instante eterno, como se a esperança consistisse em quietude e repouso. Contudo, não é assim. Com efeito, o esperar é composto do eterno e do temporal; daí vem que a expressão para a tarefa da esperança seja, sob o ângulo da eternidade, esperar tudo, e, sob o ângulo da temporalidade, esperar sempre. Uma expressão não é mais verdadeira do que a outra; em contrapartida, cada uma das expressões se tornaria falsa se devesse ser oposta uma à outra, em vez de reunidas exprimirem a mesma coisa: a cada instante, sempre esperar tudo.

Esperar diz respeito ao futuro, à possibilidade, a qual, por sua vez, diferentemente da realidade, é sempre algo ambíguo; é possibilidade de progresso ou de recuo, de ascensão ou de queda, de bem ou de mal. O eterno "é"; mas quando o eterno entra em contato com o temporal ou nele se insere, eles não se encontram no "presente", pois assim o presente seria ele mesmo o eterno. O presente, o instante, passa tão rápido que, falando propriamente, ele não existe; ele simplesmente é o limite e portanto é passado, enquanto que o passado é o que foi presente. Quando então o eterno está no temporal, ele o está no futuro[225] (pois não pode agarrar o presente, e o passado afinal já passou), ou na possibilidade. O passado é o real, e o futuro, o possível; eternamente, o eterno é o eterno, mas no tempo, o eterno é o possível, aquilo que há de vir. Por isso, aliás, nós chamamos de futuro o dia de amanhã; mas chamamos igualmente de porvir a vida eterna. O possível é, enquanto tal, sempre algo duplo, e o eterno se relaciona, na possibilidade, de igual forma à sua dualidade. Por outro lado, quando o homem a que o possível diz respeito se relaciona de maneira igual ao duplo aspecto do pos-

---

225. Cf.: *Pap.* VIII A 305 [N.T.].

282   As obras do amor

sível, dizemos que ele *fica na expectativa*[226]. Estar na expectativa inclui a mesmo duplicidade que o possível tem, e ficar na expectativa é relacionar-se com o possível pura e simplesmente como tal. Em seguida, a relação se divide coforme a opção da pessoa que está na expectativa. Relacionar-se na expectativa para com a possibilidade do bem, é *esperar*[227], o que, por isso mesmo, não pode ser uma expectativa temporal, mas é uma esperança eterna. Relacionar-se na expectativa para com a possibilidade do mal, é *temer*. Mas seja esperando ou temendo, ele está na expectativa. No entanto, assim que se faz a escolha, o possível está alterado, pois a possibilidade do bem é o eterno. É só no instante do contato que a ambivalência do possível tem peso igual; com a decisão de escolher a esperança, decidimos então infinitamente mais do que parece, pois se trata de uma decisão eterna. Só na mera possibilidade, ou seja, para o homem que está na expectativa pura e simples ou indiferente, é que o bem e o mal são igualmente possíveis; na diferenciação (e a escolha é afinal de contas diferenciadora), a possibilidade do bem é mais do que uma possibilidade, pois ela é o eterno. Daí se segue que aquele que espera jamais pode ser enganado; pois esperar, é ficar na expectativa da possibilidade do bem, mas a possibilidade do bem é o eterno.

Convém definir com mais precisão o que significa esperar: na linguagem corrente, chamamos frequentemente de esperança algo que não é esperança de jeito nenhum, mas sim desejo, uma vaga aspiração, a expectativa ansiosa ora de uma coisa, ora de outra; enfim, uma relação de expectativa para com a possibilidade da multiplicidade. Compreendida assim (quando esperança significa propriamente expectativa), fica bastante fácil para o jovem e para a criança esperar, pois o jovem e a criança ainda são eles mesmos possibilidades. E por outro lado isso parece coerente quando vemos que o mais das vezes, com os anos, a possibilidade e a esperança, ou o senso da possibilidade, decrescem. Isso também explica que a experiência fale depreciativamente sobre a esperança, como se fosse

---

226. *han forventer*: ele espera, ele conta com aquilo, ele tem uma expectativa [N.T.].

227. *at haabe*. Também se pode traduzir *at forvente* por "esperar", mas reservamos esta expressão para "*at haabe*" [N.T.].

III. O amor espera tudo – e no entanto jamais é confundido   283

algo próprio só da juventude (e é talvez este o caso para a esperança da criança e do rapaz), como se o esperar, assim como o dançar, fosse algo juvenil para o que os mais velhos não tivessem nem gosto nem facilidade. Pois bem: esperar é também tornar-se mais leve graças ao eterno, graças à possibilidade do bem. E por mais que o eterno esteja bem longe de ser coisa de jovem, ele no entanto tem muito mais traços em comum com a juventude do que com a rudeza a que honramos frequentemente com o nome de seriedade, mais que com a lerdeza dos anos que, em condições mais ou menos favoráveis, vai ficando mais ou menos satisfeita e acalmada, mas que, por nada no mundo, nada tem a ver com a esperança, e que em condições desfavoráveis antes resmunga agastada do que espera. Na juventude, uma pessoa tem suficiente expectativa e possibilidade; no jovem, isso se desenvolve por si mesmo, como a mirra preciosa que goteja das árvores da Arábia. Mas quando uma pessoa envelheceu, sua vida permanece então o mais frequentemente tal como ela se tornou: uma indolente repetição e paráfrase da mesma coisa; nenhuma possibilidade assusta fazendo despertar, nenhuma possibilidade anima fazendo rejuvenescer; a esperança torna-se algo que não tem morada em lugar algum, e a possibilidade tão rara quanto o verde no inverno. A gente vive sem o eterno, apoiada em hábito, sagacidade, arremedo, experiência, usos e costumes. E, na verdade, pega tudo isso, mistura tudo junto, cozinha isso no fogo brando das paixões entorpecidas ou nas labaredas das paixões só deste mundo, e tu verás: obterás todo tipo de coisas, uma viscosidade endurecida preparada de diversas maneiras, a que chamamos de experiência de vida – mas jamais surgiu daí qualquer possibilidade. Possibilidade, essa coisa maravilhosa que é tão infinitamente frágil (não é tão frágil o mais tenro rebento da primavera!), tão infinitamente delicada (não é tão delicada a cambraia trabalhada da maneira mais fina!), e contudo produzida, formada com o auxílio do eterno, e mais forte do que tudo, se ela é a possibilidade do bem!

A gente acha que fala a partir da experiência quando divide a vida de uma pessoa em certos períodos e idades, e então denomina o primeiro período como o da esperança ou da possibilidade. Que tolice! Pois ao falar da esperança se omite completamente o eterno, e ainda assim se fala de esperança. Mas como isso é possível, já

284 As obras do amor

que a esperança se relaciona com a possibilidade do bem e, portanto, com o eterno! E por outro lado, como é possível falar assim da esperança, reservando-a para um certo período de vida; pois de fato o eterno está disponível por toda a vida, de modo que há e deve haver esperança até o fim, e não há nenhuma idade que seja a da esperança, mas sim a vida inteira da pessoa deve ser o tempo da esperança! A gente acha também que fala a partir da experiência, ao suprimir o eterno. Assim como no teatro, ao abreviar-se o tempo e condensar-se os eventos, pode-se assistir em poucas horas o desenrolar de vários anos; assim, imitando o teatro, a gente quer se arranjar na temporalidade. Rejeita-se o plano de Deus para a existência, segundo o qual a temporalidade é toda ela desenvolvimento e enredo – e a eternidade é desenlace; enquadra-se tudo dentro da temporalidade; consagra-se uma vintena de anos para a armação do drama, uma dezena ao enredo da ação – então aperta-se o nó por alguns anos, e depois segue-se o desenlace. Sem dúvida alguma, é claro que a morte é também um desenlace, e aí tudo terá passado, a gente está sepultada – mas não antes de ter acontecido o desenlace ou a dissolução que é a decomposição. Mas na verdade, qualquer um que não queira compreender que a vida toda da pessoa deve ser o tempo da esperança, é desesperado; é indiferente, completamente indiferente, que ele saiba disso ou não, que ele se considere feliz em seu pretenso bem-estar, ou que se arraste no tédio e na moléstia. Qualquer um que renuncie à possibilidade de que sua existência no próximo instante poderia estar desperdiçada, a não ser que ele aí renuncie a esta possibilidade porque *espera* a possibilidade do bem, em outros termos, qualquer um que viva sem possibilidade, está desesperado, ele rompe com o eterno e acaba arbitrariamente com a possibilidade; ele coloca sem o consentimento da eternidade a conclusão onde ela não está, em vez de, como o que escreve o ditado de um outro, sempre ter sua pena pronta para a sequência, sem se atrever a absurdamente pôr o ponto antes do fim da frase ou a jogar fora a pena em um gesto de revolta.

Quando se quer ajudar uma criança a cumprir uma tarefa muito grande, como é que a gente procede? Bem, a gente não lhe propõe a tarefa inteira de uma só vez, pois assim a criança desespera e perde a esperança; a gente lhe coloca um pedacinho de cada vez,

III. O amor espera tudo – e no entanto jamais é confundido 285

sempre o suficiente para impedir a criança de parar como se estivesse pronta, porém nunca demasiado, de modo que a criança não conseguisse vencê-la. Esta é a pia fraude da educação; ela silencia propriamente sobre algo; se a criança é enganada, isso provém do fato de que o educador é uma pessoa que não pode garantir pelo momento seguinte. Mas agora vejamos a eternidade: ela é certamente a maior de todas as tarefas propostas a um homem; e por outro lado, ela pode perfeitamente garantir pelo momento seguinte; e o filho da temporalidade (o ser humano) relaciona-se, com essa tarefa infinita apenas, contudo, como um menino pequeno! Se a eternidade colocasse ao homem a tarefa de uma vez só e na linguagem dela, sem levar em conta o grau de compreensão e suas forças limitadas, o homem teria de desesperar. Mas aí está a maravilha: aquela que é a maior de todas as potências, a eternidade, consegue tornar-se tão pequena e, apesar de ser eternamente uma só, tão divisível ao ponto de revestir-se da forma do futuro, do possível, e com o apoio da esperança educar o filho da temporalidade (o homem), ensinar-lhe a esperar (pois o esperar é o próprio objeto do ensinamento, é a relação para com o eterno) – a menos que ele aí arbitrariamente escolha desanimar no rigor com o apoio do temor, ou atrevidamente escolha desesperar, isto é, subtrair-se à educação pela possibilidade. Na possibilidade, o eterno, corretamente entendido, propõe sempre apenas uma pequena porção de cada vez. A eternidade está, com o possível, sempre bastante *próxima* para ficar ao alcance da mão, e contudo suficientemente *afastada*, para manter o homem avançando rumo ao eterno, andando, andando para a frente. É assim que, na possibilidade, a eternidade atrai um homem e o dirige do berço ao túmulo, contanto que ele escolha esperar.

Pois a possibilidade é, como já foi dito, algo duplo, e justamente por isso ela é a educação verdadeira; a possibilidade é tão rigorosa, ou pelo menos pode ser tão rigorosa como pode ser benigna. A esperança não reside sem mais nem menos na possibilidade, pois na possibilidade pode também encontrar-se o temor. Mas a quem escolhe a esperança, a possibilidade, com a ajuda da esperança, ensina a esperar. No entanto, com a possibilidade do temor, o rigor permanece ocultamente presente como uma possibilidade, caso esta fosse necessária para a educação, para o despertar; no entanto, ela permanece oculta, enquanto o eterno atrai com o auxílio da espe-

286 As obras do amor

rança. Pois atrair é estar sempre tão *próximo* quanto *afastado*, de modo que aquele que espera é mantido sempre esperando, esperando tudo; é mantido na esperança do eterno, que na temporalidade é o possível.

Assim são as coisas no que tange ao esperar tudo. Mas esperar tudo *amorosamente* designa a relação do amoroso para com as outras pessoas, que, em relação a elas, esperando em favor delas, ele mantenha constantemente aberta a possibilidade com uma infinita predileção pela possibilidade do bem. Ele então espera amorosamente que a todo momento haja a possibilidade, a possibilidade do bem para a outra pessoa, e essa possibilidade do bem se traduza em um progresso sempre mais magnífico no bem, avançando de perfeição em perfeição, ou levantando-se da queda, ou salvando-se da perdição, e assim por diante.

É fácil de ver que o amoroso tem razão, que a cada momento há possibilidade. Ó, mas muitos talvez haveriam de compreender isso bem mais facilmente se deixássemos o desespero dizer o mesmo – pois, num certo sentido, o desespero diz a mesma coisa. O desesperado *sabe* também o que há na possibilidade, e contudo ele renuncia à possibilidade (pois renunciar à possibilidade é precisamente desesperar), ou, mais exatamente, ele se atreve, insolente, a *assumir* a impossibilidade do bem. Aqui ainda, se mostra como a possibilidade do bem é mais do que possibilidade; pois quando alguém ousa *assumir* a impossibilidade do bem, então a possibilidade, em sua totalidade, se esgota para ele. O temeroso não *assume* a impossibilidade do bem; ele teme a possibilidade do mal, mas ele não conclui, ele não se arrisca a assumir a impossibilidade do bem.

"É possível", diz o desespero, "é possível, sim, que até o mais sincero entusiasta se tenha cansado um dia, renunciado a seu esforço e afundado ao serviço da baixeza; é possível que até mesmo o crente mais fervoroso um dia tenha largado a fé pela incredulidade; é possível que até o amor mais ardente se tenha esfriado um dia e enregelado; é possível, sim, que até o homem mais honesto tenha alguma vez tomado um desvio e se perdido; é possível que até mesmo o melhor amigo possa ter se transformado em inimigo, mesmo a mais fiel das esposas em perjura: é possível, então desespera, re-

III. O amor espera tudo – e no entanto jamais é confundido   287

nuncia à esperança, sobretudo não espera apoiando-te em alguém ou em favor de alguém!" Sim, por certo tudo isso é possível, mas do mesmo modo o contrário disso tudo é igualmente possível. "Nunca abandones, portanto, desamorosamente, nenhum ser humano, nem jamais renuncies à tua esperança em favor dele, pois seria possível que até mesmo o filho mais fingido[228] acabasse sendo salvo; que o inimigo mais figadal, aquele que fora teu amigo, é possível, afinal de contas, que ele outra vez se tornasse teu amigo; é possível que aquele que mergulhou mais fundo, ai, porque se elevara tão alto, é possível que ele de novo possa ser levantado; é possível afinal que o amor que esfriou possa de novo chegar a arder; por conseguinte jamais renuncies a nenhum ser humano; nem mesmo no último instante, não desespera; não: espera tudo!"

Então, "é possível": até aí, concordam sobre a mesma coisa o desesperado e o amoroso; mas eis que estão separados por toda a eternidade, pois o desespero não espera absolutamente nada em favor dos outros, o amor espera tudo. O desespero afunda e recorre então às vezes à possibilidade como a um estimulante para a diversão – se é que se pode ter alguma diversão no inconstante, vão, fantasmagórico braseiro da possibilidade. Mas é bem curioso, e mostra quão profundamente a esperança está fundada num ser humano, que justamente nas pessoas que congelaram no desespero a gente encontre uma inclinação dominante a galantear e flertar com a possibilidade, um voluptuoso abuso da imaginação. Fria e obstinadamente, o desesperado não quer esperar em relação a nenhum outro ser humano, e menos ainda contribuir para desenvolver nesse outro a possibilidade do bem; porém o que diverte o desesperado é deixar o destino do outro homem ser jogado para cima e para baixo na possibilidade, indiferentemente se é a da esperança ou do temor; diverte-o brincar com o destino do outro homem, imaginar ora uma possibilidade ora outra, balançá-lo por assim dizer no ar, enquanto que ele próprio, orgulhoso e desamoroso, tudo despreza.

---

228. *den meest forlorne Søn*, o mais falso dos filhos. O autor não fala literalmente do filho pródigo ou "perdido", mas usa uma expressão que se traduz por falso, insincero, inautêntico, postiço [N.T.].

288 As obras do amor

Porém, com que direito chamamos de uma desesperada[229] aquela pessoa que abandona um outro ser humano? Afinal, uma coisa é a própria pessoa desesperar, outra coisa é desesperar sobre um outro. Oh, sim, mas se é mesmo verdade o que o amoroso compreende, e se é verdade que a gente, sendo a pessoa amorosa, compreende o que o amoroso compreende, que a cada momento há para esse outro ser humano a possibilidade do bem: então abandonar esse outro ser humano como estando perdido sem esperança, como se não houvesse nenhuma esperança para ele, é uma prova de que a gente mesma não é amorosa; e portanto a gente é sim a pessoa desesperada[230] que abandona a possibilidade. Ninguém pode esperar sem ser ao mesmo tempo amoroso; não pode *esperar para si próprio* sem ser ao mesmo tempo amoroso, pois o bem tem uma conexão infinita; mas se alguém é amoroso, espera ao mesmo tempo para os outros. E, na mesma medida em que espera para si mesmo, bem na mesma medida espera também para os outros; pois bem na mesma medida em que espera para si, bem na mesma medida ele é o amoroso. E na mesma medida em que espera para os outros, bem na mesma medida espera para si; pois tal é a exata e eterna igualdade[231], que reina em tudo o que é eterno. Oh, por toda parte onde o amor está presente, encontra-se algo de uma profundidade infinita. O verdadeiro amoroso diz: "Espera tudo, não abandones nenhum ser humano, pois desistir dele é desistir de teu amor por ele – ou seja, se não desistes, então tu esperas; mas se renuncias a teu amor por ele, aí tu cessas de ser tu mesma a pessoa amorosa". Vê só, em geral falamos de uma outra maneira, de modo dominador e desamoroso sobre nossa relação com o amor em nós, como se a gente fosse mestra e soberana sobre seu amor no mesmo sentido como a gente o é sobre seu dinheiro. Quando alguém diz: "Renunciei a meu amor por essa pessoa", aí ele imagina que é essa pessoa quem perde, essa pessoa, que era objeto para seu amor; aquele que assim fala acha que guarda ele próprio seu amor, no mesmo sentido como quando alguém que apoiou uma outra pessoa com dinheiro diz: "Eu parei de lhe dar esse sustento", de modo que o

---

229. *en Fortvivlet*: um(a) desesperado(a), na forma do adjetivo substantivado [N.T.].

230. *den Fortvivlede*: um(a) desesperado(a), na forma do particípio passado [N.T.].

231. *Lige for Lige*: igual por igual, elas por elas, igualdade [N.T.].

III. O amor espera tudo – e no entanto jamais é confundido 289

doador agora guarda para si os valores que antes recebia o outro que é o perdedor; pois o doador, afinal, está longe de perder com essa alteração financeira. Porém com o amor não é assim; talvez perca aquele que era objeto do amor, mas aquele que "renunciou a seu amor por essa pessoa" é o que sai perdendo; talvez ele próprio não o perceba; talvez nem note que a linguagem zomba dele, pois ele diz: "Renunciei a meu amor". Mas se renunciou a seu amor, então é que ele deixou de ser amoroso. Ele acrescenta, por certo: a meu amor "por essa pessoa", mas não adianta nada, dessa maneira pode-se proceder, sem perda pessoal, em matéria de dinheiro, mas não quando se trata do amor. O adjetivo "amoroso" não se aplica mais a mim desde que eu abandonei meu amor por "essa pessoa", ai, embora eu talvez ainda imagine que foi essa quem perdeu. E assim também vale no que se refere ao desesperar sobre um outro: significa estar a gente mesma desesperada. Pois é, essa observação nos retarda um pouco! Infelizmente é tão fácil e tão cômodo desesperar sobre um outro ser humano – estando supostamente seguro de si, cheio de esperança quanto a si próprio; e são justamente aquelas pessoas que, autossuficientes, são as mais seguras no que se refere a si mesmas, que se mostram as mais apressadas em desesperar-se quanto aos outros. Mas por mais fácil que isto seja, tal coisa é realmente impossível – exceto na irreflexão, conduta que decerto é a mais fácil para muita gente. Não, aqui de novo encontramos o "elas por elas" da eternidade: desesperar quanto a um outro ser humano, significa a gente mesma estar desesperada.

Pois aquele que ama espera tudo. E é verdade o que o amoroso diz, que tanto quanto ele pode julgar, ainda no último momento e até para o homem mais decaído subsiste a possibilidade do bem, e logo, ainda há esperança. Isso é verdade e será verdade para cada um em suas relações com outros seres humanos, na medida em que mantiver sua imaginação em silêncio, sem perturbações e livre das brumas das paixões desamorosas, com a mira eterna para o reflexo da possibilidade. Por isso, quando alguém não pode compreender o que o amoroso compreende, então deve ser porque ele não é o amoroso; deve ser porque há algo que o impeça de manter a possibilidade pura (pois se a possibilidade é mantida em sua pureza, tudo é possível), enquanto que ele amorosamente opta pela pos-

290 As obras do amor

sibilidade do bem ou espera em favor do outro; deve ser porque há algo que o empurra para baixo e lhe dá uma tendência a ficar na expectativa do desânimo, da queda, da perdição do outro. Esse elemento opressivo são as paixões terrenas de um ânimo mundano e assim desamoroso; pois mundanidade é em si pesada, penosa, lerda, preguiçosa, tristonha e desanimada, e não sabe envolver-se com a possibilidade, e ainda menos com a possibilidade do bem, nem para si própria, nem para outrem. Há uma *sagacidade* que, quase orgulhosa disso, crê possuir um conhecimento particularmente aprofundado do lado sórdido da existência, que tudo desemboca afinal na baixeza: como deveria poder esperar ainda no último instante amorosamente em favor de um outro ser humano, ela que já desde a manhã começa a contar com e a estar preparada para sua ruína! Há uma *cólera* e uma *amargura* que, embora sem ter um assassinato na consciência, abandonam sem esperança o sujeito odiado, retirando assim a possibilidade deste; mas isso não é matá-lo espiritualmente, precipitá-lo espiritualmente no abismo – na medida em que disso são capazes a cólera e a exasperação! Há um olhar *mau*; como poderia um olhar *mau* vislumbrar amorosamente a possibilidade do *bem*! Há uma *inveja* que se apressa a abandonar alguém, e contudo, não o abandona propriamente como se o deixasse cair: não, ela está desde cedo presente para colaborar com sua ruína. E logo que estiver garantida, a inveja corre para casa para seu canto escuro e chama sua parente ainda mais horrorosa, a *malignidade*, para se alegrarem mutuamente – para seu próprio prejuízo. Há uma *tacanhice, covarde e medrosa*, que não teve a coragem de esperar o que quer que fosse para si própria: como poderia ela esperar a possibilidade do bem em favor de outros? Ela é muito mesquinha para tanto, e parente demasiado próxima da inveja! Há uma *mentalidade mundana vaidosa* que preferiria morrer de vergonha e rubor se ficasse sabendo que se enganara, fora lograda e (o pior de todos os horrores!) caíra no ridículo por ter esperado em favor de uma outra pessoa em vão. E por isso esse espírito mundano de vaidade toma suas precauções a tempo, nada esperando, e considera que esperar tudo amorosamente é uma infinita estupidez e um infinito ridículo. Mas aí justamente comete um erro a vaidade mundana, pois o que é estupidez jamais é infinito: este seria aliás justamente o consolo daquele, que, enquanto viveu, foi for-

III. O amor espera tudo – e no entanto jamais é confundido   291

çado a aguentar muita tolice do mundo, que ele sempre poderia dizer: infinita ela não é; não, Deus seja louvado, ela acabará. Nem a experiência tem razão de pensar que o mais sábio seria não esperar tudo a respeito de um outro homem – contudo, bem entendido, a experiência tem razão; senão, ela deveria revisar sua ciência e aprender o quanto é tolo amar os outros a fim de tirar vantagem para si próprio, e só na medida em que se faz isso é imprudente esperar tudo.

Assim, quando todas essas coisas, essa sagacidade, essa cólera exasperada, essa inveja, malignidade, essa pequenez covarde e medrosa, essa mentalidade mundana e vaidosa, todas essas ou algumas delas se encontram numa pessoa e na medida em que elas aí se encontram, o amor não está nela, ou diminui na mesma proporção. Mas se há menos amor nela também falta na mesma medida o eterno; mas se diminui o eterno nela, também há menos possibilidade, menos sentido de possibilidade (pois a possibilidade resulta justamente de que o eterno entra no tempo em contato com o eterno que há no homem; se não há nada de eterno neste homem, o contato do eterno é vão e não resulta em nenhuma possibilidade); mas se a possibilidade diminui, a esperança também diminui, justamente porque diminui o amor que poderia amorosamente esperar a possibilidade do bem, por assim dizer. Em contrapartida, aquele que ama espera tudo; nenhum entorpecimento do hábito, nenhuma tacanhice da inteligência, nenhuma argúcia da sagacidade, nenhuma grandeza numérica da experiência, nenhuma preguiça dos anos, nenhum amargor das más paixões lhe corrompe a esperança ou lhe falsifica a possibilidade; a cada manhã e a qualquer momento ele renova sua esperança e refresca a possibilidade, enquanto o amor permanece e ele no amor.

Mesmo que aquele que ama não possa fazer nem o mínimo pelos outros, nem trazer-lhes nenhum outro presente, ele, no entanto, lhes traz o melhor dom, ele traz a esperança. Lá onde tudo parece tão promissor e tão rico em esperança aos olhos do jovem promissor, o amor traz o melhor dom, a esperança; mas também lá onde os homens, já há muito tempo atrás, acreditam ter aguentado até o extremo, também lá o amor espera até o fim, até o "último dia", pois só então a esperança terá acabado. Se viste um médico circular entre os doentes, decerto observaste que o melhor presente que ele traz, melhor que todos os remédios e que todos os seus bons cuidados, é quando ele traz a esperança, quando se diz: "O médico está esperançoso." Mas um médico se ocupa apenas do temporal; por conseguinte, é fatal que muitas e muitas vezes chegue o momento em que ele não poderia negar sem falsidade que ele renunciou ao doente e que a doença é mortal. Mas aquele que ama – que alegria para o amoroso ousar sempre esperar; que alegria para ele ver a eternidade lhe dar a garantia de que sempre há esperança. Pois aquele que ama verdadeiramente não espera *porque* a eternidade se porta como fiadora de sua esperança, mas ele espera *porque* ele é o amoroso, e ele dá graças à eternidade por ousar esperar. E assim ele sempre traz o melhor presente, melhor do que os votos da melhor felicidade, melhor que todo o socorro humano no maior infortúnio; pois a esperança, a possibilidade do bem, é o socorro da eternidade. Quando todas as calamidades se abateram sobre o gênero humano, restou no entanto a esperança[232]. O paganismo e o Cristianismo estão de acordo sobre esse ponto; a diferença, e ela é infinita, consiste em que o Cristianismo tem uma ideia infinitamente menos acabrunhante de todos esses infortúnios, e uma outra infinitamente mais reconfortante da esperança. Mas a esperança que restou só permaneceu naquele que amava. Não haveria esperança se não houvesse amor; se não houvesse amor, ela permaneceria largada como uma carta que espera na posta restante; se não houvesse o amor ela seria como uma missiva cujo conteúdo portasse felicidade, mas que não tivesse ninguém para entregá-la. Aí o amor, embora maior que a esperança, se encarregou de seu serviço e fez sua obra de trazer a esperança.

Mas não haverá em toda essa consideração algo obscuro, uma imprecisão que impede de ver bem qual é o seu objeto; pois dizer que "o amor espera tudo", pode significar que o amoroso espera tudo para si próprio, e também pode significar que em seu amor o amoroso espera tudo para os outros? Mas isto é uma única e mesma coisa; e essa obscuridade é justamente a clareza do eterno,

---

232. Referência ao mito grego da "Caixa de Pandora", cf. Teogonia, de Hesíodo [N. da ed. dinamarquesa].

III. O amor espera tudo – e no entanto jamais é confundido   293

quando compreendemos inteiramente que se trata de uma única e mesma coisa. Se somente o amor espera tudo (e o apóstolo Paulo não diz que a esperança espera tudo, mas sim que o amor espera tudo, justamente porque, como ele diz, amor é maior que esperança), daí resulta (do fato de que se trata do amor e de sua natureza) que o amoroso espera tudo para os outros, já que seu amor condiciona sua esperança em relação a ele próprio. Apenas o entendimento terreno (cuja clareza decerto não deve ser tão louvada), *apenas o entendimento terreno*, que nem entende da natureza do amor nem do que seja esperança, acha que esperar para si e esperar para os outros são duas coisas inteiramente distintas e que, além disso, o amor é uma terceira coisa, por si mesma. O entendimento terreno acha que a gente pode muito bem esperar para si sem esperar para os outros; e que a gente não precisa de amor para esperar para si, enquanto que por certo a gente precisa de amor para esperar para os outros, para as pessoas amadas; e por que esperar em favor de outras que não estas. O entendimento terreno não vê que o amor não é de jeito nenhum uma terceira coisa independente, mas é a determinação intermediária: sem amor, não há esperança para si próprio; com o amor, há esperança para todos os outros; esperamos para outros na medida em que esperamos para nós, pois somos amorosos nesta mesma medida.

Feliz daquele que ama, pois ele espera tudo; até no último instante ele espera para o mais perdido dos homens a possibilidade do bem! Ele aprendeu isso com a eternidade, mas ela pôde instruí-lo, e instruí-lo a esse respeito, só porque ele era o amoroso. Ai daquele que em relação a um outro renunciou à esperança e à possibilidade; ai dele, pois dessa maneira ele próprio perdeu o amor!

O amor espera tudo – e no entanto jamais passa vergonha. Em relação à esperança e à expectativa falamos de passar vergonha, e queremos dizer que alguém passa vergonha quando sua esperança ou sua expectativa não se cumpre. Em que consistirá então a vergonha? Obviamente, no fato de que a sagacidade calculadora de alguém não calculou certo, e se tornou evidente (para sua vergonha) que os cálculos estavam imprudentemente errados. Mas, meu Deus! Essa vergonha não seria nesse caso tão perigosa; para dizer a verdade, ela só o é aos olhos do mundo, cujos conceitos de honra e vergonha entretanto não devemos fazer um ponto de honra nos apropriar. Pois: eis o que o mundo admira sobretudo e honra exclusivamente: a sagacidade, ou agir com hábil prudência; mas a coisa mais desprezível de todas é justamente este agir sagaz. Se um homem é sagaz, não depende propriamente dele, num certo sentido; também não precisa absolutamente se envergonhar se desenvolve esta sagacidade – mas sim e tanto mais se agir sagazmente. E com certeza (o que é especialmente necessário dizer nesses tempos sagazes, em que a sagacidade, a rigor, se tornou o que deve ser vencido graças ao Cristianismo, assim como outrora a crueza e a barbárie), se os homens não aprenderem a desprezar esse agir sagaz tão profundamente como a gente despreza o roubar e o dar falso testemunho: então a gente abole por fim completamente o eterno, e com isso, tudo o que é sagrado e digno de honra – pois este agir sagazmente equivale a dar com toda a sua vida um falso testemunho contra o eterno, significa justamente roubar de Deus nossa existência. Agir sagazmente é agir *dividido*, com o que, é inegável, a gente progride mais no mundo, adquire bens mundanos, vantagens e honrarias do mundo; porque o mundo e as vantagens do mundo são, na compreensão da eternidade, algo de incompleto. Porém, jamais o eterno ou a Sagrada Escritura ensinou algum homem a esforçar-se para ir longe ou o mais longe possível no mundo; pelo contrário, nos exorta a não avançar demais no mundo, para se possível guardar-se puro de sua contágio. Mas se é assim, não parece recomendável esforçar-se por avançar muito ou bastante no mundo.

Se então podemos em verdade falar de passar vergonha em relação à esperança e à expectativa, a vergonha deve residir mais profundamente, encontrar-se no que a gente espera, de sorte que a vergonha será essencialmente a mesma, quer a esperança da pessoa se cumpra ou não; a diferença só poderá estar em que, quando a esperança não chega a se realizar, talvez pela amargura e pelo desespero desta pessoa se revele até que ponto se estava amarrada à coisa que se tinha vergonha de esperar. Se a esperança se tivesse realizado, isso talvez não se tivesse manifestado, mas a vergonha teria sido, contudo, essencialmente a mesma.

III. O amor espera tudo – e no entanto jamais é confundido 295

Contudo quando se espera algo de que se tem vergonha de esperar, tanto faz que se realize ou não, a gente a rigor não espera. É um abuso da nobre palavra "esperança" colocá-la em conexão com algo assim; pois o esperar se refere essencial e eternamente ao bem – de sorte que jamais se pode passar vergonha por esperar.

Pode-se (para, por um instante, utilizar o uso linguístico falso) passar vergonha ao esperar tal ou qual vantagem terrena – quando esta vem a falhar. Mas propriamente a vergonha não é isto, que não chegou a se realizar a esperança dessa pessoa; a vergonha aparece quando então, em razão da expectativa frustrada, se revela a importância que essa vantagem tinha para a pessoa. Isso não é, portanto, de jeito nenhum, esperar, é desejar, cobiçar, estar na expectativa; e por isso se pode passar vergonha. Pode-se passar vergonha por renunciar à esperança em relação a um outro – quando então se mostra que ele se salvou apesar de tudo, ou que talvez até fosse uma ilusão nossa a sua ruína. Aqui realmente a gente passa vergonha, porque é em si mesmo uma desonra abandonar uma outra pessoa, qualquer que seja o final da história. Pode-se passar vergonha por se esperar o mal para um ser humano – quando se mostra que as coisas acabam bem para ele. O vingativo diz às vezes que ele espera em Deus que a vingança ainda atinja o sujeito odiado. Mas na verdade, aqui não se trata de esperar odiar, mas sim de odiar; chamar isso de esperança é ser um insolente, e um blasfemador querer fazer de Deus seu colaborador no ódio. Esse vingativo não passa vergonha porque não acontece conforme a sua expectativa; mas sim ele passa vergonha e sempre há de passar, indiferentemente do que venha a acontecer de fato.

Em contrapartida, aquele que ama espera tudo e no entanto jamais se envergonhará. A Escritura fala de uma esperança que não será envergonhada[233]. Com isso, ela visa sobretudo à esperança que se reporta àquele mesmo que espera, sua esperança do perdão de seus pecados e de um dia ser bem-aventurado, sua esperança de um feliz reencontro com aqueles que a morte ou a vida afastou dele. E é unicamente em relação a essa esperança, que é a esperança, que poderia haver alguma questão sobre o ser envergonhado;

---

233. Fl 1,20; Rm 5,4.

296 As obras do amor

pois, na verdade, não se teria, em si, vergonha de cultivá-la, pelo contrário, seria uma honra, e portanto poderia parecer que só haveria vergonha se a esperança não se cumprisse. Eis como é coerente consigo mesmo o uso linguístico da Sagrada Escritura, não dá o nome da esperança à expectativa de todo tipo, às esperas diversas; só conhece uma única esperança, a esperança, a possibilidade do bem, e sobre esta esperança – a única que *poderia* fazer passar vergonha, porque ela ou o tê-la é uma honra – afirma a Escritura que esta não será envergonhada.

No entanto, quando a esperança do amoroso é em favor de um outro, não seria possível que o amoroso passasse vergonha – no caso em que essa esperança não se cumprisse? Não é possível que um homem pudesse estar perdido para sempre? Mas se então o amoroso esperou tudo, esperou a possibilidade do bem para este homem, nesse caso afinal ele passou vergonha com sua esperança.

Como assim?! Se o filho pródigo tivesse morrido em seus pecados e então sido sepultado na vergonha – e o pai, até o último momento esperando tudo tivesse estado lá: teria ele então passado vergonha? Eu acreditaria que seria no filho que recairia a vergonha, o filho que envergonhava seu pai – mas então, ao pai deveria recair a honra, pois é impossível envergonhar aquele que está coberto de vergonha. Ai, o pai aflito nem pensa na honra; mas nem por isso ele está menos coberto de honra! Se do outro lado do túmulo não houvesse salvação para o filho pródigo, se ele se tivesse perdido eternamente – e o pai, que enquanto vivia tinha permanecido esperando tudo, ainda esperava tudo na hora de sua morte, seria ele envergonhado na eternidade? Na eternidade! Não, a eternidade afinal de contas tem a ideia própria da eternidade sobre honra e vergonha; a eternidade nem entende, ela afasta de si como um objeto que desonra, o sagaz, que só se preocupa com a questão sobre que medida afinal se realizou a expectativa de alguém, mas sem considerar nem um pouco que espécie de expectativa era essa. Na eternidade, cada um será obrigado a compreender que não é o resultado o que decide sobre a honra ou a vergonha, mas a expectativa em si mesma. Na eternidade, por isso, mesmo o desamoroso – que talvez teve razão naquilo que ele esperava de um outro homem de modo mesquinho, invejoso, cheio de ódio, passará vergonha –

III. O amor espera tudo – e no entanto jamais é confundido   297

muito embora sua expectativa se tenha realizado. Mas a honra pertence ao que ama. E na eternidade, não se ouvirá nenhuma tagarelice agitada garantindo que ele afinal se enganou – seria talvez também um erro ter se tornado bem-aventurado? Não, na eternidade só há um único erro: ser excluído da bem-aventurança, junto com suas realizadas expectativas mesquinhas, invejosas, cheias de ódio! E na eternidade, nenhuma zombaria ferirá a pessoa amorosa, reclamando dela por ter sido tão tola a ponto de se tornar ridícula esperando tudo; pois na eternidade não se ouve o grito do zombador, ainda menos que no túmulo, porque na eternidade só se ouvem vozes bem-aventuradas! E na eternidade, nenhuma inveja roçará a coroa de glória que a pessoa amorosa carrega com honra, não, tão longe não alcança a inveja, por mais longe que alcance em outros casos; do inferno, ela não chega ao paraíso!

IV

O AMOR NÃO PROCURA O QUE É SEU[234]

1Cor 13,5: *"Amor não procura o que é seu."*

Não, o amor não procura o que é seu; pois procurar o que é seu é exatamente egoísmo, amor por si mesmo, egotismo, ou qualquer outro nome que designe uma alma desamorosa. E contudo, Deus não é amor? Mas Ele, que criou o homem à sua imagem a fim de que este pudesse assemelhar-se a Ele e pudesse tornar-se perfeito como Ele é perfeito, a fim de que então atingisse a perfeição que é própria de Deus, se assemelhasse à imagem que é própria de Deus: Ele não procura o que é seu? Certamente, Ele procura o que é seu, que é amor, Ele o procura dando tudo, pois Deus é bom, e apenas um é bom, Deus, que dá tudo. Ou Cristo não era amor? Mas ele veio ao mundo afinal para se tornar o modelo, para atrair os homens a si, para que eles se assemelhassem a ele, e se tornassem verdadeiramente os seus: não teria *ele* procurado o que é seu? Sim, ele procurava o que era seu, dedicando-se a todos, a fim de que todos pudessem assemelhar-se a ele naquilo que lhe era próprio, no dom de si em sacrifício. Porém, assim compreendido, procurar o que é seu é afinal algo completamente diferente, e de jeito nenhum o que nós pensamos quando falamos de procurar o que é seu ou então de não procurá-lo. O amor é justamente dom de si; que ele procure o amor é outra vez amor, e o amor mais elevado. Quer dizer, assim é na relação entre Deus e homem. Pois quando um ser humano procura o amor de um outro ser humano, procura ser amado, aí não se trata de dedicação; esta consistiria justamente em ajudar o outro homem a procurar Deus. Apenas a Deus pertence

---

234. *sit Eget*: o que lhe pertence, o seu interesse, o bem que lhe é próprio, o (que é) seu [N.T.].

IV. O amor não procura o que é seu 299

poder procurar o amor e tornar-se o objeto deste sem contudo procurar o que é seu. Mas nenhum homem *é amor*. Se então um ser humano procura ser o objeto do amor de um outro ser humano, ele procura de forma notória e falsa o que é seu; pois o único objeto verdadeiro para o amor de um ser humano é *"o amor"*, é Deus, que, contudo, por isso, no sentido mais profundo não é nenhum objeto, já que ele é o próprio amor.

Vamos então, pensando nessa obra que é o dom de si em sacrifício (e não é uma obra *não* fazer tal ou tal coisa) meditar sobre essa palavra:

O amor não procura o que é seu.

O amor não busca seu interesse próprio; pois no amor não existe nenhum Meu e Teu. Mas Meu e Teu, é meramente uma determinação relacional do "seu próprio"; se então não há nem Meu nem Teu, não há também nada que seja próprio de alguém; mas se não há nada de seu próprio, fica impossível procurar o que é seu próprio.

A justiça se identifica no dar a cada um o que é seu, assim como exigir em troca o que lhe é próprio; em outros termos, justiça trata do que é correto na questão da propriedade, ela administra e distribui, determina o que cada um tem o direito de reivindicar como seu, julga e castiga quando alguém não fizer distinção entre Meu e Teu. Com esse "Meu", sujeito à contestação, e contudo reconhecido pelo direito, o indivíduo pode então a fazer o que quiser; e quando ele não procura seu interesse por outras vias que aquelas que a justiça permite, a justiça não tem nenhuma censura a lhe fazer, e nenhum direito a culpá-lo de algo. Cada um guarda assim o seu; mas assim que de um homem é roubado seu bem ou que ele rouba de um outro o que é deste, a justiça intervém; pois ela salvaguarda a segurança comum em que cada um tem o seu, que se detém com direito. Mas às vezes se produz uma alteração, uma revolução, uma guerra, um terremoto ou uma outra calamidade igualmente terrível, e tudo se confunde. Em vão a justiça se esforça em garantir a cada um o seu, em afirmar a diferença entre Meu e Teu: ela não consegue, ela não consegue na confusão manter o equilíbrio, ela joga longe a balança: ela desespera!

Que terrível espetáculo! E no entanto, o amor não produz, num certo sentido, a mesma confusão, embora do modo mais bendito? Mas o amor é também é um evento, o maior de todos, mas também o mais feliz de todos; o amor é uma alteração, a mais estranha de todas, mas também a mais desejável – dizemos, afinal, no melhor sentido da palavra, que uma pessoa tomada pelo amor está alterada, ou fica mudada; o amor é uma revolução, a mais profunda de todas, porém a mais feliz! Ele traz uma confusão, e nesta bendita confusão não há para os amantes nenhuma distinção entre Meu e Teu! Coisa estranha, há de fato um Tu e um Eu, e não há um Meu nem um Teu! Pois sem Tu e Eu não há amor, e com Meu e Teu não há amor; mas Meu e Teu (esses pronomes possessivos) são, em última análise, derivados de Tu e Eu, e parece que deveriam estar em todos os lugares em que há Tu e Eu. E tal é o caso por toda parte, exceto no amor, que é uma revolução desde os fundamentos. Quanto mais profunda é essa revolução, quanto mais perfeitamente desaparece a diferença do Meu e Teu, mais perfeito é também o amor; sua perfeição baseia-se essencialmente em que não se mostre que, oculta bem no fundo, restava e resta ainda uma diferença entre Meu e Teu; ela se baseia então essencialmente no grau da revolução. Quanto mais profunda é a revolução, tanto mais a justiça treme; mas quanto mais profunda a revolução, tanto mais perfeito é o amor.

A distinção entre Meu e Teu é totalmente abolida no amor humano e na amizade? Ocorre no amor humano e na amizade uma revolução no amor de si, que é sacudido, e nas suas questionáveis noções de Meu e Teu. O apaixonado se sente fora de si mesmo, fora do que lhe é próprio, arrebatado em bendita confusão: para ele e a pessoa amada, para ele e seu amigo não há mais diferença de Meu e Teu; "pois", diz o amante, "tudo o que é meu é dela... e o que é seu... é meu!" Como? Será que assim a distinção de Meu e Teu está abolida? Quando o que é meu se tornou teu, e o teu, meu, então ainda há um Meu e um Teu, exceto que a troca que ocorreu significa e garante que não é mais aquele primeiro, imediato Meu do egoísmo que disputa com um Teu. Pela troca, o Meu e Teu em disputa se tornaram um Meu e Teu comum. Há portanto uma comunidade perfeita no Meu e Teu. Na medida em que Meu e Teu são trocados, produz-se aquele "Nosso", em cuja determinação o amor humano e

IV. O amor não procura o que é seu

a amizade têm sua força (pelo menos eles são fortes nisso). Mas "Nosso" é para a comunidade exatamente o que é o "Meu" para cada um isoladamente; e esse "Nosso" é formado, aliás, não do Meu e Teu em disputa (dos quais não pode surgir nenhuma união), mas do Meu e Teu reunidos e intercambiados. Vê só, é por isso que amor humano e amizade, *como tais*, são de fato apenas egoísmo enobrecido e alargado, enquanto que inegavelmente o amor humano é a sorte mais bela da vida, e a amizade, o maior bem temporal! No amor humano e na amizade, a revolução do amor próprio não é de maneira alguma suficientemente profunda e radical; e é por isso que permanece latente como uma possibilidade ali a polêmica distinção do egoísmo original entre Meu e Teu. A troca dos anéis pelos amantes é vista como um símbolo bem característico do amor humano, e em verdade ele também é bem característico; mas é um símbolo bem medíocre do amor verdadeiro – pois não passa de uma troca! E uma troca de modo algum consegue abolir a distinção entre Meu e Teu, pois aquilo que eu ganho na troca passa a ser Meu por sua vez! Quando dois amigos misturam seu sangue reciprocamente, produz-se uma espécie de mudança radical, pois na medida em que se mistura o sangue, resulta uma confusão: é o meu sangue o que corre em minhas veias? Não, é o do meu amigo; mas então é o meu que flui pelas veias do amigo. Quer dizer, o Eu não é mais para si mesmo o primeiro, e sim o Tu; entretanto, ocorre a mesma coisa inversamente.

Como se apaga então inteiramente a distinção Meu e Teu? A distinção Meu e Teu é uma relação de oposição, os dois termos só se mantêm um no outro e um com o outro: exclui portanto totalmente um dos opostos, então o outro desaparece completamente. Experimentemos primeiramente, na distinção do Meu e Teu, suprimir inteiramente a distinção Teu: o que temos então? Temos então o crime, o delito; pois, o ladrão, o bandido, o impostor, o malfeitor não quer reconhecer na distinção Meu e Teu nada, simplesmente nada de Teu. Mas por aí se apaga também completamente para ele a distinção do "Meu". Não importa que ele não o compreenda, não importa que se endureça contra a compreensão: a justiça compreende que um criminoso propriamente não tem nenhum "Meu". Como criminoso, ele está excluído daquela distinção; e por outro

302 As obras do amor

lado, quanto mais ele se enriquece com o "Teu" roubado, tanto menos ele tem um "Meu". Experimenta agora, na distinção de Meu e Teu, suprimir inteiramente a distinção "Meu": o que temos então? Temos então o amor verdadeiro, feito de sacrifício e de renúncia total. Mas assim também desaparece por sua vez a determinação "Teu", o que é possível entender pela reflexão, mesmo que isso pareça por um instante uma ideia estranha. É a maldição sobre o criminoso que desapareça o Meu dele porque ele quer abolir inteiramente o "Teu"; é a bênção sobre o amoroso verdadeiro que a determinação "Teu" desapareça, de sorte que tudo se torna próprio do amoroso verdadeiro, conforme a palavra do apóstolo Paulo: "Tudo é Vosso", e como o verdadeiro amoroso diz num certo sentido divino: Tudo é Meu. E no entanto, no entanto isso acontece tão somente porque ele não possui absolutamente nada de Meu; em outros termos: "Tudo é Meu, eu que nada tenho de Meu." Mas que tudo seja assim dele, é um segredo divino; pois humanamente falando, o verdadeiramente amoroso, é aquele que ama sacrificando-se, renunciando sem reserva a tudo; ele é, humanamente falando, o injustiçado, o mais injustiçado de todos, embora ele mesmo se torne tal ao se sacrificar constantemente. Ele é assim exatamente o oposto do criminoso, que é o que comete injustiça. Por mais diferente que ele seja do injusto, um apaixonado não é de jeito nenhum o oposto deste; pois um apaixonado busca de, alguma maneira – e o mais das vezes inconscientemente – o que é seu próprio, e ele tem assim um "Meu". Apenas para o amor feito de renúncia a determinação do "Meu" se apaga inteiramente, e a distinção entre Meu e Teu fica totalmente abolida. Quando eu não sei de nada que seja meu, quando então absolutamente nada é meu, então tudo é teu, como é também em um certo sentido o caso, e é como o entende o amor que se sacrifica; no entanto, tudo, incondicionadamente tudo, não pode ser "Teu", já que "Teu" é uma relação de oposição, e na totalidade não existe nenhuma oposição. Então acontece o maravilhoso, que é a bênção do céu sobre o amor da abnegação: no sentido enigmático da felicidade, tudo se torna dele, dele que não tinha nada de Meu, ele que, renunciando a si próprio, havia transformado em Teu tudo o que era Seu. Deus, com efeito, é tudo, e justamente por não ter nada de Meu, o amor da abnegação conquistou Deus e conquistou tudo. Pois aquele que perde sua alma deve

IV. O amor não procura o que é seu   303

ganhá-la, mas a distinção Meu e Teu, ou o Meu e Teu do amor humano e da amizade, é uma forma de conservar sua alma. Apenas o amor espiritual tem coragem de não querer ter absolutamente nada de Meu, coragem de suprimir inteiramente a distinção de Teu e Meu – por isso que ele conquista Deus: em perdendo a sua alma. Vemos aqui mais uma vez o que entendiam os antigos ao dizerem que as virtudes do paganismo são na verdade vícios brilhantes.

O verdadeiro amoroso não procura o que é seu. Ele nada entende das exigências do direito estrito ou da justiça, nem mesmo da simples equidade no que toca ao que lhe é "próprio"; ele nem mesmo entende de uma troca como as que o amor humano faz enquanto cuida de não ser feito de bobo (e portanto sabe atentar ao que é seu); nem mesmo entende daquele compartilhar como o faz a amizade, enquanto atenta para ver se aí se dá igual por igual, para que a amizade se mantenha (e portanto ela sabe atentar ao que é seu). Não, o verdadeiro amoroso só entende de uma coisa: ser logrado, ser enganado, entregar tudo sem receber o mínimo em troca – eis o que significa não procurar o que é seu. Oh, pobre louco, mas como ele é ridículo – aos olhos do mundo! O verdadeiro amoroso se torna o incondicionalmente injustiçado – para o que, num certo sentido, ele mesmo se presta por sua abnegação. Contudo a reviravolta do Meu e Teu assim atinge o ápice, por isso também o amor encontra nele próprio sua mais alta felicidade. Nenhuma ingratidão, nenhum mau juízo, nenhum sacrifício menosprezado, nenhum sarcasmo dado em agradecimento, nada, nem o presente nem o futuro pode mais cedo ou mais tarde levá-lo a compreender que ele tem algum Meu, ou a manifestar que ele teria esquecido apenas por um instante a distinção entre Meu e Teu: pois ele esqueceu eternamente essa diferença e ele se compreendeu eternamente a si mesmo ao amar sacrificando-se, ou seja, compreendeu-se no sacrificar-se.

O amor não procura o seu interesse. Pois o verdadeiro amoroso não ama[235] *sua característica peculiar, ele ama,*

---

235. *Thi den sande Kjerlige elsker ikke...* Nesta frase ocorrem as duas raízes da palavra amor, em Dinamarquês: *den Kjerlige* é o amoroso, a pessoa que "ama" (*elsker*, forma verbal) [N.T.].

304   As obras do amor

ao contrário, cada pessoa segundo a caraterística particular dela; mas "sua particularidade própria" é justamente para cada um o que lhe é próprio, assim, o amoroso não procura o seu interesse; exatamente ao contrário: ele ama o que é próprio do outro.

Observemos por um instante a natureza. Com que amor infinito a natureza ou Deus, na natureza, abraça a imensa diversidade das coisas que têm vida e existência! Trata de recordar o que tão frequentemente te deu tantas alegria observar, recorda a beleza dos campos! No amor não há nenhuma diferença, oh nenhuma – mas nas flores, quanta diferença! Até a menor, a mais insignificante, a mais inexpressiva, aquela pobre coitada que passa despercebida até de sua vizinhança mais próxima, que tu nem percebes se não a olhares atentamente, até ela parece ter dito ao amor: "Faz de mim algo que seja especial, algo com características próprias". Então, o amor a ajudou a se tornar o que era característico dela, mas lhe dando uma beleza muito maior do que a pobrezinha jamais ousou esperar. Que amor! O primeiro é: que ele não faz nenhuma diferença, simplesmente nenhuma; e o seguinte, que é semelhante ao primeiro, é: que ele se diversifica infinitamente no amar a diversidade. Que amor maravilhoso! Pois o que há de mais difícil do que amar não fazendo nenhuma diferença; e quando não fazemos simplesmente nenhuma diferença, o que há então de mais difícil do que estabelecer diferença! Imagina que a natureza fosse rígida, dominadora, fria, parcial, mesquinha, cheia de caprichos, como nós o somos – e imagina, sim, imagina o que aconteceria com a beleza dos campos!

O mesmo ocorre na relação de amor entre dois seres humanos, só o amor verdadeiro ama cada um segundo sua característica própria. *O homem rígido e dominador* carece de flexibilidade, e carece de complacência para compreender os outros; de cada um, ele exige o que é próprio dele mesmo, quer que cada um se converta à sua forma, se adapte ao seu padrão de humanidade. Ou então, considerando ser um grau de amor incomum, ele faz uma rara exceção; procura, como ele diz, compreender um homem individual, ou seja, segundo um modo totalmente determinado e singular (e arbitrário); ele faz para si uma ideia definida deste homem e exige então que este deva corresponder plenamente a essa ideia. Se tal é ou não o caráter

IV. O amor não procura o que é seu   305

particular desta pessoa, pouco importa; pois tal é a ideia que este
déspota compôs a respeito dela. Já que o homem rígido e dominador
não pode criar, ele quer pelo menos transformar; ou seja, ele busca o
que é dele próprio, a fim de dizer diante de tudo o que ele designa:
eis minha imagem, eis meu pensamento, eis minha vontade. Quer o
homem rígido e dominador tenha um círculo de influência vasto ou
restrito, seja ele um tirano dominando um império ou um tirano ca-
seiro morando num sótão, não há diferença essencial; no essencial
não faz diferença, a essência é a mesma: despoticamente, não querer
sair de si mesmo, despoticamente querer triturar a característica
particular da outra pessoa ou atormentá-la até a morte. A essência é
a mesma – o maior tirano que já viveu, e que teve um mundo para ti-
ranizar, cansou-se disso e acabou tiranizando as moscas –; mas a verdade é que ele permaneceu o mesmo!

E como o rígido e dominador só procura o que lhe é próprio e
conforme, assim se comporta também *a mesquinharia*, a mesquinharia invejosa e despótica, covarde e medrosa. O que é a mesquinharia? É a mesquinharia uma característica particular, isto é, algo
de original no homem, brotado da mão de Deus? Não! Mesquinharia é a própria e lastimável invenção da criatura quando, nem verdadeiramente orgulhosa, nem verdadeiramente humilde (pois a humildade diante de Deus é o verdadeiro orgulho), ela se cria, e ao
mesmo tempo deforma Deus, como se ele também fosse mesquinho, como se fosse incapaz de tolerar a particularidade – ele que,
amorosamente, dá *tudo*, e ainda dá a tudo seu caráter próprio. Mesquinharia não deve então ser confundida com talentos limitados
ou com o que chamamos, bastante mesquinhamente, de insignificância. Toma um desses seres ditos insignificantes: se ele teve a coragem de ser ele próprio diante de Deus, ele tem seu caráter próprio; mas verdadeiramente, um tal homem insignificante – mas o
que estou dizendo? Melhor: um tal nobre espírito – também não é
mesquinho. Preservemo-nos dessa confusão, e assim não confun-
damos de jeito nenhum uma singela, nobre simplicidade, que não
compreende grande coisa, com uma mesquinha estreiteza de espírito, que covarde e teimosamente só quer compreender o que lhe é
próprio. O mesquinho jamais teve a coragem de realizar esse ato
audacioso, de humildade e de orgulho agradável a Deus: de ser si

306 As obras do amor

mesmo *diante de Deus* – pois a ênfase está neste "*diante de Deus*", já que esta atitude é a fonte e a origem de todo o caráter particular da pessoa. Quem teve esta audácia tem um caráter individual; ele veio a saber o que Deus já lhe tinha dado, e ele crê exatamente bem do mesmo jeito no caráter particular de cada um. Ter caráter individual é crer no caráter individual de cada um dos outros, pois o caráter individual não é coisa minha; é um dom pelo qual Deus me dá o ser, e ele o dá aliás a todos, e a todos ele dá o ser. Tal é a insondável fonte de bondade que jorra da bondade de Deus, que Ele, o *Todo-Poderoso*, dá de tal maneira que o que recebe, recebe seu caráter particular, que Ele que cria do nada, cria dando uma característica particular, de modo que a criatura, mesmo sendo tirada do nada e não sendo nada, não paira diante d'Ele como nada, mas adquire seu caráter próprio. A mesquinharia, pelo contrário, que é *uma natureza afetada*, não tem nenhum caráter próprio, quer dizer, não acreditou no seu próprio, por isso não pode acreditar no de ninguém. O mesquinho se prendeu numa figura, numa forma totalmente determinada que ele chama de sua: só isso ele procura, só isso ele pode amar. Se o mesquinho encontra isso, então ele ama. A mesquinharia se associa assim à mesquinharia; elas crescem juntas, o que no sentido espiritual, é tão prejudicial como quando uma unha se encrava na carne. Esta aliança mesquinha é então louvada como o amor mais elevado, como a amizade verdadeira, como a harmonia verdadeiramente fiel e sincera. Não se quer compreender que quanto mais a gente assim se alia, tanto mais a gente também se afasta do verdadeiro amor, tanto maior se torna a falsidade da mesquinharia – e tanto mais funesta, quando ela ainda por cima recorre a Deus como apoio a essa igrejinha, de modo que a mesquinharia supostamente teria de ser o objeto único do amor de Deus, a única coisa na qual ele põe sua complacência. Esta aliança mesquinha é igualmente mesquinha em ambas as direções: tão mesquinha ao divinizar uma pessoa bem particular, que é "prata da casa" da mesquinharia; talvez seu inventor, ou ao menos alguém que no mais meticuloso exame da mesquinharia comprove ter até nos mais mínimos detalhes inteiramente o rosto, os traços, a voz, o raciocínio, os modos de falar e a cordialidade da mesquinharia, e igualmente mesquinha ao pretender reprimir todo o resto. E é justamente porque a mesquinharia é natureza afetada (e portanto, in-

IV. O amor não procura o que é seu 307

verdade), justamente porque ela nunca se envolveu a fundo e francamente com Deus (porém, na estreiteza de coração se atrofiou a si mesma e falsificou Deus): justamente por isso ela tem uma consciência suja. Para aquele que tem seu caráter próprio, o caráter próprio de um desconhecido não constitui uma refutação do seu, antes é uma confirmação, ou uma demonstração[236] a mais em seu apoio; pois não pode perturbá-lo a evidência do que ele já acredita, que cada um tem o seu caráter próprio. Mas para a mesquinharia, todo e qualquer caráter próprio constitui uma refutação; ela experimenta uma angústia úmida e inquietante ao ver um caráter próprio desconhecido, e nada lhe é mais importante do que afastá-lo. A mesquinharia, por assim dizer, exige de Deus que todo e qualquer caráter próprio semelhante afunde para que se possa mostrar que a mesquinharia tem razão e que Deus é um Deus zeloso – zelando pela mesquinharia. Como desculpa, às vezes pode servir que a mesquinharia realmente imagine que sua miserável invenção seja o verdadeiro, de modo que ainda seria uma amizade sincera e uma simpatia verdadeira o querer abafar e atrofiar cada um à sua própria semelhança. Em tal caso, a mesquinharia gosta de ser pródiga em belas expressões e em protestos cordiais. Mas a rigor (e isso geralmente é silenciado) é a autodefesa, o instinto de conservação que torna a mesquinharia tão atuante em rejeitar tudo aquilo que não seja propriamente seu. Dá para ouvir de seu peito oprimido, ofegante por alívio, como ela quereria morrer se não conseguisse eliminar esse mal-estar, isso que a oprime; dá para ver em seu olhar, quão insegura de si mesma ela é lá no fundo, e por isso, quão furtivamente e ao mesmo tempo com que rapacidade ela aguarda pela presa: pela prova de que afinal de contas a mesquinharia tem razão e triunfa. Tal como aquele que, em perigo de vida, se permite tudo, já que é uma questão de vida ou morte, assim também o faz a mesquinharia; só que, naturalmente, todos os meios que ela emprega para salvar sua vida e para tirar a vida daquele que tem caráter próprio são, é claro, de uma extrema mesquinhez; pois embora ela se permita tudo, pode-se ter certeza de que esse tudo que ela se permite, é tudo muito mesquinho.

---

236. Refutação (*Modbeviis*); confirmação (*Medbeviis*); demonstração (*Beviis*) [N.T.].

"Mas o amor humano e a amizade não amam seu amado e seu amigo segundo o caráter próprio deste?" Sim, isso é verdade, e no entanto nem sempre isso é inteiramente verdade; pois o amor humano e a amizade têm um limite; eles podem renunciar a tudo em favor do caráter próprio do outro, mas não a si próprios, amor humano e amizade, em favor do caráter próprio do outro. Mas supõe que o caráter próprio [a individualidade] do outro exigisse precisamente este sacrifício! Supõe que o amante visse, para seu prazer, que era amado, mas ao mesmo tempo visse que seria no mais alto grau funesto à individualidade da pessoa amada, que seria uma atrofia para ela a realização de seu desejo mais caro: bem, o amor humano, como tal, não seria capaz de realizar esse sacrifício. Ou supõe que se a pessoa amada visse que a relação se tornasse a ruína para o que a amava, iria destruir totalmente sua individualidade: bem, aí o amor humano, como tal, não tem mesmo força para oferecer tal sacrifício.

Mas o amor verdadeiro, o amor que se sacrifica, ama toda e qualquer pessoa de acordo com seu caráter próprio [sua individualidade], está pronto para realizar qualquer sacrifício: ele não procura seu interesse.

O amor não procura o que é seu; pois ele prefere dar de tal maneira que o dom parece ser propriedade de quem o recebe.

Quando na sociedade falamos das condições das pessoas, nós distinguimos entre aqueles que são senhores de si mesmo e aqueles que são dependentes, e desejamos a cada um que algum dia possa vir a tornar-se seu próprio senhor, como se diz. Mas no mundo do espírito também é o máximo o tornar-se senhor de si mesmo – e o maior de todos os benefícios consiste em ajudar amorosamente alguém a tornar-se tal, tornar-se si mesmo, livre, independente, seu próprio, ajudá-lo a se manter de pé sozinho. Qual é então o maior benefício? Ora, é aquele que já nomeamos, sempre que, ao mesmo tempo (bem entendido), o amoroso souber fazer-se desapercebido, de modo que o ajudado não se torne dependente dele – por lhe dever o benefício supremo. Quer dizer, o maior dos benefícios consiste justamente na *maneira* como o único verdadeiro be-

IV. O amor não procura o que é seu   309

nefício é realizado. Ele só pode ser realizado essencialmente de uma única maneira, embora num outro sentido possa ser de mil maneiras; sempre que o benefício não é feito naquela maneira ele está muito longe de ser a maior dos benefícios, ou até bem distante de ser beneficência. Portanto não se pode dizer diretamente qual é o maior de todos os benefícios, já que o benefício supremo, consistindo em ajudar uma outra pessoa a ficar de pé sozinha, não pode ser realizado diretamente.

Vamos compreender isso. Quando eu digo: "Este homem se mantém por si só, com a minha ajuda", e quando é verdade o que estou dizendo: fiz então por ele o máximo? Vejamos! Que digo eu com isso? Digo que ele "se mantém única e exclusivamente graças à minha ajuda". Mas então, afinal de contas, ele não se mantém por si mesmo, ele não se tornou senhor de si, já que é à minha ajuda que ele deve tudo – e ele está consciente disso. Ajudar uma pessoa desta maneira é propriamente enganá-la. E no entanto, é essa a maneira pela qual o maior de todos os benefícios frequentemente é feito nesse mundo, ou seja, da maneira que não pode ser feito; e contudo é esta maneira que é particularmente apreciada no mundo – como é natural, pois a maneira verdadeira se faz invisivelmente, portanto não é vista, e assim libera o mundo e os interessados de toda dependência. Mas aquele que é ajudado da forma incorreta, da maneira que não faz sentido, é inesgotável em elogiar-me e agradecer-me pelo supremo benefício (o de se manter, por si só, com a ajuda de uma relação de dependência para comigo); ele e sua família e todos os demais honram-me e louvam-me como o maior de seus benfeitores, que eu amorosamente o tornei dependente de mim: ou seja, é estranho, afinal, a gente expressa sua gratidão da uma maneira inteiramente absurda, pois em vez de dizer que eu o tornei dependente de mim, digo que eu o ajudei a manter-se de pé por si mesmo.

Ora, é impossível realizar o maior de todos os benefícios de modo que o beneficiário fique sabendo que é a mim que ele deve; pois caso ele o perceba, então já não se trata do maior dos benefícios. Em contrapartida, se alguém disser: "Este homem se mantém sozinho – graças à minha ajuda", e se é verdade o que ele diz, sim,

310   As obras do amor

neste caso ele terá feito por esta pessoa o máximo que um homem
pode fazer por um outro: o terá tornado livre, independente, por si
mesmo, senhor de si, e justamente ao ocultar sua ajuda o terá ajudado a manter-se por si próprio. Portanto: manter-se por si só –
graças à ajuda de um outro! Vê só: há muitos autores que utilizam
o traço de suspensão [do pensamento] em qualquer oportunidade,
quando lhes falta uma ideia; e há também, aliás, aqueles que o empregam com inteligência e gosto; mas realmente, jamais um travessão foi empregado de maneira mais significativa e jamais poderia
ser usado mais a propósito do que nessa pequena frase – que quando, bem entendido, é usado por aquele que realizou o que disse, se
é que existe alguém assim; pois nessa pequenina frase está incluído
o pensamento da infinitude da maneira mais engenhosa, e a maior
das contradições se encontra resolvida. Ele se mantém por si – isto
é o máximo, ele se mantém por si –, não vês nada além disso; não
vês nenhuma ajuda, nenhum apoio, nenhuma intervenção desas-
trada de mão desajeitada, a segurá-lo, tampouco como ocorre a
esta própria pessoa a ideia de que alguém o tenha ajudado, não, ela
se mantém por si – graças ao socorro de um outro. Mas a ajuda deste outro está oculta; escondida para ela, que é a pessoa ajudada?
Não, para ela, aos olhos da pessoa independente (pois se ela sabe
que foi ajudada, ela não é a pessoa independente no sentido mais
profundo, a que se ajudou e se ajuda a si própria), a ajuda está escondida por trás do traço de suspensão.

Há uma nobre sabedoria que, contudo, ao mesmo tempo, no
bom sentido é tão infinitamente astuciosa e ardilosa. Ela é bem conhecida; se eu nomeasse o termo estrangeiro que a denomina, não
haveria nos dia de hoje quase ninguém que não a conhecesse de
nome; mas talvez não sejam tantos quando ela é descrita sem que
se decline seu nome. Esta sabedoria e o seu nome podem ter sido
frequentemente mal vistos no mundo; e isso nem é tão surpreendente; pois o mundo é um pensador bastante confuso que, de tantos pensamentos, não tem nem o tempo nem a paciência de pensar
um único pensamento. Aquele nobre ser singelo da Antiguidade
era mestre nessa sabedoria; e na verdade, aquele homem nobre não
era propriamente uma pessoa ruim ou malvada, ele era também –

IV. O amor não procura o que é seu   311

se posso me exprimir um pouco maliciosamente[237] – ele era, isso a
rigor não se lhe pode negar, ele era uma espécie de pensador, embora não tão profundo como as formas de expressão das modernas
maneiras de pensar, e embora não tão admirável como essas na
arte de explicar – pois ele jamais chegou a explicar mais do que ele
havia compreendido.

Aquele nobre brincalhão havia compreendido em profundidade que o máximo que um ser humano pode fazer por um outro é
torná-lo livre, ajudá-lo a se manter por si mesmo – ele também tinha compreendido a si próprio ao compreender isso; dito de outra
forma, ele havia compreendido que, se isso pode ser feito, então o
ajudante deve ser capaz de se fazer invisível, magnanimamente
querer aniquilar-se a si mesmo. Ele era, conforme ele mesmo se
chamava, um parteiro no plano espiritual, e ele trabalhava nesse
serviço com qualquer sacrifício e de modo totalmente desinteressado – pois o não buscar o próprio proveito consistia justamente em
que ficasse oculto para a pessoa auxiliada e o fato de que ela estava
sendo auxiliada e a maneira como o estava; o não buscar o próprio
proveito consistia na impossibilidade para o mundo de compreender
e portanto apreciar sua atitude desinteressada, o que ele sempre lhe
será impossível; pois ele não pode justamente conceber por que alguém se recusa a ser interesseiro; porém certamente entende, por outro lado, que alguém que busca seu próprio proveito possa de maneira ainda mais interesseira desejar ter fama de desinteressado.

Nessa compreensão do que seja socorrer um outro ser humano estão de acordo o verdadeiro amoroso e aquele nobre brincalhão. Este último está bem consciente, e aliás é verdade que ele realizou para com o outro o maior de todos os benefícios; ele tem
consciência de como ele trabalhou para esse fim; o quanto lhe cus-
tou de tempo, de aplicação e de arte para lograr o outro para den-

---

237. *skalkagtig*. O dicionário de alemão propõe, para traduzir *Schalk*, a expressão "maganão" (que pode ser sinônimo de pândego e até de libertino), e o adjetivo *schalkhaftig* (em dinamarquês, logo a seguir, na forma substantiva *den Skalkagtige*) significaria "maganão, tra-
vesso, chistoso". Assim, *Schalkhaftigkeit* seria "maganice ou travessura". "Chistoso" significaria "que tem chiste, faceto, espirituoso". A proposta de traduzir o conceito utilizado para
Sócrates como "brincalhão" ("que gosta de brincar, o que está sempre disposto a folgar, a di-
vertir-se, a galhofar") oscila num meio termo entre espirituoso e libertino [N.T.].

312 As obras do amor

tro da verdade[238]; quanta incompreensão ele precisou aguentar da parte do que ele socorria, enquanto ele o livrava de suas bobagens e lhe passava astuciosamente o verdadeiro. Pois a arte de surrupiar de alguém suas bobagens é de prática perigosa; aquele sábio diz inclusive "que as pessoas poderiam tornar-se tão furiosas contra ele ao ponto de querer literalmente mordê-lo cada vez que ele lhes arrancava uma bobagem"[239] – pois se eles chamam de amor quando alguém os confirma em sua tolice, que milagre então que se enfureçam quando alguém quer tirar deles seu mais precioso tesouro! Assim trabalhava ele; e quando o trabalho estava concluído, ele dizia bem baixinho para si mesmo: agora esta pessoa está por si. Mas eis que chegamos ao "traço de suspensão"; e com o traço de suspensão um sorriso se desenha nos lábios do nobre (e contudo tão brincalhão), e ele diz: "Agora esta pessoa é independente – graças à minha ajuda", ele reserva para si o segredo desse sorriso indescritível. Realmente, não há vestígio de maldade neste sorriso, ele está consciente de que o que fez foi para o bem, está consciente de que verdadeiramente é um benefício e verdadeiramente é a única maneira pela qual se pode fazê-lo: mas o sorriso ainda é a autoconsciência da engenhosidade.

É diferente o caso daquele que ama. Ele também diz: agora esta pessoa está por si só. Depois vem o travessão. Oh, esse traço de suspensão significa para o amoroso algo diferente de um sorriso; pois por mais nobre, magnânimo e desinteressado que fosse aquele brincalhão, ele no entanto não amava, no sentido de cuidado[240], aquele que ele socorria. Ora, enquanto aquele brincalhão se faz infinitamente leve graças ao ardil do traço de suspensão, e a arte consiste justamente em ter conseguido fazer tudo pela outra pessoa e dar a impressão de nada ter feito: assim, para o amoroso, o

---

238. *at bedrage den Anden ind i Sandheden...*, literalmente: "enganar o outro para dentro da verdade"; levar o outro à verdade com a ajuda de enganos, embustes, intrigas. Kierkegaard repete esta ideia na obra póstuma *Ponto de vista...*[N.T.].

239. Platão, Teeteto, § 151 [N. ed. dinamarquesa].

240. *i Bekymringens Forstand*: "no sentido de se preocupar por", cuidar de, ter o outro por importante, ser prestimoso, ser diligente; *Bekymring* pode significar aflição, e solicitude, até providência (v. Divina Providência) e "cura", semelhante ao sentido da palavra inglesa *"care"* (v. a "ética do cuidado", do final do século XX). *Bekymring*, semelhante ao alemão *Bekümmernis*, significa aflição, preocupação ou cuidado [N.T.].

IV. O amor não procura o que é seu

traço de suspensão, embora represente no sentido do pensamento uma leveza infinita, num outro sentido (contudo, note-se, isso não deve ser notado) representa um tipo de respiração pesada, quase como um suspiro profundo. Neste traço de suspensão se esconde, com efeito, a insônia da angústia, a vigília noturna do trabalho, um esforço quase desesperado; neste travessão se oculta um temor e tremor que, e justamente por isso é tanto mais terrível, jamais encontrou alguma expressão. O amoroso compreendeu que o maior, o único benefício que um homem pode realmente realizar por outro, é ajudá-lo a se manter de pé por si mesmo, para tornar-se ele próprio, tornar-se senhor de si; mas ele igualmente compreendeu o perigo e o sofrimento que comporta este trabalho, e sobretudo a terrível responsabilidade que ele supõe. Por isso ele diz, dando graças a Deus: agora, esta pessoa se mantém por si só – graças à minha ajuda. Mas não há nenhuma autossatisfação nessas últimas palavras; pois o amoroso compreendeu que todo homem essencialmente se mantém por si só – graças à ajuda de Deus, e que o autoaniquilamento do amoroso propriamente só ocorre para não impedir a relação para com Deus da outra pessoa, de modo que toda ajuda do amoroso desaparece infinitamente na relação com Deus. Ele trabalha sem recompensa; pois ele se reduz a nada, e no próprio instante em que poderia ser o caso de ele, contudo, guardar a recompensa de uma orgulhosa autoconsciência, Deus intervêm, e ele é novamente aniquilado, o que porém é para ele sua felicidade. Vê só, um cortesão tem decerto em seu poder tornar-se importante[241] aos olhos de uma pessoa para quem é tão importante[242] falar com Sua Majestade. Mas se se pudesse imaginar a situação em que um cortesão, justamente ao se afastar do caminho, pondo-se de lado, conseguisse ajudar o solicitante a ter acesso a Sua Majestade a qualquer instante: será que este solicitante, na sua alegria de poder se entreter a qualquer momento com Sua Majestade, não esqueceria completamente o pobre cortesão: o pobre cortesão, que tivera em seu poder, *sem amor*, e por conseguir de vez em quando acesso a Sua Majestade para o solicitante, tornar este último seu

---

241. *at skaffe sig selv Betydning*: (literalmente:) conseguir importância para si [N.T.].

242. *det er saa vigtigt*: é tão importante [N.T.].

314 As obras do amor

especial devedor, fazer-se amado por este devido ao amor que lhe demonstrava; o pobre cortesão que, em vez disso, escolhera *amorosamente* colocar-se de lado e justamente assim providenciar a todo momento ao solicitante o acesso a Sua Majestade, ajuda o solicitante a encontrar a independência de a cada momento ter acesso a Sua Majestade!

É assim com todo o trabalho daquele que ama. Realmente, ele não procura o que é seu, pois ele dá de tal maneira, que parece que o dom era propriedade do que o recebeu. Na medida de suas forças o amoroso procura ajudar uma pessoa a tornar-se ela própria, tornar-se senhora de si. Mas assim, de certo modo, simplesmente nada se muda na existência, só o amoroso, o benfeitor escondido, é empurrado para fora, já que a destinação de todo homem é tornar-se livre, independente, ele próprio. Se, em relação a isso, o amoroso foi colaborador de Deus, tudo no entanto ficou como já estava determinado. Mas se dá para notar que o amoroso ajudou, a situação fica perturbada, ou então, é porque o ajudante não ajudou por amor, o amoroso não ajudou corretamente.

Que maravilhoso monumento o amoroso adquire em gratidão por todo seu trabalho! Ele pode de certa maneira depositar toda sua vida em um travessão. Ele pode dizer: trabalhei como ninguém, da manhã à noite; mas o que erigi – um travessão (pois se se pudesse ver diretamente o que ele realizou, é porque ele teria trabalhado com menos amor)! Ninguém sofreu tão pesado quanto eu, tão profundamente como só o amor pode sofrer; mas o que eu fiz de útil? Um travessão! Eu proclamei o verdadeiro, eu o pensei a fundo e com clareza como ninguém; mas quem se apropriou disso? Um travessão! Pois se ele não tivesse sido o amoroso, então ele teria, de maneira menos penetrante, proclamado o verdadeiro de maneira direta, e então ele teria conseguido em seguida adeptos, que se teriam apropriado dessa verdade – e que o teriam saudado como mestre.

A vida daquele que ama é então desperdiçada, ele viveu inteiramente em vão, já que nada, absolutamente nada testemunha sua obra e seu esforço? Resposta: Não procurar o que é seu, será isso desperdiçar sua vida? Não, na verdade, tal vida não é desperdiçada, o amoroso o sabe em uma alegria repleta de felicidade em sua cons-

IV. O amor não procura o que é seu   315

ciência e com Deus. Sua vida é num certo sentido inteiramente esbanjada sobre a existência, a existência dos outros; sem querer desperdiçar momento algum ou energia alguma em se afirmar, em ser alguma coisa para si mesmo, ele está disposto a perecer no autossacrifício; ou seja, ele é inteiramente transformado, a fim de ser somente um instrumento na mão de Deus. Eis por que sua obra não pode se manifestar visivelmente. Sua obra consistiu justamente em ajudar outro ou outros humanos a se tornarem senhores de si, como eles num certo sentido já eram. Mas quando *efetivamente* alguém se tornou senhor de si graças ao socorro de um outro, é totalmente impossível de ver que foi ajuda do outro; pois se eu vejo a ajuda do outro, então eu vejo afinal que a pessoa socorrida não se tornou senhora de si.

V
O AMOR COBRE
UMA MULTIPLICIDADE DE PECADOS[243]

O temporal tem três tempos, e por conseguinte jamais existe totalmente, ou jamais está totalmente em um deles; o eterno *é*. Um objeto temporal pode ter muitas características variadas; pode-se dizer num certo sentido que ele as possui todas ao mesmo tempo, já que nessas características determinadas ele é o que ele é. Mas um objeto temporal jamais tem redobramento em si próprio; assim como o temporal desaparece no tempo, também ele existe apenas nas características. Quando, em contrapartida, o eterno está num homem, então esse eterno se redobra nele de tal maneira que a todo momento em que está nele, está nele de uma maneira dupla: em direção para fora e em direção para dentro, de volta para si mesmo, mas de tal maneira que isso constitui uma só e mesma coisa; pois senão não há redobramento. O eterno não é apenas nas suas características, mas ele é em si mesmo em suas características; ele não apenas possui características, mas ele é em si próprio, na medida em que ele tem características.

Assim também, então, com o amor. O que o amor faz, ele o é; o que ele é, ele o faz – e num único e mesmo momento: no mesmo instante em que ele sai de si próprio (rumo ao exterior) ele está em si próprio (rumo ao interior); e no mesmo instante em que está em si próprio ele sai com isso de si próprio, de tal modo que essa saída e esse retorno, esse retorno e essa saída são o simultâneo um e o mesmo. Quando dizemos: "O amor dá franqueza", dizemos com isso que o que ama, por sua maneira de ser, torna os outros confiantes[244]; em toda parte onde o amor está presente, ele espalha

---

243. 1Pd 4,8.

244. *Frimodighed*: franqueza, confiança, honesta abertura, liberdade de expressão; *frimodig*: confiantes [N.T.].

V. O amor cobre uma multiplicidade de pecados 317

essa franqueza; aproximamo-nos de bom grado do amoroso, pois ele lança fora o temor; enquanto o desconfiado espanta de perto de si a todos, o astuto e o dissimulado espalham ao redor de si angústia e penosa inquietude, enquanto a presença de um déspota oprime como a acabrunhante atmosfera de uma trovoada: o amor inspira confiança. Mas quando nós dizemos: "O amor transmite confiança", dizemos com esta mesma expressão ainda uma outra coisa, que o amoroso possui a franqueza, no sentido em que está escrito que "o amor dá confiança no dia do juízo", ou seja, dá no julgamento essa atitude franca àquele que ama. Quando dizemos que o amor salva da morte, temos imediatamente o redobramento do pensamento: o amoroso salva um outro ser humano da morte e ele salva, seja na mesmíssima acepção, seja em outra, a si mesmo da morte; ele o faz ao mesmo tempo e de uma única vez; não salva o outro em um dado momento e a si próprio em outro momento, mas no momento em que salva o outro da morte, salva a si mesmo da morte. Só que o amor jamais pensa nesse último aspecto, em salvar-se a si mesmo, em adquirir para si mesmo uma firme confiança; em seu amor, o amoroso só pensa em transmitir essa franqueza e em salvar a outra pessoa da morte. Mas nem por isso o amoroso foi esquecido. Não, aquele que se esquece de si mesmo por amor, esquece seu sofrimento para pensar no da outra pessoa, e toda sua miséria para pensar na da outra pessoa, que ainda esquece o que ele mesmo perde para pensar no que a outra perde, esquece sua vantagem para cuidar amorosamente da de um outro: na verdade, um tal ser humano não é esquecido. Há alguém que pensa nele: Deus no céu; ou ainda, o amor pensa nele. Deus é amor, e quando por amor um homem esquece a si próprio, como Deus o esqueceria! Não: enquanto aquele que ama se esquece de si mesmo e pensa em um outro, Deus pensa nele. O egoísta se agita, ele grita e faz muito barulho e insiste em seu direito para assegurar-se de não ser esquecido – e contudo é esquecido; mas o que ama e esquece a si próprio é recordado pelo amor. Há alguém que pensa nele, e daí resulta que o amoroso recebe aquilo que ele dá.

Olha aqui o redobramento: o que o amoroso faz, ele o é, ou se transforma nisso; o que ele dá, ele possui, ou melhor, ele o recebe – e isso é tão estranho como dizer: "Do que está comendo vem a co-

318 As obras do amor

mida[245]." Mas talvez alguém diga: "Não há nada de estranho em que o amoroso possua o que ele dá; tal é sempre o caso; não se pode dar o que não se tem". Pois, sim, mas é o caso também que sempre se retém o que se dá, ou que se recebe aquilo que se dá a um outro (que justamente por se dar se recebe, e se recebe exatamente a mesma coisa que se dá), de sorte que dar e receber são uma única e mesma coisa? Ou será que tal nem sempre é o caso, e sim ao contrário, que o que eu dou é o outro quem recebe, e não que eu mesmo recebo o que eu dou à outra pessoa?

Assim o amor sempre está redobrado em si próprio. Isso vale também quando se diz que o amor cobre a multidão dos pecados.

Na Escritura nós lemos (e são aliás as próprias palavras "do amor") que os numerosos pecados são perdoados àquela pessoa que muito amou[246] – pois o amor que há nela encobre a multiplicidade dos seus pecados. Mas não é sobre isso que queremos falar desta vez. Nesse pequeno escrito, tratamos constantemente das obras do amor; consideramos portanto o amor em sua manifestação exterior. Neste sentido queremos agora comentar que

o amor cobre a multiplicidade dos pecados

O amor cobre a multidão dos pecados. Pois ele não os descobre; porém o não descobrir o que no entanto deve estar aí, na medida em que se deixa descobrir, é cobrir.

A ideia de "multiplicidade" é em si própria algo indeterminado. Deste modo, falamos todos da imensa multiplicidade da criação, contudo a palavra significa algo de bastante diferente conforme a pessoa que a emprega. Um homem que passou toda a sua vida numa região afastada e que além disso tem pouca sensibilidade para aprender a conhecer a natureza: é tão pouco o que ele sabe a respeito: ele, que no entanto também fala da imensa diversidade da criação! Em contrapartida, o pesquisador da natureza que fez a volta ao mundo, circulou por todos os caminhos, tanto na superfície quanto nos subterrâneos do globo, viu tudo o que lhe apareceu;

---

245. Jz 14,14 [N. ed. dinam].
246. Lc 7,47.

V. O amor cobre uma multiplicidade de pecados   319

além disso com olhos aparelhados ora descobriu telescopicamente astros de outra forma invisíveis, ora em extraordinária microscopia vermes de outra forma imperceptíveis, é incrível quanta coisa ele conhece, e no entanto, ele emprega o mesmo termo e fala da "imensa diversidade da criação". Continuemos: enquanto o naturalista se felicita por ter conseguido ver tantas coisas, reconhece espontaneamente que não há nenhum limite para as descobertas, já que afinal nem ao menos há algum limite para as descobertas em relação aos instrumentos que são utilizados para a descoberta, de modo que a multiplicidade sempre, à medida que se descobre ou à medida em que se inventam novos instrumentos para a descoberta torna-se sempre maior, e constantemente pode tornar-se ainda maior, isto é, mostrar que é ainda maior – enquanto que, contudo, no total ela ainda está contida na expressão "a multiplicidade da criação." O mesmo vale da multiplicidade dos pecados, que a expressão designa algo muito diferente dependendo de quem é a pessoa que fala.

Assim, *descobre-se* que a multidão dos pecados cresce sem parar; ou seja, pela descoberta ela se revela como sempre maior, naturalmente também graças às descobertas que se fazem no que toca à astúcia, à atitude de suspeita que se precisa ter para descobrir. Por conseguinte, aquele que *não descobre* encobre a multiplicidade, pois para ele a multiplicidade é menor.

Mas descobrir é certamente algo louvável, algo admirado, mesmo se essa admiração, às vezes, curiosamente, seja forçada a reunir coisas um tanto heterogêneas umas com as outras: pois se admiramos o naturalista que descobre um pássaro, admiramos, decerto, também o cão que descobriu a púrpura[247]. Mas deixemos de lado a questão do valor desta última, o certo é que o descobrir provoca elogios e admiração no mundo. Em contrapartida, aquele que não descobre algo, ou não descobre nada, tem uma avaliação muito baixa. Para caracterizar como um tipo excêntrico um homem que segue seus próprios pensamentos, gostamos de dizer: "Por certo ele jamais descobrirá grande coisa". E se queremos apontar alguém

---

247. Cf. Pollux, *Onomasticon*, I, 45-46, ed. Immanuel Bekker (Berlim 1846), p. 12 [N. ed. dinam].

320 As obras do amor

como particularmente limitado e tolo, dizemos "que ele certamente não descobriu a pólvora" – o que, aliás, para o nosso tempo nem se faria necessário, pois que ela agora já foi descoberta, de modo que isso seria mesmo ainda mais duvidoso se alguém em nossos dias achasse ter sido ele próprio quem descobriu a pólvora. Oh, mas o descobrir algo é tão admirado no mundo que não podemos esquecer essa sorte invejável: ter descoberto a pólvora!

Sendo assim, é fácil de ver que o amoroso, que nada descobre, produz uma impressão bem medíocre aos olhos do mundo. Pois mesmo em relação à maldade, em relação ao pecado ou à multiplicidade do pecado, o mundo tem em alta consideração o observador astuto, hábil, exercitado, talvez até um tanto quanto meio corrompido, capaz de descobertas corretas. Até o jovem, no primeiro instante em que parte para a vida, faz tanta questão de dar a entender como ele conhece e descobriu a maldade (pois ele teria horror de passar por um simplório aos olhos do mundo). Até a mulher em sua primeira juventude gosta de dar a entender que se envaidece de ser uma conhecedora da natureza humana, no que esta tem de maldade, bem entendido (pois ela odiaria ser tratada pelo mundo como uma patetinha ou como uma beldade de vilarejo). Realmente, é inacreditável ver como o mundo mudou em comparação à Antiguidade: então, eram bem poucos aqueles que conheciam a si próprios; hoje, todos os homens são conhecedores da humanidade. E isso é o que há de peculiar: se alguém descobriu quão bondosos no fundo quase todos os indivíduos são, ele nem ousará revelar sua descoberta; ele temerá tornar-se ridículo, e talvez até temerá que a humanidade se sinta ofendida com isso. Em contrapartida, se um homem finge ter descoberto quão abjetos são os homens no fundo, quão invejosos, egoístas, indignos de confiança, quanta abominação pode residir escondida no mais puro, ou seja, naquele que é considerado como o mais puro aos olhos dos simplórios, dos patetas e das beldades de vilarejo, então ele sabe, envaidecido, que é bem-vindo e que o mundo está ávido para ouvir o resultado de sua observação, de sua experiência, de sua narrativa. Desse modo, o pecado e a maldade exercem sobre os homens um poder a mais do que cremos em geral; eles persuadem de que é tão embaraçoso ser bom, é tanta limitação crer no bem, é tão provinciano revelar igno-

V. O amor cobre uma multiplicidade de pecados 321

rância, ou que não se é um iniciado – um iniciado nos mais íntimos arcanos do pecado. Aqui se vê muito nitidamente de que modo a maldade e o pecado em grande parte consistem numa vaidosa relação de comparação com o mundo, com outras pessoas. Pois pode-se ter plena certeza: que essas mesmas pessoas a quem justamente sua vaidade faz temer o julgamento do mundo, no trato com os outros tentam tornar-se amáveis e interessantes dando a entender um conhecimento particular da maldade, pode-se ter plena certeza de que as mesmas que, quando sozinhas, em seu ânimo tranquilo, quando não precisam envergonhar-se pelo bem, têm uma maneira bem diferente de ver. Mas no convívio social, em reuniões, quando há muitas pessoas ou ao menos várias reunidas, e portanto a comparação, a relação comparativa faz parte da festa, como não pode ignorá-lo a vaidade: cada um tenta seu vizinho a contar o que descobriu.

No entanto, até os homens mais completamente mundanos às vezes fazem uma exceção, julgam com mais suavidade sobre o nada descobrir. Suponhamos que dois homens astutos tenham que ajustar alguma questão entre si, para a qual justamente não desejariam testemunhas; mas neste caso, se não pudesse ser de outro modo, eles teriam de resolvê-la numa sala onde estivesse presente um terceiro – e esse terceiro, como eles sabem, estaria apaixonado em alto grau, cheio da felicidade do amor nascente; então, não é verdade, um dos dois espertos diria ao outro: "Ora, pouco importa sua presença, ele não descobrirá nada." Eles o diriam com um sorriso, e com esse sorriso homenageiam sua própria sagacidade; mas no entanto eles teriam também uma espécie de respeito pelo apaixonado, que nada descobre. E agora o amoroso! Quer se ria dele, quer se zombe dele, quer se lamente por ele, e o que quer que o mundo diga sobre ele, uma coisa é certa: sobre a multidão dos pecados ele nada *descobre*, nem mesmo essa risada, essa zombaria, essa piedade; ele nada *descobre* e ele só vê muito pouco. Ele nada descobre; nós fazemos uma distinção, aliás, entre o descobrir, que é o esforço consciente e proposital para encontrar, e o ver e ouvir, que pode acontecer contra a vontade da gente. Ele nada descobre. E no entanto, quer se ria dele, quer não se ria dele, quer se zombe dele, quer não se zombe dele: no fundo, bem no fundo, sente-se por ele um respeito ao ver que, repousando nesse amor, mergulhado em seu amor, ele nada descobre.

322 As obras do amor

O amoroso nada descobre, portanto ele encobre a multidão de pecados que se acharia na descoberta. A vida daquele que ama exprime o preceito apostólico de ser criança em relação à maldade[248]. O que o mundo propriamente admira como sagacidade é, na verdade, entender do mal – enquanto que sabedoria é, na verdade, entender do bem. O amoroso não entende do mal e nem quer entender; ele é e permanece uma criança em relação a isso, quer ser e permanecer uma criança. Coloca uma criança numa caverna de bandidos (mas a criança não deve ficar lá por muito tempo para não se corromper); deixa-a pois ficar ali por bem pouco tempo, depois fá-la voltar para casa e contar tudo o que vivenciou: verás que a criança que é afinal um bom observador (como toda criança o é), e tem uma excelente memória, há de narrar até os últimos detalhes, mas de tal modo que num certo sentido o mais importante ficará omitido, de modo que quem não sabe que ele viveu entre os ladrões jamais se dará conta disto a partir do relato da criança. O que é que a criança omite então, o que é que a criança não descobriu? É a maldade. E no entanto, o relato do que ele viu e ouviu é de uma perfeita exatidão. O que é que falta então à criança; o que é que transforma tão frequentemente uma narrativa infantil na mais profunda zombaria sobre os mais velhos? É a compreensão da maldade, e o fato de que carece do entendimento da maldade e nem mesmo sentiria prazer em querer aprender sobre a maldade. Nesse ponto o amoroso se assemelha à criança. Mas na base de todo *entender* encontra-se antes de mais nada um *entendimento* entre aquele que deve compreender e a coisa a ser compreendida. É por isso que essa intelecção (por mais que ela queira convencer-se e persuadir outros de que ela pode guardar-se em toda a sua pureza, e que ela é intelecção pura do mal), não deixa de estar em *inteligência* com o mal; se não houvesse essa última, o entendido não teria prazer de se instruir sobre o mal; ele repugnaria compreendê-lo e assim não compreenderia de jeito nenhum. Mesmo se essa intelecção não significa outra coisa, ela no entanto é uma curiosidade maligna pelo mal; ou bem ela é uma exploração ardilosa por desculpas para seus próprios erros, ajudada pelo conhecimento da ex-

---

248. 1Cor 14,20.

V. O amor cobre uma multiplicidade de pecados

tensão do mal; ou ainda, ela testemunha um cálculo de falsário em que se tenta exagerar seu próprio valor, ajudado pelo conhecimento que se tem da corrupção dos outros. Mas cuidemo-nos bem; pois se por curiosidade damos ao mal o dedinho, ele logo pega toda a mão; e não há nada de mais perigoso do que ter desculpas em estoque; e o tornar-se melhor ou parecer melhor graças à comparação com a ruindade de outros é, afinal de contas, uma maneira ruim de se tornar melhor. Porém, se já essa compreensão descobre a multidão dos pecados, que descobertas não fará uma inteligência mais íntima e propriamente em aliança com o mal! Assim como quem sofre de icterícia vê tudo amarelo: da mesma forma, o homem que quer compreender o mal vê a multidão dos pecados se estender ao redor dele sempre maior na medida em que ele se afunda mais e mais. Seu olhar se aguça e se arma, ai, não no sentido da verdade, portanto no da inverdade; portanto, seu olhar se enreda sempre mais, de modo que ele por contágio vê o mal em tudo, vê o impuro até nas coisas mais puras, e esta visão (oh, pensamento terrível!) lhe serve como uma espécie de consolo; pois lhe importa descobrir uma multidão tão ilimitada quanto possível de coisas más. Finalmente, não há mais limites para suas descobertas: pois agora ele descobre o pecado até mesmo lá onde ele sabe que não há, ele o descobre graças à composição da difamação, da calúnia e da mentira em que ele se exercita por tanto tempo que finalmente até ele mesmo acaba por acreditar. Uma tal pessoa descobriu a multidão dos pecados!

Mas o amoroso nada descobre. Há algo tão infinitamente solene e ao mesmo tempo algo tão infantil, algo que lembra a brincadeira infantil quando assim o amoroso, ao simplesmente nada descobrir, encobre a multidão dos pecados – algo que lembra a brincadeira infantil: pois desta maneira brincamos com uma criança, brincamos que não conseguimos enxergar a criança que está porém diante de nós, ou a criança brinca que não consegue ver-nos, o que a diverte indescritivelmente. O infantil aqui então consiste em que o amoroso, como num jogo, com olhos abertos não consegue ver o que acontece na frente dele; e o solene consiste em que é o mal o que ele não consegue ver. É bem conhecido que os orientais veneram os de espírito fraco; mas esse amoroso, que é digno de venera-

324 As obras do amor

ção, ele é por assim dizer um espírito fraco. É bem conhecido que a Antiguidade estabelecia, e por certo com razão, uma grande distinção entre dois tipos de loucura: uma delas era uma triste doença, e se lamentava um tal infeliz; a outra era chamada de loucura divina[249]. Se podemos usar apenas uma vez esse termo pagão "divino", é uma espécie de loucura divina por amor ser incapaz de ver o mal que ocorre sob seus olhos. Em verdade, nesses dias tão sagazes, que entendem tanto da maldade, seria urgente fazer alguma coisa para aprender a honrar esse tipo de loucura; pois infelizmente hoje em dia se faz o suficiente para fazer passar por louco um tal amoroso que, entendendo tanto do bem, nada quer saber do mal.

Para mencionar o exemplo mais sublime, imagina Cristo naquele momento em que ele comparece diante do Conselho; imagina a multidão furiosa, imagina o círculo dos nobres – e imagina então quantos olhares estavam dirigidos para ele, com a face voltada para ele, esperando tão somente que ele lhes dirigisse o olhar para que até esta expressão pudesse transmitir seu escárnio, seu desprezo, seu desdém e seus sarcasmos contra o acusado! Mas ele nada descobria; em seu amor, ele encobria a multidão dos pecados. Pensa em todos os insultos, em todas as injúrias, em todos os sarcasmos que lhe foram lançados – e era muito importante para esses furiosos fazer ouvir suas vozes, para que não parecesse, o que seria tão vexatório, que eles se teriam descuidado, que não tivessem participado ativamente ali, num caso em que importava, de acordo com todos, e portanto como um verdadeiro representante da opinião pública, zombar, insultar, maltratar um inocente! Mas ele nada descobria; em seu amor, encobria a multidão dos pecados – ao não descobrir nada.

E ele é o modelo; dele aprendeu o amoroso quando este nada descobre e com isso encobre a multidão dos pecados, quando este, como um discípulo digno, "abandonado, odiado e carregando sua cruz"[250], segue seu caminho entre a zombaria e a piedade, entre insultos e compaixão, e contudo, amorosamente, nada descobre – por um milagre ainda maior do que aquele dos três homens que ca-

---

249. *Fedro*, 244 e 265 b; cf. também *Pap*. IV A 109.
250. Citação de um coral de Thomas Kingo [N. ed. dinam.].

V. O amor cobre uma multiplicidade de pecados   325

minharam sobre um fogão ardente sem sofrer dano[251]. No entanto, zombarias e insultos na realidade não causam nenhum dano, desde que o escarnecido não receba dano ao *descobri-los*, ou seja, ao se amargurar: com efeito, se ele fica amargurado então descobre a multidão dos pecados. Se queres ver bem nitidamente como o amoroso, em não descobrindo nada, cobre a multidão dos pecados, acrescenta mais uma vez o amor. Imagina que esse homem que ama tenha uma esposa que o ama. Vê, justamente porque ela o amava, ela quereria descobrir os múltiplos pecados cometidos contra ele; ofendida, a alma cheia de amargor, ela descobriria cada olhar de zombaria; com o coração esmagado, ela ouviria os insultos – enquanto que ele, o amoroso, não descobriria nada. E aí quando o amoroso, não podendo evitar ver e ouvir algo, tivesse pronta uma desculpa em favor dos agressores e dissesse que ele próprio tinha falhado: sua mulher então não conseguiria descobrir nele nenhuma falha, mas apenas discerniria tanto mais a quantidade de pecados contra ele. Vês agora, ao refletires sobre o que a esposa assim descobria, e afinal de contas em verdade, vês tu o quanto é verdadeiro que o amoroso, que não descobre nada, encobre a multidão dos pecados? Imagina isso aplicado a todas as circunstâncias da vida, e reconhecerás que o amoroso realmente esconde a multiplicidade!

O amor cobre a multidão dos pecados; pois quando ele não pode impedir-se de ver e ouvir, ele o cobre ao se calar, ao dar uma explicação amenizante, ao perdoar.

O amor cobre a multidão dos pecados *em se calando.*

Às vezes ocorre que dois amantes desejam manter oculto seu relacionamento. Supõe, então, que no momento em que eles confessam mutuamente seu amor e juram silêncio recíproco, uma terceira pessoa esteja por puro acaso presente; mas esse inoportuno é um ser humano honesto e amoroso; pode-se contar com ele e ele promete guardar silêncio: o amor deles não estaria e não ficaria oculto? Mas é assim que age o amoroso quando, inadvertidamente, completamente por acaso, sem jamais ter procurado a ocasião para

---

251. Dn 3,21-30.

326 As obras do amor

tanto, fica ciente do pecado de alguém, de seu erro, do que cometeu, ou de como este se deixou levar por uma fraqueza: o amoroso se cala e encobre a multidão dos pecados.

Não digas que "a multiplicidade dos pecados permanece afinal de contas igualmente grande, quer nos calemos, quer o contemos, já que afinal o silêncio decerto não diminui nada, porque só podemos calar sobre aquilo que existe"; antes responde a essa pergunta: Será que aquele que conta os erros e pecados do próximo não aumenta a multidão dos pecados? Mesmo se ela permanecesse igual, quer eu calasse alguma coisa disso, quer não, quando eu não falo disso, faço afinal a minha parte para encobri-lo. E além disso, não se diz que o rumor gosta de aumentar as coisas? Com isso se quer dizer que o rumor gosta de tornar o erro maior do que ele é na realidade. Mas não é nisso que estou pensando. É num sentido bem diferente que é preciso dizer que o rumor que conta a falha do próximo aumenta a multidão dos pecados. Não convém tomar muito levianamente esse conhecimento da falha do próximo, como se tudo estivesse em ordem, uma vez bem estabelecido que é verdade o que se conta. Na verdade, nem todo conhecimento do que é verdade a respeito da falha do próximo é só por isso isento de culpa, e justamente por ser feito confidente alguém pode facilmente tornar-se também culpado. Assim o rumor, ou aquele que conta a falha do próximo, aumenta a multidão dos pecados. Os homens se corrompem quando eles, pelo rumor e pelo mexerico da cidade, por curiosidade, leviandade, inveja, talvez maldade, se habituam a tomar conhecimento das falhas do próximo. Seria decerto desejável que os homens aprendessem de novo a se calar; mas se é preciso ceder à tagarelice e portanto conversar fiado por curiosidade ou frivolidade, que seja sobre bobagens e trivialidades – as falhas do próximo são e deveriam ser coisas sérias demais para isso; mexericar por curiosidade, frivolidade, inveja, a respeito disso, é portanto um sinal de perversão. Mas aquele que, contando as falhas do próximo, ajuda a corromper os homens, aumenta, sem dúvida, a multidão dos pecados.

É mais do que certo: todo homem tem infelizmente uma grande inclinação para ver as falhas do próximo, e uma talvez ainda maior para querer contá-las. Se não se trata de outra coisa, é, ai! para usarmos a expressão mais suave, uma espécie de neurastenia

V. O amor cobre uma multiplicidade de pecados 327

que torna as pessoas tão fracas diante dessa tentação, dessa incitação a poder contar alguma maldade sobre o próximo, conseguir por um momento a escuta atenta graças a um relato tão divertido. Mas o que aí já seria bastante perverso como um prazer neurastênico, que não consegue calar-se, às vezes se constitui, num homem, numa paixão horrível e diabólica, desenvolvida segundo os padrões mais terríveis. Será que algum bandido, um ladrão, um malfeitor, enfim, um criminoso qualquer é tão depravado no seu foro mais íntimo quanto um tal homem que tomou como sua tarefa, seu desprezível ganha-pão, segundo o padrão maior possível – mais ruidosamente do que qualquer palavra de verdade ouvida, tão amplamente por todo o país como raramente alguma coisa útil alcança, penetrando nos recantos mais afastados como nem a palavra de Deus o consegue –, proclamar as falhas do próximo, as fraquezas do próximo, os pecados do próximo; impor a cada um e até à juventude desarmada esse conhecimento sujo; será que, verdadeiramente, algum criminoso é tão fundamentalmente depravado quanto um tal homem, mesmo se fosse o caso de ser verdade a maldade que ele conta?! Mesmo nesse caso; mas é inconcebível que alguém possa, com a seriedade da eternidade, verificar a rigorosa e absoluta verdade das maldades que conta, para assim consagrar sua vida a esse repugnante serviço da verdade que consiste em divulgar o mal. Na oração do Senhor, pedimos a Deus para não nos deixar cair em tentação; mas se acontecesse, e acontecesse de eu sucumbir à tentação – Deus de misericórdia, pelo menos uma graça: que meu pecado e meu erro sejam tais que o mundo os tenha verdadeiramente por abomináveis e revoltantes! O mais terrível de tudo deve ser, porém, incorrer em culpa, em culpas que clamam ao céu, incorrer em culpa sobre culpa, e novas culpas, sempre de novo, entra dia e sai dia – sem nem prestar atenção a isso, porque todo o ambiente e porque a própria existência se transformaram numa ilusão que faz confirmar à pessoa a opinião de que não foi nada, que a conduta não só não é culpada, mas que é quase meritória. Oh, há crimes que o mundo não chama de crimes e que ele recompensa e quase honra; e no entanto, no entanto eu preferiria – que Deus não permita, mas eu preferiria – chegar à eternidade com três assassinatos em minha consciência de que me arrependeria, do que como um difamador consumado com a terrível e imensurável carga de

328 As obras do amor

crimes amontoados ao longo dos anos; crimes que se espalharam em dimensões quase inacreditáveis, que levaram homens ao túmulo, amarguraram as relações mais íntimas, humilharam os mais inocentes simpatizantes, macularam os menores, desencaminharam e corromperam tanto os velhos quanto os jovens, numa palavra, espalharam ao seu redor, em proporções que nem a mais viva imaginação consegue formar uma ideia – essa terrível carga de crimes para os quais eu jamais teria tempo para começar a me arrepender porque o tempo seria usado para novos crimes e porque a imensurabilidade desses crimes me teriam proporcionado dinheiro, influência, quase a consideração e sobretudo uma vida de prazer! Em relação a um incendiário, costuma-se diferenciar se aquele que põe fogo numa casa, sabe se ela é habitada por muitos ou se está desabitada; mas pela difamação por assim dizer incendiar uma sociedade inteira, isso nem é considerado um crime. Barramos o caminho da peste – mas a esta peste, a difamação, que é pior do que aquela do Oriente, e que corrompe a alma e a mente, abrimos a porta de todos os lares, pagamos dinheiro para sermos contaminados e saudamos como bem-vindo ao que traz a infecção.

Diz-me se não é verdade que o amoroso, ao guardar silêncio sobre as falhas do próximo, cobre a multidão dos pecados, se tu consideras como as aumentamos ao divulgá-las.

Pela explicação atenuante, o amoroso cobre a multidão dos pecados.

É sempre a explicação que faz de uma coisa aquilo que ela então vem a ser. O fato ou os fatos estão na base; mas a explicação é o que decide. Qualquer evento, qualquer palavra, qualquer ação, enfim tudo pode se explicar de várias maneiras; tal como se diz de modo não verdadeiro que o hábito faz o monge, assim também se pode dizer com verdade que é a explicação o que faz do objeto da explicação aquilo que ele vem a ser. Com referência às palavras, aos atos, à maneira de pensar de um outro ser humano não há nenhuma certeza deste tipo, de modo que sua aceitação significa propriamente escolher. A maneira de ver, a explicação, justamente por ser possível a diversidade, é uma escolha. Mas ela é uma escolha, e está constantemente em meu poder, se eu sou o amoroso, escolher a ex-

V. O amor cobre uma multiplicidade de pecados   329

plicação mais suave. Quando então essa interpretação suave ou atenuante explica o que outros, por leviandade, precipitação de julgamento, rigorismo, dureza do coração, inveja, maldade, enfim, por falta de amor, sem mais nem menos explicam como culpa; quando a explicação atenuante o explica de outra maneira, ela afasta uma culpa depois da outra e assim torna menor a multidão dos pecados, ou a encobre. Ah! Se os homens compreendessem corretamente que belo uso eles poderiam fazer de sua imaginação, de sua perspicácia, de sua inventividade, de sua capacidade de ligar as coisas para usá-las a fim de descobrir, se possível, uma explicação atenuante: eles tomariam sempre mais gosto por uma das mais belas alegrias da vida, que se tornaria para eles um prazer, uma necessidade apaixonante, capaz de lhes fazer esquecerem todo o resto. Não o vemos em outros domínios como o caçador, por exemplo, que a cada ano se dedica com maior paixão à caça? Não que o felicitemos por sua escolha, não é disso que se trata aqui, comentamos simplesmente como a cada ano ele se dedica à sua ocupação com uma paixão crescente. E por que faz isso? Porque com cada ano ele adquire mais experiência, torna-se mais inventivo, supera sempre mais dificuldades, de modo que ele, o velho caçador experiente, agora conhece expedientes que nenhum outro conhece; agora ele descobre pistas do animal como ninguém descobre, agora ele tem sinais lá fora que os outros não sabem interpretar, agora ele descobriu uma maneira mais hábil de colocar a armadilha, de modo que ele está bastante seguro de fazer uma boa caçada, mesmo quando os outros nada conseguem. Consideramos oneroso, e contudo, em outra perspectiva, também uma obra que enche de satisfação e que fascina, a função do servidor da justiça, que descobre culpas e crimes. Ficamos estupefatos diante de um tal conhecimento do coração humano com todos os seus álibis e invenções, até os mais sutis; como ele consegue lembrar-se de ano para ano até dos mais insignificantes detalhes, apenas para, se possível, assegurar-se de uma pista; como ele, logo que lança um simples olhar sobre as circunstâncias, por assim dizer, consegue conjurá-las, de modo que deem esclarecimentos contra o culpado; como nada é pequeno demais para sua atenção, desde que possa contribuir para a elucidação do crime. E nós o admiramos quando, resistindo ao que ele chama um hipócrita endurecido e inveterado, esse servidor da autoridade

330 As obras do amor

consegue desmascarar a aparência e tornar manifesta a culpa. Não poderia ser igualmente satisfatório, igualmente fascinante, em resistindo corretamente ao que chamamos de conduta de rara baixeza, descobrir que era algo bem diferente, feito com boa intenção! Deixa o magistrado designado pelo Estado, deixa o servidor da justiça tratar de descobrir culpas e crimes: nós outros não temos vocação para juízes nem para servidores da justiça, mas, ao invés disso, somos chamados por Deus a praticar o amor, ou seja, a cobrir a multidão dos pecados com a ajuda de uma explicação atenuante. Imagina uma pessoa assim amorosa, dotada por natureza com as mais esplêndidas qualidades, que poderia causar inveja a qualquer juiz; mas se essas qualidades fossem todas empregadas – com um zelo e uma aplicação que poderiam honrar a um juiz – a serviço do a amor, para exercitar a arte e para praticar a arte, a arte da interpretação, que graças a uma explicação atenuante encobre a multidão dos pecados! Imagina sua rica, abençoada experiência, no sentido mais nobre da palavra: como ele tem conhecimento do coração humano; quantos casos notáveis, e também emocionantes, ele conhece, e onde, por mais complexos que parecessem, ele conseguiu descobrir o bem, ou ao menos o melhor, porque manteve em suspenso seu julgamento por um longo, longo período até o momento em que, bem corretamente, veio à luz do dia uma pequena circunstância que o auxiliou a encontrar o rastro. De que modo ele, dedicando rápida e ousadamente toda sua atenção sobre um entendimento totalmente diferente da questão, teve a sorte de descobrir o que buscava; de que modo este, ao aprofundar-se corretamente nas circunstâncias da vida de uma pessoa, ao informar-se da maneira mais minuciosa sobre sua situação, acabou triunfando com sua explicação! Portanto: "ele achou a pista", "ele teve a sorte de encontrar o que procurava", "ele triunfou com sua explicação" – ai, não é estranho que, quando essas palavras são lidas, isoladas do contexto, todo o mundo (ou quase), se involuntariamente pensará que se trata da descoberta de um crime: eis como todos nós tendemos muito mais facilmente a pensar em descobrir o mal do que em descobrir o bem. Vê só, o Estado delega aos juízes e aos servidores da justiça a descoberta e o castigo do mal; no restante, as pessoas se associam (o que é louvável) para aliviar a pobreza, para educar os órfãos, para salvar os que caíram: mas para aquele

V. O amor cobre uma multiplicidade de pecados

nobre empreendimento de (graças à explicação das circunstâncias atenuantes) conseguir, por pouco que seja, e mesmo assim, algum poder contra a multiplicidade dos pecados – para isso, nenhuma associação ainda foi fundada!

No entanto, aqui não vamos examinar mais pormenorizadamente de que modo o amoroso, graças à sua explicação suavizante, cobre a multidão dos pecados, posto que nós meditamos, nas duas considerações precedentes, que o amor crê em tudo, e o amor espera tudo. Mas amorosamente crer em tudo e amorosamente esperar tudo são os dois principais meios que o amor, este intérprete benevolente, emprega para dar a explicação atenuante, que cobre a multidão dos pecados.

Pelo perdão, o amor cobre a multidão dos pecados.

O silêncio não apaga propriamente nada da notória multidão dos pecados; a explicação benevolente arranca um pouco da multiplicidade ao mostrar que tal ou tal coisa não é, afinal de contas, um pecado; o perdão apaga aquilo que não se pode negar ter sido pecado. Assim, o amor luta de todas as maneiras para cobrir a multidão dos pecados; mas o perdão é o mais notável de seus meios.

Lembramos mais acima a expressão "a diversidade da criação": utilizemos ainda uma vez esta expressão para ilustração. Quando dizemos que o pesquisador *descobre* essa diversidade, enquanto que o leigo, que decerto também fala da diversidade da criação, em comparação com ele sabe pouquíssimo: assim também o ignorante não sabe da existência de tal ou tal coisa, mas mesmo assim isso tudo existe: isso não fica eliminado da natureza por causa de sua ignorância, apenas; em sua ignorância, tais coisas não existem para ele. É diferente no que se refere à relação do perdão com a multidão dos pecados; o perdão suprime o pecado perdoado.

Este é um pensamento maravilhoso, por isso também um pensamento da fé; pois a fé se relaciona sempre com aquilo que não se vê[252]. Eu *creio* que o visível originou-se daquilo que não se vê; eu vejo o mundo, mas o invisível eu não vejo, nisso eu creio. Da mes-

---

252. 2Cor 4,18.

As obras do amor

ma forma há também entre perdão e pecado uma relação da fé, a qual, porém, mais raramente percebemos. Pois o que é aqui o invisível? O invisível consiste em que o perdão apaga aquilo que no entanto existe; o invisível consiste em que aquilo que é visto contudo não é visto, pois logo que é visto, é evidente que está invisível que ele não é visto. O amoroso vê o pecado que ele perdoa, mas crê que o perdão o apaga. Isso, com efeito, é algo que não se pode ver, dado que o pecado pode ser visto; e por outro lado, se o pecado não pudesse ser visto, também não poderia ser perdoado. Assim como pela fé a gente *crê que o invisível esteja incluído* no visível, da mesma forma, pelo perdão, o amoroso *crê* que o visível *esteja excluído*. Em ambos os casos, trata-se da fé. Feliz o crente, ele crê naquilo que ele não pode ver; feliz o amoroso, ele crê excluído aquilo que, no entanto, ele pode ver!

Mas quem pode crer nisso? O amoroso pode fazê-lo. Mas por que será que o perdão é tão raro? Não seria porque a fé no poder do perdão é tão fraca e tão rara? Mesmo de uma pessoa melhor, sem nenhuma inclinação para guardar inveja ou rancor e nem de longe irreconciliável, não é raro ouvirmos dizer: "Eu o perdoaria de bom grado, mas não vejo de que isso lhe adiantaria." Oh, isso não se vê, de jeito nenhum! Contudo, se tu alguma vez já precisaste de perdão, então tu sabes do que ele é capaz: por que então queres falar do perdão com tal inexperiência ou desamor? Pois a rigor há um certo desamor em dizer: eu não vejo em quê o meu perdão poderia ajudá-lo. Não o dizemos como se uma pessoa se devesse fazer de importante por ter em seu poder essa faculdade de perdoar outra pessoa, longe disso, isso também seria falta de amor; em verdade, há uma maneira de perdoar que, sabida e obviamente, aumenta a culpa em vez de atenuá-la. Só o amor tem – sim, parece tão jocoso, mas vamos dizê-lo assim –, só o amor tem suficiente flexibilidade para apagar com seu perdão o pecado. Quando torno pesado o perdão (seja porque eu sou lerdo para perdoar, seja por me fazer de importante ao poder perdoar), aí não ocorre nenhum milagre. Mas quando o amor perdoa, o milagre da fé se produz (e todo milagre é da fé, não estranhemos portanto que junto com a fé, sejam abolidos também os milagres!): que aquilo que se vê, ao ser perdoado, acabe não sendo visto.

V. O amor cobre uma multiplicidade de pecados   333

Está apagado, está perdoado e esquecido ou, como a Escritura diz sobre o que Deus perdoa, está escondido atrás de suas costas[253]. Mas o que está esquecido, não ignoramos; ignoramos aquilo que não sabemos e jamais soubemos; aquilo que esquecemos já o soubemos. Esquecer, nesse sentido nobre, não é portanto o oposto de lembrar, mas de esperar; pois esperar, é dar existência pelo pensamento; e esquecer, é retirar pelo pensamento a existência daquilo que entretanto existe; é apagá-lo. A Escritura ensina que a fé se relaciona com o invisível, mas ela acrescenta que a fé é uma constância naquilo que esperamos[254]; isso implica que aquilo que esperamos, tal como o invisível, é aquilo que não existe, ao qual por outro lado a esperança pelo pensamento dá existência. Esquecer, como Deus faz com nossos pecados, é o contrário de criar; com efeito, criar é produzir a partir do nada, e esquecer é devolver ao nada. O que está escondido a meus olhos, eu nunca vi; mas o que está escondido atrás de mim, eu já vi. E é justamente assim que perdoa o amoroso: ele perdoa, ele esquece, ele apaga o pecado, ele se volta amorosamente para aquele a quem ele perdoa; mas ao se voltar para o outro, ele não pode ver o que se encontra às suas costas. É fácil compreender que é impossível ver o que jaz às nossas costas, e portanto também que essa expressão foi inventada pelo amor; em contrapartida, talvez seja tão difícil tornar-se o amoroso que, graças ao perdão, lança para trás de suas costas a culpa do outro. Parece em geral fácil para os homens lançar uma culpa, e até de um assassinato, para a consciência de um outro: mas lançar para trás de si a culpa dele, graças ao perdão – isso parece difícil. Mas não para o amoroso; pois ele encobre a multidão dos pecados.

Não digas que "afinal, a multidão de pecado permanece igualmente grande, na verdade, quer o pecado seja perdoado, quer não, já que o perdão não retira nem acrescenta nada"; em vez disso, responde a essa pergunta: Será que aquele que desamorosamente recusa o perdão não aumenta a multidão dos pecados – e não apenas porque essa sua intransigência se torna um pecado a mais, o que sem dúvida já é o caso, e por isso já se deveria levar em conta? Mas

---

253. Is 38,17.
254. Hb 11,1.

334 As obras do amor

não enfatizaremos agora esse ponto. Mas, não há uma relação secreta entre o pecado e o perdão? Quando um pecado não é perdoado, ele exige o castigo, ele clama por castigo aos homens ou a Deus; mas quando um pecado clama por castigo, então ele aparece bem diferente, muito maior do que quando o mesmo pecado é perdoado. Seria simplesmente uma cegueira? Não, a coisa é realmente assim. Afinal, não é, para usarmos uma imagem menos perfeita, absolutamente nenhuma cegueira, quando a ferida que parecia assustadora, a mesma ferida no momento seguinte, uma vez lavada e tratada pelo médico, toma um aspecto muito menos terrível; embora seja exatamente a mesma ferida. O que faz então aquele que recusa o perdão? Ele aumenta o pecado, faz com que pareça maior. E além disso, o perdão tira a vida do pecado, mas recusar o perdão alimenta o pecado. Mesmo, portanto, que nenhum novo pecado surja, na medida em que um único e mesmo pecado permanece, a multidão dos pecados aumenta. Quando um pecado permanece, um novo pecado se produz realmente, pois o pecado cresce pelo pecado; o fato de que um pecado persista é um novo pecado. E é esse novo pecado que tu poderias ter impedido apagando com um perdão cheio de amor o pecado antigo, como o faz o amoroso, que cobre a multidão dos pecados.

O amor cobre a multidão dos pecados; pois o amor impede que o pecado surja, ele o sufoca em seu nascimento.

Mesmo quando se fez todos os preparativos em vistas a algum empreendimento, a uma obra que se quer realizar, ainda se deve esperar por uma coisa: pela ocasião. Assim também com o pecado: quando ele está instalado em um homem, ele ainda espera pela ocasião.

A ocasião pode ser muito diversa. A Escritura diz que o pecado toma por ocasião o mandamento ou a proibição[255]. O próprio fato de que se manda ou se proíbe algo torna-se pois a ocasião: não como se esta produzisse o pecado, pois a ocasião nunca produz algo. A ocasião é uma espécie de intermediário, de corretor, apenas facilita a transação, simplesmente enseja que se concretize o que

---

255. Rm 7,8; (mandamento: *Bud*; proibição: *Forbud*) [N.T.].

V. O amor cobre uma multiplicidade de pecados 335

num outro sentido já existia como possibilidade. O mandamento e a interdição tentam precisamente porque eles querem domar o mal, e aí o pecado toma a ocasião; ele a *toma*, pois a interdição *é* a ocasião. Assim, a ocasião é de certa maneira um nada, uma coisa rápida que anda entre o pecado e a interdição, e que num certo sentido pertence a ambos, enquanto que num outro sentido ela é como se não existisse; embora, mais uma vez, nada do que realmente veio a existir tenha surgido sem alguma ocasião.

O mandamento e a interdição são a ocasião. Num sentido ainda mais triste, o pecado nos outros é a ocasião que dá ensejo ao pecado naquele que entra em contato com eles. Oh, quantas vezes uma palavra inconsiderada, lançada levianamente bastou para dar ao pecado a ocasião! Quantas vezes um olhar frívolo bastou para aumentar a multidão dos pecados! E o que dizer quando uma pessoa vive numa circunstância diuturna em que só vê e ouve pecado e impiedade: que rica ocasião para o pecado nele, e como é fácil a passagem da ocasião dada para a ocasião aproveitada! Quando o pecado num homem está cercado de pecado, está como que em seu elemento. Alimentado pela presença contínua da ocasião, ele prospera e se desenvolve (se é que se pode dizer que o mal prospera); ele se torna cada vez mais pernicioso; ele ganha forma cada vez mais (se é que se pode dizer que o mal ganha forma, já que ele é mentira e impostura e por conseguinte não tem forma); ele se estabelece cada vez mais, ainda que viva oscilando sobre o abismo, portanto, sem firmar pé.

No entanto, tudo o que é ocasião, na medida em que dá ensejo a pecar, contribui para aumentar a multidão dos pecados.

Mas há um meio circundante que absolutamente não dá e nem é a ocasião para o pecar: é o amor. Quando o pecado num homem está cercado pelo amor, ele está fora de seu elemento, é semelhante a uma cidade sitiada, cortada de toda comunicação com os seus; é semelhante a um homem que caiu no vício da bebida, submetido a um regime severo, quando vê suas forças diminuírem, esperando em vão por uma ocasião para se estimular pela bebedeira. Pode ser, é verdade (pois de que o homem corrompido não consegue abusar para se corromper!), pode ser que o pecado consiga aproveitar o amor como ocasião, consiga se irritar com ele e se enfurecer contra ele. Mas a longo prazo ele não aguenta com o amor; por isso, tais cenas só se produzem, na maioria das vezes, no início, como quando o alcoólatra, nos primeiros dias, antes de o tratamento médico ter tido tempo suficiente de fazer valer sua influência, tem a força da fraqueza para enfurecer-se bastante. E além disso, mesmo se houvesse um tal homem a quem o próprio amor devesse abandonar, mas não: o amor jamais faz isso, um homem a quem o amor continuamente serviria de ocasião para pecar: por ser ele um incorrigível, daí não se segue que não há muitos que são curados. Assim permanece plenamente verdadeiro que o amor cobre a multidão dos pecados.

As autoridades devem frequentemente arranjar meios muito engenhosos para manter preso um criminoso, e um médico deve frequentemente usar de uma grande inventividade ao esquadrinhar meios coercitivos para controlar um demente: em relação ao pecado, contudo, nenhum meio circundante obriga tanto como o amor; mas ao mesmo tempo nenhum meio circundante capaz de coagir é tão salutar como o amor. Quantas vezes a ira, ardendo no íntimo e esperando apenas por uma ocasião, quantas vezes foi sufocada por não ter recebido do amor nenhuma ocasião de fazê-lo! Quantas vezes pereceu o mau desejo, posto à espreita na angústia voluptuosa da curiosidade, espiando por uma ocasião; quantas vezes pereceu logo ao nascer, porque o amor não lhe forneceu nenhuma ocasião, e amorosamente vigiou para que nenhuma ocasião lhe fosse oferecida! Quantas vezes se acalmou essa indignação da alma, que estava tão segura e tão preparada, tão obcecada por achar sem parar um novo motivo para se revoltar contra o mundo, os homens, Deus e tudo o mais; quantas vezes ela se acalmou, substituída por uma tonalidade afetiva mais amena, porque o amor não lhe dera nem o menor motivo de se indignar! Quantas vezes se aliviou essa mente convencida e rebelde que se achava vítima da injustiça e não reconhecida, e daí tirava um pretexto para ficar ainda mais convencida, desejando apenas uma nova ocasião para provar que tinha razão; quantas vezes essa mente se aliviou, porque o amor tão calmante, repartindo com suavidade, não lhe deu nenhuma ocasião para essa enfatuação doentia! Quantas vezes foi cance-

V. O amor cobre uma multiplicidade de pecados 337

lado um projeto que estava programado para acontecer logo que se encontrasse uma ocasião como uma desculpa para sua realização; quantas vezes tal projeto foi cancelado porque o amor não lhe deu simplesmente nenhuma ocasião de achar uma desculpa – para o mal! Quantos crimes foram impedidos, quantos maus desígnios aniquilados, quantas resoluções desesperadas caídas no esquecimento, quantos pensamentos pecaminosos bloqueados a caminho de se tornarem ações, quantas palavras irrefletidas retidas ainda a tempo, porque o amor não lhes forneceu a ocasião!

Ai do homem por quem o escândalo chega; feliz daquele que ama, e que, recusando-se a fornecer ocasião, cobre a multidão dos pecados!

VI
O AMOR PERMANECE

1Cor 13,13: *"Assim o amor... permanece."*

Sim, Deus seja louvado, o amor permanece! O que quer que o mundo te retire, ainda que seja o bem mais querido; o que quer que te ocorra na vida e o que quer que tenhas de sofrer por causa de teu esforço, por causa do bem que tu queres, se os homens se desviassem de ti, indiferentes, ou se virassem contra ti como inimigos; mesmo se ninguém quisesse se declarar teu conhecido ou reconhecer sua dívida para contigo, ainda que teu melhor amigo te renegasse – se todavia, em algum esforço teu ou em alguma obra tua, ou em alguma palavra tua, tiveste o amor como confidente, consola-te, pois o amor permanece. O que sabes compartilhado com ele é recordado para teu consolo; oh, é mais feliz ser recordado pelo amor do que ter realizado a maior façanha de que um homem é capaz, mais feliz do que um homem a quem os espíritos se submetem! O que tu sabes com ele, é recordado para teu consolo; nem o presente, nem o futuro, nem os anjos, nem os demônios, e então, Deus seja louvado, tampouco os pensamentos temerosos de teu espírito inquieto, tampouco o instante mais tempestuoso e mais difícil de tua vida, tampouco como o último instante de tua vida, conseguirá tomar de ti; pois o amor permanece. E quando o desânimo quiser primeiro te enfraquecer para que percas o desejo de querer corretamente, para então em seguida te tornar novamente forte, ai, como ele sabe fazê-lo, forte na obstinação do desalento; quando o desânimo quer mostrar-te o vazio de todas as coisas e transformar toda a vida numa monótona e insignificante repetição, de modo que tu decerto vês tudo isso, mas com um olhar tão indiferente; vês o campo e a floresta que *outra vez* reverdejam, vês a vida variegada que no ar e nas águas *outra vez* se agita, ouves os pássaros a entoar *outra vez* seu canto; vês *sempre de novo* os homens agitan-

VI. O amor permanece 339

do-se em todo tipo de obras – e tu bem sabes que Deus existe, mas te parece como se ele se tivesse retraído para dentro de si mesmo, como se ele estivesse distante nos céus, infinitamente afastado de todas essas banalidades pelas quais nem vale a pena viver; quando o desânimo quiser despojar-te daquilo que anima toda a vida, de modo que saibas que Cristo existiu, certamente, mas de maneira tão fraca. Mas por outro lado te mostra com uma angustiante nitidez que mil e oitocentos anos se passaram desde então, como se o Cristo estivesse também a uma infinita distância dessas vãs banalidades pelas quais nem vale a pena viver: oh, então reflete que o amor permanece! Pois se o amor permanece, é igualmente certo que ele estará no futuro, se tal é o consolo de que precisas; e que ele está no presente, se tal é o consolo de que precisas. Contra todos os terrores do futuro, opõe esse consolo: o amor permanece; contra toda angústia, todo cansaço que o presente suscita, opõe esse consolo: o amor permanece. Oh, se serve de consolo para o habitante do deserto que ele saiba com certeza que, por mais longe que viaje, havia fontes e haverá fontes: que fonte nos faria maior falta, e que tipo de morte lembraria mais o tormento da sede, se o amor não existisse e não fosse eterno.

Vê: esse pensamento, o de que o amor permanece, é um pensamento muito edificante. Quando falamos desse modo, falamos então sobre o amor que sustenta toda existência, do amor de Deus. Se ele faltasse por um instante, por um único instante, tudo acabaria na confusão. Mas isso ele não faz, e por isso, por mais que tudo se embaralhe a teus olhos – o amor permanece. Portanto, é do amor de Deus que falamos, de sua natureza de permanecer.

No entanto, nesse pequeno escrito só tratamos, o tempo todo, das obras do amor, e por conseguinte, não do amor de Deus, mas do amor humano. Naturalmente, nenhum homem é amor; se ele vive no amor, ele é um amoroso. Entretanto, o amor está presente em todos os lugares em que se encontra alguém que ama. Poderíamos crer, como muita gente pensa frequentemente, que o amor entre seres humanos constitui uma relação a dois. Isto também é verdade, mas é falso, na medida em que também é uma relação a três. Primeiramente, há aquele(a) que ama, o(a) amoroso(a); em seguida, ou aquele(s) ou aquela(s) que são o objeto (do amor); mas em

340 As obras do amor

terceiro lugar, o próprio amor está junto, presente. Quando dizemos em relação ao amor humano, que o amor permanece, mostra-se facilmente que se trata de uma obra, ou que não se trata de uma propriedade em repouso, que o amor tem enquanto tal, mas sim de uma propriedade adquirida a cada instante e que, a cada instante em que é adquirida, é de novo uma obra que produz efeitos. O amoroso permanece, ele permanece no amor, conserva a si mesmo no amor; justamente com isso ele faz com que seu amor em relação com os humanos permaneça. Ele permanece o amoroso ao permanecer no amor, e permanecendo no amor seu amor permanece; ele permanece, e é sobre isso que queremos agora meditar:

que o amor permanece

"O amor jamais passará" [256] – *ele permanece.*

Quando a criança passou o dia todo fora, na casa de conhecidos, e se dá conta de que deve ir para casa mas tem medo de andar sozinha, e contudo gostaria tanto de permanecer ali o maior tempo possível, ela diz ao adulto, que talvez esteja querendo ir embora mais cedo: "Espera por mim", e então o adulto faz como ela pede. Quando, de dois companheiros, um deles está um pouco mais adiantado que o outro, diz o último ao primeiro: "Espera por mim", e então o mais adiantado faz como lhe foi solicitado. Quando dois já resolveram e se regozijam por empreender uma viagem juntos, porém um deles fica doente, diz o enfermo: "Espera por mim"; e então o outro faz como lhe foi pedido. Quando o que deve dinheiro a um outro homem não pode pagar, diz ao seu credor: "Espera por mim"; e então o outro faz como lhe foi pedido. Quando uma moça apaixonada percebe que surgem grandes e talvez duradouras dificuldades para a sua união com o amado, ela lhe diz: "Espera por mim", e então o amado faz como lhe foi pedido. E é muito belo e louvável esperar assim por uma outra pessoa; porém se é justamente o amor quem realiza isso, eis o que ainda não vimos. Talvez o tempo da espera seja curto demais para que se possa revelar corretamente até que ponto o que determinou alguém a esperar assim

---

256. Ou: "jamais caducará"; *affalder* pode significar também "ser jogado fora" (como lixo), tornar-se residual ou superado, ter a data de validade ou de vigência vencida [N.T.].

VI. O amor permanece 341

merece, num sentido decisivo, ser chamado de amor. E talvez, ai!
esse tempo que se devia esperar tenha se tornado tão longo que o
adulto diga à criança: "Não, agora eu não posso esperar mais por
ti"; talvez o mais lento tenha avançado tão devagar que o mais adiantado lhe dissesse: "Não, agora eu não posso esperar mais por ti
sem que eu próprio me atrase demais"; talvez a doença tenha se
prolongado tanto que o amigo declare: "Não, eu não posso esperar
mais por ti, agora eu tenho de viajar sozinho"; talvez o tempo concedido àquele que não podia pagar tenha se prolongado tanto que
o outro acabe intimando: "Não, agora eu não posso esperar mais
por ti, agora eu preciso ter o meu dinheiro"; talvez as perspectivas
da união com a moça tenham ficado tão distantes que o amado declare: "Não, agora eu não posso esperar mais por ti, eu devo a mim
mesmo e à minha vida não deixar as coisas paradas ano após ano
na incerteza." Mas o amor *permanece*.

Que o amor permaneça ou, talvez mais exatamente, a questão
de saber se agora, de fato, em tal ou qual caso particular ele permanece ou cessa, é algo que das mais variadas maneiras ocupa os pensamentos dos homens, que fazem disso o mais frequentemente o
objeto de suas conversas e acham aí o mais frequentemente o tema
capital das narrativas dos poetas. Ali se apresenta como louvável
que o amor permaneça, mas como indigno que ele não permaneça, que ele cesse, que ele se transforme. Apenas o primeiro caso
é amor; no segundo, pela mudança constatada, mostra-se não ser
amor – e portanto mostra-se jamais ter sido amor. A questão é que
não se pode deixar de amar; se somos em verdade amorosos, então
permanecemos assim; se deixamos de *sê-lo*, é porque *nunca o fomos*. O fato de cessar tem, portanto, no que tange ao amor, força
retroativa. Sim, não posso me cansar de dizer e de mostrar: que
onde quer que o amor esteja presente, há algo de uma profundidade infinita. Olha só, um homem pode ter tido dinheiro e quando
isso cessa de acontecer, quando ele não tem mais dinheiro, permanece igualmente certo e verdadeiro que ele *teve* dinheiro. Mas
quando alguém deixa de ser amoroso, é que ele *jamais foi* amoroso. O que há pois de tão suave quanto o amor, e o que há de tão severo, de tão zeloso de si e de tão disciplinador quanto o amor!

342 As obras do amor

Prossigamos. Quando então o amor cessa, quando no amor humano ou na amizade, em suma, nas relações amorosas entre dois seres, ocorre algo que faz cessar o amor[257], aí se chega, como nós homens dizemos, a uma ruptura entre esses dois. O amor era o laço de união e estava entre eles num bom sentido; quando então ocorre alguma coisa entre eles, o amor é empurrado para um plano secundário, ele cessa, a união entre eles se rompe e a ruptura fica afastando-os. Chega-se então a uma ruptura. Entretanto, o Cristianismo ignora essa expressão da linguagem, linguagem que ele não compreende, nem quer compreender. Quando falamos de se chegar a uma ruptura é porque somos da opinião de que no amor só há uma relação entre duas pessoas, e não o contrário (que haja uma relação entre três), como já foi mostrado. É verdadeiramente demasiado leviano falar de uma ruptura entre os dois: isso resulta na aparência de que a relação de amor seria um assunto entre estes dois, como se não houvesse absolutamente nenhum terceiro a quem isso interessasse. Se então os dois estivessem de acordo em romper um com o outro, não haveria afinal de contas nada a objetar. Além disso, só porque esses dois romperam esta relação recíproca, daí não se seguiria que afinal esses mesmos dois [não][258] poderiam ter amor em relação a outras pessoas; eles conservariam portanto a faculdade de amar, mas seu amor só se aplicaria agora na relação com outros. Além disso, aquele dos dois que teve a culpa de provocar a ruptura teria a superioridade, e o inocente ficaria sem defesa. Porém, seria uma lástima fazer de um inocente o mais fraco; se tal é exatamente o caso nesse mundo, compreendido no sentido da eternidade, as coisas não podem ficar assim. O que faz então o Cristianismo? Sua seriedade concentra imediatamente a atenção da eternidade sobre o indivíduo, sobre cada um dos dois individualmente. Pois, de fato, na medida em que dois se relacionam mutuamente no amor, cada um deles se relaciona por si mesmo separadamente com "o amor". E então a questão da ruptura não é tão simples assim. Antes que se chegue à ruptura, antes que

---

257. *Kjerligheden*

258. Este segundo "não" está propriamente ausente ao menos da terceira edição dinamarquesa, mas é corrigido tacitamente nas versões alemã, francesa e americana, e com razão, aliás, como se vê pelo contexto [N.T.].

VI. O amor permanece

um deles chegue a romper o seu amor em relação ao outro, primeiro ele precisa "cair fora" do amor. Aqui está o ponto importante; por isso o Cristianismo não fala sobre duas pessoas que rompem reciprocamente, mas sim sobre o que sempre somente o indivíduo é capaz de fazer: cair fora do "*amor*". Uma ruptura entre duas pessoas sabe demais à agitação própria da temporalidade: como se aí a questão não fosse tão perigosa; mas se está em jogo o cair fora do "amor", estas palavras têm a seriedade da eternidade. Vê, agora tudo está em ordem; agora, a eternidade pode assegurar disciplina e ordem; agora, o que sofre inocente na e pela ruptura permanecerá o mais forte dos dois, desde que ele também não caia fora do "*amor*". Se o amor fosse tão somente uma relação entre dois, um estaria sempre à mercê do outro, na medida em que esse outro fosse um patife decidido a romper a relação. Quando uma relação se limita só aos dois, um deles sempre está por cima da relação, podendo rompê-la: pois tão logo ele rompeu, *a relação* está rompida. Mas quando há três, um sozinho não pode fazer isso. O terceiro, como já foi dito, é o próprio "*amor*", ao qual o que sofre inocente na ruptura pode agarrar-se, de modo que a ruptura não tem nenhum poder sobre ele. E o culpado também não deve vangloriar-se de ter saído ganhando da história; pois cair fora do "amor", este sim é o preço mais caro, aqui há uma seriedade diferente desse apressado rompimento com um indivíduo particular – permanecendo de resto, em todos os aspectos, um homem bom e amoroso.

Mas aquele que ama verdadeiramente jamais cai fora do "*amor*", por isso por ele jamais se chega a uma ruptura; pois o amor permanece. Contudo, numa relação entre dois, pode um deles impedir a ruptura, quando o outro rompe? Poderia parecer, afinal, que basta um dos dois para romper a relação; e se a relação está rompida, então há sem dúvida uma ruptura. Num certo sentido também é assim; mas na medida, porém, em que o que ama não cai fora do "amor", ele pode impedir a ruptura, ele pode fazer esse milagre; pois se ele permanece, a ruptura jamais pode efetuar-se verdadeiramente. Permanecendo (e neste permanecer o amoroso está aliado com o eterno), ele conserva o poder sobre o passado; ele transforma assim o que, lá no passado e pelo fato passado, é uma ruptura, em uma relação possível no futuro. Vista sob o ângulo do passado, uma ruptura se torna sempre mais nítida a cada dia e a cada ano que passa; mas o amoroso, que permanece, pertence por isso mesmo ao futuro, ao eterno e, sob o ângulo do futuro, a ruptura não é uma ruptura, mas sim uma possibilidade. Mas para tanto há que contar com as forças da eternidade e, por isso, o amoroso que permanece precisa permanecer no *"amor"*, caso contrário, o passado pouco a pouco vai assumindo o poder e, assim, pouco a pouco é a ruptura o que se vê. Oh! para tanto há que contar com as forças da eternidade, para transformar num só golpe, no momento decisivo, o passado em futuro! Mas o permanecer no amor tem esse poder.

Como poderei agora descrever essa obra do amor? Oh! Oxalá eu pudesse ser inesgotável no descrever o que há de indescritivelmente alegre e edificante para considerar!

Assim, uma ruptura se produziu entre dois; era um mal-entendido, no entanto um deles rompeu a relação. Mas aquele que ama diz: "Eu continuo" – então não há afinal uma ruptura. Imagina uma palavra composta, à qual falta o segundo termo; só estão ali o primeiro termo e o traço de ligação (pois aquele que rompe não pode levar consigo o traço de ligação, o traço de ligação fica, como é natural, ao lado do que ama); imagina então o primeiro termo de uma palavra composta e o traço de ligação, e supõe agora que não saibas mais nada do contexto: o que vais dizer então? Dirás que a palavra não está acabada, que alguma coisa falta. O mesmo ocorre com aquele que ama. Não se pode ver diretamente que se produziu uma ruptura; isso só se pode saber no sentido do passado. Mas o amoroso não quer saber do passado, pois ele continua; e se persistir, dirige-se para o futuro. Portanto, o amoroso exprime que a relação que o outro considera como rompida é a seus próprios olhos uma relação ainda inacabada. Mas porque está faltando algo, ainda não é por isso que há uma ruptura. Tudo depende então da maneira como é vista a relação; e o que ama permanece no amor. Então uma ruptura se produziu; foi uma disputa de palavras que separou os dois, contudo um deles rompeu, declarando: tudo acabou entre nós. Mas aquele que ama persiste, e diz: "Entre nós as coisas não acabaram, ainda estamos no meio da frase, e apenas a frase não está acabada." Não é assim? Que diferença existe entre um frag-

VI. O amor permanece

345

mento[259] e uma frase inacabada? Para falar de fragmento, é preciso estar ciente de que nada será acrescentado; se não se sabe nada sobre esse assunto, é preciso dizer que a frase não está acabada. Do ângulo do passado para o qual está decidido que nada se acrescentará, dizemos que "se trata de uma peça interrompida"; mas em relação ao futuro e na espera do que seguirá, dizemos que "a frase não está acabada e ainda lhe falta alguma coisa". Uma ruptura então se produziu; foi o mal humor, a frieza, a indiferença quem os separou; no entanto, um deles rompeu e ele agora diz: "Eu não falo mais com essa pessoa, não a vejo mais." Mas o que ama diz: "Eu permaneço em meu amor; dessa forma, nós ainda conversamos um com o outro, pois às vezes o silêncio também faz parte da conversa." Não é assim? Mas supõe agora que já faz três anos desde que eles falaram um com o outro. Olha só, voltamos ao que dizíamos. Só se pode saber que já fazem três anos no sentido do passado; mas o amoroso, que a cada dia rejuvenesce graças ao eterno, e permanece no amor, sobre ele o passado não tem poder algum. Se tu visses dois seres humanos sentados em silêncio um ao lado do outro, sem nada saberes além disso, quererias tirar a conclusão de que já fazem três anos que eles falaram um com o outro pela última vez? Pode alguém determinar quanto deve durar o silêncio, para então poder-se afirmar que agora não há mais diálogo? E se somos capazes de determinar esse tempo, só se pode saber se é assim, neste caso particular, apenas em relação ao passado, pois o tempo deve para isso ter-se esgotado. Mas o amoroso, que permanece no amor, desprende-se constantemente de seu saber do passado, ele não sabe nada do que passou; ele simplesmente espera pelo futuro. A dança se interrompe porque um dos dançarinos foi embora? Sim, num sentido. Mas se contudo o outro permanece parado numa posição que exprime inclinação diante de alguém que não se vê, e se tu não sabes nada a respeito do passado, tu dirás: "A dança já vai começar; logo que chegar o outro que está sendo esperado." Manda embora o passado; afoga-o no esquecimento eterno, persistindo amorosamente: então, o fim é o começo e não existe ruptura! Quando o infiel abandonou a moça, mas ela "na hora obscura do

---

259. *Brudstykke*: fragmento, literalmente, peça partida; *Brud*: ruptura, rompimento [N.T.].

346 As obras do amor

crepúsculo" senta-se a cada noite à janela e aguarda, assim ela exprime afinal a cada noite: ele logo virá, ele chegará em seguida; a cada noite parece que não houve nenhuma ruptura, pois ela se mantém. E ela não manifesta a cada noite que ficou assim sentada por três anos a cada noite: eis porque o passante não descobre isso, de jeito nenhum; tampouco ela própria sabe disso, se ela verdadeiramente permanece amorosa. Porém, talvez a moça amasse propriamente a si mesma. Ela desejava a união com o amado por causa dela mesma; tal era seu único desejo, com o qual se identificava sua alma. Em agradecimento pela realização de seu desejo, ela estaria pronta a fazer de tudo para tornar a vida tão bela quanto possível para o bem amado; é verdade; mas no entanto, *no entanto*, era por causa dela própria que ela desejava a união. Sendo assim, é natural que ela se canse, preste atenção ao passado, à duração do tempo – e eis que ela não senta mais à janela, ela revela que há uma ruptura; mas o amor permanece. Uma ruptura então se produziu, qualquer que tenha sido a ocasião; um dos dois rompeu a relação, foi terrível, ódio, ódio eterno, implacável, deveria no futuro preencher sua alma: "Nunca mais quero ver essa pessoa; nossos caminhos estão para sempre separados, o abismo insondável do ódio entre nós!" Ele concede, decerto, que na medida em que a vida (afinal de contas) é um caminho, eles caminham juntos, mas em absolutamente nenhum outro aspecto. Ela evita cuidadosamente que seu caminho cruze com o da pessoa odiada; o mundo lhe parece quase pequeno demais para conter a ambos; para ele é um tormento respirar no mesmo mundo onde respira a pessoa detestada; ele treme ao pensar que a eternidade dará lugar outra vez a ambos. Mas o que ama permanece. "Eu persisto", diz ele, "assim, continuamos juntos no caminho". Não é mesmo assim? Quando duas bolas (cada um pode fazer a experiência) chocam-se uma na outra, de modo que uma delas justamente pelo choque leva a outra em sua trajetória, não ficam elas juntas no caminho? Que tenha acontecido por uma colisão, isso não se vê, é algo de passado, que temos de saber. Mas o que ama nada quer saber do passado; ele persevera, ele permanece no caminho junto com aquele que o odeia, de modo que todavia não há ruptura.

VI. O amor permanece 347

Mas que força maravilhosa tem o amor! A palavra mais poderosa já pronunciada é, com certeza, a palavra de Deus para a criação: "Faça-se"[260]. Mas a palavra mais poderosa que algum homem já pronunciou é quando o amoroso diz: "Eu fico"[261]. Em paz consigo mesmo e com sua consciência, na amizade com Deus, aliado com todos os bons anjos, o amoroso enfrenta sem defesa o mais perigoso combate; ele diz apenas: "Eu persisto". E se é verdade que ele é o amoroso, ele há de vencer, vencer graças a essa persistência, e sua vitória será ainda mais magnífica que a daquele romano que contemporizava[262]; pois a perseverança do amor é em si mesma muito mais magnífica. Se é verdade que ele é o amoroso: não há nenhum mal-entendido que mais cedo ou mais tarde não seja sobrepujado por sua perseverança; não há nenhum ódio que não se confesse finalmente vencido e não se renda diante dessa perseverança – senão antes, pelo menos na eternidade. Vê, aquele que conquistou fraudulentamente o amor de uma outra pessoa (e que, portanto, está de posse dele) deve esperar perdê-lo a qualquer momento. Mas aquele que foi odiado por seu amor, está garantido eternamente de conquistar o amor. Se o tempo não consegue, pelo menos a eternidade há de retirar do outro seu ódio, abrir-lhe seus olhos para "o amor", e com isso também para aquele amor que perseverou a vida toda, e agora continua na eternidade. É assim que o amor jamais passa – ele permanece.

O amor permanece – ele jamais fica vencido.

Que uma certa bondade natural, uma certa simpatia benevolente e prestativa que, como nos comprazemos em reconhecer, dispõem de algum tempo para se manterem amorosas – que elas se cansam a longo prazo, ou se a coisa demora muito e custa muito, isso todo mundo sabe. A duração, do tempo é por certo uma exigência que leva a maioria das pessoas a se darem por vencidas. No

---

260. Gn 1,3. Em dinamarquês: *bliv*, que tanto significa "torne-se/venha a ser" quanto "permaneça/continue". Algo assim como em português a expressão "fique", usada para a mudança e para a permanência. Trocadilho intraduzível, portanto [N.T.].

261. *Jeg bliver*: permaneço, persisto, persevero, continuo [N.T.].

262. O cônsul romano Maximus Quintus Fabius, vulgo *Cunctator*, que em desvantagem acabou vencendo Aníbal, recuando até que o inimigo se enfraquecesse, sem dar-lhe combate direto [N. ed. dinam.].

mundo do comércio acontece comumente de uma firma falir porque subitamente, de uma vez só, se lhe cobra uma demanda elevada demais; mas no mundo do espírito, é a duração do tempo que leva muitos a entregarem os pontos. As pessoas têm forças suficientes por um momento, mas a longo prazo, elas se tornam insolventes. Mas o amor permanece. Oh! como os poetas e os oradores sabem descrever maravilhosamente bem a mutabilidade de todas as coisas, mostrar o poder do tempo sobre tudo o que o tempo viu nascer, sobre os mais vastos, poderosos e magníficos empreendimentos, sobre as maravilhas do mundo que, com o passar do tempo, se tornaram ruínas quase irreconhecíveis; sobre os nomes mais imortais que com o passar do tempo acabaram na indeterminação das lendas!

Mas não poderá acontecer que, enquanto o amor permanece, algo lhe ocorra de modo que, apesar de ele permanecer, mude no tempo – só que não por culpa dele, mas como uma coisa que ele sofre? A relação seria portanto a seguinte: o amor permanece, nenhuma circunstância o transforma ou o leva a se renegar; no entanto, ele se altera numa alteração a que chamamos de *prescrição*, e isso, apesar de que devemos dizer desse mesmo amor que ele jamais passará.

Falemos um instante sobre o tema tão cativante do amor humano, ou sobre aquela moça que, nas palavras do poeta, toda noite senta à janela, "à hora tremeluzente do crepúsculo", e espera o bem amado, enquanto que, ai! "o tempo vem e o tempo vai". Agora já faz bastante tempo desde então, pois, como diz o poeta, aquilo acontecera "num tempo que há muito se foi". A moça não notava como o tempo veio e se foi enquanto ela esperava – enquanto o tempo deixava nela suas marcas. De ordinário dizemos apenas que "o tempo passa", oh, ele passa tão rápido para o felizardo, tão indescritivelmente devagar para o de coração aflito. Ou então dizemos que "o tempo chega" – oh, ele chega tão devagar para o que está esperando, e rápido até demais para o que está temendo. Mas aqui, o poeta diz, e de modo excelente, que o tempo chega e o tempo passa; pois ele quer descrever o estado de espírito de alguém que espera; e para tal pessoa o tempo não passa tão somente, e nem chega tão-somente, ele vem e se vai. Por simpatia pela moça que está à espera, o tempo por assim dizer se encarrega de fazer o

VI. O amor permanece

que o infiel deveria ter feito. Quando então chegou o tempo em que "ele" deveria chegar, o tempo chegou de fato, mas "ele" não chegou; então o tempo se foi de novo, até que chegasse o tempo em que deveria chegar "aquele" que não chegou. E assim, de tanto ir e vir, o tempo acalentou a moça que esperava, até o momento em que ela, embalada por esse movimento, repousou na expectativa. Surpreendente! Deveríamos crer que nada poderia manter um ser mais desperto do que a expectativa, entretanto, a expectativa, quando a gente se entrega totalmente a ela, é entorpecente, e não há nada aqui de surpreendente. Pois se te deitaste para dormir, e alguém aí subitamente, enquanto dormes, deixasse um forte chafariz iniciar sua obra barulhenta, então tu acordarias assustado. Se, porém, tu te espichares para repousar junto a um chafariz: jamais terás dormido um sono mais doce, mais refrescante, mais delicioso do que embalado pelo martelar dessa fonte!

Assim, o tempo veio e o tempo passou; a moça realmente não se apartou de sua paixão amorosa, mas ela própria foi definhando – pois não era o tempo que se desvanecia, ele chegava e ele passava, mas a moça ia definhando. Honra seja dada a essa alma fiel! Ela goza, aliás, da honraria, da maior honraria humana: a de ter sido celebrada por um poeta, não como um poeta de ocasião o faz por dinheiro, ou porque uma moça talvez seja de origem nobre, ou ainda porque o poeta talvez a tenha conhecido pessoalmente. Não, o nome dessa moça ninguém conhece; só sua bela obra, que inspirou o verdadeiro poeta. Não esqueçamos que permanecer assim fiel a si próprio em seu amor humano, é para uma mulher uma conduta nobre, uma obra grande e magnífica! Enquanto houver um poeta no mundo, tal conduta será glorificada, apesar de tudo o que se fala das atividades caseiras; e se o mundo se tornou tão miserável que não há mais poetas, o gênero humano terá de aprender o desespero de estar privado deles: e então aparecerá novamente um poeta que saberá celebrar essa moça.

Ela foi definhando – uma vítima de sacrifício da paixão do amor. E, contudo, é isso justamente o mais elevado que se pode dizer sobre um ser humano: foi sacrificado. Só resta a questão de saber se seu sacrifício foi pela mais elevada das causas. Mas enquanto o mundo for mundo, e sob o ângulo da eternidade, o ser sacrificado é e perma-

350   As obras do amor

nece uma façanha que ultrapassa em muito o vencer; pois na verdade, o mundo não é tão perfeito assim que afinal o triunfar no *mundo*, exatamente pela uniformidade com ele, não tenha um duvidoso sabor da miséria do mundo. Triunfar nesse mundo é semelhante ao tornar-se algo de grande no mundo; de ordinário; tornar-se algo de grande no mundo é uma coisa duvidosa, pois ele não é tão perfeito que seu juízo sobre a grandeza venha a significar justamente uma grande coisa – senão a título de inconsciente sarcasmo.

Assim, a moça sacrificou-se pelo amor humano. Mas o amor erótico, ai! não é amor no sentido mais elevado, e não é o bem supremo: eis porque ela foi definhando – amável na morte como ela o havia sido na vida, mas guardando a marca dessa paixão humana que havia sido para ela o fim supremo. E amor humano é um desejo para essa vida, por isso o tempo teve poder sobre ela; por isso ela foi definhando na paixão amorosa até que esta também se apagasse; e no entanto, ela mostrou que tinha poder sobre o tempo, pois ela não se desviou[263] de seu amor humano.

Mas o amor permanece – ele jamais se torna vencido. Pois no próprio amor espiritual reside aquela fonte que brota para a vida eterna. E que o homem animado por esse amor envelheça com os anos e morra um dia no tempo, isso não prova nada; pois seu amor permanece, contudo, eternamente jovem. Em seu amor, ele não se relaciona (como é o caso, na paixão humana) com a temporalidade, dependente da temporalidade; para seu amor, a estação correta é a eternidade. Ao morrer, está justamente no seu objetivo; quando ele morre, aí mesmo é que se mostra que ele não esperou em vão, enquanto que, ai! na morte da moça, dizíamos justamente que sua espera infelizmente se revelou vã. Também, como é que o amor que permanece poderia perecer? Pode então a imortalidade tornar-se vencida? Mas o que é que dá a um homem a imortalidade, o que, senão aquele amor que permanece? Pois o amor humano é da temporalidade, é sua invenção mais bela, embora uma frágil invenção da temporalidade. Por isso, há aqui uma contradição mais profunda. Não houve nenhuma falha na conduta da moça: ela era e permaneceu fiel a seu amor humano. No entanto, seu amor alterou-se um

---

263. *affaldt ikke*

VI. O amor permanece   351

pouco com o passar dos anos. Isso se deve à natureza do amor de paixão. A contradição é então a seguinte: que não se pode, mesmo com a vontade mais honesta de se sacrificar, ser incondicionalmente fiel num sentido mais profundo da palavra, ou permanecer naquilo que por sua vez não permanece eternamente – e o amor humano não é capaz disso. A moça talvez não tenha entendido como essas coisas dependem umas das outras; mas o nexo desta auto-contradição é o que marca sua morte com melancolia. Seu sacrifício não tem a solenidade do que é eterno; por conseguinte, não chega a entusiasmar e elevar; mas ele está marcado pela melancolia da temporalidade, e dessa maneira ele entusiasma o poeta.

A moça foi definhando. Mesmo se "ele" tivesse vindo, ou seja, antes que a morte chegasse, teria sido tarde demais. Ela permaneceu; mas o tempo havia enfraquecido nela o desejo com o qual ela vivia, enquanto contudo o mesmo desejo a corroía. Aquele, porém, que ama no sentido mais profundo da palavra, que permanece, esse não perece; seu amor não corrói. Se o que o compreendeu mal, se o que lhe testemunhou frieza, se o que o odiou retorna para ele, o encontra inalterado, inalterado com a mesma aspiração pelo eterno, e com a mesma calma tranquilidade no temporal. Seu amor é eterno, relaciona-se com a eternidade, repousa no eterno; é por isso que ele espera *a cada instante* o mesmo que ele espera *eternamente*; e por isso sem inquietude; pois há tempo bastante na eternidade.

Se a esperança de um amor poderá tornar uma pessoa vencida, no sentido essencial, será porque sua esperança está numa relação de dependência com o tempo, de modo que o tempo tem em seu poder decidir se a esperança se realizará ou não. Isso significa que assim a esperança é sobretudo uma esperança de ordem temporal; mas uma tal esperança não é a que tem aquele amor que permanece. O fato de uma esperança ser essencialmente apenas temporal produz inquietude na esperança. Sem inquietude, o tempo propriamente não existe, ele não existe para o animal, que vive completamente sem inquietude; e o relógio, que indica o tempo, não consegue fazê-lo quando o pêndulo não se agita[264]. Mas quando a inquie-

---

264. Trocadilho intraduzível, pois *Uro* pode significar tanto "inquietude, agitação" quanto "pêndulo" do relógio (o qual por sua vez se dizia *Uhret*, hoje *Uret*.) [N.T.].

352 As obras do amor

tude, como é o caso na esperança meramente temporal, oscila entre sua realização e sua não realização de tal modo que o movimento se torna mais rápido no tempo; porque o desaparecimento do tempo, o fato de ele passar, provoca a inquietude (já que a realização, se não chegar no tempo, não poderá chegar de jeito nenhum) – quando é esse o caso, corrói a esperança. No final, a inquietude se acalma, aparentemente, ai! é justamente quando a doença assumiu a forma da corrosão. Mas o amoroso, que permanece no amor, tem uma esperança eterna, e esse eterno proporciona o equilíbrio na inquietação (a qual decerto no tempo oscila entre realização e não realização), mas independentemente do tempo, pois a realização não está de modo algum tornada impossibilitada só porque o tempo passou: esse amoroso não se deixa corroer.

Que fidelidade no amor que permanece! Longe de nós o pensamento de rebaixar a jovem apaixonada, como se fosse uma espécie de infidelidade de sua parte (ai! uma infidelidade frente a um infiel!) o fato de que ela se enfraqueceu com os anos, e pereceu, e seu amor humano se alterou numa alteração que é a alteração do próprio amor humano ao longo dos anos. E no entanto, no entanto – sim, é um singular cruzamento da autocontradição do pensamento; mas não pode ser diferente, mesmo para a maior fidelidade no amor humano, embora quase pareça infidelidade, porque amor humano em si não é o eterno. A contradição não está na moça, ela permaneceu fiel a si mesma; a contradição que a própria moça sofreu consiste em que amor de paixão não se identifica com o eterno, e por conseguinte, na impossibilidade de se relacionar com fidelidade *eterna* àquilo que em si *não é* o *eterno*. Em contrapartida, que fidelidade essa do amor[265] de permanecer completamente inalterado, sem a mínima caducidade, o mesmo em todos os momentos – até mesmo se, em qualquer período, a qualquer hora, o que entendeu mal, o que deixou de ser amigo, o que veio a odiar quiser retornar para junto desse amoroso! Que ele, que permanece, contudo jamais fica vencido, é decerto para ele mesmo uma eterna conquista; mas é ao mesmo tempo – e é assim que nós o observamos aqui, e

---

265. *Kjerlighedens*

VI. O amor permanece 353

assim aliás ele próprio observa – uma obra de amor na fidelidade para com aqueles a quem ele ama.

Com efeito, o que haveria de tão sem consolo, sim, de modo a quase levar ao desespero, como se, quando o instante chegasse, em que aquele que entendeu mal o outro tentasse voltar atrás e procurasse o entendimento, em que o que deixou de ser amigo tentasse voltar atrás e buscasse a amizade, em que o que passara a odiar tentasse voltar atrás e buscasse a expiação – o que haveria de tão sem consolo como se o amoroso aí tivesse se deixado vencer, de modo que nem o entendimento nem o restauração da amizade nem a renovação da reconciliação no amor pudessem chegar à concretização com a alegria bem-aventurada da eternidade! E, por outro lado, o que poderia fazer o momento do perdão, a passagem da reconciliação tão naturais, tão fáceis quanto o fato de o amoroso (como já o mostramos), em permanecendo no amor, constantemente ter eliminado o passado; pois a reconciliação é de tal maneira garantida de sua parte, como se jamais tivesse havido qualquer separação. Quando, no caso de duas pessoas, ambas têm uma mesma noção do passado ou de que a separação foi longa, o perdão é freqüentemente uma difícil colisão, e a relação talvez jamais chegue a se restabelecer inteiramente; mas o amoroso nada sabe a respeito do passado, por isso, em seu amor, ele ainda realiza esse último passo: ele apara o choque de tal modo que não chega a surgir qualquer colisão: impossível tornar mais fácil a passagem do perdão. Quantas vezes duas pessoas estiveram próximas da reconciliação, mas uma delas continuou ofendida, como se diz! Em tal caso, algo do passado deve ter se apresentado de novo, desamorosamente; pois decerto é impossível, afinal de contas, chocar-se contra algo que é mais suave do que a coisa mais suave que possa existir, no amor. Em verdade, nenhum barco deslizando na água calma sobre o fundo de areia mais suave, até onde os juncos o retêm e o encerram, pode estar tão seguro de evitar o choque quanto aquele que retorna atrás e busca a reconciliação com o amor que permanece!

Assim é o amoroso. Que o que há de mais belo entre todas as coisas, que o momento da reconciliação se convertesse numa tentativa infrutífera, num procedimento inútil porque o amoroso a essas alturas já se teria alterado: eis o que ele *impede*; pois ele per-

354 As obras do amor

manece no amor e jamais está vencido. E que a passagem do perdão deve ser tão fácil quanto o encontro com aquele amigo que acabamos de ver há uma hora; que o diálogo do amor deveria decorrer tão naturalmente quanto com aquele com quem estamos conversando; que o andar da caminhada em comum deveria ter um ritmo tão rápido quanto o de dois seres que, pela *primeira vez*, começam uma vida nova – resumindo, que não deve ocorrer absolutamente nenhuma parada capaz de produzir colisão, nem por um segundo, nem por uma bagatela: isso é o que *opera* o amoroso, pois ele fica no amor e jamais fica vencido[266].

---

266. *thi han bliver og bliver aldrig affældig*: outra tradução: "pois ele permanece e jamais passa". O autor do Discurso aplica agora ao próprio amoroso (com pronome pessoal masculino: "ele") as mesmas palavras que no mote eram ditas a respeito do amor ou da caridade: que permanece e não passa [N.T.].

VII
MISERICÓRDIA: UMA OBRA DO AMOR, MESMO QUANDO ELA NÃO PODE DAR NADA E NEM CONSEGUE FAZER NADA

"Não esqueçais de fazer o bem e de compartilhar"[267] – mas também não esqueçais que é quase uma falta de misericórdia esse contínuo discurso mundano sobre a beneficência, as obras caridosas, a liberalidade e as dádivas e o dar e mais dar. Oh! Deixa que os redatores dos periódicos, os coletores do fisco e os reis dos mendigos falem da generosidade e das contas e mais contas; mas jamais negligenciemos que o Cristianismo fala *essencialmente* de misericórdia; que a última coisa que o Cristianismo faria seria tornar-se culpado de falta de misericórdia, como se a pobreza e a miséria não apenas carecessem de dinheiro etc., mas ainda ficassem excluídas da suprema virtude, de poder exercer misericórdia, sob pretexto de que elas não têm condições de ser generosas, bondosas, benfeitoras. Porém só se ouve pregar e pregar, num tom mundanamente clerical e clericalmente mundano, sobre a liberalidade e as benfeitorias – mas esquece-se, até nos textos das pregações, da misericórdia. Isso, para a compreensão do Cristianismo, é uma indecência. O pobre que senta na igreja tem de suspirar; e suspirar por quê? Será que é para que seu suspiro consiga, junto com o sermão do pastor, ajudar a chegar ao ponto em que o rico desate os cordões de sua bolsa? Oh, não! Ele tem de "queixar-se", no sentido bíblico[268], contra o pastor, de que este, justamente no momento em que está tão zeloso em socorrê-lo, comete a maior das injustiças contra ele. Ai daquele que devora a herança das viúvas e dos órfãos[269]; mas ai da-

---

267. Hb 13,16.
268. Tg 5,9.
269. Mt 23,14.

quele pregador, também, que se cala sobre a misericórdia para falar da generosidade! A misericórdia deveria ser o primeiro e único tema da pregação. Se tu sabes falar *a respeito dela* proveitosamente, então a liberalidade será o óbvio e virá por si mesma, de acordo com as posses de cada um. Mas reflete sobre o seguinte: se alguém, falando sobre a generosidade, viabilizasse dinheiro, dinheiro e mais dinheiro, reflete nisso: que ele ao calar-se sobre a misericórdia, teria agido sem misericórdia em relação ao pobre e ao miserável, para quem providenciara alívio graças às ricas somas de dinheiro da liberalidade. Pensa bem que se a pobreza e a miséria nos importunam com suas orações, então podemos decerto dar um jeito de acabar com isso graças à generosidade; mas pensa também que seria bem mais terrível se nós obrigássemos a pobreza e a miséria a, clamando a Deus contra nós, como diz a Escritura, "interromper nossas orações" (1Pd 3,7), porque cometeríamos em relação a elas uma injustiça que grita aos céus ao omitir de explicar que *elas* podem exercer a misericórdia.

É nisso que nos queremos fixar neste discurso sobre a misericórdia; e nos guardaremos bem de confundir a misericórdia com aquilo que está ligado a condições exteriores, e que portanto o amor como tal não tem em seu poder, enquanto na verdade ele tem em seu poder a misericórdia, tão certo quanto o amor justamente tem um coração em seu peito[270]. Só porque se tem um coração no peito, daí não se segue que se tem dinheiro no bolso, mas o primeiro ponto é certamente o mais importante, e até diria o decisivo quando se trata de misericórdia. E verdadeiramente, se um homem não tivesse dinheiro mas soubesse ao falar da misericórdia reconfortar e encorajar o pobre e o miserável; será que ele não teria feito tanto quanto aquele que joga uns níqueis à pobreza ou que prega boas dádivas[271] a partir do bolso do rico!

Vamos então meditar sobre:

---

270. *som Kjerlighed har et Hjerte i sin Barm.* Trocadilho intraduzível em línguas latinas, pois "misericórdia" é *Barmhjertighed* (tal como no alemão *Barmherzigkeit*) [N.T.].
271. *milde Gaver:* boas dádivas, ou literalmente "dádivas suaves"; trocadilho com a palavra *Gavmildhed*, que significa "generosidade, liberalidade, largueza" [N.T.].

VII. Misericórdia: uma obra do amor... 357

a misericórdia, uma obra do amor, mesmo quando ela não
tem nada para dar e nem tem condições de fazer nada.

Queremos, de acordo com as capacidades que nos foram con-
cedidas, tentar tornar tão evidente quanto possível, tão atraente
quanto possível, trazer tão próximo ao pobre quanto possível qual
a consolação que ele tem pelo fato de poder ser misericordioso. É
disso que queremos falar, enquanto expulsamos uma parte das ilusões mundanas. Mas com tudo o que falamos, queremos ao mesmo
tempo contribuir com algo (este é o nosso desejo), na medida em
que é algo necessário, para se possível tornar aquele homem, que é
capaz de ser generoso e beneficente, tão envergonhado quanto isto
agrada a Deus, fazendo-o corar com a modéstia sagrada que convém a um cristão, deixando-o tão disposto a dar e contudo tão pouco disposto a confessar que se trata de uma esmola, assim como
age aquele que desvia o rosto para evitar a ignomínia de ser *aos*
olhos de outrem um sujeito de admiração, ou como age aquele
cuja mão esquerda realmente ignora o que faz a direita.

A misericórdia não tem nada a dar. É evidente que, se o misericordioso tem algo para dar, ele o dá de todo coração. Mas não é
sobre isso que queremos concentrar nossa atenção, e sim sobre um
outro ponto: que se pode ser misericordioso sem possuir a mínima
coisa para dar. E isso é de grande importância, uma vez que afinal
de contas *poder* ser misericordioso é uma perfeição muito maior
do que possuir dinheiro e conseqüentemente *poder* dá-lo.

Caso aquele homem conhecido há dezoito séculos sob o nome
de Bom Samaritano[272] não tivesse vindo a cavalo, mas a pé, na es-
trada de Jericó para Jerusalém, onde ele encontrou caído no chão
o infeliz, caso ele não tivesse trazido nada consigo para atar suas
feridas, caso tivesse levantado o desafortunado, tivesse carrega-
do-o em seus ombros e levado ao albergue mais próximo, onde o
dono da hospedaria contudo não quisesse receber nem a ele nem
ao infeliz, porque o Samaritano não tinha um centavo no bolso, e
só pudesse suplicar e conjurar esse homem duro de coração para

---

272. *den barmhjertige Samaritan*: Lc 10,30s.

358 As obras do amor

ter pelo menos piedade de um desafortunado, já que se tratava de uma vida humana, será que ele não teria sido... mas não, a história ainda não acabou; pois, caso o Samaritano, longe de perder a paciência por causa disso, tivesse prosseguido seu caminho carregando seu fardo, tivesse procurado um leito mais macio para o ferido e, achando-o, houvesse sentado junto a ele, fizesse tudo o que ele podia fazer para estancar a perda de sangue – porém o infeliz falecesse em seus braços: não teria ele por isso sido tão misericordioso, tão misericordioso quanto aquele Samaritano misericordioso; ou haveria algo a objetar contra chamarmos a esta de história sobre o Bom Samaritano? Toma a história da mulher que depositou duas pequenas moedas na caixa das ofertas do templo[273], mas permite-nos fazer uma ligeira mudança poética. Essas duas moedinhas representavam para ela uma grande quantia que ela não tinha poupado assim de uma só vez. Ela havia economizado por um longo tempo para juntá-las; e depois, ela as tinha cuidadosamente enrolado num paninho para levá-las quando ela própria subisse até o templo. Mas um trapaceiro teria percebido que ela possuía esse dinheiro, lhas teria furtado e teria substituído por um pano igual, onde nada havia – o que a viúva não teria percebido. Ela subiu então até o templo, depositou, como acreditava, as duas moedinhas, ou seja, nada, na caixa das ofertas do templo: será que Cristo mesmo assim não teria declarado a mesma coisa que dissera a seu respeito, "que ela deu mais que todos os ricos"?

Mas uma misericórdia sem dinheiro, o que é que isso pode significar? Sim, no final a insolência mundana da liberalidade e da beneficência chega ao ponto de escarnecer de uma misericórdia que nada possua! Pois já é bastante injusto e revoltante, uma falta de misericórdia da existência terrena, o fato de que, quando o pobre deu seu último centavo e depois o rico chega e dá suas notas de cem táleres do banco do Império, todo mundo olha para essas centenas de táleres, isto é, que assim a oferenda do rico obscurece completamente a misericórdia do pobre. Mas que loucura, se é mesmo verdade o que Cristo declara, que foi o pobre o que deu *mais* entre todos, que loucura: que aquele que dá menos (o rico, e

---

273. Lc 21,1-4 ou Mc 12,41s.

VII. Misericórdia: uma obra do amor... 359

sua grande soma) eclipsa aquele que dá mais (o pobre, e seu pequeno óbolo), sim obscurece inclusive aquele que foi o que deu mais
que todos! Mas dá para entender, não é o que diz o mundo; este diz
que é o rico quem deu mais; e por que é que o mundo diz isso? Porque o mundo só leva em conta o dinheiro – e Cristo, só quer saber
da misericórdia. E justamente porque Cristo apenas se interessava
pela misericórdia, é por isso que ele nota com tanto cuidado que foram somente duas moedinhas o que a viúva deu; e justamente por
isso ele queria dizer que nem precisava ser tanto, ou que uma pessoa poderia dar ainda menos e, contudo, ao dar ainda menos, estar
dando ainda mais. Que cálculo estranho, ou melhor, que método
estranho de cálculo, que não está mencionado em nenhum dos ma-
nuais de aritmética! Emprega-se uma expressão notável a respeito
dessa viúva: "ela deu da sua pobreza." Mas se a grandeza da dádiva
cresce com a grandeza da pobreza, ou seja, ao inverso da opinião
do mundo (para o qual a grandeza do dom é proporcional à grandeza da riqueza), então, uma pessoa que fosse mais pobre ainda que
aquela viúva, ao dar uma única moeda de sua pobreza ainda daria
mais do que aquela viúva a qual, contudo, em comparação com todos os ricos, fora a que havia dado mais. Claro, ao mundo esse método de cálculo deve certamente parecer o mais aborrecido de todos, quando um único centavo pode tornar-se tão importante, tornar-se a mais importante de todas as dádivas. O mundo e a generosidade mundana gostam tanto de lidar com grandes somas, que es-
pantam – e uma única moedinha por certo não tem nada de surpreendente –, assim como a misericórdia também não faz parte das
virtudes mais brilhantes. Mas do ponto de vista da eternidade, essa
forma de calcular é a única verdadeira, que só é ensinada pela eternidade, quando se aprende com ela a renunciar à ilusão da temporalidade e da mundanidade. Pois, a eternidade tem o olhar mais
agudo e a compreensão mais desenvolvida para a misericórdia,
mas ela não entende absolutamente nada de dinheiro, assim como
ela também não sofre embaraços financeiros, e literalmente não
tem a mínima utilidade para o dinheiro. Sim, isso é para rir e
também para chorar. Seria inegavelmente um excelente achado
para uma comédia, imaginarmos a eternidade com falta de dinheiro! Oh, mas vamos então chorar um pouco ao ver que a temporalidade esqueceu tão completamente da eternidade e esqueceu

360 As obras do amor

de que, eternamente, dinheiro é menos do que nada! Ai, muitos acham que o eterno é uma quimera, e o dinheiro, o que há de real; e aos olhos da eternidade e da verdade, é justamente o dinheiro que é uma ilusão! Imagina a eternidade como quiseres; apenas confessa que tu desejarias mesmo reencontrar na eternidade mais coisas temporais do que as vistas na temporalidade, que tu desejarias contemplar de novo as árvores, as flores, as estrelas, ouvir outra vez o canto dos pássaros e o murmúrio do riacho: mas tu conseguirias imaginar que houvesse dinheiro na eternidade? Não, pois senão o reino dos céus acabaria se tornando uma terra de miséria; e por isso é tão impossível que essa ideia te venha à cabeça quanto é impossível para alguém que acha que o dinheiro é o que há de real, imaginar que há uma eternidade. De todas as coisas que tu já viste não há nada de que possas ter tanta certeza de que jamais entrará no céu quanto: o dinheiro. Em contrapartida, nada é tão garantido de estar no céu quanto a misericórdia. Assim tu vês que misericórdia não tem absolutamente nenhuma relação com o dinheiro.

Porém, dinheiro, dinheiro, dinheiro! Aquele príncipe estrangeiro[274], afastando-se da poderosa Roma, teria dito: "Eis uma cidade à venda, ela só espera por um comprador". Oh, quantas vezes, desencorajados, não tivemos a tentação de virar as costas a toda a existência e dizer: "Eis um mundo à venda e que apenas espera por um comprador" – se não queremos reconhecer que o diabo já o comprou! O que é a seriedade da vida? Se tu verdadeiramente te colocaste esta séria questão, então recorda como tu a respondeste para ti mesmo, ou permite-me que eu te recorde como foi que a respondeste. A seriedade é a relação de uma pessoa com Deus, onde quer que a ideia de Deus esteja presente naquilo que a pessoa faz, pensa ou diz, há seriedade, nisso há seriedade. Mas o dinheiro é o deus do mundo, por isso é que o mundo acha que tudo o que tem a ver com o dinheiro, ou tenha relação com o dinheiro, é seriedade. Olha só, aquele sábio nobre e singelo da Antiguidade não queria receber dinheiro por seu ensinamento[275], e o apóstolo Paulo preferia traba-

---

274. Jugurta, segundo Salústio [N. ed. dinam.)].

275. Ver *Apologia de Sócrates*, 19 e 33 b [N. ed. dinam.].

VII. Misericórdia: uma obra do amor...   361

lhar com suas próprias mãos[276] do que contaminar o Evangelho, e
degradar sua missão de apóstolo e falsificar o anúncio da Palavra
aceitando o dinheiro por isso. Como o mundo julga tal conduta?
Poupemo-nos de perguntar tolamente como o mundo julga a respeito daquele nobre singelo e a respeito do santo apóstolo; pois o
mundo agora aprendeu a repetir um tipo de elogio decorado sobre
eles. Mas se alguém em nossos dias, neste instante, quer agir como
aqueles dois, como julga então a época atual? Ela julga ser esquisitice, ser exagero; ela julga que essa pessoa "carece de seriedade".
Pois ganhar dinheiro: isto é seriedade; ganhar muito dinheiro, mesmo que seja vendendo seres humanos, é seriedade; ganhar muito
dinheiro graças a desprezíveis difamações, é seriedade. Anunciar
algo de verdadeiro – desde que se ganhe bastante dinheiro ao mesmo tempo (pois o importante não é que seja verdadeiro, mas sim
que se ganha dinheiro), isto é seriedade. Dinheiro, dinheiro: eis a
seriedade. Assim somos educados desde a mais tenra infância, dis-
ciplinados para a ímpia adoração do dinheiro. Permite-me dar um
exemplo, o primeiro que me ocorre entre milhares – pois diante do
barco que avança por entre um cardume de arenques, não há maior
quantidade desses peixes do que existem na realidade exemplos
dessa educação para a adoração do dinheiro. Imagina um lar cujo
chefe da família tenha decidido que todo mundo no dia seguinte
(que é, portanto, um domingo) irá junto à igreja. Mas o que acontece? Domingo de manhã, na hora marcada, constata-se que as meninas não estão prontas com sua arrumação. O que diz então o pai,
esse homem sério, que educa seriamente suas crianças a adorarem
o dinheiro? Ora, ele naturalmente não diz nada, ou quase nada,
pois aqui não há ocasião para uma admoestação ou para uma correção; ele diz, é claro: "Já que as meninas não estão prontas, então,
que elas fiquem em casa; não há o que fazer." Mas imagina, imagina que coisa terrível, se as meninas devessem ir ao teatro e não estiverem prontas na hora certa, imagina como então aquele pai –
tão sério – se comportará, e por quê? Porque, ai, se terá desperdiçado todo aquele dinheiro – enquanto que no domingo, ficando
elas em casa, até se poupa algum dinheiro da coleta. Neste caso as

---

276. Ver 1Cor 4,12 e 1Ts 2,9.

meninas vão receber uma boa, séria e paternal reprimenda: agora é uma ofensa, um grande pecado, não terem se aprontado – e por isso aquele pai tão sério, preocupado em dar aos filhos uma educação séria, para evitar que se repita esta ocorrência não deve deixar passar sem punição tal erro. Que se trate de uma desordem da parte das meninas, isso é o que menos interessa – afinal de contas, a culpa teria sido do mesmo tamanho também no domingo; não: o que é sério é que o dinheiro foi perdido. Vê, é a isso que se chama ser pai, que se chama ter dignidade paterna e fazer uso responsável de sua dignidade paterna; eis o que se chama educar! Ora, isso afinal não deixa de ser educar, só que não se educa gente dessa maneira, mas pelo contrário, insensatos e monstros!

Mas quando se tem essa concepção do dinheiro, que ideia se pode ter da misericórdia que não dispõe de dinheiro? Uma tal misericórdia tem de ser vista como uma espécie de loucura, como uma ilusão. Porém, nesse caso também devemos ver a eternidade e o Cristianismo como uma espécie de loucura, como uma ilusão! Um imperador pagão teria dito que dinheiro não tem cheiro[277]. O Cristianismo, pelo contrário, ensina a procurar sentir corretamente o cheiro dos dinheiros. Ele ensina que o dinheiro, em si, cheira mal. Por isso, como sempre que se trata de afastar o mau cheiro, há que recorrer a um aromatizante poderoso. Sê misericordioso: então, é possível dar dinheiro; sem isso, o dinheiro cheira mal. Vê, um mendigo também pode dizer isso, e ele deveria tornar-se tão imortal com sua sentença quanto aquele imperador – e homem de dinheiro. A misericórdia é o aroma poderoso. Se a prece é o sacrifício dos lábios, agradável a Deus, então a misericórdia é bem propriamente o sacrifício do coração e é, como diz a Escritura, um aroma doce para o Senhor. Oh! mas não esquece jamais, quando tu pensares em Deus, que ele não tem o mínimo senso do dinheiro!

Meu ouvinte (minha ouvinte), se fosses um orador, qual a tarefa que escolherias: a de exortar os ricos a praticarem a liberalidade, ou a de exortar os pobres ao exercício da misericórdia? Eu bem sei qual seria minha escolha, ou melhor, o que eu já escolhi – se é que eu sou um orador e não a estivesse já feito, e se pelo menos eu sou

---

277. Vespasiano ao seu filho Tito: "*non olet*", isto é, dinheiro não tem cheiro [N. ed. dinam.].

VII. Misericórdia: uma obra do amor...　　363

qualificado para exortar assim. Oh! há algo de tão indizivelmente apaziguador no exortar o pobre a *exercer* a misericórdia! E o quanto é necessário fazê-lo, senão por ele, ao menos por ti mesmo, é fácil te convenceres. Tenta apenas; em seguida tu verás a noção se virar contra ti como se não adiantasse falar aos pobres sobre a misericórdia, já que eles não têm nada para dar, e que se deveria exortar os ricos à misericórdia para com os pobres. Essa maneira de ver faz do pobre um carente, em sua miséria, outra vez abandonado pela opinião do mundo de que ele pudesse exercer a misericórdia, assim é designado, abandonado como o lastimável objeto da misericórdia, capaz de no máximo inclinar-se e agradecer – quando o rico tem a bondade de exercer misericórdia. Deus misericordioso, que falta de misericórdia!

Este discurso se dirige então a ti, que és pobre e miserável! Oh! Sê misericordioso! Guarda em teu peito esse coração que, apesar da pobreza e da miséria, não deixa de ter simpatia pela miséria dos outros, esse coração que, diante de Deus, reconhece francamente que se pode ser misericordioso, sim, que se pode sê-lo no mais alto grau, no sentido excelente e eminente, quando não se tem nada a dar! "Oh! Sê misericordioso!" Vê, aqui de novo, quem não pensa imediata e involuntariamente no apelo do pobre, do mendigo ao rico: "Tenha misericórdia!", por mais equivocado que esteja esta expressão, já que ela se dirige à generosidade. E por isso empregamos uma linguagem mais correta quando dizemos ao pobre, ao mais pobre de todos: "Oh! Sê misericordioso!". Sobretudo não deixa o espírito do ciúme mesquinho próprio dessa existência terrestre te contaminar e te fazer esquecer de que tu podes exercer a misericórdia; não te deixa corromper permitindo à falsa modéstia sufocar o melhor do teu ser. À falsa modéstia, eu digo – pois a verdadeira modéstia vem em primeiro lugar: Oxalá ela sempre ocorra; ela deveria vir em todo caso junto com o dinheiro; se tu recebes dinheiro, e tu então podes dá-lo, então, só então tu tens algo de que te sentires envergonhado. Sê misericordioso; sê misericordioso para com o rico! Lembra de que tu tens isto em teu poder, enquanto ele tem o dinheiro! Não abuses desse poder; não sejas tão sem misericórdia clamando pelo castigo do céu sobre a falta de misericórdia do rico! Certamente, nós bem o sabemos: o mundo nem se

364   As obras do amor

importa com o suspiro que o pobre eleva a Deus quando acusa o rico; ninguém empresta o ouvido a essa queixa assoprada; é a coisa mais indiferente que existe; mas no entanto, no entanto, mesmo que eu não desconheça os gritos clamorosos – eu não faço caso algum disso, contanto que nenhum pobre possa em segredo me acusar com razão diante de Deus! Oh! Sê misericordioso! Se o rico é mesquinho ou mão-fechada, ou mesmo se, sem olhar muito para o dinheiro, ele se mostra lacônico e antipático: tu pelo menos, sê rico em misericórdia! Pois a misericórdia realiza milagres, transforma numa grande soma as duas moedas quando a pobre viúva as dá; ela transforma a pequena oferenda numa quantia maior quando, em sua misericórdia, o pobre não dá queixa do rico; torna os dons dados de má vontade menos culpados, quando o pobre misericordiosamente cobre o erro. Oh, a quantos o dinheiro não tornou sem misericórdia? Teria o dinheiro o poder de tirar todo sentimento misericordioso até dos que não têm nenhum dinheiro? Então o poder do dinheiro terá triunfado completamente! Mas se o poder do dinheiro triunfou completamente, então a misericórdia também terá sido totalmente abolida.

A misericórdia não pode fazer nada.

Os relatos sagrados têm, entre outras, essa peculiaridade de, em toda a sua simplicidade, sempre conseguirem dizer tudo o que deve ser dito. Tal é também o caso na parábola do homem rico e do pobre[278]. Ela não pinta e não descreve em detalhes nem a miséria de Lázaro e nem a suntuosidade do rico, contudo há um traço acrescentado que bem vale a pena ressaltar: conta-se ali que Lázaro jazia no pórtico do rico coberto de úlceras que os cães vinham lamber. O que é que deve ser apresentado na figura do rico? A falta de misericórdia, ou melhor, a desumana ausência de misericórdia. Para iluminar a ausência de misericórdia, podemos recorrer a um personagem misericordioso, colocado em paralelo. Assim foi feito na parábola do misericordioso Samaritano, que esclarece por contraste a conduta do Levita e do Sacerdote[279]. Mas o homem rico era

---

278. Lc 16,19-31.
279. Lc 10,30.

VII. Misericórdia: uma obra do amor...   365

desumano, por isso o Evangelho recorre aos cães. Que contraste! Não vamos exagerar e dizer que um cão pode ser misericordioso; no entanto, em contraste com o homem rico, é como se os cães fossem misericordiosos. E isso é o que choca: que dado que o homem renunciou à misericórdia, precisaram aparecer os cães para serem misericordiosos. Mas essa comparação entre o homem rico e os cães ainda contém outra lição. O homem rico tinha mais do que o suficiente em seu poder para conseguir fazer algo por Lázaro, os cães nada podiam fazer; e no entanto, é como se os cães exercessem a misericórdia.

Vê, é exatamente este o tema de que falamos nesta consideração. É naturalmente evidente que, podendo o homem misericordioso fazer algo, ele o faz com a maior boa vontade. Mas não é sobre isso que desejamos concentrar nossa atenção, e sim pelo contrário: que podemos ser misericordiosos mesmo quando não podemos fazer nem o mínimo. E isso é de grande importância, já que há uma perfeição muito maior em poder exercer a misericórdia do que em poder fazer alguma coisa.

Suponhamos que não fosse apenas um homem que ia de Jericó a Jerusalém, mas que fossem dois, e ambos fossem assaltados por bandidos e muito mutilados, e que não passasse nenhum viajante por lá. Suponhamos ainda que um deles nada conseguisse fazer além de lamentar-se, enquanto que o outro esquecia e superava seu próprio sofrimento para pronunciar palavras amigas, de reconforto, ou ainda se arrastar ao preço de grandes dores até uma pequena fonte de onde ele trouxesse um pouco de água para proporcionar ao seu companheiro um refresco; ou suponhamos ainda que ambos ficassem sem condições de falar, mas um deles em sua oração muda clamasse a Deus também pelo outro: ele não teria sido então misericordioso? Se me cortam as mãos, não posso tocar cítara, e se me cortam as pernas, não posso dançar; se estou estendido e estropiado na margem, não posso jogar-me ao mar e salvar a vida de uma pessoa; e se estou no chão, braços e pernas quebrados, não posso me precipitar nas chamas para salvar a vida de outros: porém, eu posso ser misericordioso de qualquer maneira.

Frequentemente eu me perguntei como um artista plástico deveria representar a misericórdia; mas reconheci que isso é impossí-

366 As obras do amor

vel[280]. Sempre que um artista plástico procura fazê-lo, fica duvidoso se se trata de misericórdia ou de outra coisa. A misericórdia se manifesta com mais clareza quando o pobre dá uma moedinha e contudo é toda sua propriedade, quando o desamparado não é capaz de fazer nada e contudo se mostra misericordioso. Mas a arte prefere representar a oferenda, a generosidade; ela prefere representar aquilo que se destaca pictoricamente melhor, as grandes façanhas. Experimenta pintar uma mulher pobre dando a outra o único pão que ela possui, e decerto verás facilmente que não consegues expressar o mais importante: podes mostrar que se trata de apenas um pão mas não que é o único que ela possui. O povo dinamarquês conhece bem os perigos do mar. Existe uma imagem que representa um ousado marinheiro a quem devemos o barco piloto que agora salva tantas vidas humanas[281]. Seu retrato é reproduzido e em baixo, de um lado, um barco naufragado, e do outro, um barco piloto. Vê bem, isso se pode pintar. E é magnífico dirigir-se por entre as ondas como um anjo da guarda, e fazê-lo ousadamente, corajosamente, e, se quisermos, também misericordiosamente. Mas, se nunca viste, tu pelo menos te representaste a miséria, ou a miséria daqueles que, desde a infância ou mais tarde, foram vítimas de acidentes tão infelizes ou de uma repartição tão má que eles não podem fazer nada, absolutamente nada, talvez nem mesmo expressar sua simpatia em palavras inteligíveis: deveríamos nós acrescentar ainda a toda sua miséria esta nova crueldade de negar-lhes o poder de ser misericordiosos – só porque talvez isso não se deixe representar, dado que uma tal pessoa não poderia ser bem representada a não ser como objeto para a misericórdia! E no entanto, é certo afinal que justamente a misericórdia de um tal desafortunado é a mais bela e a mais verdadeira e que ela tem um mérito a mais, de não se ter embotado em seu próprio sofrimento, perdendo assim o senso da simpatia por outrem.

Imagina uma viúva na pobreza; ela tem apenas uma única filha, mas a esta filha a natureza, como madrasta, recusou quase

---

280. Ver Pap. VIII A 88 [N.T.].

281. Referência ao comandante norueguês Peder Norden Sølling (1758-1827), celebrizado com uma litografia [N. ed. dinam.].

VII. Misericórdia: uma obra do amor... 367

todo dom para poder amenizar a situação de sua mãe; imagina essa moça desafortunada, que suspira sob um fardo pesado, e que, contudo, na medida dos fracos recursos que lhe foram proporcionados, é de uma inesgotável engenhosidade na realização do pouco, do nada que ela pode fazer para amenizar a existência de sua mãe. Vê, isso é misericórdia! Nenhum rico desperdiçará milhares de táleres do banco imperial para fazer um artista pintar esse quadro; pois isso não pode ser pintado. Mas a cada vez que o nobre protetor que assiste a mãe vem visitá-la, a coitada da moça está toda envergonhada: pois "ele", ele pode fazer tanto – sua misericórdia obscurece a da moça! Oh sim, aos olhos do mundo, e talvez até aos olhos de um artista e de um conhecedor das artes.

Assim, esse discurso se dirige então a ti, a ti que és miserável, que nada podes fazer: não esqueças de ser misericordioso! Sê misericordioso; este consolo, de que tu podes sê-lo, para nem mencionar o de que tu o sejas de fato, é muito maior do que se eu pudesse te garantir que o homem mais poderoso do mundo te mostrará sua misericórdia. Sê misericordioso para conosco, os mais afortunados! Tua vida repleta de preocupações é como um protesto ameaçador contra a Providência amorosa, assim tu tens em teu poder angustiar a nós outros; sê então misericordioso! Na verdade, quanta misericórdia frente aos poderosos e afortunados não se mostra num semelhante desafortunado! Qual é, com efeito, a misericórdia maior: quando poderosamente socorremos a necessidade dos outros, ou quando, sofrendo pacientemente em silêncio, nos guardamos misericordiosamente de perturbar a alegria e a felicidade dos outros? Qual dos dois amou mais: o afortunado que mostra sua simpatia pelo sofrimento dos outros, ou o desafortunado que mostra verdadeira simpatia pela alegria e a felicidade dos outros?

"Mas o essencial, afinal de contas, é que a miséria seja remediada por todos os meios e, se possível, tudo seja feito para remediar toda e qualquer miséria." Assim fala a temporalidade, bem intencionada, e aliás nem pode falar de outro modo. Mas a eternidade, ao contrário, declara: há apenas um perigo, que a misericórdia não seja exercida; mesmo se remediássemos toda a miséria, não ficaria por isso decidido se agimos por misericórdia; e nesse caso,

368   As obras do amor

essa miséria de não se ter exercitado a misericórdia seria maior do que toda miséria de ordem temporal.

O fato é que o mundo não compreende a eternidade. A temporalidade tem uma noção temporal (e por conseguinte operosa) da carência, e ao mesmo tempo, uma representação sensível do tamanho das dádivas e dos recursos para remediar a miséria. "O pobre, o miserável correm o risco de morrer – logo, o mais importante é que sejam socorridos." "Não", responde a eternidade; o mais importante é que se exerça a misericórdia, ou que o socorro seja um socorro da misericórdia. "Providenciem dinheiro para nós, providenciem hospitais para nós; isso é o mais importante." "Não", responde a eternidade, o mais importante é a misericórdia. Que um homem venha a morrer, não é uma infelicidade aos olhos da eternidade; mas sim o não se ter exercido misericórdia. Coisa curiosa, naquela imagem que representava de um lado um naufrágio, e do outro um barco piloto, está escrito: pobreza e *morte* violenta; bem-estar e *morte* natural: portanto, de ambos os lados, a morte. E a eternidade mantém com uma inabalável firmeza que a misericórdia é o mais importante. Nenhum pensador pode ser tão teimoso quanto a eternidade o é em relação à sua ideia; nenhum pensador é tão calmo, tão imperturbado diante da ânsia febril do instante e do perigo do instante, enfatizando, parece, que afinal de contas o mais importante é que se ajude de qualquer maneira; nenhum pensador é tão calmo, tão imperturbado como a eternidade. E nenhum pensador está tão seguro de que os homens serão finalmente obrigados a ceder e a pensar o seu pensamento como a eternidade o está, pois esta diz: "Deixa estar, voltaremos a conversar na eternidade, e lá falaremos tão somente da misericórdia e tão somente da diferença entre misericordioso e não misericordioso". Quem me dera eu pudesse representar a expressão do rosto que a eternidade vai mostrar quando ela perguntar ao rico se ele exerceu a misericórdia e ele responder: "Eu dei cem mil aos pobres!" Pois a eternidade o olhará, admirada, como a uma pessoa a quem não entra na cabeça do que é que se está falando; e então tornará a formular-lhe a pergunta: "Foste misericordioso?" Imagina um homem que saísse a andar até uma montanha para discutir com ela seus assuntos, ou que um outro se pusesse a contar suas façanhas ao vento: a eterni-

VII. Misericórdia: uma obra do amor...					369

dade tampouco compreenderia o que diz o rico sobre seus cem mil, ou o que o poderoso alega, dizendo que já fez tudo. Será misericórdia distribuir cem mil aos pobres? Não. Será misericórdia dar dois vinténs ao pobre? Não. A misericórdia depende de *como* é dado. Mas então, afinal, os cem mil e os dois vinténs são o indiferente; em outros termos, eu posso igualmente ver a misericórdia tanto num quanto no outro caso; isto é, a misericórdia pode encontrar-se e manifestar-se perfeitamente tanto nos dois vinténs como nos cem mil que são dados. Mas se eu posso ver a misericórdia do mesmo modo nos dois vinténs como nos cem mil, então propriamente eu a distingo melhor nos dois vinténs; pois os cem mil têm uma importância casual que facilmente atrai a atenção sensível sobre si e com isso me perturba a visão para a misericórdia. Será misericórdia quando aquele que pode fazer tudo, tudo faz pelo miserável? Não. Será misericórdia quando aquele que não pode fazer quase nada faz este nada pelo miserável? Não. Misericórdia depende de *como* é feito esse tudo e esse nada. Mas então, eu posso igualmente ver a misericórdia nesse tudo e nesse nada; e se é assim, a rigor eu posso vê-la melhor nesse nada, pois o poder de fazer tudo é um brilhante exterioridade, que tem uma espécie de importância casual, que porém ainda impressiona meu lado sensível, facilmente atrai para si minha atenção e me impede de ver a misericórdia.

Permite-me esclarecer esse ponto sempre de novo. Se desejasses observar os movimentos e os círculos produzidos por uma pedra lançada na água, irias tu então viajar até aquelas terras longínquas onde a poderosa catarata precipita-se fragorosamente, a fim de lá atirar a pedra; ou ainda, tu a lançarias no mar revoltado? Não, tu não o farias. Pois, sem falar que aqui como em qualquer outro lugar a pedra produziria movimentos e formaria círculos, lá tu terias dificuldade para distingui-los corretamente. Por isso, tu irias, ao contrário, procurar um pequeno lago bem calmo, quanto menor quase tanto melhor, lançarias a pedra e então, sem ser perturbado por nada de estranho, concentrarias tua atenção na observação dos movimentos. O que tu entendes por um homem importante? Um homem, não é mesmo, que tem valor interior de modo significativo? Mas se quisesses te dedicar seriamente ao exame de um tal

370   As obras do amor

caráter, tu poderias então desejar vê-lo rodeado de uma imensa fortuna, ou condecorado com medalhas e faixas; ou tu não acharias que isso exatamente te perturbaria na concentração máxima de tua mente para contemplar seu importante interior? Assim ocorre com a misericórdia. A misericórdia, o verdadeiramente *importante*; os cem mil ou o poder fazer todo no mundo é o dom *importante*, o socorro *importante*. Porém, uma coisa importante é aquela que devemos *mirar*, e outra coisa importante é aquela de que devemos *desviar a vista*. E por desconfiares de ti mesmo, desejarias que fosse afastada *aquela coisa* da qual tu deves realmente desviar a vista – ai, enquanto que o mundo crê muito mais fácil poder prestar atenção à misericórdia quando ela dá os cem mil do que quando ela dá dois vinténs, ou seja, acha mais fácil atentar para a misericórdia olhando para *aquilo* de que importa desviar a vista, caso se deva ver corretamente a misericórdia.

Mas não esqueçamos de que a misericórdia pode ser vista em ambos os casos, nos dois vinténs e nos cem mil; no todo que faz o poderoso, e no nada que o miserável faz. Mas mesmo que esteja dado que a misericórdia está presente, tu não terás dificuldade em convencer-te de que quanto maior, mais surpreendente o dom, sim, quanto mais prodigioso o socorro, mais também tu és impedido de te demorares totalmente junto à misericórdia. A Escritura relata que o apóstolo Pedro, num dia em que subia ao templo, encontrou um coxo que lhe pediu uma esmola. Mas Pedro lhe disse: "'Não tenho prata nem ouro, mas o que eu tenho, eu te dou: em nome de Jesus Cristo de Nazaré, levanta e caminha.' E pegando-o pela mão direita, ele o fez levantar-se. No mesmo instante, seus pés e seus tornozelos se fortaleceram; num salto, ele ficou de pé e se pôs a caminhar"[282]. Quem ousaria duvidar de que esta foi uma obra de misericórdia? E no entanto, trata-se de um milagre. Mas um milagre atrai em seguida a atenção para si e com isso ele a desvia parcialmente da misericórdia, a qual jamais se torna mais evidente do que quando ela absolutamente nada pode fazer; então, com efeito, absolutamente nenhum obstáculo impede de ver de maneira clara e precisa o que é a misericórdia.

---

282. At 3,1s.

VII. Misericórdia: uma obra do amor...   371

A eternidade só entende da misericórdia; por isso, se queres aprender a entender a misericórdia, precisas aprendê-lo da própria eternidade. Mas para entenderes do eterno, precisas ter silêncio ao teu redor enquanto concentras toda tua atenção na interioridade. Ai, os cem mil fazem barulho, ou poderiam pelo menos facilmente chegar a fazer barulho; tuas ideias se embaralham em tua cabeça ao pensares que se pode dar cem mil tão facilmente quanto quatro vinténs; tua mente se torna dispersa, tu vens a pensar na situação magnífica de ser capaz de fazer o bem em tal medida. Mas dessa forma se perturba também o eterno: que a condição magnífica, feliz, a mais repleta de felicidade seja o exercer a misericórdia. E o que dizer sobre o poder e o domínio! Eles também abalam com facilidade a mente, tu começas a te deixar impressionar pelo exterior. Mas quando tu estás assim assombrado, podes ter certeza de que não é a misericórdia o que tu vês, pois esta não desperta espanto. O que há aliás de espantoso quando até o mais miserável, e este justamente melhor que os outros, pode exercer a misericórdia? Oh, a misericórdia, se verdadeiramente a vês, não desperta espanto, ela te comove, e justamente porque ela é a interioridade, ela produz sobre ti a mais profunda impressão. Mas quando a interioridade é mais evidente do que quando não há nada de exterior, ou quando o exterior, por sua modesta ou insignificante aparência, é antes como que uma resistência, e verdadeiramente impede a compreensão sensível de ver a interioridade? E quando tal é o caso no tocante à misericórdia, aí sim é que temos aquela misericórdia, sobre a qual aqui se disse que é uma obra do amor, mesmo se ela não tem nada a dar e nada pode fazer.

VIII
A VITÓRIA DO ESPÍRITO DE RECONCILIAÇÃO NO AMOR QUE CONQUISTA O VENCIDO

"Manter-se firme depois de ter superado tudo" (Ef 6,13)! Mas não é coisa bem fácil e natural, nos mantermos firmes ou permanecermos de pé quando já superamos tudo? Quando realmente superamos tudo, o que poderia nos derrubar? Quando realmente superamos tudo não há então afinal mais nenhum obstáculo contra o qual tenhamos de nos manter firmes? Mas o apóstolo cheio de experiência sabe bem do que está falando! É natural que aquele que, covarde e temeroso, jamais enfrenta o perigo, também jamais triunfa, jamais supera nada; pelo contrário, por antecipação já está dado que ele é um derrotado, já que ele renunciou a si mesmo. Mas, por outro lado, é talvez no próprio momento em que alguém acaba de superar tudo que está mais próximo de perder tudo – se perde alguma coisa neste instante, não se importa de perder tudo, como aliás só é possível àquele que ganhou tudo; o instante do triunfo é talvez o mais difícil, mais difícil que qualquer outro ao longo da luta; justamente o grito de vitória: "Tudo está decidido" é talvez a mais ambígua de todas as palavras, se, no mesmo segundo em que é pronunciado, ele significa: "Agora está decidido que tudo está perdido." Podemos então falar de um manter-se firme depois de ter superado tudo, sim, propriamente, só a partir desse momento é que isso pode vir realmente ao caso. E aliás, é assim que já nos figuramos a coisa. Quando tu dizes que alguém supera um obstáculo, tu o imaginas inclinado para a frente forçando contra aquilo que constitui o obstáculo. Ainda não se pode, no sentido mais profundo, falar de manter-se firme, pois embora o obstáculo oponha resistência, num outro sentido, ele sustenta no entanto o homem inclinado sobre ele. Mas agora, agora tudo está superado. Importa ago-

VIII. A vitória do espírito de reconciliação no amor... 373

ra ao vencedor parar, e permanecer de pé, sem deixar-se levar pelo impulso de sua vitória, arriscando perdê-la. Não é assim? O fraco, o medroso sucumbe diante do obstáculo; mas o corajoso que afronta ousadamente o perigo, quando cai, não se importa de cair, como se diz, tropeça nas próprias pernas; graças à sua coragem, ele supera o obstáculo, e no entanto ele cai. Ele cai não no perigo, mas em seu impulso, por não ter se mantido firme em seu lugar.

O apóstolo Paulo diz num outro lugar que, na fé, somos mais do que vencedores[283]. Mas então é possível ser mais do que vencedor? Sim, é possível, quando nos mantemos firmes depois de termos vencido conservamos a vitória, permanecemos na vitória. Quantas vezes não vimos um vencedor tão enfraquecido por sua vitória que ele nem precisava, como aquele general[284], ter uma outra semelhante para sucumbir – pois a primeira já bastava! Quantas vezes não vimos um homem que tinha levantado um peso, mas não consegue carregá-lo por tê-lo levantado; ou que aquele que avançara vitoriosamente contra a tempestade, sem esmorecer, agora exausto não consegue reagir à calmaria que surgiu com a vitória; ou que alguém que enrijecido podia tolerar todas as mudanças de clima, calor e frio, não consegue suportar a brisa caprichosa no momento do sucesso! E quantas vezes uma vitória não foi tomada em vão, de modo que o vencedor tornou-se orgulhoso, presunçoso, arrogante, autossatisfeito e justamente desse modo perdeu por ter vencido!

Se devêssemos expressar numa definição o que se encontra naquela palavra do Apóstolo (manter-se firme depois de ter superado tudo), teríamos de dizer que no sentido espiritual, há sempre duas vitórias, uma primeira vitória e então uma segunda em que se conserva a primeira. Talvez não se possa expressar com mais exatidão a diferença entre o divino e o mundano do que da seguinte forma: para o mundano trata-se apenas de uma vitória; para o divino, sempre se trata de duas. Que ninguém deve declarar-se feliz antes de ter morrido (e de ter deixado portanto aos sobreviventes esta tarefa), isso a mentalidade mundana também é capaz de compreender; mas, em contrapartida, a mente mundana se torna impaciente as-

---

283. Rm 8,37.
284. Alusão à chamada "vitória de Pirro" [N. ed. dinam.].

374 As obras do amor

sim que lhe falamos da segunda vitória. Com efeito, se adianta alguma coisa falar dessa última, ou do manter-se firme após ter vencido, uma pessoa perderá aquilo que naturalmente tem para a mentalidade mundana o maior valor, perderá *aquilo* em função de que se suportaram todas as dificuldades da luta; pois se é assim, uma pessoa jamais chegará a orgulhar-se de sua vitória; nenhum instante lhe é concedido para isso. Bem pelo contrário, no próprio momento em que venceu, e já quer se dedicar aos preparativos do triunfo, a observação religiosa o introduz num novo combate, o mais difícil de todos, porque é o mais interior de todos, porque neste ele luta consigo mesmo e com Deus. Se ele sucumbe nesse combate, ele cai por sua própria mão. No sentido corpóreo e exterior, eu só posso sucumbir pela mão de outro, mas no sentido espiritual, existe apenas um único capaz de me matar: e sou eu mesmo; espiritualmente, um assassinato é inconcebível – pois afinal nenhum malfeitor pode matar um espírito imortal; espiritualmente, apenas o suicídio é possível. E se o homem vence nessa segunda luta, isso significa justamente que a glória de sua primeira vitória não lhe é devida; pois triunfar significa, neste contexto, dar a glória a Deus. No primeiro combate luta-se contra o mundo pela vitória que se conquista; no segundo combate luta-se junto com Deus por aquela vitória. Um homem só se mantém de pé depois de ter superado tudo quando ele, no preciso momento da vitória, cede a vitória a Deus. Enquanto ele lutava, era o obstáculo, num certo sentido, o que o ajudava a ficar de pé; mas logo que ele deu a Deus a honra da vitória, é Deus o apoio com ajuda do qual ele se mantém firme. Que ele também tenha vencido graças ao apoio de Deus (embora afinal de contas num sentido exterior também se possa vencer sem o apoio de Deus) é bem possível; mas esse socorro só estará então verdadeiramente nítido depois de o homem ter vencido. Oh, mas que grande tolice aos olhos do mundo: precisar ainda mais do apoio de Deus quando já se venceu!

É um tal conflito duplo ou uma vitória dupla que queremos tomar mais detalhadamente como objeto de nossas considerações, meditando sobre

a vitória do espírito de conciliação no amor, que conquista o vencido.

VIII. A vitória do espírito de reconciliação no amor... 375

Já que se fala de um "vencido" pressupõe-se então uma primeira vitória já conquistada. Que vitória é essa? É o superar o mal pelo bem[285]. A luta pode até ter sido longa e penosa; pois quando o que ama deve superar o mal pelo bem, isso não se decide de uma vez por todas ou de um só golpe, bem pelo contrário, a luta se torna frequentemente cada vez mais extenuante e, se quisermos, mais perigosa – se queremos saber o que é o perigoso. Quanto mais o amoroso faz o bem para o desamoroso, quanto mais tempo ele aguenta pagando o mal com o bem, tanto mais próximo, num certo sentido, chega o perigo de que no fim o mal acabe por vencer o amoroso, senão por outra maneira, pelo menos por torná-lo frio e indiferente ante um tal desamoroso. Oh, precisa haver uma grande profundidade no tesouro da bondade que só aquele que ama possui, o ardor constante de um fogo purificador e inextinguível para, a longo prazo, não cessar de pagar o mal com o bem! Mas essa vitória está vencida, o desamoroso já é um vencido[286].

Qual era então a relação naquele conflito? De um lado estava o amoroso (ou, como também poderíamos chamá-lo, o homem de bem, o caráter nobre; pois nesse primeiro combate ainda não se revelou claramente que ele é o amoroso), e ele tinha de seu lado o bem. Do outro lado, o desamoroso, combatendo com o auxílio do mal. Assim combateram eles. O amoroso tinha por sua tarefa perseverar no bem a fim de não se deixar dominar pelo mal. Assim, ele não tinha tanto a ver com o desamoroso quanto tinha a ver consigo mesmo; não era por causa do desamoroso, mas por causa do bem, e também, num sentido nobre, por causa dele mesmo, que ele se esforçava em vencer neste conflito. Os dois se relacionam portanto lutando um com o outro, mas distantes um ao outro, lutando, num certo sentido de modo irreconciliável, assim como é o combate do bem e do mal; um deles combatia com o socorro do bem, o outro em aliança com o mal; e esse último tornou-se o vencido.

Agora a relação se altera; de um instante para o outro torna-se completamente manifesto que é o amoroso que toma parte no combate: pois ele não luta apenas para que o bem possa permanecer

---

285. Cf. Rm 12,21.
286. Está vencida: *er vunden*; um vencido: *en Overvunden*.

376 As obras do amor

nele, mas luta *num espírito de conciliação*, para que o bem possa vencer no desamoroso; dito de outra forma, ele luta *para conquistar o vencido*; a relação entre ambos não é mais, portanto, uma relação de luta direta contra o outro, pois o amoroso luta do lado do inimigo para a vantagem dele, ele quer esvaziar a causa do desamoroso, levando-o à vitória[287].

Tal é *o espírito de conciliação no amor*. Pois quando o inimigo, ou aquele que te prejudicou, vem a ti e busca um acordo, é belo e louvável, e também amoroso que tu estejas pronto a perdoar. Oh, mas que lentidão! Não digas que "tu o fizeste *imediatamente, tão logo* ele te pediu": pensa antes na presteza para a reconciliação que o verdadeiro amor possui, se tu o comparas, ou em comparação com uma pressa que, por depender da rapidez ou lentidão do outro em pedir perdão, justamente por isso é *por essência* lentidão, mesmo se por acaso chega bastante rápido. Muito, muito tempo antes de o inimigo pensar em procurar conciliação, o amoroso já se reconciliou com ele: e não só isso, não, ele já passou para o lado do inimigo, combate em favor dele, mesmo se este não compreende ou não quer compreendê-lo; ele aqui trabalha para trazer a conciliação. Vê só, isso é o que podemos chamar de uma luta do amor, ou uma luta no amor! Lutar com o auxílio do bem *contra* o inimigo é coisa louvável e nobre; mas lutar *em favor do* inimigo – e contra quem? Contra si mesmo, se quisermos: isso sim, que é fazer obra de amor, ou é reconciliação no amor! E é bem assim que a Sagrada Escritura apresenta a reconciliação! As palavras rezam: "Quando fores apresentar tua oferenda ao altar, se ali te lembrares" – sim, que continuação podemos esperar que fosse e devesse ser a sequência dessas palavras, senão que tu terias algo contra alguém? Mas não é assim que continua. Ali consta: "e te lembrares de que teu irmão tem algo contra ti, deixa a tua oferenda ali, diante do altar (pois para a oferenda, se as coisas estão assim, não há pressa) e vai primeiro reconciliar-te com o teu irmão (pois para a reconcilia-

---

287. *Han vil udkæmpe den Ukjerliges Sag til Seier.* A tradução alemã diz: "*er will die Sache des Lieblosen durchkämpfen bis zum Sieg*". A americana traz: "*he wants to fight the cause of the unloving one to victory*". E a francesa: "*pour l'avantage de celui-ci dont il veut vider la querelle en la transformant en victoire*". Há pois um sentido de levar a luta até o fim, fazendo o vencido mudar de posição [N.T.].

VIII. A vitória do espírito de reconciliação no amor...   377

ção há pressa, por causa também da oferenda que espera diante do altar), e depois vem apresentar tua oferenda"[288]. Mas não é pedir demais? Onde é que está então o que precisa de perdão: o que cometeu a injustiça, ou o que sofreu a injustiça? Decerto é aquele que cometeu a injustiça o que precisa do perdão, oh, mas o amoroso, que sofreu a injustiça, ele sente uma necessidade de perdoar, ou de conciliação, de reconciliação, palavra essa que não faz distinções como a palavra perdão, ao lembrar da justiça e da injustiça, mas amorosamente tem bem gravado na cabeça que ambos estão carentes. Não é espírito de reconciliação, no sentido mais perfeito, perdoar quando alguém pede perdão, mas é espírito de reconciliação já sentir a necessidade de perdoar mesmo quando o outro ainda não pensou talvez nem um pouco em procurar o perdão. Por isso diz a Escritura: "Põe-te logo de acordo com o teu adversário"[289]; mas não podemos estar mais bem dispostos em relação ao outro do que quando somos os necessitados; e não podemos estar "mais prontos" a dar o perdão do que quando o damos antes mesmo de ser pedido, sim, quando lutamos para chegar a dá-lo enquanto ainda há resistência – não contra o dar, mas contra o aceitar o perdão. Oh, atenta bem qual é a situação; pois o verdadeiro crístico é sempre exatamente o inverso daquilo que o homem natural compreende da maneira mais fácil e natural. "Lutar pelo perdão": quem não entende isso em seguida no sentido de lutar com vistas a obtê-lo – pois, ai, em termos humanos isso já é frequentemente bem difícil. Porém não é disso absolutamente que estamos falando; trata-se de lutar amorosamente a fim de que o adversário aceite o perdão e se deixe reconciliar. Não é isso o crístico? É o próprio Deus dos céus que diz, pela boca do Apóstolo: "Reconciliai-vos"[290]; não são os homens que dizem a Deus: "Perdoai-nos." Não, Deus nos amou primeiro[291]; e quando, pela segunda vez, novamente se tratou de reconciliação, foi Deus quem chegou primeiro – se bem que, do ponto de vista da justiça, era ele quem tinha a maior distância a percorrer. O mesmo ocorre em nossas relações de homem a

---

288. Mt 5,23.
289. Mt 5,25.
290. Ver 2Cor 5,20.
291. Ver 1Jo 4,19.

homem: o verdadeiro espírito de conciliação consiste em que sejamos os que oferecem a conciliação quando, é bom notar, não somos os que precisam do perdão.

Assim luta então o amoroso no espírito de conciliação para conquistar o vencido. *Conquistar um vencido!* Que magnífico emprego desse termo "conquistar"! Escuta, com efeito! Quando dizemos "conquistar" uma vitória, tu em seguida percebes o ardor do combate; mas quando dizemos "ganhar alguém", "ganhar alguém para si", a palavra adquire aos nossos ouvidos uma infinita suavidade. Afinal, o que há de mais insinuante do que esse pensamento e este termo ("ganhar alguém"); como é que agora se trataria de um combate! Para qualquer luta tem que haver sempre dois; e agora, existe apenas um: o desamoroso, pois o amoroso no espírito de conciliação é o seu melhor amigo que quer ganhar o vencido. Ganhar o vencido. Que prodigiosa inversão há, aliás, em tudo isso! Deveríamos crer que "vencer" (*at vinde*) fosse menos do que "sobrepujar" (*at overvinde*) pois o "sobre" (*over*) indica afinal o que supera (*overgaaer*) o vencer; no entanto, o discurso aqui é ascendente, é sobre as coisas mais altas, enquanto trata afinal de conquistar um vencido. Para o orgulho talvez fosse maior sobrepujar; mas para o amor, esse menor é o maior, "ganhar o vencido". Que belo combate, mais belo do que a luta dos amantes, quando o amoroso tem de estar sozinho, e por isso tanto mais amoroso quando ele precisa estar só para ir lutando até o triunfo da reconciliação! Bela vitória, a mais bela de todas as vitórias, quando o amoroso consegue conquistar o sobrepujado!

Conquistar alguém que já foi sobrepujado. Tu vês agora a vitória dupla de que falávamos? Pois quando o amoroso quer unicamente combater para superar o mal pelo bem, e consegue então vencer, que ele então tome cuidado para manter-se firme depois de ter superado tudo. Oh, sua queda está bem próxima se ele não permite ao amor e à observação divina conduzi-lo imediatamente para a luta seguinte, em que se trata de conquistar o vencido. Quando isso acontece, então o seu barco foi bem dirigido, passou ao largo do perigoso recife do orgulho, que se envaidece por ter aguentado pagando o mal com o bem e se põe cheio de importância aos seus próprios olhos por ter retribuído o mal com o bem. Pois quando te

VIII. A vitória do espírito de reconciliação no amor... 379

entregas imediatamente a essa segunda batalha, quem se torna então o mais importante? Certamente aquele a quem tu te esforças por vencer, não é mesmo? Mas, então, tu não és o mais importante! Contudo, justamente isso é o humilhante, que apenas o amor pode suportar, que, por assim dizer, recuamos quando avançamos, que as coisas se dão ao contrário: depois de termos sobrepujado tudo, o vencido se transforma no mais importante. Suponhamos que o irmão do filho pródigo tivesse estado disposto a fazer tudo em favor de seu irmão – uma coisa, em todo caso, não lhe entraria na cabeça: que seu irmão perdido viesse a ser o mais importante. Ora, isso também é difícil de entrar na cabeça, por esse caminho isso não penetra num homem.

Mas sempre é difícil conquistar um vencido, e particularmente difícil na situação que consideraremos. Ser alguém que foi vencido produz um sentimento humilhante, por isso o vencido prefere evitar aquele que o venceu; pois pelo contraste sua derrocada se torna maior, mas ninguém a torna tão evidente quanto aquele que o venceu. E no entanto é o vencedor que deve conquistar o vencido, e então, eles têm de ser reunidos. Além disso, a situação comporta aqui uma dificuldade particular. Em questões menos graves, o vencedor poderia ocultar sua vitória dos olhos do vencido e, por uma fraude piedosa, fingindo que este tinha razão, conciliadoramente cedendo, ao lhe dar razão até onde ele não a tinha. Não decidiremos até que ponto essa conduta é em alguma hipótese lícita; mas na situação aqui considerada, o amoroso não teria o mínimo direito de fazer isso. Teria sido fraqueza, e não amor, fazer o desamoroso acreditar que ele tinha tido razão no mal que ele fez; essa conduta não seria espírito de conciliação, e sim uma traição que confirmaria o outro no mal. Não, é justamente importante, faz parte da obra do amor, que, com a ajuda do amoroso, o desamoroso veja claramente quão irresponsavelmente ele agiu, de modo que sinta profundamente seu erro. Eis o que deve fazer o amoroso; e depois ele deve além disso conquistar o vencido. "Além disso?" Não, pois se trata de uma única e mesma coisa, já que ele só deseja, verdadeiramente, ganhá-lo para si, ou ganhá-lo para a verdade e para si, e não ganhá-lo para si enganando-o. Mas quanto mais profundamente o vencido chega a sentir seu erro e, nessa medida, tam-

380 As obras do amor

bém a sua derrota, tanto mais também ele se sentira afastado daquele que, por amor, lhe dá o golpe da graça. Oh, que tarefa difícil: ao mesmo tempo afastar de si e ganhar para si, ao mesmo tempo ser tão rigoroso quanto o exige a verdade, e contudo tão suave quanto o deseja o amor, para conquistar aquele diante do qual se usa a severidade! Na verdade, é um milagre quando isso é bem-sucedido; pois, como em tudo o que é cristão de verdade, ocorre aqui o inverso do ditado, de que "não se pode fazer duas coisas ao mesmo tempo". Que um vencido se dirija àqueles que, mentindo, lhe dão a interpretação mais favorável, é fácil de compreender; mas conquistar alguém para si graças à rigorosa interpretação da verdade – isso é difícil.

Nossa consideração se fixa agora nessa tarefa. Pensa no que teria ocorrido se o desamoroso tivesse entrado em conflito com outro desamoroso que alimentasse e avivasse todas as suas más paixões. Pensa nisso, *enquanto fazes uma pausa para assim veres bem como se comporta o amoroso.*

O desamoroso é um vencido. Mas o que significa, aqui, que ele seja um vencido? Significa que ele foi vencido pelo bem, pelo verdadeiro. E o que é que o amoroso quer? Quer ganhá-lo para o bem e para a verdade. Mas o que há então de tão humilhante em ser vencido, quando isso significa que fomos vencidos para o bem e para a verdade? Presta agora atenção ao amor e ao espírito de conciliação. O amoroso não dá a impressão, nem mesmo se dá conta, de que foi ele quem venceu, que ele seria o senhor da vitória – não, é o bem que triunfou. Para afastar o que poderia haver de humilhante e ofensivo, o amoroso interpõe algo de superior entre si e o desamoroso, e com isso, ele próprio desaparece. Se numa relação entre duas pessoas não há um terceiro, essa relação sempre se torna malsã: demasiado febril ou amargurada. Esse terceiro, que os filósofos chamariam de ideia, é o verdadeiro, o bem, ou mais exatamente a relação com Deus; esse terceiro, em certos casos refresca o ardor, em outros, suaviza o amargor. Verdadeiramente, o amoroso tem amor demais para confrontar-se diretamente ao vencido como vencedor, e ser ele mesmo o senhor da vitória, que goza a vitória – enquanto o outro é o vencido; seria justamente desamoroso pretender triunfar assim sobre seu semelhante. Graças ao terceiro

VIII. A vitória do espírito de reconciliação no amor... 381

que o amoroso interpôs entre eles, ambos se humilham: pois o amoroso se humilha diante do bem, de quem ele é o humilde servidor, e (como ele próprio admite) na fragilidade; e o vencido não se humilha diante do amoroso, mas diante do bem. Mas quando numa relação entre dois adversários ambos se humilham, não há nada de humilhante para um deles. Como pode ser tão hábil o amor; que artista de mil instrumentos ele é! Tu preferirias, como dizes, que eu falasse com mais seriedade? Oh, podes crer, a pessoa amorosa até gosta que eu fale assim; pois mesmo nas coisas com que nos ocupamos com a seriedade da eternidade há uma alegria em ser bem-sucedido, que leva a preferir falar nessa maneira. Também há um certo pudor em falar desse modo, e nesta medida uma certa solicitude para com aquele que está no erro; ai, freqüentemente, uma reconciliação no amor talvez fracassou por ter sido empreendida com demasiada seriedade, ou seja, porque não tínhamos aprendido de Deus a arte (e é de Deus que a aprendemos) de sermos nós mesmos suficientemente sérios, porém capazes de fazê-lo com tanta leveza quanto a verdade pode ainda permiti-lo. Nunca acredites que seriedade signifique mau humor, nunca acredites que seja seriedade essa cara torcida que pode fazer mal só de ver: jamais foi sério aquele que não aprendeu da seriedade que também podemos mostrar-nos excessivamente sérios. Quando se tiver tornado em ti uma segunda natureza a vontade de conquistar teu inimigo, aí estarás tão familiarizado com esse tipo de tarefas que elas poderão te ocupar como tarefas artísticas. Quando o frescor do amor flui em ti constantemente, quando seu estoque está como deve ser, aí também há bastante tempo para ser flexível. Mas quando o homem encontra em si mesmo resistência, quando, diante do rigoroso comando da lei, ele deve forçar-se a ir avante para se reconciliar com seu inimigo: aí a coisa adquire facilmente uma seriedade excessiva, e fracassa justamente por causa do excesso de seriedade. Entretanto, esse "excesso de seriedade" não é, afinal, por mais respeitável que possa ser, especialmente em contraste com a recusa à reconciliação, aquilo em que nos devemos empenhar. Não: o verdadeiramente amoroso é justamente flexível.

Assim então o amoroso também oculta alguma coisa diante do vencido. Não, porém, como o faz uma pessoa condescendente que esconde o que é verdade: o amoroso oculta a si próprio. Para não perturbar, está por assim dizer só ocultamente presente, enquanto aquilo que realmente se apresenta é a suprema majestade do bem e do verdadeiro. E desde que atentemos para isso, apresenta-se também algo tão elevado, que o bocadinho de diferença entre dois seres humanos facilmente desaparece. E é sempre assim que o amor se comporta. O verdadeiro amoroso, cujo coração não aguentaria por nada desse mundo fazer a jovem amada sentir a superioridade dele, inculca-lhe o verdadeiro de modo que ela nem perceba que ele é o mestre; ele a extrai dela própria, ele a põe nos lábios dela e portanto não escuta a si mas a ela dizendo o que é verdadeiro, ou seja, ele traz à luz a verdade e oculta a si mesmo. Será por acaso humilhante aprender a verdade desse jeito? E do mesmo modo para o vencido de que falamos aqui. A expressão da dor pelo passado, a tristeza por seus erros, a súplica de perdão: são tantas coisas que num certo sentido o amoroso acolhe, mas que ele imediatamente põe de lado com um sentimento de horror sagrado, como colocamos de lado algo que não nos pertence: em outros termos, dá a entender que tudo isso não lhe é devido, que ele dedica tudo a uma destinação mais alta e o remete a Deus como a quem de direito. É assim que o amor sempre age. Se a jovem, na alegria indizível pela felicidade de se unir ao bem amado, quisesse agradecer-lhe por isso, será então que este, se fosse um verdadeiro amante, não impediria essa cena pavorosa, dizendo: "Não, querida, este é um pequeno equívoco, e não podemos ter mal-entendidos entre nós; não é a mim, mas a Deus que deves agradecer, se essa felicidade é tão grande quanto tu achas. Agindo assim, tu estarás ao abrigo de todo erro; pois, supondo que tua felicidade não fosse afinal assim tão grande, seria no entanto uma grande felicidade para ti teres dado graças a Deus." Eis o que é inseparável de todo amor verdadeiro: a modéstia *sagrada*. Pois a modéstia da mulher é sobre as coisas mundanas, e na modéstia ela se sente superior ao que se opõe de modo chocante; mas a modéstia sagrada é porque Deus está aí, e na modéstia o homem sente sua pequenez. Assim que a mais longínqua alusão quer lembrar algo que o recato ignora, o pudor se manifesta na mulher; mas assim que um ser humano, em suas relações com um semelhante, reflete que Deus está presente, a modéstia sagrada intervém. Não temos esse sentimento diante do outro

VIII. A vitória do espírito de reconciliação no amor... 383

ser humano, mas diante do terceiro, que está presente; ou sentimos este pudor diante do outro ser humano, na medida em que pensamos no que a presença do terceiro faz ao outro ser humano. Tal aliás é o caso até nas simples relações humanas. Pois quando dois homens conversam entre si, e o rei está presente como o terceiro, embora conhecido apenas por um deles, este fica um pouco diferente, pois fica um pouco envergonhado – diante do rei. O pensamento da presença de Deus torna um homem recatado em relação a um outro homem, pois a presença de Deus torna ambos essencialmente iguais. E ainda que a diferença que os separa fosse aos olhos humanos aquela que mais grita aos céus, Deus tem em seu poder o dizer: "Quando estou presente, ninguém terá a audácia de tomar consciência dessa diferença; seria, aliás, como ficar conversando um com o outro em minha presença como se eu não estivesse aqui".

Mas se o próprio amoroso é tão recatado, quase não ousa levantar os olhos sobre o vencido, como poderia ser humilhante ser este vencido? Uma pessoa se encabula quando uma outra olha para ela; mas se essa outra que assim poderia torná-la encabulada ao olhar para ela, é ela própria encabulada, então não há ninguém a olhar para a primeira. E se não há ninguém olhando para ela, também não há nada de humilhante em se humilhar diante do bem, ou diante de Deus.

O amoroso, portanto, não fica olhando o vencido. Essa é a primeira atitude, era para evitar qualquer coisa de humilhante. *Mas, num outro sentido, o amoroso ainda o olha. Isto é o que veremos a seguir.*

Oh, se eu pudesse descrever o modo como o amoroso olha para o vencido, como resplandece a alegria de seus olhos, como este olhar amoroso repousa suavemente sobre ele, como tenta, atraindo e acenando, conquistá-lo! Pois para o amoroso é tão indescritivelmente importante que não interfira nada de perturbador e não se interponha entre eles nenhuma palavra intempestiva, e que não seja por acaso trocado um olhar fatal que ameaçasse estragar tudo por muito tempo. É assim que o amoroso olha para o outro; e de resto, com a calma que apenas o eterno pode dar a um homem. Pois decerto, o amoroso deseja conquistar esse vencido; mas esse

384 As obras do amor

seu desejo é sagrado demais para ter o tipo de paixão que em geral o desejo tem. O desejo da mera paixão quase sempre deixa uma pessoa um pouco confusa; em contrapartida, a pureza e a santidade deste desejo trazem ao amoroso uma sublime calma, que por sua vez o ajuda a obter a vitória da reconciliação, a mais bela e a mais difícil; pois a força aqui não basta, a força tem de estar na fraqueza.

Mas há alguma coisa que humilhe no sentimento de sermos tão importantes para uma outra pessoa? Há alguma coisa que humilhe uma moça ao ver que o amante corteja seu amor; há algo de humilhante para ela no ser tão evidente o quanto ele se preocupa em conquistá-la; é tão humilhante para ela prever a alegria que ele terá se for bem-sucedido? Não, nada disso. Mas o amoroso que, no espírito de reconciliação, quer conquistar o vencido, se encontra justamente nesta situação de, num sentido muito mais nobre, cortejar o amor de uma outra pessoa. E o amoroso sabe bem demais quão difícil é cortejar desta maneira, livrar alguém do mal[292], livrá-lo da humilhação de ter sido o derrotado, livrá-lo do triste pensamento do perdão de que ele carece; enfim, apesar de todas essas dificuldades, conquistar o seu amor.

No entanto, o amoroso consegue conquistar o vencido. Tudo o que perturba, todo conflito imaginável foi removido como por encantamento: enquanto o vencido se esforça em obter o perdão, o amoroso se esforça por obter o amor do vencido. Oh, não é verdade que sempre nos respondem conforme perguntamos; também este provérbio foi revogado pelo Cristianismo, como todos os ditados da sabedoria humana. Pois quando o vencido pergunta: "Tu me perdoaste então agora?", o amoroso responde: "Tu me amas agora de verdade?" Mas então, este não responde ao que lhe foi perguntado. Não, ele não faz isso, ele é amoroso demais para isso; ele nem quer responder a essa pergunta sobre o perdão; pois esta palavra, sobretudo se enfatizada, facilmente poderia dar ao caso, num sentido danoso, um excesso de seriedade. Que prodigioso diálogo! Pois ele não tem, por assim dizer, nenhum sentido; o primeiro pergunta

---

292. Trocadilho com os dois sentidos do verbo "*at fri*": cortejar (ser um pretendente à mão de uma moça) e libertar, livrar alguém de alguma amarra. Em algumas das formulações caberiam os dois sentidos: tentar ganhar alguém para si libertando-o de um mal. P. ex., reconquistar uma jovem, libertando-a do ressentimento [N.T.].

VIII. A vitória do espírito de reconciliação no amor...

uma coisa, o segundo responde falando de uma outra; e contudo, eles conversam, sim, o amor não se engana, ambos falam de uma única e mesma coisa.

Mas o amoroso fica com a última palavra. Pois decerto ainda por um tempo as coisas vão se alternar entre eles, de modo que um dirá: "Tu me perdoaste então agora realmente", e o outro responderá: "Tu me amas então agora realmente". Mas, vê só, ninguém, ninguém pode resistir a um amoroso, nem mesmo aquele que implora por perdão. Por fim, este acaba perdendo o hábito de perguntar sobre o perdão.

E assim, o amoroso venceu: pois ele conquistou o vencido.

IX

A OBRA DO AMOR QUE CONSISTE EM RECORDAR UMA PESSOA FALECIDA

Quando, de uma ou outra maneira, tememos não conseguir manter uma visão de conjunto sobre os múltiplos e vastos aspectos de uma questão, esforçamo-nos para fazer ou adquirir um breve resumo do todo – para dele obtermos um panorama. Deste modo, a morte é o resumo mais curto da vida, ou a vida reconduzida à sua forma mais breve. Por isso também sempre tem sido tão importante, para os que em verdade refletem sobre a vida humana, muitas e muitas vezes, com a ajuda dessa ideia recapituladora, colocar em questão o que compreenderam da vida. Pois nenhum pensador domina a vida do modo como o faz a morte, este pensador poderoso que não apenas consegue penetrar pelo pensamento toda e qualquer ilusão, mas ainda pode desmembrá-la e pensá-la até não sobrar mais nada. Se então tudo se torna confuso para ti, quando observas os numerosos caminhos da vida, vai então encontrar os mortos "lá para onde convergem todos os caminhos" – e aí sim facilmente terás a visão global. E se te dá vertigem de tanto veres as diferenças da vida e delas ouvires falar, sai de novo a encontrar os mortos, lá tu dominarás as diferenças: entre os "parentes no pó", toda diferença se apaga e só resta o parentesco próximo. Pois todos os homens são parentes consanguíneos e, portanto, de um único sangue, e este parentesco da vida é tão frequentemente negado na vida; mas que todos são de um mesmo pó, esse parentesco na morte, isso não se deixa negar.

Sim, vai ainda uma vez ao encontro dos mortos, para desse lugar olhar a vida de frente: assim faz aliás o atirador, procura um lugar onde o inimigo não possa atingi-lo, mas de onde ele pode acertá-lo mirando-o com toda a tranquilidade. Não escolhas para essa visita o declínio do dia; pois a calma que se estende à tardinha sobre

IX. A obra do amor que consiste em recordar uma pessoa falecida   387

os mortos frequentemente não está longe de uma certa tensão que excita e "sacia com inquietação" e que, em vez de resolver os enigmas, propõe novos. Não: vai até lá bem cedo pela manhã, quando o sol matutino assoma entre as folhagens com seus jogos de luz e sombra, quando a beleza amistosa do lugar, ainda animada pelo canto dos pássaros e pela vida multiforme, quase te leva a esquecer que estás entre os mortos. Acharás então que chegaste a um país estrangeiro que permaneceu na ignorância da confusão e da fragmentação da vida, no estado infantil, composto unicamente por pequenas famílias. Aqui fora, com efeito, alcançou-se o que em vão se procurava na vida: a repartição igualitária. Cada família tem para si uma pequena parcela de terra, mais ou menos do mesmo tamanho. A vista é mais ou menos a mesma para todas elas; o sol consegue brilhar igualmente sobre todas elas; nenhum monumento se eleva tão alto que roube do que mora ao lado ou do que mora à frente o raio do sol ou a chuva refrescante ou o frescor da brisa ou o eco do canto dos pássaros. Não, aqui a repartição é igualitária. Pois na vida às vezes acontece a uma família ter de se restringir depois de ter conhecido a abundância e a prosperidade; mas na morte, todos já tiveram que se limitar. Pode haver uma pequena diferença, uma vara, talvez, na extensão do lote; ou uma das famílias talvez possua uma árvore que o outro morador não tenha no seu lote. E por que esta diferença, o que tu achas? Ela está aí para, numa profunda troça, lembrar-te por sua insignificância o quão grande ela um dia já foi. A morte é tão amorosa! Pois é justamente caridade, da parte da morte, que ela por meio dessa pequena diferença em gracejo sublime relembre a grande diferença. A morte não diz: "Não há nenhuma diferença"; ela diz: "Aqui podes ver o que era esta diferença: uma meia vara." Caso não houvesse essa pequena diferença, então a quintessência da morte não seria inteiramente confiável. Assim a vida retorna, na morte, à infantilidade. Nos tempos da infância, a grande diferença consistia em que um possuía uma árvore, uma flor, uma pedra. E tal diferença era uma indicação daquilo que na vida haveria de se mostrar de acordo com um padrão bem diferente. Agora, a vida já passou, e entre os mortos restou uma pequena indicação da diferença, como uma recordação, suavizada num gracejo, de como era antes.

388   As obras do amor

Vê só, aqui fora é o lugar para meditar sobre a vida; para, com a ajuda desta breve quintessência que abrevia toda a prolixidade das relações complicadas, alcançar a visão de conjunto. Como poderia eu, em um escrito sobre o amor, deixar passar, sem aproveitar, essa oportunidade de examinar afinal em que consiste propriamente o amor? Na verdade, se quiseres ter certeza sobre o amor que existe em ti ou em outra pessoa, então presta atenção para a forma com que ela se comporta para com um falecido. Quando se quer observar uma pessoa, é importante para o sucesso da observação que se veja a pessoa que está na relação, porém olhando-se exclusivamente para ela. Quando então uma pessoa real se relaciona com uma outra pessoa real, são então duas, a relação é composta, e a observação sobre apenas uma delas fica dificultada. Pois esta outra pessoa esconde algo sobre a primeira pessoa, e além disso a segunda pessoa pode, afinal, influenciar muito para que a primeira se mostre de maneira diferente da que é. Uma dupla operação é necessária nesse caso; a observação deve levar em conta particularmente a influência exercida pela personalidade, pelas qualidades, pelas virtudes e pelos defeitos dessa pessoa sobre aquela que é o objeto da observação. Se tu pudesses realmente ver um homem lutar na maior seriedade com o vento, ou se conseguisses fazer um dançarino executar sozinho a dança que ele habitualmente executa com uma parceira, tu poderias então observar seus movimentos nas melhores condições, bem melhores do que quando o primeiro combate com um outro lutador de verdade, ou se o segundo dançasse com uma outra pessoa de verdade. E se tu compreendes a arte de, num diálogo com alguém, te transformares em "ninguém", tu então tens todas as chances de te instruíres sobre o que reside nessa pessoa. Oh, mas quando um ser humano se relaciona com um falecido, então nessa relação só há uma pessoa, pois um morto não é nenhuma realidade efetiva; e ninguém, ninguém pode tão bem quanto um morto reduzir-se a ser "ninguém", pois ele é "ninguém". Aqui a observação não pode falhar; aqui o que está vivo se torna manifesto; aqui, este tem de se mostrar completamente como ele é; pois um defunto, este sim que é um homem ardiloso, ele se retirou completamente, ele assim não exerce a mínima influência capaz de perturbar ou auxiliar o vivente que se relaciona com ele. Um morto não é um objeto real; ele é tão somente a oca-

IX. A obra do amor que consiste em recordar uma pessoa falecida 389

são que constantemente revela o que reside no interior do vivente que com ele se relaciona, ou que ajuda a tornar manifesto como é aquele vivente que não mantém com ele nenhuma relação.

Pois nós certamente temos deveres também para com os mortos. Se devemos amar as pessoas que vemos, então também aqueles que vimos mas não vemos mais porque a morte os levou embora. Não devemos importunar o falecido com nossas queixas e gritos; mas devemos tratá-lo como tratamos alguém adormecido a quem não ousamos acordar, porque esperamos que venha a despertar por si mesmo. "Chora por um morto silenciosamente, pois ele alcançou o repouso", diz o Sirácida (Eclo 22,12); e eu não saberia caracterizar melhor a recordação que guardamos de um morto do que por esse chorar silencioso, que não se entrega a soluços momentâneos – e que logo cessam. Não: nós devemos recordar o falecido, chorar em silêncio, mas chorar por muito tempo. Por quanto tempo? Isso não se pode definir com antecedência, dado que o saudoso não pode saber exatamente por quanto tempo estará separado do falecido. Mas aquele que carinhosamente guarda a lembrança de um falecido pode apropriar-se de algumas palavras de um salmo de Davi que também fala da recordação: "Se eu de ti me esquecer, que minha direita também se esqueça de mim, que minha língua se prenda a meu palato se eu não me lembrar de ti, se não te preferir à minha mais viva alegria"; só que ele deve lembrar-se de que a tarefa não consiste em falar isto logo no primeiro dia do luto, mas sim em permanecer fiel a si próprio e ao falecido, guardando essa disposição de espírito, ainda que calando tais palavras (o que frequentemente é preferível) por uma questão de decência e até de segurança. Esta é uma tarefa; e não é precisa uma grande experiência de vida para ter visto o suficiente para convencer-se da necessidade que bem pode haver de sublinhar que o recordar um morto constitui para nós uma tarefa, um dever: talvez nenhuma outra circunstância mostre melhor do que este caso o quão pouco se pode confiar no sentimento humano quando entregue apenas a si mesmo. Não que aquele sentimento ou aquelas exclamações febris sejam falsas, ou seja: no momento em que o falamos cremos no que dizemos; mas nós nos satisfazemos e saciamos a paixão de um sentimento desordenado utilizando expressões comprometedoras de

390 As obras do amor

tal modo que talvez raramente haja alguém que não acabasse convertendo mais tarde em mentira o que antes havia prometido sinceramente. Oh, frequentemente se diz que teríamos uma ideia bem diferente da vida humana se tudo o que ela esconde aparecesse à luz do dia – ai, se a morte revelasse o que ela sabe dos vivos: que terrível contribuição a esse conhecimento do homem, que, no mínimo, não favoreceria exatamente o amor à humanidade!

Então, entre as obras do amor, não esqueçamos desta, não esqueçamos de considerar:

a obra do amor que consiste em recordar uma pessoa falecida.

A obra do amor que consiste em recordar uma pessoa falecida é uma obra do amor mais desinteressado.

Se quisermos garantir que o amor é completamente desinteressado, podemos então afastar toda possibilidade de retribuição. Mas é isto justamente o que está excluído na relação com uma pessoa falecida. Se então o amor permanece, é que ele é verdadeiramente desprendido.

A retribuição em relação ao amor pode ser muito variada. Podemos tirar uma vantagem e um ganho; e este é afinal de contas sempre o que há de mais comum, é típico da "divisa pagã" de "amarmos aquele que nos retribui". Neste sentido, a retribuição é algo de diferente do próprio amor, é algo de heterogêneo. Mas há também uma retribuição para o amor, que é da mesma natureza do amor: o amor correspondido. E tanta bondade há por certo na maioria dos homens que eles normalmente consideram de suprema importância essa retribuição, a da gratidão, do discernimento, da devoção, enfim, a correspondência do amor, mesmo se por outro lado eles se recusam a conceder que se trata de uma contrapartida, e por isso creem que não se pode chamar o amor de interessado na medida em que persegue tal correspondência. Aquele, porém, que está morto não retribui em sentido algum.

Há, sob este aspecto, uma semelhança entre o recordar amorosamente uma pessoa falecida e o amor dos pais por seus filhos. Os pais amam os filhos quase antes de eles virem à existência e bem

IX. A obra do amor que consiste em recordar uma pessoa falecida   391

antes que se tornem consciência de si, ou seja, como não entes. Porém um falecido é igualmente um não ente; e esses são os dois benefícios supremos: dar a vida a uma pessoa e recordar um morto; contudo, a primeira dessas obras de amor tem retribuição. Caso os pais não tivessem esperança alguma, simplesmente nenhuma perspectiva de se deliciarem um dia com suas crianças e receberem uma retribuição por seu amor – então decerto haveria ainda um bom número de pais e mães que mesmo assim, amorosamente, tudo quereriam fazer por suas crianças: oh, mas haveria também muitos pais e mães, sem dúvida alguma, cujo amor se esfriaria. Não é nossa intenção pretender declarar sem mais nem menos um tal pai ou uma tal mãe desamorosos, não; mas o amor seria neles tão fraco, ou o egoísmo tão forte, que eles teriam necessidade dessa alegre esperança, dessa reconfortante perspectiva. E esta esperança e esta perspectiva têm no fundo a sua razão de ser. Os pais poderiam dizer entre si: "Nossa criancinha tem pela frente bastante tempo, longos anos; mas durante esse tempo todo, ela nos proporciona também alegria, e sobretudo, temos a esperança de que ela um dia recompensará nosso amor e, se não fizer nada mais, além disso, pelo menos tornará feliz nossa velhice."

O morto, ao contrário, não traz nenhuma retribuição. Aquele que guarda sua amorosa recordação talvez também diga: "Há uma longa vida diante de mim, consagrada à recordação, mas a perspectiva é do começo ao fim a mesma, e num certo sentido não há nenhum obstáculo para esta perspectiva, já que não há nenhuma perspectiva." Que trabalho ingrato e sem esperança, num certo sentido e, como diz o camponês, que ocupação tão deprimente, recordar uma pessoa morta! Pois uma pessoa falecida não cresce nem se desenvolve como a criança, voltada para o futuro: uma pessoa falecida apenas se esfarela como pó cada vez mais, rumo a uma ruína certa. Uma pessoa falecida não alegra quem a recorda como a criança alegra a mãe, não a alegra como a criança alegra a mãe quando, à pergunta sobre de quem ela mais gosta, responde: "Da mamãe"; o morto não ama a ninguém com predileção, ele parece não amar absolutamente a ninguém. Oh, é tão desanimador pensar que ele jaz tranquilo na tumba, enquanto aumenta a saudade que temos dele, tão desanimador que não haja outra ideia de mudança

392　　As obras do amor

a não ser a de uma dissolução sempre maior! É bem verdade, deste modo ele não dá trabalho, como pode fazê-lo às vezes uma criança; ele não causa noites de insônia, ao menos não por ser difícil – pois, coisa estranha, uma criança boa não causa noites insones, e com um morto dá-se o contrário, ele provoca noites de insônia tanto mais quanto melhor ele tiver sido. Oh, mas mesmo em relação à criança mais difícil sempre há esperança e perspectiva de retribuição pelo amor correspondido; mas um morto não retribui de jeito nenhum; quer tu por causa dele fiques insone e na espera, quer o esqueças completamente, isso parece ser-lhe totalmente indiferente.

Se então queres examinar-te e ver se amas de modo desinteressado, atenta para o modo como te relacionas para com um morto. Muitas vezes – indubitavelmente o mais das vezes –, a um exame severo mostrar-se-iam decerto muitas formas de amor como amor de si ou egoísmo. Mas o fato é que, na relação de amor entre os vivos, pelo menos há esperança ou perspectivas de retribuição, pelo menos a recompensa de um amor correspondido; e, em geral, a retribuição também se efetiva. Mas essa perspectiva, essa esperança junto com o fato de que a retribuição se efetiva, fazem com que não se possa discernir com exatidão o que é amor e o que é amor de si mesmo, pois não se pode ver claramente se a retribuição é esperada e em que sentido. Na relação para com um morto, ao contrário, a observação fica muito fácil. Oh, se os homens estivessem habituados a amar com um amor verdadeiramente desinteressado, com certeza recordaríamos também os mortos bem diferentemente de como o fazemos em geral uma vez passados os primeiros momentos, às vezes bem curtos, em que expressamos nosso amor pelos falecidos com gritos e clamores desordenados.

A obra de amor que consiste em recordar uma pessoa falecida é uma obra do amor mais livre que há.

Para pôr à prova corretamente se este amor é completamente livre, podemos afastar tudo o que poderia de alguma forma coagir alguém a manifestar seu amor. Mas isso está de fato excluído na relação com uma pessoa falecida. Se então o amor permanece mesmo assim, trata-se da forma mais livre de amor.

O que pode extorquir de alguém uma obra de amor pode ser extremamente diverso e não se deixa calcular. A criança grita, o po-

IX. A obra do amor que consiste em recordar uma pessoa falecida   393

bre mendiga, a viúva importuna, o respeito obriga, a miséria violenta, e assim por diante. Mas todo amor que se exerce assim sob o efeito de uma coação não é inteiramente livre.

Quanto mais forte a coação, tanto menos livre é o amor. Isso costumamos também levar em conta em geral no que se refere ao amor dos pais por seus filhos. Quando se quer descrever direito o desamparo, e descrevê-lo em sua figura mais urgente, costuma-se evocar a criancinha, deitada em todo o seu desamparo, pelo qual ela por assim dizer arranca o amor dos pais – arranca, por assim dizer, pois efetivamente só arranca o amor daqueles pais que não são o que deveriam ser. Portanto, a criancinha em todo o seu desamparo! E contudo, quando uma pessoa jaz em seu túmulo, coberta por três varas de terra, aí sim é que ela está mais desamparada do que a criança!

Mas a criança grita! Se a criança não pudesse gritar, ora, ainda assim haveria muitos pais e mães que cuidariam dela com todo o amor; oh, mas decerto haveria também muito pai e muita mãe que então esqueceria, pelo menos muitas vezes, da criança. Não é nossa intenção, só por causa disso chamar um tal pai ou uma tal mãe de desamorosos; mas o amor neles seria contudo tão fraco, tão egoísta, que necessitaria dessa lembrança, dessa coação.

O falecido, ao contrário, não grita como a criança; ele não se introduz na recordação do mesmo jeito que o necessitado, não implora como o mendigo, não te constrange com a miséria visível, e não te assalta como a viúva ao juiz: o falecido silencia e não diz uma única palavra, ele fica bem tranquilo, não se move de onde está – e talvez também não sofra nenhum mal! Não há ninguém que importune menos um vivente do que um falecido, e ninguém é mais fácil de ser evitado do que um falecido. Tu podes deixar tua criança com terceiros para não ouvir os seus gritos, podes mandar dizer que não estás em casa para escapar às súplicas do mendigo, podes andar por aí disfarçado para que ninguém te reconheça: enfim, podes empregar em relação aos vivos numerosas precauções, que talvez não te deem plena segurança; mas em relação a um morto não necessitas da mínima precaução, e contudo podes tranquilizar-te completamente. Se alguém pretende, se pensa que tem mais proveito em seu negócio em livrar-se de um morto o mais cedo possível, pode, sem chamar a atenção e sem se expor a qualquer processo jurídico, esfriar-se quase que no mesmo instante em que o defunto esfriou. Se, apenas por causa do decoro (e não por causa do falecido), lembra-se de derramar algumas lágrimas no jornal no dia do enterro, e se apenas cuida de lhe testemunhar as últimas honras por uma questão de decoro: então, na questão que de fato interessa, pode rir do morto – bem diante de seus olhos, eu ia dizer, mas não, pois estes estão fechados. Um morto, naturalmente, não tem mais direitos na vida; não há nenhum magistrado que tenha a ver com isso se recordas um falecido, não há autoridade que intervenha nessa relação, como às vezes na relação entre pais e filhos – e o falecido, com certeza, não dá nenhum passo para de uma ou outra maneira importunar ou pressionar. Se então tu queres examinar se amas livremente, trata de prestar atenção à maneira como tu ao longo do tempo te relacionas com um falecido.

Se não parecesse tanto com uma brincadeira (o que porém certamente não é, a não ser para quem não sabe o que é a seriedade), eu diria que se poderia colocar sobre o portão do cemitério essa inscrição: "Aqui não há coação", ou: "Aqui entre nós não se coage." E no entanto, eu bem gostaria de dizê-lo, eu gostaria também de ter dito isso, e manterei o que disse; pois meditei demais sobre a morte para ignorar que aquele que não sabe, para despertar os espíritos, notem bem, utilizar a astúcia, a malícia profunda que há na morte, não pode justamente falar com seriedade sobre ela. A morte não é séria do mesmo modo como o eterno o é. À seriedade da morte pertence justamente esse singular elemento despertador, essa profunda ressonância de zombaria, que separada do pensamento do eterno é frequentemente uma brincadeira insolente e vã, mas que aliada a esse pensamento do eterno é justamente aquilo que deve ser, e extremamente diferente da insípida seriedade totalmente incapaz de apreender e conter um pensamento que tenha a tensão igual ao pensamento da morte.

Oh, fala-se muito no mundo que o amor deve ser livre; que não se pode amar enquanto houver a mínima coação; que no que toca ao amor não se pode ser forçado de maneira alguma: muito bem; então vamos ver de fato como se passam as coisas com o amor li-

IX. A obra do amor que consiste em recordar uma pessoa falecida   395

vre – vejamos como os mortos são recordados no amor; pois um
morto não nos força de jeito nenhum. Claro, no momento da separação, quando sentimos a falta da pessoa que morreu, nós grita-
mos. Será esse então o amor livre tão comentado, será isso amor
pelo falecido? E depois, pouco a pouco, à medida que o morto se reduz a pó, assim também a recordação se esparrama por entre os de-
dos, não se sabe mais o que é feito dela, pouco a pouco nos liberta-
mos dessa... pesada recordação. Mas livrar-se assim dessa maneira,
será esse o amor livre, será isso o amor pelo falecido? Afinal, o provérbio diz: "Longe dos olhos, longe dos pensamentos". E sempre
podemos ter certeza de que um provérbio diz a verdade no que
concerne a este mundo; mas uma outra coisa é que, do ponto de
vista cristão, todo e qualquer provérbio é falso.

Se tudo o que dizemos do amor livre fosse verdade, ou seja,
se isso acontecesse, se ele fosse posto em prática, se os homens se
acostumassem a amar desse modo, então os homens também ama-
riam os mortos diferentemente de como o fazem. Mas o fato é que,
em relação a outras formas de amor humano, mais frequentemente
há algo que pressiona, senão por outra razão pelo menos pela visão cotidiana e pelo hábito; e por isso não conseguimos ver de maneira definida até que ponto é o amor que livremente sustenta o
seu objeto, ou é o objeto que de uma ou outra maneira colabora
pressionando. Mas em relação a um morto, tudo se torna claro.
Aqui não há nada, absolutamente nada que pressione. Bem pelo
contrário: o recordar amoroso de um falecido deve defender-se
contra a realidade circundante, para impedir que impressões sempre novas alcancem um poder de apagar completamente a lembrança; e ainda deve defender-se contra o tempo: em uma palavra,
deve salvaguardar sua liberdade de recordar contra aquilo que
quer forçá-lo a esquecer. E o poder do tempo é grande. Talvez não
o notemos no decorrer do tempo: é porque o tempo astuciosamente nos furta um pouco de cada vez; talvez só o percebamos de verdade na eternidade, quando tivermos que passar em revista de
novo e retrospectivamente as coisas com que, graças ao tempo e
aos quarenta anos, estivemos envolvidos. Sim, o tempo é uma potência perigosa; no tempo é bem fácil começar de novo e assim esquecer o ponto onde paramos [*hvor det var man slap*]. Pois quan-

do começamos a leitura de um livro muito grande e não confiamos muito em nossa memória, colocamos sinais: mas em relação à nossa vida toda, quantas vezes não esquecemos de marcar [*lægge Mærker*] os momentos decisivos para conseguir notá-los bem [*lægge Mærke*]! E então, no passar dos anos ter de recordar um morto, ai, enquanto ele nada faz para nos ajudar; ou melhor, se ele faz algo, ou simplesmente nada fazendo, tudo faz para mostrar-nos quão indiferente para ele é tudo isso! No entanto, os múltiplos desafios da vida nos acenam; os vivos nos acenam e dizem: "Vem juntar-te a nós, nós te daremos nosso afeto". O falecido, porém, não pode acenar para nós, mesmo se tal fosse o seu desejo; ele não pode nos fazer acenos, nem nada que possa nos prender a ele; não pode mexer um dedo; ele jaz e se reduz a pó – como é fácil para as potências da vida e do instante sobrepujar alguém tão impotente! Oh, não há ninguém tão desvalido quanto um morto, enquanto que ao mesmo tempo em seu desamparo ele não exerce absolutamente a mínima pressão! E por isso nenhum amor é livre como a obra de amor que *recorda* uma pessoa falecida – pois recordá-la é outra coisa do que não poder esquecê-la no início.

A obra de amor que consiste em recordar uma pessoa falecida é uma obra do amor da máxima fidelidade.

Para examinar corretamente se o amor que há em alguém é fiel, podemos, é claro, afastar tudo aquilo com que o objeto do amor poderia, de alguma maneira, ajudá-lo a ser fiel.

Mas tudo isso, justamente, está afastado na relação com a pessoa falecida, que não é *realmente* nenhum objeto. Se o amor ainda permanece, então ele é o mais fiel de todos.

Não é raro ouvir falar da falta de fidelidade no amor entre os humanos. Um joga a culpa no outro dizendo: "Não fui eu quem mudou, foi ele que se transformou." Muito bem. E daí? Tu mesmo permaneceste inalterado? "Não, é natural, e é evidente que eu também me transformei." Não vamos aqui esclarecer quão absurda é essa suposta autoevidência com que é lógico que eu me transforme porque um outro se transformou. Não, nós aqui falamos da relação para com um falecido, e aqui não se poderia dizer que foi ele que se transformou. Se nesse caso uma mudança se introduziu, deve ter

IX. A obra do amor que consiste em recordar uma pessoa falecida   397

sido eu quem se transformou. Portanto, se queres examinar se tu amas fielmente, presta atenção à maneira como tu te relacionas com uma pessoa falecida.

Mas o caso é o seguinte: é verdadeiramente uma tarefa difícil manter-se inalteradamente o mesmo ao longo do tempo; e o caso também é que os homens, mais do que gostam dos vivos e dos mortos, gostam sim de enganar-se a si mesmos com todo tipo de ilusão. Oh, quantos passam sua vida firmemente convencidos, e arriscariam até morrer por isso, de que se o outro não houvesse mudado, eles também teriam permanecido inalterados. Mas é verdade então que realmente cada pessoa viva permanece completamente inalterada em relação a um falecido? Oh, talvez em nenhuma outra relação a mudança seja tão sensível, tão grande quanto naquela entre uma pessoa viva e um falecido – enquanto que, com certeza, não pode ser este quem se transforma.

Quando dois seres vivos se apoiam mutuamente no amor, um se apoia no outro, e seu vínculo sustenta a ambos. Mas com um morto nenhum apoio mútuo é possível. No primeiro momento posterior, pode-se dizer talvez que um se apoia no outro – uma sequela da vinculação –, e por isso também é o caso mais frequente, o comum, que ele seja recordado nesse tempo. Mas com o correr do tempo, ao contrário, ele não apoia mais a pessoa viva; e a relação cessa, se a pessoa viva não o apoia. Mas o que é a fidelidade? A fidelidade consiste em que um outro me apoie?

Ora, quando a morte introduz a separação entre duas pessoas, então a que sobrevive – fiel no primeiro momento – se compromete a "jamais esquecer o falecido". Ai, que imprudência; pois, na verdade, um morto é um homem ardiloso como interlocutor, só que sua astúcia não é como a do homem do qual dizemos "que não voltamos a encontrar onde o deixamos"; pois a astúcia do morto consiste justamente em que não conseguimos tirá-lo do lugar em que o colocamos. Frequentemente somos tentados a crer que os homens imaginam que a um morto se pode dizer mais o menos tudo o que se queira, considerando que ele afinal de contas está morto, não ouve nada e não responde nada. E contudo, contudo toma cuidado sobretudo com o que tu dizes a um falecido. A um vivo, tu podes talvez tranquilamente dizer: "A ti eu jamais esquecerei." E quando então alguns anos tiverem se passado, pode-se esperar que vocês tenham ambos esquecido tudo felizmente e sem problemas – ao menos seria um caso raríssimo tu teres a má sorte de topar com um homem menos esquecidiço. Porém, toma cuidado frente a qualquer morto! Pois o morto é um homem acabado e definido; ele não é mais, como nós, personagem de um conto em que podemos vivenciar numerosos eventos burlescos, e esquecer dezessete vezes o que lhe havíamos dito. Quando tu declaras a um morto: "Eu jamais te esquecerei", é como se ele respondesse: "Bem, podes ter certeza de que eu jamais esquecerei que tu disseste isso." E mesmo que todos os outros seres vivos te afirmassem que ele te esqueceu, da boca de um morto tu jamais escutarás isso. Não; ele fica na dele – mas ele não se *altera*. Tu não poderias dizer a um morto que foi ele quem envelheceu e que isso explica tua relação modificada para com ele – pois um morto não envelhece. Tu não poderias dizer que foi ele quem se tornou frio com o tempo; pois ele não se tornou mais frio do que era quando tu te portavas tão calorosamente; de jeito nenhum foi ele quem ficou mais feio, razão porque tu não mais poderias amá-lo – pois, essencialmente, ele não se tornou mais feio do que quando era um bonito cadáver que, no entanto, não se presta como objeto para o amor; de jeito nenhum que foi ele quem se envolveu com outras pessoas – pois um morto não se envolve com outras pessoas. Não: quer tu então desejes recomeçar lá onde vocês se separaram, quer não, um morto recomeça com a mais pontual exatidão justamente ali onde vocês se separaram. Pois um falecido é um homem forte, ainda que não percebamos isto nele: ele tem a força da inalterabilidade. E um morto é um homem orgulhoso. Tu não notaste que o orgulhoso, justamente em relação àquele que ele despreza mais profundamente, se aplica ao máximo para não deixar nada transparecer, para parecer completamente inalterado, fazer como se tudo não fosse nada, a fim de, com isso, entregar o desprezado a uma degradação sempre mais profunda – pois só àquele a quem o orgulhoso apoia ele chama a atenção com benevolência para a injustiça, para o desvio, para assim, com efeito, auxiliá-lo ao bom caminho. Oh, mas um falecido – quem consegue tão orgulhosamente quanto ele evitar transparecer absolutamente nada de seu, mesmo que despreze uma pessoa viva que se

IX. A obra do amor que consiste em recordar uma pessoa falecida 399

esquece dele e da palavra de despedida – um falecido, aliás, faz de tudo para colocar-se a si mesmo no esquecimento! O morto não se aproxima de ti apelando por tua memória; ele não te mira de passagem; tu jamais topas com ele; e se tu o encontrasses e o visses, em sua expressão facial não haveria nada de involuntário que, contra a sua vontade, pudesse trair o que ele pensa e julga sobre ti; pois um morto tem seu rosto em seu poder. Em verdade, nós deveríamos guardar-nos de conjurar, à maneira dos poetas, os mortos para trazê-los à lembrança: o mais terrível é justamente o fato de que o falecido em nada se faz notar. Teme, portanto, o falecido: teme sua engenhosidade, teme sua determinação, teme sua força, teme seu orgulho! Mas se tu o amas, guarda-o com amor em tua recordação e nenhum motivo terás para temer; aprenderás do falecido, e justamente dele como falecido, a engenhosidade no pensamento, o rigor na expressão, a força na inalterabilidade, o orgulho na vida, como de nenhum homem, nem do mais ricamente dotado, poderias aprender.

O falecido não se altera e não dá para imaginar nenhuma possibilidade de desculpa jogando a culpa sobre ele; ele é, portanto, fiel. Sim, é verdade; mas ele não é nada de real e por isso nada faz, absolutamente nada para vincular-se a ti, ele apenas não se altera. Ora, se uma mudança se introduz na relação entre uma pessoa viva e um morto, então é bem claro que deve ter sido a pessoa viva quem se modificou. Se, pelo contrário, nenhuma mudança se introduz, então é a pessoa viva que verdadeiramente permaneceu fiel, fiel no recordá-lo amorosamente – enquanto que, ai, ele nada podia fazer para te segurar; ai, enquanto ele fazia tudo para dar a entender que tinha se esquecido completamente de ti e daquilo que tu lhe havias dito. Pois nem aquele que realmente esqueceu o que lhe foi dito pode expressar de maneira mais rigorosa que já está esquecido, que toda o relacionamento com ele, todo o caso com ele está esquecido, melhor do que o faz o falecido.

A obra de amor que consiste em recordar um falecido é, pois, uma obra do amor mais desinteressado, mais livre e mais fiel. Vai então e exerce-a; recorda o falecido e aprende justamente assim a amar as pessoas vivas de modo desinteressado, livre, fiel. Na relação com um falecido tens a medida com a qual podes testar-te a ti próprio. Aquele que recorre a essa medida poderá facilmente encurtar a extensão das situações mais complicadas, e aprenderá a repugnar todo o monte de desculpas de que a realidade logo dispõe para explicar que é o outro que é um egoísta, é o outro que tem a culpa de ser esquecido, porque ele não se faz lembrar, é o outro que é o infiel. Recorda-te do falecido: então, além da bênção que está inseparavelmente ligada a essa obra do amor, terás ainda o melhor dos guias para compreender a vida corretamente: que é dever amar os homens que não vemos, mas também os que nós vemos. O dever de amar as pessoas que vemos não pode cessar pelo fato de que a morte as separou de nós, pois o dever é eterno; mas, por conseguinte, o dever para com os falecidos de maneira alguma pode separar-nos dos que conosco convivem, de tal maneira que esses não ficassem objetos de nosso amor.

X
A OBRA DO AMOR QUE CONSISTE EM FAZER O ELOGIO DO AMOR

"A arte não está em dizê-lo, mas em fazê-lo." Essa é uma observação proverbial que é também inteiramente verdadeira quando razoavelmente excetuamos os casos e as situações em que a arte consiste realmente no "dizê-lo". Pois seria bem estranho se alguém negasse que a arte do poeta estivesse justamente no "dizê-lo", já que não é dado a qualquer um dizer *aquilo* que o poeta diz *de tal maneira* que, justamente com isso, se mostra ser ele um poeta. Em parte, isso vale também para a arte do discurso.

Todavia, em se tratando do amor, não vale (nem em parte nem no todo) que a arte consista no dizê-lo ou no saber dizê-lo de alguma forma que esteja essencialmente condicionado pelo acaso do talento. Justamente por isso é tão edificante falar sobre o amor, porque temos de refletir constantemente e dizer a nós mesmos: "Disso qualquer um é capaz, ou deveria ser capaz" – enquanto que seria estranho pretender que cada um é ou poderia ser poeta. O amor que supera todas as diferenças, que dissolve todos os laços para ligar a todos nos laços do amor, deve naturalmente vigiar amoroso para evitar que aqui de repente algum tipo de diferença intervenha, trazendo discórdia.

Já que é assim, posto que não é nenhuma "arte" elogiar o amor, justamente por isso, fazê-lo é uma obra[293]; pois a "arte" se relaciona com o acaso do talento, e a obra se relaciona com o humano universal. Assim então o provérbio pode encontrar sua aplicação de uma maneira especial. Se, por exemplo, alguém, numa observação lançada acidentalmente, numa dessas sugestões apressadas

---

293. *Gjerning*: significa também "ato, ação, feito", relacionado ao "prático", mais que ao "poético" [N.T.].

402 As obras do amor

(que parecem agradar particularmente nossa época), dissesse: "Seria bom que alguém se dispusesse a elogiar o amor", então conviria responder-lhe: "A arte não está em dizê-lo, mas em fazê-lo" – e isso embora "fazê-lo", neste contexto, venha a significar "dizê-lo", coisa que, como já mostramos, não é uma arte quando se trata do amor: portanto, é uma arte e no entanto não é uma arte, mas sim uma obra[294]. A obra consiste então em assumir o trabalho de realizar um tal elogio do amor, o que demanda tempo e aplicação. Se fosse uma arte elogiar o amor, a questão seria diferente. Pois, em relação a uma arte, na verdade não é dado a qualquer um exercê-la, mesmo que ele queira dedicar seu tempo e sua aplicação a isso e queira assumir o trabalho. Mas o amor, pelo contrário, oh, ele não é como a arte ciumenta de si própria, e por isso é privilégio de poucos. A qualquer um que queira ter amor, se lhe concede; e se quiser assumir o trabalho de elogiá-lo, também terá sucesso.

Consideremos então

a obra do amor que consiste em fazer o elogio do amor.

Trata-se de uma obra, e naturalmente de uma obra do amor, pois ela só pode realizar-se no amor, mais precisamente, no amor da verdade. Esforcemo-nos para esclarecer como esta obra deve ser realizada.

A obra de elogiar o amor deve realizar-se interiorizando-se[295] *na autoabnegação.*

Se o elogio ao amor deve ser feito proveitosamente, é preciso perseverar por muito tempo, pensando um único pensamento, suportar todo esse tempo com a mais estrita abstinência, no sentido espiritual, em relação a tudo o que é heterogêneo, estranho, irrelevante e perturbador; é preciso suportar esse pensamento na mais pontual e obediente autoabnegação de qualquer outro pensamento. Mas isso é muito extenuante. Por este caminho, perder sentido e nexo, perder a razão é bastante fácil; e é também o que ocorrerá se o único que nos ocupa for uma representação particular de ordem

---

294. Ou seja: uma ação boa, ou uma boa ação, uma bela ação [N.T.].
295. *indefter*, literalmente: "(de fora) para dentro" [N.T.].

X. A obra do amor que consiste em fazer o elogio do amor 403

finita, e não um pensamento único infinito. Mas mesmo se o que liberta e preserva a razão é um único pensamento, ele é ainda assim muito extenuante. Pensar um único pensamento, portanto, voltado para o interior, afastando-se de toda distração, mês após mês, num *crescendo*, tornar a mão sempre mais firme a segurar a corda que aguenta a tensão do pensamento e então, por outro lado (num *crescendo*), aprender com sempre maior obediência e humildade a tornar cada vez mais leve e flexível na articulação essa mão com a qual, se preciso, a cada segundo isso deverá ser feito: por um instante diminuir e aliviar a tensão; portanto, com crescente paixão agarrar sempre mais firmemente, sempre mais seguramente e, com uma crescente humildade, ser capaz de (se por um instante se tornar necessário) afrouxar sempre mais: isso é extremamente extenuante. No entanto, eis o que não pode ser escondido de uma pessoa: que isso é uma exigência, e de jeito nenhum se pode ocultar dessa pessoa se o fazemos; pois quando se pensa apenas um único pensamento, a direção é para o interior.

Uma coisa é pensar de tal maneira que a atenção constantemente se volte apenas para o exterior em direção ao objeto, que é algo de externo; uma outra coisa é estar voltado de tal maneira para o pensar que, constantemente, a cada instante, se tome consciência de si, consciência de seu estado sob o pensamento ou do que se passa em si nesse exercício do pensamento. Mas só este último é essencialmente pensar, pois é transparência; o primeiro é um pensamento sem clareza que padece da contradição de que aquele que, pensando, clarifica o outro, em última análise não está claro. Um tal pensador explica com seu pensamento uma outra coisa, e vejam, ele não compreende a si próprio; ele talvez faça um uso muito penetrante de seus dons naturais aplicando-os às coisas exteriores, mas em direção ao interior, muito superficial; e por isso todo o seu pensamento permanece (por mais profundo que pareça), mesmo assim, no fundo, superficial. Mas quando o objeto do pensamento de alguém é amplo no sentido exterior, ou quando transformamos aquilo sobre o que pensamos num estudo erudito, ou quando ainda pulamos de um objeto a outro, não descobrimos que estamos em uma situação muito duvidosa: que toda a clareza repousa sobre uma obscuridade, enquanto que só pode haver clareza verda-

404 As obras do amor

deira na transparência. Em contrapartida, quando pensamos apenas um único pensamento, não temos então nenhum objeto exterior, e nos voltamos para o interior em autoaprofundamento; neste caso, haveremos de fazer a descoberta com referência ao nosso próprio estado interior: e essa descoberta é primeiramente muito humilhante. Com as forças do espírito humano não se passa o mesmo que com as forças do corpo. Se sobrecarregamos nossas forças corporais, apenas as arrebentamos e não ganhamos nada com isso. Mas se, escolhendo justamente a direção interior, não sobrecarregarmos nossas forças espirituais enquanto tais, não descobriremos absolutamente, ou não descobriremos no sentido mais profundo, que Deus está aí[296]: e quando isso ocorre, perdemos o mais importante ou essencialmente deixamos escapar o mais importante. Pois no vigor físico enquanto tal não há nada de egoísta, mas há no espírito humano enquanto tal um aspecto egoístico que tem de ser quebrado, se verdadeiramente a relação com Deus deve ser conquistada. O homem que pensa apenas um pensamento deve então experimentar isso, ele deve vivenciar que se introduz uma parada na qual tudo parece ser-lhe retirado; deve experimentar o perigo mortal no qual a questão é perder a vida para ganhá-la. É por este caminho que ele deve avançar, se quiser trazer à luz do dia algo de mais profundo; se desvia-se dessa dificuldade, seu pensamento torna-se superficial – embora nesses tempos sagazes admita-se, decerto, entre os homens, sem porém aconselhar-se junto a Deus ou ao eterno, que um esforço desse gênero não é necessário; sim, que é um exagero. Ora, é claro, não é necessário, de jeito nenhum, para vivermos confortavelmente numa vida irrefletida, ou para satisfazermos nossos contemporâneos com a admirada perfeição de sermos, até o mínimo detalhe, inteiramente iguais a todo mundo. Mas, não obstante, é certo que, sem ser experimentado nessa dificuldade e sem esse esforço, o pensamento dessa pessoa torna-se superficial. Pois no sentido espiritual vale que, justamente quando um homem exigiu demais das forças de seu espírito enquanto tal, então – e só então – ele pode tornar-se um instrumento; a partir desse momento, e se perseverar sincero e crente, ele receberá as melhores forças; to-

---

296. *at Gud er til*; outra tradução possível: que Deus está presente, ou que Deus existe [N.T.].

X. A obra do amor que consiste em fazer o elogio do amor 405

davia, não são suas forças próprias: ele as tem na *autoabnegação*. Oh, não sei a quem falar a respeito dessas coisas; até que ponto ainda haverá alguém que se preocupe com tais coisas? Mas isso eu sei, que viveram tais pessoas, e isso eu sei, que justamente as que proveitosamente elogiaram o amor foram pessoas muito viajadas e muito experientes nessas hoje em parte quase desconhecidas águas. E para eles eu posso sim escrever, consolando-me com aquela bela palavra: "Escreve! – Para quem? – Para os falecidos, para aqueles que tu amaste num tempo passado!"; e, ao amá-los, eu me reencontrarei sem dúvida também com os que me são mais caros dentre os vivos[297].

Quando só pensamos um único pensamento, precisamos, em relação ao pensar, descobrir a autoabnegação, e é a autoabnegação que descobre que Deus está presente. Justamente isto torna-se então a contradição na bem-aventurança e no terror: de se ter um ser onipotente como seu colaborador. Pois um todo-poderoso não pode ser teu colaborador, colaborador de um homem, sem que isso signifique que tu não sejas capaz de absolutamente nada; e por outro lado, quando ele é teu auxiliar, então tu és capaz de tudo. O fatigante consiste em que isto é uma contradição ou [algo que tem de ser pensado] num só alento, de modo que não experimentas hoje um aspecto e amanhã o outro; e o que fatiga consiste em que essa contradição não é algo de que tu de vez em quando precises tomar consciência, mas é algo de que tu tens de tomar consciência a cada instante. No mesmo instante é como se fosses capaz de tudo – e um pensamento egoísta se insinuará, como se tu é que fosses capaz disso; no mesmo instante, tudo pode estar perdido para ti; e no mesmo instante em que o pensamento egoísta se rende, tu podes novamente ter tudo. Mas Deus não é visto; e portanto, quando ele utiliza esse instrumento a que o homem se reduziu na autoabnegação, parece que é o instrumento que pode tudo, e isso tenta o instrumento a compreender-se dessa maneira – até chegar então novamente a experimentar que de nada é capaz. Já é difícil colaborar com um semelhante; oh, mas trabalhar junto com o Todo-Pode-

---

297. *Medlevende;* literalmente: os que convivem conosco, "con-viventes". Na referência aos falecidos, percebe-se uma alusão ao poeta e viajante Poul Martin Møller, a quem está dedicado *O conceito angústia* [N.T.].

406 As obras do amor

roso! Sim, num certo sentido, isso é bem fácil; pois o que é que ele não consegue? Eu posso então afinal deixar que ele o faça! A dificuldade está por isso precisamente em que eu devo colaborar, senão com outra coisa, pelo menos compreendendo constantemente que não sou capaz de absolutamente nada, o que não é algo que se compreenda de uma vez por todas. E é difícil compreendê-lo, compreendê-lo não no momento em que não se é realmente capaz de nada, quando se está doente, indisposto, mas compreendê-lo no próprio momento em que, aparentemente, se é capaz de tudo. Todavia, nada é tão rápido como um pensamento, e nada atinge tão impetuosamente alguém como um pensamento quando este o atinge; e então no oceano do pensamento, acima de "setenta mil braças de profundidade" – antes de se aprender a conseguir cochilar calmamente, quando a noite chega, *liberto* de seus pensamentos, confiando que Deus, que é amor, os tenha em abundância, e antes de se aprender a *despertar* confiadamente *para os* pensamentos, seguro de que Deus não dormiu! O poderoso imperador do Oriente tinha um servo que o lembrava diariamente de algum assunto específico: mas que um homem humilde deve inverter a relação e dizer a Deus, o Todo-Poderoso: "Não deixes de me lembrar de tal ou tal coisa", e que Deus então faça isso! Não é para se perder o entendimento, pensar que seja permitido a um homem dormir um sono doce e sossegado, bastando que diga a Deus, portanto como o imperador ao servo: "Não deixes de me lembrar de tal ou tal coisa!" Mas, por sua vez, esse todo-poderoso é tão zeloso de si mesmo que, nessa temerária liberdade que ele permite, basta uma só palavra egoísta para que tudo esteja perdido: então, Deus não se contenta em lembrar tal ou tal coisa, mas parece que ele jamais esquecerá tal ou tal coisa, ou seja, aquilo de que alguém se tornou culpado. Não, nesse caso seria muito mais seguro sermos capazes de menos coisas e então imaginar-nos, à maneira humana habitual, que estamos seguros de consegui-las; isso seria muito mais seguro do que essa coisa fatigante: bem propriamente e literalmente de nada sermos capazes, e pelo contrário, num certo sentido impróprio, como que sermos capazes de tudo.

Contudo, só na autoabnegação pode um homem eficazmente elogiar o amor; pois Deus é amor, e só na autoabnegação um ho-

X. A obra do amor que consiste em fazer o elogio do amor   407

mem pode agarrar-se a Deus[298]. O que um homem sabe por si mesmo do amor é muito superficial; é de Deus que ele deve aprender o mais profundo, isto é, ele deve tornar-se na autoabnegação o que cada homem pode vir a ser (posto que a autoabnegação se relaciona com a natureza humana geral e difere assim das vocações ou das eleições especiais): um instrumento para Deus. Assim, cada homem pode vir a saber tudo a respeito do amor, como aliás cada homem pode vir a saber que ele é – o que cada homem é – amado por Deus. A diferença consiste apenas em que para alguns esse pensamento afigura-se (o que a mim não parece tão surpreendente) mais do que suficiente até para a mais longa das vidas, de modo que aos setenta anos eles ainda não acham que já se admiraram suficientemente disso, enquanto que esse pensamento se afigura a outros tão insignificante (o que me parece muito estranho e deplorável), já que o ser amado por Deus não seria afinal nada mais do que o que cabe a todo e qualquer homem – como se, por isso, fosse então menos importante.

    Só na autoabnegação pode um homem eficazmente elogiar o amor. Nenhum poeta é capaz disso. O poeta pode cantar o amor de paixão e a amizade, e poder fazê-lo é um privilégio raro; mas "o poeta" não pode elogiar o amor[299]. Pois para o poeta, a relação para com o espírito que o inspira é afinal como uma brincadeira, a invocação de seu apoio é como uma brincadeira (e essa deveria corresponder à autoabnegação e à prece); em contrapartida, seu talento natural é o decisivo, e o benefício de sua relação com o espírito que o inspira é o principal; e esse benefício, esse resultado, é o seu poema, é a obra poética. Mas para aquele que deve fazer o elogio do amor (o que cada um consegue, já que aqui não há nenhum privilégio), a relação da autoabnegação com Deus, ou o relacionar-se com Deus na abnegação, tem de ser tudo, tem de ser a seriedade: que sua obra chegue ou não a um bom termo, isso para ele é uma brincadeira, ou seja, a própria relação para com Deus deve ser para ele mais importante do que o resultado. E na autoabnegação, sua mais séria convicção é a de que é Deus quem o auxilia.

---

298. *holde Gud fast*

299. *Elskov* (amor de paixão); *Venskab* (amizade); *Kjerlighed* (amor).

408 As obras do amor

Oh, se um ser humano, na autoabnegação, pudesse realmente dissipar todas as suas ilusões de ser capaz de alguma coisa, pudesse compreender verdadeiramente que ele próprio não é capaz de pura e simplesmente nada; isto é, se um ser humano pudesse vencer a batalha da autoabnegação e então acrescentar à vitória o triunfo da autoabnegação; se, em verdade e sinceramente encontrasse toda sua felicidade nessa mesma incapacidade de fazer algo por si próprio: como não estaria então tal pessoa em condições de falar de modo admirável sobre o amor! Pois ser feliz, sentir-se feliz, nos esforços extremos da autoabnegação, nesse desfalecimento, nesse desmaio de todas as forças próprias, o que é isso senão amar a Deus na verdade? Mas Deus é amor. Quem poderia então elogiar o amor melhor do que aquele que ama a Deus na verdade; pois ele se relaciona afinal da única maneira correta para com o seu objeto: ele se relaciona com Deus e o faz amando de verdade.

Esta é, para o interior, a condição ou a maneira segundo as quais um elogio do amor tem de ser feito. Executar tal coisa tem naturalmente sua recompensa intrínseca, embora aí possa haver a meta de, ao elogiar o amor, tanto quanto possível conquistar os homens para o amor, torná-los bem atentos para o que, na reconciliação, é concedido a cada homem, ou seja, o máximo. Pois aquele que elogia a arte e a ciência supõe a divergência do talentoso e do sem talento entre os homens. Mas o que elogia o amor, este reúne a todos, não em uma pobreza comum, e de maneira alguma numa mediocridade comum, mas na comunidade do que há de mais alto[300].

A obra que consiste em fazer o elogio do amor deve realizar-se exteriormente[301] *no desapego abnegado*[302].

---

300. *i det Høiestes Fœllesskab*; outra tradução possível: na participação comum no bem supremo [N.T.].

301. *udefter*; literalmente: para fora, em direção ao exterior, ao contrário de *indefter*, acima citado [N.T.].

302. *i opoffrende Uegennyttighed*, isto é, numa atitude que se sacrifica sem buscar utilidade para si [N.T.].

X. A obra do amor que consiste em fazer o elogio do amor   409

Pela autoabnegação[303], um homem adquire a possibilidade de ser um instrumento, na medida em que interiormente ele se aniquila diante de Deus; pelo desinteresse abnegado, ele se aniquila exteriormente e se transforma num servo inútil; no interior, ele não se torna importante aos próprios olhos, pois ele não é nada; no exterior, ele também não se torna importante, pois ele não é nada; ele não é nada diante de Deus – e ele jamais esquece que está diante de Deus, onde quer que ele esteja. Ai, pode ocorrer que um homem dê no último momento um passo em falso, e que ele, verdadeiramente humilde diante de Deus, contudo, ao se dirigir aos homens, fique orgulhoso do que é capaz. Trata-se aí de uma tentação de comparação, que redunda em sua queda. Ele compreendeu que não podia comparar-se com Deus, diante de quem ele se reconheceu como um nada; mas em comparação com seus semelhantes, pareceu-lhe que ele já era alguma coisa. Quer dizer, esqueceu-se da autoabnegação, enredou-se numa ilusão, como se ele só estivesse diante de Deus em certas horas, assim como se visita em ocasiões específicas Sua Majestade Real. Que confusão lamentável! Pois na relação com um ser humano é corretamente factível falar de um jeito com ele em sua presença, e de outro jeito sobre ele em sua ausência; mas seria possível falar de Deus em sua ausência? Se compreendemos bem esse ponto, o desinteresse abnegado é idêntico à autoabnegação. E não haveria contradição mais terrível do que alguém pretender dominar sobre os outros – elogiando o amor. Assim, o desinteresse feito de sacrifício é num certo sentido (ou seja, compreendido de fora para dentro), uma consequência lógica da autoabnegação ou idêntico à autoabnegação.

Mas de dentro para fora esse desinteresse que se oferece em sacrifício é necessário se o amor deve ser elogiado de verdade; e é justamente uma obra de amor procurar louvar o amor no amor da verdade. É bastante fácil obter vantagens terrenas e, o que é o mais lamentável, conquistar o aplauso das pessoas, anunciando

---

303. *Ved Selvfornegtelse*: "com o negar a si mesmo". Na nota anterior, *opoffrende*, traduzida por "abnegado", é a rigor um particípio presente, baseado no verbo *opoffre*, oferecer em sacrifício. Mais adiante se dirá que, compreendido corretamente, "o desinteresse abnegado é idêntico à autoabnegação"; literalmente: são "uma e a mesma coisa": *er den opoffrende Uegennyttighed Eet og det Samme som Selvfornegtelsen* [N.T.].

410 As obras do amor

todo tipo de falsidade. Mas isso não é amoroso de verdade. Pois amoroso é o contrário: no amor pela verdade e pelos seres humanos, dispor-se a fazer qualquer sacrifício para anunciar o que é verdadeiro, e em contrapartida não querer sacrificar a mínima parcela do que é verdadeiro.

O verdadeiro deve ser essencialmente considerado como polêmico[304] neste mundo; o mundo nunca foi e nunca será tão bom a ponto de a maioria querer o verdadeiro ou ter a noção verdadeira dele, de modo que sua proclamação conquistasse imediatamente aplauso unânime. Não; aquele que quer anunciar algo verdadeiro na verdade deve preparar-se de uma outra maneira do que com o auxílio de uma tão deslumbrante expectativa; deve estar disposto a renunciar essencialmente ao instante. Bem diz, aliás, um Apóstolo, que ele se esforça para "conquistar homens"; mas com o acréscimo "somos cabalmente conhecidos por Deus"[305]. Estas palavras não contêm então o mínimo vestígio dessa ânsia egoísta ou covarde, pusilânime, de conquistar a aprovação dos homens – como se fosse o aprovação dos homens que decidisse se algo é ou não verdadeiro. Não, diante de Deus o Apóstolo se revela ao buscar conquistar os homens: portanto, ele quer ganhá-los, não para si, mas para a verdade. Tão logo percebe que pode conquistá-los de modo que se tornem devotados a ele, compreendendo-o mal, distorcendo sua doutrina, imediatamente os afasta de si – a fim de ganhá-los. Ele não busca então conquistá-los para tirar disso vantagem pessoal; mas quer com qualquer sacrifício (e, portanto, sacrificando inclusive o aplauso deles) ganhá-los para a verdade – se ele o conseguir; e é isso o que ele quer. É por isso que o mesmo Apóstolo diz alhures: "Assim falamos, não para agradar os homens, mas a Deus. Nunca usamos palavras de bajulação, nem com intuitos gananciosos. Nós também não procuramos a glória que vem dos homens, nem de vós, nem dos outros, embora pudéssemos, como apóstolos de Cristo, ser onerosos para vós" (1Ts 2,4-6). Quanto sacrifício não contêm essas palavras! Ele não buscou vantagem alguma, não se fez pagar, nem mesmo na medida em que poderia, por direito, fazê-lo en-

---

304. *stridende*, isto é: combatente, militante, sempre em luta [N.T.].
305. 2Cor 5,11.

X. A obra do amor que consiste em fazer o elogio do amor   411

quanto apóstolo de Cristo; renunciou às honrarias deles, à aprovação deles, à devoção dessas pessoas; empobrecido, ele se expôs à sua incompreensão, à sua zombaria; e tudo isso o fez – a fim de ganhá-los. Sim, desta maneira é, decerto, permitido fazer tudo, até mesmo arriscar sua vida e se deixar matar para ganhar os homens; pois agir assim é justamente, no autossacrifício e no desinteresse, desistir de todos os meios instantâneos com que se ganha o instante – e se perde a verdade. O apóstolo se mantém alicerçado no eterno; é ele que quer, com as forças do eterno, no sacrifício de sua pessoa, ganhar os homens; não é o apóstolo que precisa deles para se manter firme, e por isso lança mão ao primeiro recurso, ao meio mais esperto, para ganhá-los para si – e não para a verdade, pois para isso tais procedimentos não servem.

E a nossa época, então! Quão necessário não é o desinteresse hoje em dia, quando tudo se faz para tornar tudo instantâneo e o instantâneo, tudo! Não se faz de tudo para tornar o instante tão predominante quanto possível, predominando mesmo sobre o eterno, sobre o verdadeiro; não se faz de tudo para tornar o instante tão autossuficiente numa ignorância quase aristocrática sobre Deus e o eterno, tão pretensioso na suposta posse de toda a verdade, tão arrogante a ponto de se imaginar como sendo ele mesmo o inventor do verdadeiro! Quantos espíritos superiores não se inclinaram diante da potência do instante e com isso o tornaram ainda pior; pois justamente aquele que era um dos melhores, quando cede por fraqueza ou egoísmo, tem de procurar o esquecimento de sua ruína no barulho do instante, tem de trabalhar com todas suas forças para tornar o instante ainda mais inflado. Ai, o tempo dos pensadores parece já ter passado! A paciência calma, a lentidão humilde e obediente, a renúncia magnânima ao efeito instantâneo, a distância que separa o infinito do instante, o amor devotado a seu pensamento e a seu Deus e que é indispensável para pensar um único pensamento: tudo isso parece em vias de extinção, estão quase se tornando uma coisa ridícula para os homens. De novo o homem se tornou "a medida de todas as coisas", e completamente no sentido do instante. Toda comunicação deve ser ajustada para aparecer convenientemente num panfleto leve ou se apoiar em mentira sobre mentira. Até parece que no fim toda comunicação teria de

412 As obras do amor

se prestar a ser apresentada em uma hora no máximo, diante de
uma assembleia que, por sua vez, gasta uma meia hora no tumulto
dos aplausos e dos protestos e na outra meia hora está confusa demais para poder concentrar as ideias. E no entanto, isto é o que
se deseja como o objetivo mais elevado. As crianças são educadas
para considerar isso como a arte suprema: ser ouvido e admirado
durante uma hora. Eis como foi rebaixado o padrão de medida do
ser humano. Ninguém mais fala do que há de mais alto, de agradar
a Deus, como dizia o apóstolo, e nem de mostrar-se digno dos magníficos espíritos que viveram outrora, nem de agradar os poucos
homens excelentes contemporâneos: não, importa satisfazer durante uma hora uma assembleia composta pelos primeiros que aparecem – que, por sua vez, não tiveram nem tempo nem a oportunidade de meditar sobre o verdadeiro e que portanto exigem superfi-
cialidade e pensamentos pela metade se quiserem ser pagos com
aplausos: essa é a aspiração geral. Em outros termos, para justificar de alguma maneira tal aspiração, a gente se socorre de uma pequena mentira, a gente se convence mutuamente de que tais participantes são todos sábios, e de que toda e qualquer assembleia se
compõe unicamente de sábios. Exatamente como no tempo de Sócrates, segundo informava o acusador: "Todos sabiam instruir os
jovens, exceto um único, que não sabia como instruí-los – Sócrates"; assim, em nosso tempo, "todos" são sábios, exceto, aqui ou
ali, excepcionalmente alguém que é um louco. O mundo se aproxi-
mou tanto de alcançar a perfeição que hoje "todos" são os sábios; se
não existissem alguns originais e alguns loucos, o mundo já estaria
inteiramente perfeito. A todas essas, Deus aparentemente fica sentado e esperando lá no céu. Ninguém anseia por fugir desse barulho e
alvoroço do instante a fim de encontrar o silêncio em que Deus tem
sua morada; enquanto um homem admira outro homem – e o admira porque este é exatamente como todos os outros – ninguém anseia
por aquela solidão em que adoramos a Deus; ninguém, num desejo
veemente do padrão da eternidade, desdenha essa dispensa barata
do bem supremo! Tão importante o instante se tornou para si mesmo. Por isso é tão necessário o desinteresse abnegado. Oh! se eu pudesse retratar uma tal figura verdadeiramente desinteressada! Mas
não é este o lugar para isso, já que aqui se trata propriamente da
obra que consiste em fazer o elogio do amor – e por isso, eis aqui

X. A obra do amor que consiste em fazer o elogio do amor 413

um outro desejo: se essa figura aparecesse a nossos olhos, que então o instante ainda tivesse tempo para observá-la!

Mas o que vale para todo amor da verdade em relação ao instante vale também com referência ao elogiar verdadeiramente o amor. Antes então de procurar conquistar com esse elogio do amor o aplauso do instante, é preciso primeiramente ver bem até que ponto o instante tem a noção verdadeira do amor. O instante, tal como ele se apresenta atualmente, tem ou poderia ele jamais ter uma ideia verdadeira do amor? Não, é impossível. O amor, no sentido do instante ou do instantâneo, não é com efeito nem mais nem menos do que o amor de si. Portanto, é egoístico falar do amor desse modo, é egoístico procurar esta aprovação. O amor verdadeiro é o da autoabnegação. Mas o que é a autoabnegação? Ela consiste precisamente em se renunciar ao instante e ao instantâneo. Mas assim é absolutamente impossível ganhar o aplauso do instante – com um discurso verdadeiro sobre o amor, que é o verdadeiro justamente pelo fato de renunciar ao instante. É impossível, e é tão impossível, que o orador (se é que a verdade lhe importa mais do que o aplauso do instante) fica na obrigação de ele mesmo chamar a atenção sobre o mal-entendido, se porventura ele ganhasse o aplauso do instante. A partir do que foi aqui examinado, vemos também facilmente que a conclusão não é de jeito nenhum correta, quando, sem mais nem menos, conclui que aquele que elogia o amor, tem de ser (ou vir a ser) ele mesmo amado – num mundo que crucificou aquele que era amor, num mundo que perseguiu e exterminou tantas testemunhas do amor.

E mesmo que as circunstâncias estejam modificadas em relação a isso, mesmo se não se chega mais aos extremos da decisão, que as testemunhas da verdade precisem sacrificar sua vida ou derramar seu sangue: no fundo, o mundo não se tornou melhor; ele apenas se tornou menos apaixonado e mais mesquinho. Por isso, o que o mundo como tal geralmente entende por digno de amor será naturalmente, aos olhos da eternidade, algo que merece censura e punição. Uma tal pessoa, que a gente chama de um homem amável, é um homem que cuida antes de mais nada de não levar demasiado a sério a exigência que a eternidade, ou Deus, lhe faz de uma existência essencial ou essencialmente esforçada. O homem amável é

414 As obras do amor

alguém que conhece todas as desculpas, escapatórias e sábias precauções, sabe como negociar, regatear e rebaixar; e assim, ele é
amável a ponto de passar aos outros um pouco de sua sagacidade,
com cujo auxílio a gente depois organiza sua vida de maneira vantajosa, fácil e cômoda. Na companhia do homem amável, a gente se
sente tão segura e tão à vontade; jamais ocorre a alguém que esta
pessoa seja uma ocasião para chegar a meditar que existe algo de
eterno, ou qual exigência isso coloca a cada vida humana, ou que o
eterno interessa tanto à gente que a exigência poderia concernir o
dia de hoje. Isto é que é o amável. Mas não é amável aquela pessoa
que, sem exigir nada de outros, ao exigir muito de si mesmo com rigor e seriedade, lembra que existe uma tal exigência. Em companhia dela, desculpas e escapatórias não se saem tão bem; tudo pelo
que vivemos se apresenta sob uma luz desfavorável. Em sua companhia, não podemos realmente nos sentir à vontade, e menos ainda ela nos ajuda, com indulgências temporais ou mesmo jovialmen-
te piedosas, a que nos instalemos nas almofadas do conforto. Mas o
que é essa amabilidade? Ela é traição contra o eterno. E é por isso
que a temporalidade gosta tanto dela. E é por isso que o mundo se
escandaliza sempre com essas palavras: "que o amor a Deus é ódio
ao mundo." Pois quando a exigência da eternidade é afirmada corretamente, parece como se uma tal pessoa odiasse tudo aquilo em
função do que a maioria vive. Quão perturbador, portanto, quão
raro, quanta falta de amabilidade! Quão amável, por outro lado,
quão amoroso não é confirmar e auxiliar os homens em seus amados descaminhos! Mas será que é amor enganar os homens; será
que é certo que isto é amor, só porque os que se deixam logrados
consideram que isto é amor, porque agradecem ao impostor como
ao seu maior benfeitor; será amor amar em uma impostura e ser
correspondido com amor em uma impostura? Eu achava que amor
consistiria em: ao transmitir o verdadeiro, dispor-se pessoalmente
a fazer qualquer sacrifício, mas recusar-se a sacrificar a mínima
parcela da verdade.

No entanto, mesmo se nós quisermos esquecer a realidade, esquecer de como é o mundo, e poeticamente transpor toda a situação para o mundo da imaginação: está na própria natureza da coisa,
que, *na relação entre os indivíduos*, um elogio verdadeiro do amor

X. A obra do amor que consiste em fazer o elogio do amor   415

exige o desinteresse. Arrisquemos um ensaio poético desse gênero, em que não tenhamos nada a ver com o mundo real e, tão somente na distância em que o pensamento nos coloca, examinemos a ideia de elogiar o amor. Se aí, no sentido poético, um orador devesse falar em toda verdade do amor verdadeiro, duas condições seriam necessárias: *o orador deve mostrar-se a si mesmo como o egoísta, e o conteúdo do discurso deve ser sobre o amor do objeto não amável.* Mas quando isso ocorre, então é impossível tirar qualquer vantagem do elogio do amor; pois vantagem aí só teria o orador se ele fosse considerado como a pessoa que ama ou se o conteúdo do seu discurso fosse o quanto é agradável se amar o objeto amável. E quando é impossível tirar qualquer vantagem de um elogio do amor, há desinteresse no fazê-lo. Vê: aquele sábio singelo da Antiguidade, que sabia falar melhor do que ninguém daquele amor que ama a beleza ou a pessoa bela: era – sim, ele era – de fato o homem mais feio de todo o povo, o homem mais feio do mais belo dos povos. Poderíamos então crer que isso deveria tê-lo desviado dos discursos sobre o amor que ama o belo – não se fala de corda na casa de um enforcado, e se até as pessoas belas preferem evitar falar da beleza em presença de alguém de surpreendente feiúra: quanto mais o próprio feioso. Mas não, ele era bem singular, esquisito o bastante para até achar essa situação agradável e inspiradora, portanto singular e esquisito a ponto de colocar-se a si mesmo na mais desfavorável posição possível. Pois quando ele então falava do belo, quando no anseio do pensamento e do discurso pela beleza arrebatava seu ouvinte – e se este por acaso inadvertidamente o olhasse ele pareceria duas vezes mais feio, ele que já era o homem mais feio de seu povo. Quanto mais ele falava, quanto mais belamente ele falava da beleza, tanto mais feio ele mesmo se tornava, pelo contraste. Ele deve ter sido mesmo um homem estranho, esse sábio, e não apenas o mais feio, mas ainda o mais estranho de todo seu povo; de outra forma, que motivo poderia tê-lo determinado? Eu imagino que se ele tivesse tido pelo menos um belo nariz (o que ele não tinha, seu nariz o assinalava dentre os gregos, que tinham todos um belo nariz), ele não teria querido dizer uma única palavra sobre o amor da beleza; ele teria repugnado fazer isso, temendo que acreditassem que ele falava de si próprio, ou pelo menos de seu belo nariz; e esse sentimento teria contristado seu espírito; ele

416   As obras do amor

teria acreditado fraudar a beleza, objeto de seu discurso, atraindo
uma certa atenção sobre a sua própria beleza. Mas, confiando em
ser o mais feio, ele estimava em boa consciência poder dizer tudo,
tudo, tudo em louvor da beleza, sem tirar disso a menor vantagem,
ele que assim se tornava cada vez mais feio. Contudo, o amor que
ama a beleza não é o amor verdadeiro, que é o amor da autoabnegação. Em relação a esse, para que tudo esteja em ordem e poeticamente perfeito, o orador deve apresentar-se então como o egoísta[306]. Fazer o elogio do amor de autoabnegação e então querer ser
o que ama é, sim, eis o que é falta de autoabnegação. Se o orador
não for o que só ama a si mesmo, ele facilmente se tornará incerto
ou falso; ou bem ele será tentado a tirar vantagem de seu elogio,
no que ele defraudará seu objeto, ou bem ele cairá numa espécie
de embaraço de modo que não se atreverá a dizer tudo sobre a
magnificência desse amor, por temor de que alguém possa crer que
ele esteja a falar de si próprio. Mas se o orador é o egoísta ou, para
pensar a coisa em sua plenitude, se ele é o homem mais egoísta de
um povo que apologistas entusiastas chamavam de o povo do
amor, então, aí sim, ele pode falar livremente do amor de autoabnegação, mais satisfeito por ter-se mostrado o mais egoísta dos homens do que aquele sábio da simplicidade por ser o mais feio de todos. Na situação real, uma longa preparação seria certamente necessária para poder falar do amor de autoabnegação; mas tal preparação não consistiria em ler numerosos livros ou em ser honrado
e respeitado por sua autoabnegação, compreendida por todos (su-
posto, aliás, que fosse possível que alguém pudesse mostrar sua abnegação ao fazer aquilo que *todos* entendem como autoabnegação
de sua parte), mas ao contrário, consistiria em fazer de si o egoísta,
e forçar as coisas a ponto de ser considerado como o mais egoísta de todos. E isto ainda não seria tão fácil de conseguir. Pois mostrar excelência em uma prova e receber a pior de todas as notas,
justamente a pior de todas, é de fato mais ou menos igualmente difícil, de maneira que o número nos dois casos é semelhante. Isso no
que concerne à pessoa do orador. Mas o conteúdo do discurso deveria ser: amar o objeto não amável. Vê só, aquele sábio simples da

---

306. *den Selvkjerlige;* literalmente: "aquele que (só) ama a si mesmo"; será usado também
no superlativo [N.T.].

X. A obra do amor que consiste em fazer o elogio do amor   417

Antiguidade que sabia falar tão belamente sobre o amor que ama o belo, às vezes usava contudo um outro discurso, quando ele falava *de amar o que é feio*. Ele não negava que amar é amar o belo, entretanto, sim, numa espécie de brincadeira, ele falava de amar aquele que é feio. O que se entende então por "o belo"? "O belo" é o objeto imediato, direto do amor imediato; ele é a escolha da inclinação e da paixão. Decerto não é preciso ordenar que se deva amar o que é belo. Mas sim o feio! Este não é nada que se ofereça à inclinação e à paixão, as quais se desviam dizendo: "Será isso algo que se ame!" E o que é, por sua vez, segundo nossos conceitos de amor, "o belo"? É o amado e o amigo. Pois o amado e o amigo são o objeto imediato e direto do amor imediato, a escolha da paixão e da inclinação. E o que é "o feio"? Ele é "o próximo", que *devemos* amar. *Devemos* amá-lo: disso nosso sábio simples nada sabia, ele ignorava que existisse o próximo e que deveríamos amá-lo; o que ele falava sobre o amar o feio era mera gozação. O próximo é o objeto nãoamável, não que se proponha à inclinação e à paixão que se desviam dele dizendo: "Será isso algo que se ame?" Mas é por isso que também não há vantagem alguma ligada ao falar do dever de amar o objeto não amável. E não obstante, o amor verdadeiro é justamente o amor do próximo, ou ele consiste não em achar o objeto que é amável, mas em achar amável o objeto não amável. Se então, para ser possível falar com toda a verdade sobre o amor verdadeiro, o orador deve ter se transformado no maior dos egoístas, e o conteúdo do discurso deve ser o amor pelo objeto não amável; toda vantagem e todo benefício são impossíveis. O orador não vem a ser ele próprio amado, como recompensa, pois o contraste apenas faz saltar aos olhos o quanto ele é egoísta; e o conteúdo de seu discurso não é apropriado para conquistar o favor das pessoas que, preferem ouvir o que a inclinação e a paixão compreendem tão facilmente e de bom grado, mas não gostam de ouvir o que não encanta de modo algum a inclinação e a paixão. Entretanto, esse ensaio poético é perfeitamente correto e pode, entre outras coisas, servir talvez para esclarecer uma fraude ou um mal-entendido que muitas e muitas vezes se manifestou em toda a cristandade. Tomamos em vão a humildade e a autoabnegação cristãs, quando, renunciando decerto a nós próprios, não temos a coragem de fazer o decisivo; porque cuidamos de ser compreendidos em nossa humildade e em nossa

418 As obras do amor

autoabnegação, de modo que ficamos respeitados e honrados por causa de nossa humildade e autoabnegação – o que, porém, não é autoabnegação.

Para poder elogiar o amor, é preciso então, *interiormente*, autoabnegação, e *exteriormente*, um desapego que se sacrifica. Se então alguém se encarrega desse elogio – e a questão é saber se ele o faz realmente por amor – é preciso responder a isso: "nenhuma outra pessoa pode decidir com certeza; pode ser que seja por vaidade, orgulho, enfim, por más razões; mas pode ser também que seja por amor."

CONCLUSÃO

Nós nos esforçamos no presente escrito, "muitas vezes e de várias maneiras", para elogiar o amor. Dando graças a Deus por termos conseguido levar a cabo o livro do modo como o desejávamos, queremos concluir introduzindo o apóstolo João quando diz: "Caríssimos[307], amemo-nos uns aos outros." Estas palavras, que também possuem autoridade apostólica, têm ao mesmo tempo (caso queiras examiná-las) um tom intermediário ou uma atmosfera intermediária[308] em relação aos contrastes do próprio amor, o que se justifica por elas provirem daquele que se tornara perfeito no amor. Tu não percebes nessas palavras o rigor do dever; o apóstolo não diz: "*Deveis* amar-vos uns aos outros", mas tu também não ouves nelas, de jeito nenhum, a impetuosidade da paixão dos poetas, da inclinação. Há algo de transfigurado e de bem-aventurado nessas palavras, mas ao mesmo tempo uma melancolia que se emociona diante da vida e se suaviza graças ao eterno. É como se o apóstolo dissesse: "Meu Deus! O que são então todas essas coisas que querem te impedir de amar; o que é então tudo o que podes ganhar com o teu egoísmo? O mandamento diz que tu *deves* amar, oh, mas se tu quiseres compreender a ti mesmo e à vida, aí então parece que isso não precisaria ser mandado; pois amar as pessoas é de fato a única coisa pela qual vale a pena viver, sem esse amor tu propriamente nem vives; e esse amor aos teus semelhantes é o único abençoado consolo, aqui em baixo e lá em cima; e o amar os seres humanos é o único sinal verdadeiro de que tu és um cristão" – verdadeiramente, uma confissão de fé não seria suficiente, de jeito nenhum. O amor,

---

307. *I Elskelige, lader os elske hverandre!* (1Jo 4,7) "Amados, amemo-nos uns aos outros". O original grego diz: *'Agapetoí, àgapōmen àllélous,* sendo que *'Agapetós* significa: amado, querido, desejado [N.T.].

308. *en Mellemstemning: Stemning* pode significar atmosfera, afinação, disposição de ânimo, temperamento, sentimento, disposição afetiva, correspondendo ao alemão *Stimmung.* Aqui se trata, além disso, de algo intermediário, colocado entre dois extremos, explicados a seguir [N.T].

420   As obras do amor

tal como o Cristianismo o entende, é comandado; mas o mandamento do amor é o mandamento antigo que sempre se renova. Com esse mandamento do amor não acontece como com uma lei humana que, com os anos, envelhece e se desgasta, ou que se altera em relação àquilo sobre o que concordavam os que deveriam submeter-se a ela. Não, a lei do amor permanece nova até o último dia, nova até mesmo naquele dia em que ela se terá tornado a mais antiga. Essa ordem não se altera nem nos mínimos detalhes, e menos ainda seria alterada por um apóstolo. A alteração só poderia ser a seguinte: que aquele que ama vá criando maior intimidade com a lei, identifique-se com a lei que ele ama: por isso ele pode falar tão suavemente, tão melancolicamente, falar quase como se estivesse esquecido de que o amor é a lei. Mas, por outro lado, se esqueces que aquele que fala é o apóstolo do amor, então tu não o compreendes; pois tais palavras não são o começo do discurso sobre o amor; elas são o seu acabamento. Por isso nós não nos atreveremos a falar dessa maneira. O que na boca de um apóstolo acabado e perfeito é verdade, poderia na boca de um noviço muito facilmente ser uma expressão coquete com a qual prematuramente ele quereria distanciar-se da escola da lei e esquivar-se do "jugo da escola". Apresentamos o apóstolo falando, não transformamos suas palavras em nossas, mas sim nós nos transformamos em seus ouvintes: "Caríssimos, amemo-nos uns aos outros."

Só mais uma palavra: lembra-te do *igual por igual do Cristianismo, o igual por igual da eternidade*. Esse *igual por igual* do Cristianismo[309] é uma categoria tão importante e tão decisiva que eu poderia desejar terminar, senão cada um de meus livros em que, de acordo com minhas possibilidades, examino o essencialmente cristão, pelo menos um deles com este pensamento.

Sobre o Cristianismo fala-se, nos dias de hoje, relativamente menos (quer dizer, comparando com o muito que se fala em geral). Mas no discurso que se ouve (pois ataques não são afinal nenhum

---

309. *Dette christelige Lige for Lige*; uma tradução extremamente técnica diria: "este crístico 'igual por igual'"; ou, dito de maneira livre seria: "esta igualdade (ou ainda: reciprocidade) essencialmente cristã" [N.T.].

Conclusão   421

discurso sobre o Cristianismo) não é raro que o crístico[310] seja apresentado numa forma meio molenga de um certo amor mimado. Tudo é amor e mais amor; resguarda a ti e a tua carne e sangue; goza teus dias na paz e na alegria sem te preocupares contigo mesmo (pois Deus é amor, e só amor); sobre o rigor não se pode ouvir falar; tudo deve ser a linguagem livre e a natureza livre do amor. Mas entendido desse modo, o amor de Deus se torna facilmente uma representação pueril e digna dos contos da carochinha; a figura de Cristo se torna algo demasiado doce e enjoativo para que pudesse ser verdade que ele foi e é para os judeus um escândalo e para os gregos, uma loucura: isto é, como se o crístico, caducando, voltasse a ser criança[311].

A coisa é bem simples. O Cristianismo aboliu a lei judaica do "igual por igual": "olho por olho, dente por dente"; mas ele a substituiu pelo crístico, pelo igual por igual da eternidade. O Cristianismo desvia completamente a atenção do mundo exterior para o mundo interior: transforma cada uma de tuas relações com as outras pessoas numa relação com Deus; assim tu receberás com certeza, tanto num quanto no outro sentido, o "igual pelo igual". Conforme a compreensão cristã, um homem (em última análise e essencialmente) em todas as coisas só tem a ver com Deus, muito embora ele deva permanecer no mundo e nas condições da vida terrestre que lhe foram designadas. Porém, em todas as coisas só ter a ver com Deus (sem então jamais demorar-se no caminho, ficar no meio do caminho, com um juízo de primeira instância, num julgamento dos homens, como se fosse este o decisivo), isso é ao mesmo tempo a mais alta das consolações e o maior dos esforços, a máxima brandura e o máximo rigor. Tal é a educação do ser humano, pois a relação com Deus é uma educação, e Deus é o educador. Mas a verdadeira educação deve ser justamente tão rigorosa quanto branda, e vice-versa. E quando um educador humano tem muitas crianças para educar ao mesmo tempo, como é que ele resolve? Não há tempo, naturalmente, para muitas conversas e admoestações e pala-

---

310. *det Christelige*

311. *som gik det Christelige i Barndom*: Como bem o percebe a tradução americana do casal Hong, o recair na infância é uma característica de senilidade: "*as if Christianity were in its dotage*" [N.T.].

422 As obras do amor

vrório; e mesmo que houvesse tempo, é claro que tal educação ficaria ruim com tantas conversas; não: o educador competente educa de preferência com o recurso dos olhos. Ele faz com que cada criança, em todas as circunstâncias, em vez de olhar a si mesma, olhe para ele. É exatamente assim que Deus faz: Ele governa o mundo inteiro e educa esses inumeráveis seres humanos com seu olhar. Pois o que é a consciência? Na consciência é Deus que olha para um ser humano, de modo que este então tem de olhar para Ele em todas as circunstâncias. É assim que Deus educa. Mas a criança que está sendo educada facilmente imagina que a relação com seus colegas, o pequeno mundo que eles compõem, constitui a realidade verdadeira; o educador, no entanto, com seu olhar, lhe ensina que tudo isso serve para a educação da criança. Assim também o adulto imagina facilmente que o que ele tem a tratar com o mundo, isso sim que é a realidade verdadeira; mas Deus o educa para que compreenda que tudo isso apenas serve para a sua educação. É assim que Deus é o educador; seu amor é a máxima brandura e o máximo rigor. É como na natureza, onde o peso é ao mesmo tempo a leveza. O corpo celeste plana, leve, no infinito – graças ao seu peso; mas se ele se afasta de sua órbita e se torna leve demais, essa leveza se torna peso e ele cai pesadamente – por sua leveza. Assim, o rigor de Deus no coração amoroso e humilde é brandura, mas no coração duro sua brandura é rigor. O fato de que Deus quis salvar o mundo, essa brandura, se torna, para aquele que não quer receber a salvação, o supremo rigor, um rigor ainda maior do que se Deus nunca tivesse pretendido salvar o mundo, mas quisesse simplesmente julgar o mundo. Vê, essa é a unidade do rigor e da brandura, isso, que tu em todas as circunstâncias te relaciones com Deus, é a maior brandura e o maior rigor.

Por isso, se escutares então atentamente, tu mesmo perceberás o rigor que acompanha aquilo que da maneira mais definida é preciso chamar de Evangelho. Quando então é dito ao centurião de Cafarnaum: "Que te seja feito segundo tua fé"[312], sim, é impossível

---

312. Mt 8,13: "Como creste, assim te seja feito" (cf. a tradução da Bíblia de Jerusalém).

Conclusão

imaginar mensagem[313] mais alegre e mais branda, palavra mais misericordiosa! E contudo, o que dizem essas palavras? Elas dizem: "Que te seja feito segundo tua fé". Aplicadas a nós próprios, elas significam: "Que te seja feito segundo tua fé: se tu acreditaste em tua salvação, então estás salvo." Que suavidade, que misericórdia! Mas será que é certo também que eu tenho a fé? Pois o fato de que o centurião tinha fé, eu não posso sem mais nem menos transferir para mim mesmo, como se eu tivesse fé porque o centurião a tinha. Imaginemos que alguém perguntasse ao Cristianismo: "É certo então que eu tenho a fé?"; o Cristianismo responderia: "Que te seja feito segundo tua fé" – e o que teria pensado Cristo, se o centurião, em vez de vir a ele com fé, o tivesse abordado para informar-se reservadamente se ele tinha a fé? "Que te seja feito segundo tua fé". Em outros termos: é eternamente certo que será feito segundo tua fé, isso o Cristianismo te garante; mas quanto a saber se tu tens a fé, justamente "tu", isso não pertence, certamente, à doutrina e ao anúncio do Cristianismo, como se ele tivesse de te anunciar que tu tens fé. Quando então as ansiosas preocupações surgirem, insinuando que talvez tu não tenhas a fé, aí o Cristianismo repetirá invariavelmente: "Que te seja feito segundo tua fé." Quanto rigor! Da história do centurião tu vens a saber que ele tinha a fé, e isso propriamente em nada te diz respeito; e depois tu és instruído do crístico, de que lhe foi feito segundo sua fé – mas tu não és, afinal, o centurião. Suponhamos que alguém dissesse ao Cristianismo: "É absolutamente certo que eu fui batizado, portanto não seria também certo que eu tenha a fé?"; o Cristianismo lhe responderá: "Que te seja feito segundo a tua fé." O centurião acreditou, embora não fosse batizado; por isso lhe foi feito segundo sua fé; só em sua fé o Evangelho é uma boa-nova[314]. Se o centurião, mesmo que vindo e pedindo o socorro de Cristo, estivesse em sua alma um tanto indeciso quanto à capacidade de Cristo em ajudá-lo, e Cristo lhe tivesse dito essa mesma palavra, "Que te seja feito segundo a tua fé: e daí?

---

313. *intet gladere Budskab*: nenhuma notícia mais alegre. Note-se a palavra *Budskab*, com a raiz *Bud* que antes apareceu como lei, ordem ou mandamento, e em formas como *Kjerlighedsbudet* [N.T.].

314. *først i hans Tro er Evangeliet et Evangelium*. Outra tradução possível: somente a partir de sua fé o Evangelho é um Ev-angelho [N.T.].

424   As obras do amor

Seria essa uma boa-nova? Não, para o centurião não seria, pois seria um julgamento sobre ele. Este "que te seja feito" aparece tão pronto, mas o *segundo* a tua fé", que o acompanha, resiste tão poderosamente. Com essa palavra podemos pregar tanto o rigor quanto a brandura; pois nessa palavra também se encontra o rigor, o rigor cristão, que não hesita em excluir do Reino de Deus os que têm medo, ou talvez mais corretamente, não hesita em ensinar-nos que os medrosos se excluem a si mesmos; pois tampouco se força a entrada no Reino de Deus pela atitude desafiadora quanto pelos gemidos dos covardes e molengas. Mas nos dias de hoje em que tanto se fala de segurança e mais segurança na política, acabamos transpondo isso para o Cristianismo: e o batismo que garanta a segurança – o que decerto ele também faz, desde que tu realmente creias que ele é a segurança: "Que te seja feito segundo tua fé." Se tivéssemos razão em fazer sem mais nem menos do batismo a garantia, certamente o rigor desapareceria. Mas Deus não deixa que zombem d'Ele e não deixa que o façam de bobo. Ele está elevado muito alto no céu para que lhe pudesse ocorrer a ideia de que o esforço de um homem tenha a seus olhos algum mérito. Contudo, Ele o exige; e só mais uma coisa: que o próprio homem não se atreva a pensar que tem algo de meritório. Mas Deus no céu também está elevado alto demais para brincar como criança de Deus bonzinho com um homem covarde e omisso. É eternamente certo que para ti é feito segundo a tua fé; mas a certeza da fé, ou a certeza de que tu, justamente tu, crês, tu precisas obter a cada instante e com o auxílio de Deus, e portanto não por algum meio exterior. Tu precisas do auxílio de Deus para crer que estás salvo pelo batismo, precisas do auxílio de Deus para crer que na Santa Ceia tu recebes por graça o perdão de teus pecados. Pois decerto o perdão dos pecados é prometido ali, ele é prometido para ti também; mas o celebrante não está autorizado a dizer-te que tu tens a fé, e no entanto ele só o promete se tu tiveres a fé. Que te seja feito segundo a tua fé. Mas tudo o que em ti provém da carne e do sangue, tudo o que te prende ao mundo e ao seu temor só pode desesperar ao ver que não consegues uma certeza exterior, uma certeza de uma vez por todas, e da maneira mais fácil. Eis o combate da fé, cuja prova tens, a cada dia, ocasião de enfrentar. O Evangelho não é a lei; o Evange-

Conclusão

lho não pretende salvar-te pelo rigor mas pela brandura; porém essa brandura te salvará, não te enganará: por isso, há nela o rigor.

E se esse "igual por igual" vale ainda em relação ao que de mais definidamente deve ser chamado de Evangelho, quanto mais então quando o próprio Cristianismo proclama a lei. Ele diz: *"Perdoai, e sereis também perdoados."* Entretanto, alguém poderia talvez conseguir entender estas palavras erroneamente, de modo a imaginar que é possível obter o perdão, embora ele não perdoe. Verdadeiramente, este é um mal-entendido. O que o Cristianismo quer dizer é: perdão *é* perdão; teu perdão é teu perdão; teu perdão a outrem é teu próprio perdão; o perdão que tu deres é o que tu receberás, e não o contrário (o perdão que receberes, tu o darás); é como se o Cristianismo quisesse dizer: "Pede a Deus humildemente e com fé por teu perdão, pois ele é misericordioso como homem algum o é"; mas se tu quiseres saber o que é o perdão, observa-te a ti mesmo. Se tu, sinceramente, diante de Deus, perdoas teu inimigo de todo coração (mas, se o fazes, lembra-te que Deus pode vê-lo), tu também podes esperar teu perdão, pois trata-se de uma única e mesma coisa; Deus não te perdoa nem mais, nem menos, nem de outra forma do que *como tu* perdoas aqueles que te ofenderam. É apenas uma ilusão dos sentidos imaginar que temos nós mesmos perdão apesar de nossa má vontade para perdoar os outros. Não: não há uma correspondência mais exata entre o céu lá em cima e sua imagem no mar, que justamente é tão profunda quanto a distância é elevada, que seja mais exata do que a correspondência entre o perdão e o perdão. E ainda é uma ilusão crer-se perdoado quando a gente se recusa a perdoar; pois como poderia crer verdadeiramente no perdão a pessoa cuja vida é uma objeção contra a existência do perdão! Mas nos convencemos ilusoriamente de estarmos em relação com Deus somente no que nos diz respeito; imaginamos por outro lado que, na relação com a outra pessoa, relacionamo-nos apenas com ela, em vez de em todas as circunstâncias nos relacionarmos com Deus. É por isso que *acusar uma outra pessoa diante de Deus é acusar-se a si próprio, e na mesma medida*[315]. Se um homem sofre realmente, segundo o juízo

---

315. *Lige for Lige*

426 As obras do amor

humano, uma injustiça, cuide bem para não se precipitar em acusar o culpado diante de Deus. Oh, gostamos tanto de nos enganar a nós mesmos, gostamos tanto de imaginar que um homem, naquilo que lhe diz respeito, possa ter uma espécie de relação particular com Deus. Mas na relação com Deus se passa o mesmo que com a relação com as autoridades desse mundo: não podes conversar em particular com uma autoridade pública a respeito de algo que é de sua função – porém, a função de Deus é ser Deus. Se um empregado, ao qual talvez aliás tu queiras bem, cometeu uma falta, um furto, por exemplo, e tu não sabes o que fazer com o caso: então não te dirijas em particular a um superior que esteja no exercício de funções públicas, pois ele nada quer saber de assuntos particulares em matéria de furto; ele imediatamente mandará prender o culpado e abrir o processo. E assim também, quando finges nada ter a ver com o caso e queres aí, em particular, queixar-te a Deus de teus inimigos: Deus então abre um processo sumário e instrui a causa contra ti, pois para Deus tu mesmo és um culpado – acusar a outrem é acusar-se a si próprio. Tu achas que Deus deveria de certa forma tomar partido em teu favor, ser teu aliado contra teu inimigo, aquele que cometeu injustiça contra ti. Mas isso é um mal-entendido. Deus olha para todos os homens de modo igual; e Ele é inteiramente aquilo que tu gostarias que ele fosse só em parte. Tu te diriges a Ele em sua qualidade de juiz? Pois bem, é por uma espécie de brandura da parte d'Ele que Ele te adverte para deixar as coisas como estão, pois Ele bem sabe quais serão para ti as sequências, quão rigorosas se tornarão para ti; se, no entanto, não lhe dás ouvidos, se tu te diriges a Ele como juiz que Ele é; então não adianta imaginares que é o outro que Ele vai julgar: pois tu mesmo fizeste d'Ele o que te julgará, e ele é, "igual por igual", no mesmo instante, o teu juiz; ou seja, ele julgará simultaneamente a ti. Se tu, ao contrário, não te meteres a acusar alguém diante de Deus ou a fazer de Deus um juiz, então Deus será o Deus da graça. Permite-me esclarecer essa situação com uma ocorrência. Era uma vez um criminoso que tinha roubado uma certa quantia de dinheiro que incluía uma nota de cem coroas. Queria trocá-la, e por isso se dirigiu a um outro ladrão na casa deste; este último recebeu a nota, passou para a peça ao lado como para trocá-la, voltou novamente, fez como se nada tivesse acontecido, cumprimentou o que o aguardava como

Conclusão

se o estivesse vendo pela primeira vez: em suma, surrupiou-lhe a nota de cem. Por causa disso, o primeiro ficou tão indignado que, em sua cólera, denunciou à polícia de que maneira vergonhosa havia sido enganado. O outro também foi naturalmente preso, foi aberto também um processo por fraude – mas, que pena, neste processo a primeira pergunta do juiz de instrução foi sobre o modo como o queixoso adquirira esse dinheiro. E daí surgiram dois processos. Vê só, o primeiro entendeu bem corretamente que tinha razão na questão da fraude; ele queria agora ser o homem honesto, o bom cidadão, que se dirige à autoridade para obter o seu direito. Oh, mas a autoridade não intervém assim como se se tratasse de um caso particular ou de um fato isolado que lhe submetemos quando nos agrada, e nem sempre ela dá à questão o encaminhamento que o queixoso e acusador lhe dá: a autoridade examina a circunstância com mais profundidade. E assim também se passam as coisas com Deus. Quando tu acusas uma outra pessoa diante de Deus, imediatamente abrem-se dois processos; no exato momento em que tu chegas e dás queixa contra a outra pessoa, Deus começa a pensar de que maneira tu estás envolvido.

"Igual por igual"; sim, o Cristianismo é tão rigoroso que ele ainda afirma uma desigualdade agravante. Está escrito: "Por que vês o argueiro no olho de teu irmão, porém não reparas na trave que está em teu próprio olho?"[316] Um espírito piedoso deu a essas palavras essa piedosa interpretação: a trave que está em teu olho não é nada mais nem menos que o ato de ver, de condenar o argueiro que está no olho de teu irmão. Ora, o mais estrito igual por igual seria que o ver o argueiro no olho de outrem se tornasse um argueiro em seu próprio olho. Contudo, o Cristianismo é ainda mais rigoroso: esse argueiro, ou o fato de o ver condenando-o, corresponde a uma trave. E ainda que tu não a visses, nem ninguém a visse, Deus a vê. Assim então, um argueiro é uma trave! Não será isso um rigor que faz de um mosquito um elefante? Mas quando pensas que, segundo o Cristianismo e a verdade, Deus está sempre junto em tudo, e que tudo gira única e exclusivamente ao seu redor, aí poderás então facilmente compreender esse rigor e compreenderás

---

316. Mt 7,3. Na versão da Bíblia de Jerusalém: "Por que reparas no cisco que está no olho do teu irmão, quando não percebes a trave que está no teu?" [N.T.].

428   As obras do amor

que o fato de veres o argueiro no olho de teu irmão na presença de Deus (e Deus está, afinal de contas, sempre presente[317]) constitui um crime de lesa-majestade. Quem dera pudesses, para ver o argueiro, dispor de um instante e de um lugar em que Deus estivesse ausente! Mas segundo o Cristianismo, é isso justamente o que tu deves aprender a afirmar, que Deus está presente todo o tempo, e estando ele presente, também olha para ti. Num instante, quando tu corretamente pensas em Deus como presente, certamente não te ocorreria ver algum argueiro no olho de teu irmão, nem te ocorreria aplicar-lhe essa medida terrivelmente rigorosa – tu que és também culpado. Mas o caso é que, embora qualquer pessoa de boa vontade nos assuntos de sua vida se esforce para ter presente a ideia da onipresença de Deus[318] (e não se pode pensar em nada de mais absurdo do que pensar à distância a onipresença de Deus), todos se esquecem, no entanto, frequentemente, da onipresença de Deus quando se relacionam com outras pessoas; esquecem-se que Deus assiste à relação, e contentam-se com uma simples comparação humana. Assim se tem tranquilidade e calma para descobrir o argueiro. Qual é então a culpa? É que tu mesmo esqueces que Deus está presente (e ele está, aliás, sempre presente), ou ainda, que tu esqueces de ti mesmo em sua presença[319]. Que imprudência, na presença de Deus julgar tão rigorosamente, que um argueiro venha a ser condenado, igual por igual; se queres ser tão rigoroso então Deus pode ultrapassar teu lance – é esta a trave no teu próprio olho. O magistrado já encarava decerto como um tipo de impertinência da parte daquele criminoso de que falamos querer bancar o homem justo perseguindo seu direito na lei e na justiça, ora, um criminoso que deve ele próprio ser perseguido por essa lei e justiça; mas Deus vê como um descaramento que alguém queira bancar o puro e condenar o argueiro que está no olho de seu irmão.

Quão rigoroso não é esse "igual por igual" cristão! O "igual pelo igual" do Judaísmo, do mundo, da vida apressada, significa: toma o maior cuidado para fazer aos outros o mesmo que os ou-

---

317. *i Guds Nærværelse (og Gud er jo altid nærværende);* outra tradução possível: "na proximidade de Deus (e Deus está afinal próximo o tempo todo)" [N.T.].
318. *om Guds Allestedsnærværelse*
319. *i hans Tilstedeværelse*

Conclusão

429

tros fazem contigo. Mas o "igual pelo igual" do Cristianismo significa: assim como tu fazes aos outros, bem assim Deus fará contigo. Segundo o Cristianismo, tu não tens nada a ver com aquilo que os outros fazem para contigo; isso não te diz respeito, seria curiosidade, impertinência, falta de juízo tu te intrometeres em coisas que têm tão pouco a ver contigo como se estivesses por assim dizer ausente. Tu só tens que te ocupar com aquilo que tu fazes aos outros, ou com a maneira como tu aceitas o que os outros fazem contigo; a direção é para dentro, tu só tens a ver, propriamente, contigo mesmo diante de Deus. Esse mundo da interioridade, reprodução daquilo que outras pessoas chamam de realidade, esse é que é a realidade efetiva. Nesse mundo da interioridade é que reside o "igual por igual" do Cristianismo; ele se desvia e quer que tu te desvies da exterioridade (sem no entanto te tirar do mundo), voltando-te para cima ou para dentro. Pois, para a compreensão cristã, amar os homens é amar Deus, e amar Deus é amar os homens; o que tu fazes aos homens, tu o fazes a Deus, e é por isso que o que fazes aos homens Deus faz para ti. Se te revoltas contra os que te prejudicaram, tu te revoltas propriamente contra Deus; pois em última análise é Deus mesmo que permite que te façam injustiça. Mas se, por outro lado, tu aceitas com um agradecimento a injustiça da mão de Deus como "um dom excelente e perfeito", então tu não podes te exasperar de jeito nenhum contra os homens. Se tu não queres perdoar, então tu queres de fato uma outra coisa, queres emprestar a Deus um coração duro e incapaz de perdão: como então esse Deus com um coração duro poderia te perdoar? Se tu não podes suportar as faltas dos outros para contigo, como Deus poderia suportar teus pecados contra ele? Não: "elas por elas". Pois Deus é a rigor ele próprio essa pura reciprocidade[320], a pura reprodução de como tu mesmo és. Se há cólera em ti, então Deus em ti é cólera; se em ti há clemência e misericórdia, então Deus é em ti misericórdia. É basicamente um amor infinito que faz com que Deus queira ocupar-se contigo, e que ninguém, ninguém descubra tão amorosamente quaisquer vestígios de amor em ti, por menores que sejam, como Deus o faz. A relação de Deus com o ser humano consiste em,

---

320. *dette rene Lige for Lige*

430 As obras do amor

a cada instante, tornar infinito aquilo que, a cada instante, há no ser humano. Na solidão, como tu bem sabes, mora o eco. Ele presta uma atenção extrema, tão extrema a qualquer ruído, por menor que seja, e o reproduz tão fielmente, oh, tão fielmente. Se há uma palavra que não gostarias de ouvir dita para ti, ora, evita de pronunciá-la, evita que ela te escape na solidão, pois o eco a repete na mesma hora e a diz "para ti". Se tu nunca ficaste solitário, jamais também descobriste que Deus existe; mas se tu verdadeiramente já ficaste sozinho, tu também aprendeste que tudo o que dizes e fazes aos outros, Deus apenas o repete, ele o repete com a amplificação do infinito; tua palavra de clemência ou de condenação que tu pronuncias sobre um outro, Deus a repete, ele diz literalmente o mesmo sobre ti: e isso mesmo é para ti clemência ou condenação. Mas quem ainda crê no eco, vivendo dia e noite no tumulto da cidade? E quem crê que exista um tal observador, que haja tal precisão no igual por igual; quem acredita nisso, quando desde a mais tenra infância está acostumado a viver aturdido! Se, por ventura, um aturdido desses ouvir alguma coisa sobre o crístico, então ele não terá condições de escutar corretamente; como o crístico não chega a repercutir corretamente em seu interior, ele também não descobre a ressonância que é a igualdade cristã[321]. Aí no tumulto da vida ele talvez não perceba a repetição eterna ou divina[322] da palavra pronunciada, talvez ele se iluda imaginando que a compensação dever-se-ia dar no meio exterior e de forma externa; pois a exterioridade é um corpo demasiado denso para prestar-se ao eco, e os ouvidos da carne são muito embotados para perceber a repetição da eternidade. Mas quer um ser humano o descubra ou não, a palavra que ele próprio pronunciou volta, contudo, sobre ele. Tal homem passa então sua vida como aquele que ignora o que se diz a respeito dele. Ora, se um homem não fica sabendo o que a cidade fala dele, isso talvez até seja bom; talvez pudesse também não ser verdade o que a cidade diz sobre ele; oh, mas de que adianta ficar um momento ou alguns anos ignorando o que a eternidade diz dele – o que, no entanto, com toda certeza é verdade!

---

321. *Det christelige Lige for Lige*
322. *Evighedens eller Guds Gjentagelse*

Conclusão   431

Não, igual por igual! Nós não dizemos isso certamente como se acreditássemos que no fim das contas um homem merece a graça. Oh, a primeira coisa que tu aprendes quando te relacionas com Deus em todas as coisas é justamente que tu não tens absolutamente nenhum merecimento. Tenta simplesmente dizer para a eternidade: "Eu mereci", e ela responderá: "Tu mereceste..." Se pretendes ter um mérito e ter merecido algo, o castigo é o teu único mérito; se tu não queres, crendo, te apropriar do mérito de um outro, então receberás segundo o teu merecimento. Não dizemos isso, absolutamente, como se fosse nossa opinião que seria melhor passar, entra dia e sai dia, numa angústia mortal, tentando escutar a repetição da eternidade; e nem dizemos que isso seria melhor do que a mesquinharia, que nos dias de hoje utiliza o amor de Deus para vender a indulgência que dispensa de um esforço mais perigoso e mais trabalhoso. Não, mas assim como a criança bem educada guarda uma lembrança inesquecível do rigor, da mesma forma também o homem que se relaciona com o amor de Deus, se não quiser tomá-lo em vão como velha caduca (1Tm 4,7) ou levianamente, deverá ter um inesquecível temor e tremor, embora ele repouse no amor de Deus. Uma tal pessoa decerto também evitará contar a Deus a injustiça dos outros para com ele, do argueiro no olho de seu irmão; pois uma tal pessoa preferirá falar a Deus unicamente da graça, para que aquela fatídica palavra – "justiça" – não lhe ponha tudo a perder mediante o rigoroso "igual por igual" que ele próprio teria invocado.

COLEÇÃO PENSAMENTO HUMANO
- *A caminho da linguagem*, Martin Heidegger
- *A Cidade de Deus (Parte I; Livros I a X)*, Santo Agostinho
- *A Cidade de Deus (Parte II; Livros XI a XXIII)*, Santo Agostinho
- *As obras do amor*, Søren Aabye Kierkegaard
- *Confissões*, Santo Agostinho
- *Crítica da razão pura*, Immanuel Kant
- *Da reviravolta dos valores*, Max Scheler
- *Enéada II – A organização do cosmo*, Plotino
- *Ensaios e conferências*, Martin Heidegger
- *Fenomenologia da vida religiosa*, Martin Heidegger
- *Fenomenologia do espírito*, Georg Wilhelm Friedrich Hegel
- *Hermenêutica: arte e técnica da interpretação*, Friedrich D.E. Schleiermacher
- *Investigações filosóficas*, Ludwig Wittgenstein
- *Parmênides*, Martin Heidegger
- *Ser e tempo*, Martin Heidegger
- *Ser e verdade*, Martin Heidegger
- *Verdade e método: traços fundamentais de uma hermenêutica filosófica (Volume I)*, Hans-Georg Gadamer
- *Verdade e método: complementos e índice (Volume II)*, Hans-Georg Gadamer
- *O conceito de angústia*, Søren Aabye Kierkegaard
- *Pós-escrito às migalhas filosóficas (Volume I)*, Søren Aabye Kierkegaard
- *Metafísica dos costumes*, Immanuel Kant
- *Do eterno no homem*, Max Scheler
- *Pós-escrito às migalhas filosóficas (Volume II)*, Søren Aabye Kierkegaard
- *Crítica da faculdade de julgar*, Immanuel Kant
- *Ciência da Lógica – 1. A Doutrina do Ser*, Georg Wilhelm Friedrich Hegel
- *Ciência da Lógica – 2. A Doutrina da Essência*, Georg Wilhelm Friedrich Hegel
- *Crítica da razão prática*, Immanuel Kant
- *Ciência da Lógica – 3. A Doutrina do Conceito*, Georg Wilhelm Friedrich Hegel
- *Lições sobre a Doutrina Filosófica da Religião*, Immanuel Kant
- *Leviatã*, Thomas Hobbes
- *À paz perpétua – Um projeto filosófico*, Immanuel Kant
- *Fundamentos de toda a Doutrina da Ciência*, Johann Gottlieb Fichte
- *O conflito das faculdades*, Immanuel Kant
- *Conhecimento objetivo – Uma abordagem evolutiva*, Karl R. Popper
- *Sobre o livre-arbítrio*, Santo Agostinho
- *Ecce Homo*, Friedrich Nietzsche
- *A doença para a morte*, Søren Aabye Kierkegaard
- *Sobre a reprodução*, Louis Althusser
- *A essência do cristianismo*, Ludwig Feuerbach
- *O ser e o nada*, Jean-Paul Sartre
- *Psicologia fenomenológica e fenomenologia transcendental*, Edmund Husserl
- *A transcendência do ego*, Jean-Paul Sartre
- *Solilóquios / Da imortalidade da alma*, Santo Agostinho
- *Assim falava Zaratustra*, Friedrich Nietzsche
- *De Cive – Elementos filosóficos a respeito do cidadão*, Thomas Hobbes
- *Metafísica* – Aristóteles